National Competency Standards

333제

의사소통/수리/문제해결능력
핵심유형+실전문제

NCS 공기업연구소 편저

| 머리말

2015년 상반기부터 공공기관은 국가직무능력표준(NCS)을 적용하여 직무능력 위주의 채용문화를 정착시키고자 하고 있습니다. 이제 NCS 직업기초능력평가를 언급하지 않고서는 공공기관 채용을 말할 수 없을 정도로 NCS는 중요한 비중을 차지합니다. 따라서 이에 대한 확실한 준비가 필요합니다.

그중에서도 의사소통능력, 수리능력, 문제해결능력은 거의 대부분의 공공기관에서 반드시 출제되는 영역입니다. 이 3개 영역에 대한 대비는 특히 중요하며, 영역별 출제 유형에 대한 이해도를 높이는 것은 합격 여부를 결정짓는 중요한 요소가 됩니다.
이에 따라 예문사 NCS 공기업연구소는 공공기관 취업을 준비하는 수험생들에게 실질적인 도움을 드리고자 'NCS 333제 핵심유형+실전문제'를 출간하게 되었습니다.

본 교재의 특징은 다음과 같습니다.

첫째, 공공기관에서 시행하는 NCS 직업기초능력평가에 빠지지 않고 출제되는 의사소통능력, 수리능력, 문제해결능력의 문항만을 엄선하여 수록하였습니다.

둘째, 공공기관에서 실시한 NCS 기출문제를 면밀히 분석하여 능력별로 빈출 유형을 정리하고, 상세하게 분석한 33개 예제를 수록하였습니다.

셋째, 실제 출제되는 시험 난이도를 고려하고, 다양한 문제를 충분히 연습할 수 있도록 300개의 연습문제를 수록하였습니다. 특히 수험생들이 어려워하는 수리능력과 문제해결능력에 더 많은 문항 수를 할애하였습니다.

넷째, 이해하기 쉬운 해설은 기본, 시간 단축을 돕는 풀이 팁을 추가하여 효율적인 학습과 더불어 실전 대비에 도움이 될 수 있도록 하였습니다.

교재 기획부터 각 공공기관별 최신 기출문항 수집 및 복원까지 많은 시간과 노력을 기울였습니다. 본 교재에는 기본 유형의 문제뿐만 아니라 난도 높고 변별력 있는 문항들을 수록하였습니다. 또한 최신 출제 경향을 반영하여 NCS 직업기초능력평가를 준비하는 수험생들에게 많은 도움이 될 수 있으리라고 확신합니다.

이 교재로 학습하시는 모든 수험생 여러분들께서 원하는 공공기관에 합격하시기를 진심으로 기원합니다.

NCS 333제 100% 활용하기

33제로 확인하는 최근 실제 기출 NCS 핵심유형

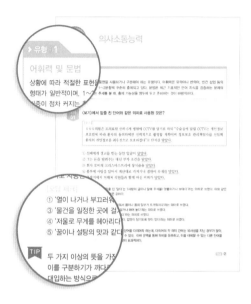

핵심유형별 학습비법

공공기관 필기시험 최신 기출문항을 수집 · 복원하여 핵심유형별 학습비법을 정리했습니다. 자주 출제되는 유형을 파악하고 학습 포인트를 확인함으로써 NCS에 보다 쉽게 접근할 수 있습니다.

오답 체크&TIP

정답에 대한 해설뿐 아니라 오답 체크를 더해, 문제를 완벽히 이해하고 넘어갈 수 있도록 풀이하였습니다. 또한 제시된 TIP을 참고하면 보다 효율적인 학습이 가능합니다.

주요 공사 · 공단 최다 평가 영역
최근 실제 기출 유형 그대로 제작된 300제 학습하기

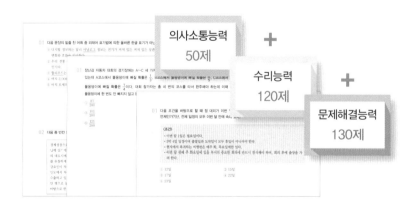

공사 · 공단 필기시험에 반드시 포함되는 주요 3개 영역인 의사소통능력 50문항, 수리능력 120문항, 문제해결능력 130문항을 수록하였습니다. 실제 기출문항과 유사한 난이도 및 유형을 적용한 문제를 학습함으로써 실전 감각을 향상시킬 수 있습니다.

한국철도공사(KORAIL)

| 소개 | 철도에 관한 영업 · 관련 사무를 관장하기 위하여 설치한 국토교통부 산하 공기업 |

전형절차

- 서류검증 : 서류검증 적격자에 한해 필기시험 일시 및 장소 통보
- 필기시험 : 직무수행능력평가(전공시험) 50% + 직업기초능력평가(NCS) 50%
- 면접시험 및 인성검사 : 면접시험에는 경험면접 및 직무 상황면접 포함, 인성검사 부적격 판정자는 면접시험 결과와 상관없이 불합격 처리
- 철도적성검사 및 채용신체검사 : 사무영업, 운전 및 토목 장비분야에 한해 철도 안전법에 따라 철도 적성검사 시행

필기시험 구성

채용분야	출제범위	
	직업기초능력평가 (25문항)	직무수행능력평가 (25문항)
공통		
사무영업	NCS 공통영역 (의사소통능력, 수리능력, 문제해결능력)	(일반, 수송) 경영학 (IT) 컴퓨터 일반 ※ 정보보호개론 포함
운전		기계일반, 전기일반 중 택 1
차량		(차량기계) 기계일반 (차량전기) 전기일반
토목		토목일반
건축		(건축일반) 건축일반 (건축설비) 건축설비
전기통신		전기이론

한국전력공사(KEPCO)

| 소개 | 전력자원의 개발 및 전력수급 안정을 위한 사업을 관장하고자 한국전력공사법에 의해 설립된 공기업 |

전형절차

- 1차전형 : 외국어성적, 자격증가점, 자기소개서
- 2차전형 : 직무능력검사, 한전 인재상 · 핵심가치 등 적합도 결과
- 3차전형 : 직무면접, 2차 직무능력검사
- 4차전형 : 종합면접
- 신체검사 및 신원조사 : 적 · 부 판정

필기시험 구성

구분	채용분야	출제범위	
직무능력 검사	사무	(공통) 의사소통능력, 수리능력, 문제해결능력	자원관리능력, 정보능력
	전기		자원관리능력, 기술능력(전공)
	ICT · 토목 · 건축 · 기계		정보능력, 기술능력(전공)
인성검사	사무/전기/ICT · 토목 · 건축 · 기계	태도, 직업윤리, 대인관계능력 등 인성 전반	
종합면접	사무/전기/ICT · 토목 · 건축 · 기계	인성, 조직적합도 등 종합평가	

※ 사무 : NCS 50문항(100점) / 기술 : NCS 40문항(70점) + 전공 15문항(30점)

※ 기술 : 전기, ICT, 토목, 건축, 기계

국민건강보험공단(NHIS)

소개

국민의 건강 증진을 목적으로 한 국민건강보험사업 및 서비스 제공을 위해 설립된 준정부기관

전형절차

- 서류심사 : 자격요건 확인 및 직무능력중심 정량 · 정성평가
- 필기시험 : NCS 기반 직업기초능력 + 직무시험(법률)
  ※ 전산직은 전산개발 기초능력(C언어, JAVA, SQL) 평가 포함
- 인성검사 : 일반공개경쟁 필기시험 대상자, 장애제한경쟁 서류심사 합격자 대상
- 면접심사 : 경험행동면접(BEI) 60% + 토론면접(GD) 40%

필기시험 구성

구분	직업기초능력평가	직무수행능력평가
행정 · 건강직 등	NCS 공통영역 (의사소통능력, 수리능력, 문제해결능력)	국민건강보험법
요양직		노인장기요양보험법

한국농어촌공사(KRC)

소개

농업생산성의 증대 및 농어촌의 경제 · 사회적 발전을 목적으로 설립된 공공기관

전형절차	• 서류전형 : 공인어학성적(70점) + 자격증(30점) + 가산점(3점)
	• 필기전형 : 직무수행능력평가(200점) + 직업기초능력평가(100점) + 인성검사(적 · 부 판정)
	• 면접전형 : 직무수행능력(100점) + 직업기초능력(100점)
	• 신원조회 등 : 신원조회, 신체검사, 비위면직자 조회 통과자

필기시험 구성	구분	채용분야	출제범위
	직업기초능력 (50문항, 100분)	경상, 법정, 농학, 전산	의사소통능력, 문제해결능력, 수리 능력, 정보능력, 자원관리능력(혼합 출제)
		토목일반, 조경, 도시계획, 기계, 전기, 건축, 지질, 환경	의사소통능력, 문제해결능력, 수리 능력, 정보능력, 기술능력(혼합출제)

※ 직무수행능력은 총 40문항으로, 직업기초능력 시험과 합하여 총 90문항, 100분으로 진행

근로복지공단(KCOMWEL)

소개	산재 · 고용보험 서비스와 산재의료 서비스, 근로자지원 서비스를 담당하는 고용노동부 산하 공공기관

전형절차	• 서류전형 : 자기소개서, 교육이수사항, 자격사항, 경력사항, 우대사항
	• 필기시험 : 직업성격검사 + NCS 직업기초능력
	※ 일반직 6급(일반전형)은 NCS 직무기초지식 포함
	• 면접시험 : 1인 집중면접

필기시험 구성	직업기초능력(70문항)	직무능력평가(30문항)
	의사소통능력, 문제해결능력, 자원관리능력, 수리능력	법학, 행정학, 경영학, 경제학, 사회복지학 등

한국수력원자력(KHNP)

| 소개 | 원자력과 수력, 양수발전 그리고 신재생에너지로 국내 전력의 약 31.5%를 생산하는 발전회사 |

| 전형절차 | • 사전평가 : 자기소개서, 외국어 성적, 자격 · 면허 가점, 일반 가점
• 1차전형 : 직업기초능력(NCS) + 직무수행능력(전공) + 직무수행능력(상식)
• 2차전형 : 면접(직업기초능력면접 40점 + 직무수행능력면접 30점 + 관찰면접 30점), 인성검사 및 심리건강 진단(적 · 부 판정)
• 최종 합격자 결정 : 2차전형 합격자 중 신체검사, 신원조사 및 비위면직자 조회 결과 적격자 |

필기시험 구성

구분	채용분야		출제범위
NCS 직무역량검사	직업기초능력	사무	의사소통능력, 수리능력, 문제해결능력, 자원관리능력, 조직이해능력
		기술	의사소통능력, 수리능력, 문제해결능력, 자원관리능력, 기술능력(또는 정보능력)
	직무수행능력	사무	법학, 행정학, 경제학, 경영학(회계학 포함)
		기술	해당 전공분야 전공지식
	공통(상식)		한수원 상식, 한국사 등

한국가스공사(KOGAS)

| 소개 | 천연가스를 국민에게 안전하고 안정적으로 공급하기 위해 "좋은 에너지 더 좋은 세상"을 기업이념으로 설립된 대표적인 에너지 공기업 |

전형절차
- 서류전형 : 지원자격, 입사지원서
- 필기전형 : 인성검사 적합자 중 NCS 직업기초능력(50%) + 직무수행능력(50%) + 가점 합산 고득점 순
- 면접전형 : 직무PT면접(50%) + 직업기초면접(50%) + 가점 합산 고득점 순

필기시험 구성

의사소통능력, 수리능력, 문제해결능력, 자원관리능력, 정보능력 등

한국산업인력공단

소개

산업인력의 양성 및 국민경제, 국민복지 증진을 위해 고용노동부 산하에 설립된 특수법인 기관

전형절차
- 1차전형 : 필기시험(직업능력 + 한국사 + 영어/전산학/데이터분석)
- 2차전형 : 다대다 질의응답 방식 및 집단토론 방식 병행

구분		평가영역	문항 수	시험시간
일반직 6급	일반행정	직업능력(40), 한국사(20), 영어(20)	80문항	80분
	정보기술	직업능력(20), 한국사(20), 전산학(40)	80문항	
	데이터분석	직업능력(20), 한국사(20), 데이터분석(40)	80문항	

※ 직업능력 : 조직이해능력, 의사소통능력, 수리능력, 문제해결능력, 직업윤리, 자원관리능력 및 직무수행능력(직무 상황에 관한 처리, 대응능력 등)을 평가

 # 한국도로공사(EX)

소개

도로의 설치 및 관리, 도로의 정비를 촉진하고 도로교통의 발달을 목적으로 설립된 공기업

전형절차

• 서류전형 : 어학성적(70점) + 자격증(행정 30점, 기술 50점) + 역량기술서(적 · 부 판정)
• 필기전형 : 직업기초능력평가(30%) + 직무수행능력평가(70%)
• 면접전형 및 인성검사 : 직무수행에 필요한 역량 종합평가, 인성검사는 면접 당일 실시 후 부적격자 탈락 처리

필기시험 구성

채용직렬	직업기초능력평가 (30%)	직무수행능력평가 (70%)
행정직군	문제해결능력, 정보능력, 의사소통능력, 자원관리능력, 조직이해능력	직군별 전공
기술직군	문제해결능력, 정보능력, 의사소통능력, 수리능력, 기술능력	
융합인재	문제해결능력, 정보능력, 의사소통능력, 조직이해능력, 기술능력	

국민연금공단(NPS)

소개

국민연금제를 효율적으로 운영·관리하기 위하여 설립한 준정부기관

전형절차

- 서류전형 : 사무직(자기소개서, 교육사항, 자격사항, 공인어학성적), 심사·전산·기술직(자기소개서, 교육사항, 자격사항)
- 필기시험 : 직업기초능력평가 60문항 + 종합직무지식평가 50문항
- 인성검사 : 필기시험 당일 인성 검사 실시
- 면접전형 : 경험·상황 면접, 집단토론·발표면접

필기시험 구성

채용직렬	직업기초능력평가(50%)	종합직무지식평가(50%)
사무직	의사소통능력, 문제해결능력, 수리능력, 조직이해능력, 정보능력, 직업윤리	법·행정·경영·경제, 국민연금법 등 사회보장론 관련 지식
심사직	의사소통능력, 문제해결능력, 수리능력, 자원관리능력, 조직이해능력, 직업윤리	기초의학, 국민연금법 등 사회보장론 관련 지식
전산직	의사소통능력, 문제해결능력, 정보능력, 자원관리능력, 조직이해능력, 직업윤리	전산학, 국민연금법 등 사회보장론 관련 지식
기술직	의사소통능력, 문제해결능력, 기술능력, 자원관리능력, 조직이해능력, 직업윤리	직렬별 관련 지식

한국중부발전(KOMIPO)

소개

발전소 건설 및 운영 기술력을 바탕으로 화력발전과 풍력, 태양광, SRF, 연료전지 발전 등을 통해 고품질의 안정적인 전력을 공급하고 있는 발전사

전형절차

- 인·적성검사 : 직무적합도평가(회사 핵심가치 부합도 및 직업기초능력요소 중 인성 요소 평가)
- 필기전형 : 직무능력평가(한국사 및 직무지식평가 50% + 직업기초능력평가 50%)
- 면접전형 : 1차 면접(PT 면접, 토론 면접 등) + 2차 면접(인성 면접)
- 신원조회 및 신체검사 : 전 분야 공통, 적·부 판정

필기시험 구성

채용직렬	직무지식평가	직업기초능력평가
사무	법, 행정, 경영, 경제, 회계 각 10문항	의사소통, 조직이해, 자원관리, 수리능력
정보통신	데이터베이스, 전자계산기 구조, 소프트웨어공학, 데이터통신, 정보통신시스템, 정보보안 등	의사소통, 문제해결, 정보, 기술능력
발전화학	일반화학, 화학공학, 대기환경, 수질환경 등 화학일반	의사소통, 문제해결, 자원관리, 기술능력

한국남동발전(KOEN)

| 소개 | 전력자원(전기, 화력) 발전, 개발 등 화력 발전업체 |

전형절차

- 서류전형 : 자기소개서(적 · 부 판정)
- 필기전형 : 인성검사(적 · 부 판정), NCS 선발평가(직업기초능력 45문항 + 직무수행능력 60문항)
- 면접전형 : 인성역량면접(60점) + 상황면접(40점)
- 최종 합격자 결정 : 신체검사, 신원조회, 비위면직자 조회 등

필기시험 구성

구분	채용분야	출제범위
직업기초능력	기계/전기/화학	(공통) 의사소통능력, 문제해결능력, 자원관리능력
	토목/건축/ICT/보건관리	
	사무법정/상경	
직무수행능력	기계/전기/화학	직군별 직무지식
	토목/건축/ICT/보건관리	
	사무법정/상경	

한국동서발전(EWP)

| 소개 | 세상을 풍요롭게 하는 친환경 에너지 기업 |

| 전형절차 | • 서류전형 : 최소 적격여부 판단 후 적격자 전원 필기시험 응시기회 부여
• 필기전형 : NCS 직업기초능력평가 50점 + 직무수행능력평가 50점(한국사 포함)
• 1차면접 : 직무수행능력 · 역량 및 상황분석력 · 의사소통 · 조직적응력 등 평가(직무구술면접 50점 + 직무PT토론면접 50점)
• 2차면접 : 인성, 인재상 부합여부, 조직적합도 등 종합평가(인성면접 100점)
• 최종 합격자 결정 : 신체검사, 신원조회, 비위면직자 조회 등 |

필기시험 구성

사무	발전기계	발전전기	화학	토목	건축	IT
(공통) NCS 의사소통능력+수리능력+문제해결능력 50문항						
법정 및 상경 각 분야	일반 기계기사 과목	전기기사 과목	일반화학, 화공, 대기 및 수질환경 기사 과목	토목기사 수준	건축기사 수준	정보처리, 정보통신 정보보안 기사 과목

한국남부발전(KOSPO)

| 소개 | 신인천, 부산, 남제주 등 전국 각지의 7개 핵심지역에서 우리나라 총 설비용량의 약 9.6%를 운영하고 있는 발전사 |

전형절차	• 서류전형 : 직무능력소개서, 자기소개서
	• 필기전형 : 인성평가, 기초지식평가(직무능력 + 전공기초 + 한국사 · 영어)
	• 면접전형 : NCS 기반 역량면접전형
	• 최종 합격자 결정 : 신체검사, 신원조회, 비위면직자 조회 등

필기시험 구성	기계/전기/화학/토목/건축/ICT	사무
	(공통) 직무능력평가(K-JAT), 한국사 20문항+영어 20문항	
	지원 분야 기사 수준(50문항)	법정과 상경 분야 중 택1 (50문항)

한국서부발전(KOWEPO)

소개	태안, 평택, 서인천 등 6개 사업소 8,403MW의 설비용량을 보유하고 있으며, 지속가능한 성장을 위해 국내외 신규 사업 개발에 매진하고 있는 발전 산업 공기업

전형절차	• 서류전형 : 외국어성적, 자격증, 입사지원서
	• 필기전형 : 직무지식평가(각 직군별 전공지식 70문항 + 한국사 10문항), 직업기초능력평가(NCS 직업기초능력 80문항), 인성검사(적 · 부 판정)
	• 면접전형 : 개별 인터뷰(인성면접) + 직무상황면접(그룹면접)
	• 최종 합격자 결정 : 신체검사, 신원조회

필기시험 구성	사무직군		그 외 직군
	법정	상경	
	법학, 행정학	경영학, 경제학, 회계학	지원 분야 기사 수준
	의사소통능력, 수리능력, 문제해결능력, 자원관리능력, 정보능력, 기술능력, 조직이해능력, 직업윤리		

학습 플랜

📅 일주일 학습 플랜

NCS 필기시험을 앞두고 본 교재를 통해 최종 점검 및 실전대응력 강화를 노리는 수험생을 위한 플랜입니다.

1일차	2일차	3일차	4일차	5일차	6일차	7일차
__월 __일	__월 __일	__월 __일	__월 __일	__월 __일	__월 __일	__월 __일
NCS 핵심 유형 CHAPTER 01 ~03	PART 01 의사소통능력	PART 01 의사소통능력 & 오답노트 정리	PART 02 수리능력	PART 02 수리능력 & 오답노트 정리	PART 03 문제해결능력	PART 03 문제해결능력 & 오답노트 정리

📅 20일 학습 플랜

기본기를 바탕으로 고난도 문제 적응력을 키워 NCS 고득점을 노리는 수험생을 위한 플랜입니다.

1일차	2일차	3일차	4일차	5일차
__월 __일	__월 __일	__월 __일	__월 __일	__월 __일
NCS 핵심유형 CHAPTER 01	NCS 핵심유형 CHAPTER 02	NCS 핵심유형 CHAPTER 03	PART 01 의사소통능력 1~25	PART 01 의사소통능력 26~50 & 오답노트 정리

6일차	7일차	8일차	9일차	10일차
__월 __일	__월 __일	__월 __일	__월 __일	__월 __일
PART 02 수리능력 1~20	PART 02 수리능력 21~40	PART 02 수리능력 41~60	PART 02 수리능력 61~80	PART 02 수리능력 81~100

11일차	12일차	13일차	14일차	15일차
__월 __일	__월 __일	__월 __일	__월 __일	__월 __일
PART 02 수리능력 101~120 & 오답노트 정리	PART 03 문제해결능력 1~15	PART 03 문제해결능력 16~30	PART 03 문제해결능력 31~45	PART 03 문제해결능력 46~60

16일차	17일차	18일차	19일차	20일차
__월 __일	__월 __일	__월 __일	__월 __일	__월 __일
PART 03 문제해결능력 61~75	PART 03 문제해결능력 76~90	PART 03 문제해결능력 91~105	PART 03 문제해결능력 106~120	PART 03 문제해결능력 121~130 & 오답노트 정리 및 최종 검토

❙**C**ONTENTS

■ **의사소통능력**

어휘력 및 문법, 주제, 세부 내용 이해, 글의 구조, 문서 작성 및 수정

■ **수리능력**

응용수리, 실용 계산, 단일형 자료해석, 복합형 자료해석, 매칭 · 작성

■ **문제해결능력**

명제, 조건 추리, 상황 적용, 비용 계산, 평가와 선택

NCS
핵심유형

| CHAPTER |

01 의사소통능력

유형 01

어휘력 및 문법

상황에 따라 적절한 표현을 사용하거나 구분해야 하는 유형이다. 어휘력은 유의어나 반의어, 빈칸 삽입 등의 형태가 일반적이며, 1~2문항씩 꾸준히 출제되고 있다. 문법은 기초적인 언어 지식을 검증하는 문제의 비중이 점차 커지는 최근의 추세를 고려하여 출제 가능성을 염두에 두고 준비하는 것이 바람직하다.

예제 01 〈보기〉에서 밑줄 친 단어와 같은 의미로 사용된 것은?

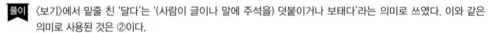

> **보기**
>
> ○○○의원은 도의료원 산하 6개 병원에 CCTV를 달기로 하되 "수술실에 달릴 CCTV는 개인정보 보호법에 따라 환자의 동의하에만 선택적으로 촬영할 계획이며 정보보호 관리책임자를 선임해 환자의 개인정보를 최우선으로 보호하겠다"고 단서를 <u>달았다</u>.

① 선배에게 경고를 받는 동안 얼굴이 <u>달았다</u>.
② 그는 돈을 빌려주는 대신 부가 조건을 <u>달았다</u>.
③ 회사 로비의 크리스마스트리에 장식품을 <u>달았다</u>.
④ 봉투에 사탕을 담아서 계산대로 가져가니 점원이 무게를 <u>달았다</u>.
⑤ 출장지에서 거래처 직원들과 함께 마신 커피가 <u>달았다</u>.

 풀이 〈보기〉에서 밑줄 친 '달다'는 '(사람이 글이나 말에 주석을) 덧붙이거나 보태다'라는 의미로 쓰였다. 이와 같은 의미로 사용된 것은 ②이다.

[오답 체크]
① '열이 나거나 부끄러워서 몸이나 몸의 일부가 뜨거워지다'라는 의미로 쓰였다.
③ '물건을 일정한 곳에 걸거나 매어 놓다'라는 의미로 쓰였다.
④ '저울로 무게를 헤아리다'라는 의미로 쓰였다.
⑤ '꿀이나 설탕의 맛과 같다, 입맛이 당기도록 맛이 있다'라는 의미로 쓰였다.

TIP 두 가지 이상의 뜻을 가진 단어를 다의어라 하는데, 다의어의 각 의미 간에는 유사성을 지닌 경우가 많아, 이를 구분하기가 까다로울 수 있다. 이때는 문맥을 통해 의미를 유추하고, 이를 대체할 수 있는 다른 단어를 대입하는 방식으로 푸는 것이 효과적이다.

 정답 ②

예제 02 빈칸 ㉠~㉤에 들어갈 적절한 단어를 〈보기〉에서 골라 순서대로 나열한 것은?

윤○○의원은 24일 열린 한국철도공사 국정감사에서 남북 철도 연결 및 북한 철도 사업의 이행과 지속 가능한 추진을 위해 '범정부 차원의 컨트롤 타워'를 구축해야 한다고 (㉠)했다. 지난 15일 진행된 남북고위급회담에서는 동·서해선 철도 및 도로 연결과 현대화를 위한 착공식을 11월 말~12월 초에 진행하기로 하고 현지 공동조사를 경의선 철도는 10월 하순부터, 동해선 철도는 11월 초부터 (㉡)하기로 합의했다. 이달 말에 진행 예정인 북한 철도 공동조사는 위해 국토교통부를 중심으로 철도공사와 철도시설공단을 포함한 공동조사단이 구성되어 준비하고 있다.

이에 윤○○의원은 "국토교통부, 한국철도시설공단, 철도공사 등 철도의 추진 주체도 다양한 상황에서, 북한-미국-유엔과의 대화에 있어서는 통일부, 외교부, 국방부 등 관련 부처 간 신속한 의사결정과 긴밀한 협조 (㉢)이/가 유지되어야 한다"며 "남북 철도 사업의 관리 및 지속 가능한 추진을 위해서는 전반적인 대북 협의와 종합 계획 수립, 담당 부처 지정 및 역할 (㉣) 등 남북 철도 사업을 총괄하는 범정부 차원의 컨트롤 타워를 구축해야 한다"고 주문했다.

또한, "남북 철도 연결은 그동안 사실상 '섬'으로 존재해 왔던 대한민국이 대륙과 연결되는 것이고 미래 한반도를 위한 투자"라며 "북한의 비핵화와 대북제재 (㉤)의 틀 안에서 관계 주체가 단합해 종합적인 계획을 수립, 지속 가능한 사업으로 추진해 나가야 한다"고 강조했다.

보기

ⓐ 기구　　ⓑ 해제　　ⓒ 해체　　ⓓ 설립　　ⓔ 정립　　ⓕ 강화
ⓖ 창설　　ⓗ 착수　　ⓘ 체계　　ⓙ 체제　　ⓚ 촉구

	㉠	㉡	㉢	㉣	㉤
①	ⓖ	ⓓ	ⓐ	ⓓ	ⓒ
②	ⓗ	ⓖ	ⓘ	ⓚ	ⓑ
③	ⓚ	ⓗ	ⓘ	ⓔ	ⓑ
④	ⓗ	ⓚ	ⓙ	ⓓ	ⓒ
⑤	ⓚ	ⓗ	ⓙ	ⓔ	ⓕ

 ㉠ 범정부 차원의 컨트롤 타워 구축을 재촉하여 요구했다는 맥락이므로 ⓚ 촉구가 적절하다.
　㉡ 철도 노선을 새로 건설하기 시작한다는 내용이므로 ⓗ 착수가 적절하다.
　㉢ 협조 시스템 또는 조직을 구축한다는 내용이므로 ⓘ 체계가 적절하다.
　　※ 체제 : 일정한 정치 원리에 바탕을 둔 국가 질서의 전체적 경향
　㉣ 남북 철도 사업의 관리 및 지속 가능한 추진을 위해서 총괄 담당 부처를 지정하고 역할을 확립해야 한다는 맥락이므로 ⓔ 정립이 적절하다.
　㉤ 〈보기〉에서 '대북제재'라는 단어와 어울려 쓸 수 있는 단어로는 강화와 해제 정도로 압축할 수 있다. 지문은 남북 협력사업 진행과 관련한 내용이므로 ⓑ 해제기 적절히다.
　　※ 해체 : 체제나 조직 따위가 붕괴함. 또는 그것을 붕괴하게 함. 구조물 따위가 헐어 무너짐. 또는 그것을 헐어 무너뜨림

TIP 이러한 유형의 문제는 답이 될 수 없는 것을 제외하면서 확실한 답을 먼저 찾고, 선택지의 범위를 줄여 가는 방식으로 해결하는 게 효과적이다. 또한, ㉢의 '협조 체계'와 같이 두 단어가 자주 어울려 쓰이는 표현을 기억해 두면 답을 찾기가 보다 수월하다.

정답 ③

예제 03 **밑줄 친 ㉠~㉣ 중 문맥상 적합한 표현을 골라 순서대로 나열한 것은?**

생명의 기원에 대해서는 이제까지 인류 문명에서 매우 다양한 방식으로 설명되어 왔다. 18세기 이후 근대 과학이 등장하기 이전까지만 해도 생명의 기원에 관한 설명은 늘 종교 혹은 신화의 영역이었다. 이러한 설명은 문화와 민족의 다양성에도 불구하고 어느 문화권에서나 발견되는 ㉠공존/상존 영역이었다. 이것은 인간이 늘 자신의 기원, 나아가서는 자신을 둘러싸고 있는 생명의 기원에 대해 항상 관심을 갖고 있으며 그러한 질문에서 자유로울 수 없었음을 의미한다.

역사의 진행, 그리고 사유의 발전에 따라 우리는 어디에서 왔는가 하는 질문은 종교와 신화의 영역에서 점차 철학의 영역이 되었다. 이것은 인간은 어떤 존재인가 하는 질문과도 ㉡접목되어/교차되어 있을 뿐 아니라 인간의 삶의 의미는 과연 어디에서 찾을 수 있는가 하는 질문과도 연결된다. 누구나 인정할 수 있는 명쾌한 답을 찾기는 어려울 것처럼 보이는 이러한 질문에 대해, 과학은 나름의 합리성을 가지고 대답할 태세를 갖춘 것처럼 보인다. 그것은 소위 빅뱅 이론이다.

약 137억 년 전에 대폭발이 일어난 후 엄청난 속도로 우주가 ㉢확산되었다/팽창하였다는 이 이론은 과학 특유의 합리성을 내세우며 제시되었고 지금도 많은 논란 속에 발전이 진행 중이다. 그러나 현재 시점에서 가장 진일보한 것으로 여겨지는 과학 이론 역시 완전하다고 말할 수는 없다. 과학 내부에서도 빅뱅 우주론의 ㉣방안/대안으로 다양한 우주 모형이 제안되었다.

	㉠	㉡	㉢	㉣
①	공존	교차되어	확산되었다	방안
②	공존	접목되어	팽창하였다	방안
③	상존	접목되어	팽창하였다	대안
④	상존	접목되어	확산되었다	방안
⑤	공존	교차되어	확산되었다	대안

 ㉠ 필자는 생명의 기원이라는 문제는 어느 문화권에서나 공통으로 제기되었다는 점이 아닌, 시기와 장소를 불문하고 늘 있었다는 점을 주장한다. 따라서 상존이 올바른 어휘이다.
㉡ '우리는 어디에서 왔는가'라는 질문은 우리는 어떤 존재인가 하는 질문과 교차된 것이 아니라 접목되어 맞닿아 있는, 궁극적으로 같은 질문이라는 의미를 내포하고 있다.
㉢ 확산은 무언가가 흩어져 널리 퍼짐을 뜻하므로, 부풀어서 부피가 커진다는 의미의 '팽창하다'가 적절한 어휘이다.
㉣ 빅뱅 이론이 완전하지 않다는 주장 뒤에 쓰인 말로, 빅뱅 이론을 대체하는 방안으로서 제안된 것이 다른 우주 모형이므로 '방안'은 문맥상 적절하지 않다.

정답 ③

예제 04 **다음 밑줄 친 부분 중 맞춤법에 어긋나는 것은?**

① 책상과 책상의 <u>어름</u>에 얼음을 올려 놓았다.

② 앞집에서는 잔치를 <u>벌이고</u> 뒷집에서는 논쟁을 <u>벌이고</u> 있다.

③ 얼굴에 푸른 빛을 <u>띠고</u> 있을 정도로 눈에 <u>띄게</u> 야윈 모습이었다.

④ 엿<u>장수</u>가 웃으며 <u>장사</u>가 잘 된다고 말했다.

⑤ 편지를 <u>부치기</u> 전 우표를 <u>붙혀야</u> 한다.

 풀이 '부치다'는 '편지나 물건 따위를 일정한 수단이나 방법을 써서 상대에게로 보내다'를 뜻한다. '맞닿아 떨어지지 아니하다'를 뜻하는 '붙다'의 사동사는 '붙이다'라고 써야 한다.

[오답 체크]

① 밑줄 친 단어 중 '어름'은 '두 사물의 끝이 맞닿은 자리'를 뜻한다.

② 앞의 '벌이다'는 '놀이판이나 노름판 따위를 차려 놓다'를 의미하고, 뒤의 '벌이다'는 '전쟁이나 말다툼 따위를 하다'를 뜻한다.

③ '띠다'는 '빛깔이나 색채 따위를 가지다'를 뜻하고, '띄다'는 '감았던 눈을 벌리다'를 뜻하는 '뜨다'의 피동사이다.

④ '장수'는 '장사하는 사람'을 일컫는 말이며, '장사'는 '이익을 얻으려고 물건을 사서 팖'을 의미하는 단어이다.

정답 ⑤

핵심
유형

의사
소통
능력

수리
능력

문제
해결
능력

유형 02

주제

글의 전체적인 맥락을 이해하고 글을 포괄하는 문장을 고르는 문제이다. 글의 핵심어를 토대로 글에서 강조하는 바가 무엇인지를 파악해야 한다. 너무 지엽적이거나 세부적인 내용은 주제로 적절하지 않다는 점을 인지하고 문제를 해결한다.

예제 01 다음 글의 주제로 가장 적절한 것은?

> 공론장은 사회적 의제에 대해 서로 다른 의견을 조율해 가는 과정에서 형성된 건전한 여론을 국가 정책에 반영하는 곳으로, 민주주의의 실현에 반드시 필요한 곳이다. 최근 사회의 다원화로 인한 갈등 분출이 잦아지면서 공론장의 필요성이 부각되고 있고, 상당수 사람들은 TV 토론 프로그램이 공론장의 역할을 할 것으로 기대하고 있다. 그런데 이에 대해 비판적인 입장을 견지하는 학자들도 있다. 이들에 따르면 TV 토론 프로그램에서는 공적 문제에 대해 상호 의사소통을 하기보다는 각자 이해관계에 따라 자신의 주장을 일방적으로 전달하고 있을 뿐이며, 이로 인해 오히려 사람들로 하여금 해당 의제에 대한 관심이 줄어들도록 한다는 것이다. 또한 이들은 주제, 진행 방법, 참여자 및 사회자의 성향 등을 방송사가 설정함으로써 결론 혹은 논조를 그들의 의도대로 조절하고 일반 시민을 방관자로 전락시키기까지 한다고 주장한다.

① TV 토론 프로그램은 진정한 의미로서의 공론장 역할을 해내지 못하고 있다.
② TV 토론 프로그램과 공론장은 그 사회적 역할이 서로 다르다.
③ TV 토론 프로그램이 공론장의 역할을 해내야 할 때가 올 것이다.
④ TV 토론 프로그램은 시민으로 하여금 사회적 의제에 관심을 축소시킨다.
⑤ TV 토론 프로그램이 아닌 새로운 형태의 공론장이 필요하다.

 TV 토론 프로그램이 현대 사회의 공론장 역할을 하는 것으로 여겨지고 있으나, 사실은 시민의 관심을 사회적 의제로부터 멀어지게 만들거나 방송사의 의도대로 논의의 방향을 조절함으로써 시민을 방관자로 전락시키는 등 제대로 된 공론장의 역할을 하고 있지 않다고 주장하는 글이다.
④ 글 전체가 아닌 일부 주장만을 이야기하는 문장으로 글 전체를 아우르는 주제로 보기는 어렵다.

정답 ①

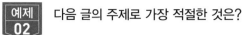

예제 02 다음 글의 주제로 가장 적절한 것은?

핵심
유형

의사
소통
능력

수리
능력

문제
해결
능력

> 기술의 발전은 인간과 사회에 긍정적인 영향과 부정적인 영향을 동시에 미친다. 때문에 기술에 대한 사회적 통제의 필요성은 끊임없이 제기되었는데, 이를 위한 국가 정책 수단으로 대표적인 것이 바로 기술 영향 평가(technology assessment)이다. 기술 영향 평가는 전문가와 이해 당사자 및 일반 시민들이 특정 기술의 사회적 영향을 평가한 뒤, 긍정적 영향은 극대화하고 부정적 영향은 최소화할 수 있도록 기술 변화의 방향과 속도를 통제하는 것을 목표로 한다.
>
> 초창기의 기술 영향 평가는 이미 개발된 기술이 사회에 미치는 영향을 사후에 평가하고 처방하는 데 주력하는 경향이 강했다. 그러나 이러한 사후적 평가 · 처방은 기술에 대한 '통제의 딜레마' 문제에 부딪히게 되었다. 통제의 딜레마란 기술 영향 평가를 통해 어떤 기술에 문제가 많다고 판단되더라도 그 기술의 개발이 이미 상당히 진행되어 있는 상태라면 그것을 중단시키는 일이 거의 불가능함을 말한다. 결국 이로 인해 사후적 기술 영향 평가는 원래의 목적을 달성하는 데 한계를 드러내게 되었다.
>
> 이를 극복하고자 기술 개발의 전 과정에 대한 지속적인 평가를 통해 기술 변화가 사회적으로 바람직한 방향으로 이루어지도록 적극적으로 유도하는, 사전적이고 과정적인 기술 영향 평가가 새롭게 등장하였다. 이 새로운 기술 영향 평가는 기술 개발의 과정에 초점을 둠으로써 기술 통제의 측면에서 보다 나은 평가를 받고 있다.
>
> 그러면 새로운 기술 영향 평가는 통제의 딜레마를 완전히 해결했는가? 그렇게 보기는 어렵다. 기술 발전의 방향은 불확실성이 많아 사전적이고 과정적인 평가조차도 그 영향을 정확히 예측하기 힘들기 때문이다. 또한, 적절한 정책을 실시한다고 하더라도 오히려 그 정책이 의도치 않은 결과를 낳을 수도 있다. 그럼에도 불구하고 사회적 영향이 점점 더 커지고 있는 기술들에 대한 평가와 통제의 필요성을 감안한다면 이 기술 영향 평가는 현재로서 우리가 취할 수 있는 최선의 기술 정책 수단이라고 할 수 있다.

① 사후적 기술 영향 평가를 통해 통제의 딜레마를 해결할 수 있다.

② 기술 발전 방향의 불확실성으로 인해 사전적 · 과정적 기술 영향 평가로도 통제의 딜레마를 완전히 해결하지는 못했다.

③ 전통적 기술 영향 평가는 통제의 딜레마로 인해 본 목적을 달성하지 못했다.

④ 사전적 · 과정적 기술 영향 평가는 현재로서는 기술이 사회적으로 바람직한 방향으로 발전하도록 통제하는 최선의 정책 수단이다.

⑤ 통제의 딜레마는 기술 영향 평가라는 정책 수단을 통해 기술의 발전 방향을 통제할 수 없음을 보여준다.

풀이 지문에서는 전통적 기술 영향 평가의 목적 달성 실패 원인으로 통제의 딜레마를 지목하고, 현재의 사전적 · 과정적 기술 영향 평가가 이를 완전히 해결하지는 못했으나 지금까지는 기술을 통제하기 위한 가장 최선의 정책 수단이라고 주장하고 있다.
　　③ 사실관계는 틀리지 않았으나 2번째 문단까지의 내용만을 담은 지엽적인 진술이다.

정답 ④

세부 내용 이해

주어진 지문을 바탕으로 선택지의 옳고 그름을 판단하는 문제로, 의사소통능력에서 가장 널리 출제되는 유형
이다. 실제 시험에서 긴 지문이 주어지는 경우가 많으므로, 지문 전체를 읽고 문제를 풀기에는 시간이 부족하
다. 따라서 선택지를 빠르게 훑고 해당 내용이 연결된 부분을 찾아 오답을 판단하는 방식으로 풀어나간다.

 다음 중 글의 내용을 토대로 추론할 수 없는 것은?

일반적으로 올림픽 경기장은 유치를 발표한 시점으로부터 대략 7년 정도의 준비 기간이 필요하
다. 이 기간 동안 집중적으로 계획을 세우고 공사를 해서 그 정점에서 전 세계가 지켜보는 가운데
2주 동안 경기를 진행하게 되는 것이다. 수만 명의 작업자들, 수백만 시간의 노력, 수십억 달러의
돈이 단 2주 동안 벌어지는 올림픽의 멋진 장면들을 창조하는 데 소요된다. 게임 자체가 워낙 거
대한 단일 경기이다 보니 경기장이 비슷한 용도로 다시 사용되기는 불가능하다. 미래에 다시 사
용될 것을 대비해 올림픽 경기장들을 유지 · 관리하는 데는 엄청난 비용이 들어가고, 설사 다시
이용되는 경우가 있더라도 한 나라가 다시 행사를 유치하기까지는 몇십 년이 소요된다.

이상적인 해결책은 경기장을 용도 변경하는 것이지만 쉽지 않다. 하키 경기장은 사용하고자 하
는 단체들이 있을 수 있지만 비치발리볼 경기장은 재사용하기 어려울 것이며, 많은 사람이 스키
를 타지만 스키 점프를 하는 사람들은 그리 많지 않기 때문이다. 올림픽 경기장은 많은 숫자의 관
중, 선수, 텔레비전 중계진을 수용하고 차량이 돌아다닐 수 있는 넓은 공간을 요구하기 때문에 사
람들이 밀집된 지역에서 한참 벗어난 위치에 만들어진다. 이런 대형 이벤트에 수십억 달러를 뿌
린 다음, 또 다시 비용을 들인다는 것은 정치적으로 대단히 어려운 일이다.

아테네의 경우 1996년에 올림픽을 개최하기를 희망했지만, 최종 경쟁에서 미국 애틀랜타에 패배
했다. 그 후 다시 도전해 2004년 개최권을 얻는 영광을 얻었다. 이 나라는 개최국 역할을 위해 무
려 90억 유로를 투입해 놀라운 경기장을 짓고 사회기반 시설을 향상시켰다. 이 금액은 원래 계획
의 두 배였지만 아테네는 새로운 공항, 트램, 개선된 순환도로, 지하철과 같은 중요한 재산을 얻
었다. 그때 만든 수송기반 시설은 아직도 사용되고 있으며 몇 개의 경기장은 새로운 삶을 얻어 배
드민턴 경기장은 콘서트홀로 성공적인 변신을 했다. 그렇지만 탁구 경기장과 체조 경기장은 기이
한 껍데기만 남아 매물로 나왔지만 마땅한 구매자가 없었고, 비치발리볼 경기장은 모래보다 먼지
가 더 많이 쌓여 있다. 대부분의 경기장은 금속 절도범들에 대비해 굳게 잠겨 있다. 이 경기장들
은 일반인이 사용할 수 있도록 전환할 일정이 잡혀 있었지만 2010년 닥친 그리스 경제 위기로 인
해 지연되고 있다. 연간 약 7억 6,350만 유로가 드는 유지 보수 법안은 긴축정책으로 재정을 조
이고 있는 그리스의 최우선 과제가 아니기 때문에 경기장 대부분이 계속해서 허물어질 것이다.

① 올림픽 경기장의 위치는 올림픽 경기 외의 목적으로 활용하기에 장해요인이 된다.
② 경기장의 용도를 변경하고자 할 때에는 경기 종목이 주요 변수가 된다.
③ 아테네 올림픽은 그리스가 본래 희망했던 연도보다 8년 늦게 개최되었다.
④ 그리스의 아테네 올림픽 유치는 사회기반 시설을 다지는 데 긍정적인 영향을 주었다.
⑤ 그리스는 연간 7억 유로 이상의 비용이 드는 유지 보수 법안을 통과시킬 예정이다.

풀이 3문단에서 연간 약 7억 6,350만 유로의 유지 보수 법안은 그리스의 최우선 과제가 아니기 때문에 경기장 대부분이 계속해서 허물어질 것이라고 하였으므로 해당 법안은 통과되지 않을 것임을 추론할 수 있다.

[오답 체크]

① 2문단에 의하면 올림픽 경기장은 넓은 공간을 요구하기 때문에 사람들이 밀집된 지역에서 한참 벗어난 위치에 만들어지고, 이러한 대형 이벤트에 수십억 달러를 뿌린 다음 또 다시 비용을 들인다는 것은 정치적으로 대단히 어려운 일이다.

② 2문단에서 하키 경기장은 사용하려는 단체들이 있을 수 있지만 비치발리볼 경기장은 재사용하기 어렵다는 등의 예를 들며 경기장 용도 변경 시 경기 종목의 영향이 큼을 설명한다.

③ 2문단에 의하면 아테네의 경우 1996년에 올림픽을 개최하기를 희망했지만 최종 경쟁에서 미국 애틀랜타에 패배했다. 그 후 다시 도전해 2004년 개최권을 얻는 영광을 얻었다.

④ 3문단에 의하면 그리스는 개최국 역할을 위해 90억 유로를 투입해 경기장을 짓고 사회기반 시설을 향상시켰으며 새로운 공항, 트램, 개선된 순환도로, 지하철 같은 수송기반 시설은 아직도 사용되고 있다.

정답 ⑤

핵심
유형

의사
소통
능력

수리
능력

문제
해결
능력

다음은 금융거래법 개정 관련 내용을 요약한 것이다. 이와 관련하여 고객 문의에 대한 답변으로 가장 적절하지 않은 것은?

- **■ 개정 배경**
  - 전자금융 거래 규모의 증가 : 2012년 말 기준 1경 2,200조 원
  - 파밍으로 인한 피해액 증가 : 2013년 1, 2월에만 약 11억 원의 피해액 발생
  - 전자금융 사고 발생 시 손실보상에 대한 명확하고 명시적인 규정의 부재

- **■ 개정 취지**
  - 은행의 해킹 사고 책임을 명확히 하여 금융사의 주의 유도
  - 해킹으로 인한 고객 피해 발생 시 금융사와의 분쟁 발생 소지를 줄이고 금융거래의 안전성을 제고

- **■ 주요 개정 내용**
  - 해킹사고 발생 시 금융사가 손해배상 책임

    > 전자금융거래법 제9조제1항 : 해킹(정보통신망 등에 침입해 부정한 방법으로 획득한 접근매체의 이용으로 발생한 사고)에 대해서는 금융회사 또는 전자금융업자가 이용자에게 손해를 배상할 책임을 진다.
    > → 기존 법안은 전자금융거래 시 공인인증서의 위·변조나 계약의 전송 과정에서 사고가 발생한 경우에만 금융사에 책임을 부과

  - 금융사 등이 정보기술 부문 계획을 매년 수립해 금융위원회에 제출
  - 전자금융기반시설의 취약점을 정기적으로 자체 분석·평가하여 그 결과를 금융위원회에 의무적으로 보고
  - 금융사 등이 해킹 관련 자료 제출에 불응하거나 부실한 자료를 제출한 경우 금융감독원이 직접 조사 지시

- **■ 기타 사항**
  - 이용자 개인의 과실이 존재할 경우 면책조항 존재 : 입증 책임은 금융사 등에 있음

---

① 문의 : 이번 법 개정이 이루어진 이유는 무엇인가요?
  답변 : 연 1경 원이 넘는 전자금융 거래 규모와 비례하여 파밍 등 해킹으로 인한 피해 규모 역시 증가하고 있어 이에 대한 책임 소지를 명확히 하고 금융사의 주의를 제고하기 위함입니다.

② 문의 : 개정 전과 비교하여 가장 중요한 변경사항은 무엇인가요?
  답변 : 기존의 법안은 공인인증서의 위·변조나 계약의 전송 과정에서 사고가 발생했을 때만 금융사에 책임을 부과했지만, 이제는 해킹으로 발생한 모든 사고에 대해 금융사에 책임을 부여한다는 점입니다.

③ 문의 : 해킹 사고가 발생하면 이용자는 피해액을 무조건 보상받을 수 있는 건가요?
  답변 : 그렇지는 않습니다. 만약 이용자 개인의 과실이 존재할 경우 금융사는 면책이 될 수도 있습니다. 이때 이용자의 과실이 존재한다는 것을 입증할 책임 또한 금융사에 있습니다.

④ 문의 : 이번 개정은 사고 후의 책임 소지에 대한 사항만 바뀐 것인가요?

　답변 : 아닙니다. 이와 함께 은행은 정보기술 부문의 계획을 매년 수립해 금융위원회에 제출해야 하고, 자체적으로 전자금융기반시설의 취약점을 분석·평가하여 그 결과를 금융위원회에 반드시 보고해야 합니다.

⑤ 문의 : 금융사가 자신들의 책임을 숨기기 위해 해킹 관련 자료를 제출하지 않으면 어떻게 되나요?

　답변 : 만약 금융사 등이 관련 자료 제출에 불응하거나 부실한 자료를 제출할 경우 금융감독원에서 직접 전담반을 꾸려 조사에 나서게 됩니다.

풀이 금융사 등이 해킹 관련 자료 제출에 불응하거나 부실한 자료를 제출한 경우 금융감독원이 직접 조사를 지시한다. 전담반을 꾸려 직접 조사에 나서는 것은 아니다.

TIP 일반적인 지문이 아닌 자료가 주어지더라도 문제 접근 방식은 기본적으로 같다. 대화문이나 문답형 또한 자료에서 확인할 수 없거나 부합하지 않는 것을 확인하면서 선택지를 소거한다.

핵심 유형

의사 소통 능력

수리 능력

문제 해결 능력

정답 ⑤

❯ 유형 04

글의 구조

글의 전체적인 흐름이 매끄럽도록 구성하는 문제이다. 특정 문장 혹은 문단을 삽입하는 유형의 경우 삽입해야 할 글의 전후가 긴밀이 연결되는지를 중심으로 답을 찾는다. 글을 재배열하는 유형은 글의 화제를 파악하고, 지시어와 접속사 등을 눈여겨보며 순서를 정한다.

 제시된 글을 보고 〈보기〉의 내용이 들어갈 곳으로 가장 적절한 것을 고르면?

우리는 과거에 비해 사람들이 타인에게 연민을 느끼기 어려워졌다고 여긴다. 그런데 현대 사회에서 연민이 발생할 가능성이 더 높다고 보는 견해가 있다. 이는 몇 가지 근거에 기반을 두고 있는데, 첫 번째는 기술적 · 제도적 발전에 의해 과거보다 안전한 환경에 있다고 생각하지만 사실은 그만큼 새로운 위험이 발생하게 되었다는 것이다. 예를 들어 CCTV의 증가는 범죄가 발생할 수 있는 사각지대를 감소시켰지만, 그만큼 개인의 사생활이 불특정 다수에게 무분별하게 노출될 수 있다는 새로운 위험을 탄생시켰다.

㉠

가까운 사람과의 친밀성은 줄어들었으나, 보다 많은 사람들과 사회적 · 경제적으로 연결됨으로써 개인의 행복과 불행이 사람 간의 관계에 더욱 의존하게 되었다는 점도 있다. 사회적 관계 단절에 의한 우울증과 자살 등을 생각해보면 이해가 쉬울 것이다.

㉡

교통과 통신이 발달하면서 이전에는 마주하지 못할 다양한 고통을 대면하게 된 것 역시 중요한 요인이다. 우리는 이제 소도시에서 일어난 비극적인 살인 사건, 남미에서 일어난 탄광 매몰사고 등도 클릭 몇 번이면 실시간으로 확인할 수 있다.

㉢

비극적 사건에 대해 감성적인 연민만을 외치는 사람들은 은연중에 자신과 고통받는 사람을 분리하는 벽을 만든다. 그리고 이 벽을 통해 그들의 고통이 자신에게 전이되지 않도록 분리하고 자신은 안전지대 밖으로 나가지 않는다.

㉣

물론 입구도, 출구도 없는 안전한 성에서 자신이 가진 것을 벽 밖으로 던져 주는 동정도 충분히 가치 있는 연민이다. 그러나 오늘날 우리 사회에 필요한 것은 진정한 연민이며, 진정한 연민은 벽을 무너뜨리고 고통에 처한 이들과 함께 나아가 그 원인을 없애는 것이다.

㉤

┌ **보기** ┐
이처럼 타인의 고통을 더 쉽게, 더 많이 마주하는 상황에서 우리는 진정한 연민을 가질 필요가 있다. 진정한 연민이란 '연대'이다. 이때의 연대는 고통의 원인을 없애기 위해 함께 행동하는 것이라고 정의할 수 있다.

① ㉠   ② ㉡   ③ ㉢   ④ ㉣   ⑤ ㉤

풀이 우선 〈보기〉에서 '이처럼 타인의 고통을 더 쉽게, 더 많이 마주하는 상황'이라는 말을 사용하였으므로 〈보기〉 앞에는 현대인이 타인의 고통을 더 쉽게 마주한다는 사실 혹은 그 원인 등이 제시되어야 한다. 또 마지막 문단의 '입구도, 출구도 없는 안전한 성'이나 '벽' 등을 고려했을 때 네 번째 문단과 마지막 문단은 바로 이어지는 편이 자연스럽다. 따라서 〈보기〉가 들어갈 위치로는 ⓒ이 가장 적절하다.

정답 ③

다음 〈결론〉을 이끌어 내기 위해, 문장 (가)~(라)의 순서를 문맥에 맞게 재배열한 것은?

〈결론〉

이러한 신호 전달 경로의 분자적 토대를 이해한다면 발암 과정에 대한 통찰을 얻을 수 있고, 이후 효과적인 암 치료법 개발이 가능할 것이다.

(가) 세포의 생존 또는 죽음은 DNA 손상 인식, DNA 복구 능력 및 손상 저항력, 세포 사멸, 괴사, 세포 노화 등과 관련된 다양한 요소에 의해 결정된다.

(나) 세포의 운명을 결정하는 신호 전달 경로는 서로 복잡하게 얽혀있는데, 암의 발생과 진행에 중요한 역할을 하며 유전 독성 약물을 사용하는 암 치료의 결과에도 영향을 미친다.

(다) DNA가 손상되면 세포는 DNA 복구, 생존 또는 죽음을 촉진하는 복잡한 신호 전달 네트워크를 활성화시켜 세포의 운명을 결정하게 된다.

(라) DNA는 생체 내의 대사물질, 환경에서 발생한 발암물질, 일부 항염증제, 유전 독성 항암 치료제 등으로 인해 손상되기 쉽다.

① (나) - (다) - (가) - (라)
② (다) - (라) - (가) - (나)
③ (라) - (가) - (다) - (나)
④ (라) - (다) - (가) - (나)
⑤ (라) - (다) - (나) - (가)

풀이 제시된 문장에서는 세포, DNA, 발암 등에 관한 언급이 이어지고 있으며, 이 단어들의 상관관계를 살펴봄으로써 올바른 문맥을 찾을 수 있다.

결론에서 발암 과정의 통찰과 이로 인한 암 치료법 개발을 주장하고 있으므로, 직접적으로 암 발생과 암 치료를 언급한 (나) 문장이 가장 마지막에 위치하여 결론과 이어져야 할 것이다. (나) 문장을 제외한 나머지 세 문장에서는 DNA 손상, DNA 손상은 세포 운명을 결정, 세포 운명(생존 또는 죽음) 결정의 다양한 요소 등을 이야기하고 있다. 따라서 이를 논리적 순서에 의해 정렬하면 '(라) DNA 손상 → (다) DNA 손상은 세포 운명을 결정 → (가) 세포 운명 결정의 나양한 요소 → (나) 세포 운명을 결정하는 신호 전달 경로는 암 발생에 중요한 역할을 함' 정도로 볼 수 있으며 이를 통해 '신호 전달 경로의 이해는 발암 과정의 통찰을 가능케 한다.'라는 결론을 얻을 수 있다.

정답 ④

> ▶ 유형 05

문서 작성 및 수정

조건에 따라 문서를 작성하거나 수정하는 문제이다. 자주 출제되는 유형은 아니나 공문서나 기안문 작성 등과 관련한 문제로 출제될 가능성이 있다. 자주 접하지 못한 형식이더라도 주어진 조건만 잘 적용하면 의외로 쉽게 풀리는 유형이다.

B대리는 A주임이 작성한 사내 공문을 결재받기 전 틀린 곳을 체크해 주었다. 〈사내 공문 작성 및 처리 지침〉에 따라 조언한 사항으로 적절하지 않은 것을 〈보기〉에서 모두 고르면?

발신	미래혁신실 대외협력처 A주임
수신	C지사장, D부사장, E처장
제목	전자조달 시스템 개편에 따른 업체 등록·입찰 설명회 개최 건

금년도 전자조달 시스템 개편에 따라 업체의 등록 및 입찰 과정에 변경 사항이 있어 협력업체를 대상으로 설명회를 개최하고자 합니다.

1. 행사 일정

　가. 행사명 : 전자조달 시스템 개편에 따른 업체 등록·입찰 설명회

　나. 일시 : 2018년 11월 29일(목) 01:30PM－04:30PM

　다. 장소 : 본사 302호 대회의실

　라. 주요 내용

　　① 2019년 전자조달 시스템 개편 안내

　　② 새 전자조달 시스템상에서의 업체 등록 및 사업 입찰 방법

　　③ 정부 지침에 따른 낙찰자 선정 기준 변경 안내

2. 신청 방법

　가. 담당자 메일(it_system0001·○○○○.com) 혹은 팩스(02-0000-0000)를 통해 신청

　나. 신청 시 기입 사항 : 소속, 성명, 연락처

첨부 : 전자조달 시스템 개편 안내문 1부. 끝.

〈사내 공문 작성 및 처리 지침〉

1. 제목은 본문의 내용을 포괄하되 간략하게 작성한다.

2. 수신자 및 발신자의 신원을 명확하게 밝힌다.

3. 번호는 1.−가.−㉠의 순서로 붙인다.

4. 날짜는 숫자로 표기하되 연·월·일의 글자는 생략하고 그 자리에 온점(.)을 찍어 표시한다. 시간은 시·분 대신 쌍점(:)을 찍어 표시하며 24시간제를 사용한다.

5. 기간 및 시간을 나타낼 때는 ∼를 사용한다.

6. 본문이 끝나면 1자(2타) 띄우고 '끝.'을 붙인다. 단, 첨부물이 있을 경우 첨부 표기문 끝에 1자(2타) 띄우고 표시하며, 첨부물은 문서의 총 부수를 기입한다.

7. 모든 문서의 승인·반려 등의 절차는 전자문서시스템 또는 업무관리시스템상에서 전자적으로 처리되도록 한다.

보기

㉠ 날짜 표기 방식이 맞지 않네요. '2018. 11. 29.(목)'으로 변경하세요.

㉡ 시간을 표시할 때는 24시간제를 사용해야 하니 13:30−16:30으로 수정하세요.

㉢ 번호 체계가 맞지 않네요. ①과 같이 표시된 부분은 ㉮로 바꾸세요.

㉣ 수정사항이 모두 적용되면 전자결재시스템을 통해 기안문을 상신하여 결재 승인받을 수 있어요.

① ㉠, ㉡   ② ㉠, ㉣
③ ㉡, ㉢   ④ ㉡, ㉣
⑤ ㉢, ㉣

풀이 ㉡ 시간은 24시간제로 표기하도록 고쳐야 하나, 기간을 나타낼 때는 '∼'를 사용해야 하므로 '13:30∼16:30'으로 수정해야 한다.

㉢ 번호 체계는 1.−가.−㉠ 순이므로 ㉮가 아닌 ㉠으로 수정해야 한다.

정답 ③

수리능력

> **유형 01**

응용수리

간단한 계산이지만 특정 공식을 적용해야 해결할 수 있는 문제 유형이다. 속력, 경우의 수, 확률 등의 기초적인 공식을 비롯하여 방정식이나 일률 계산은 반드시 알아두어야 한다.

예제 01

올해 남자 신입사원은 작년보다 8%, 여자 신입사원은 작년보다 12% 증가하여 총 413명이다. 작년 신입사원 수가 375명이었을 때 올해 남자 신입사원은 몇 명인가?

① 150명
② 174명
③ 189명
④ 220명
⑤ 234명

 작년 남자 신입사원 수를 x명, 여자 신입사원 수를 y명이라 할 때 작년 신입사원 수는 375명이므로
$x+y=375$ ⋯ ㉠
올해 남자 신입사원은 8% 증가, 여자 신입사원은 12% 증가하여 총 413명이므로
$0.08x+0.12y=413$ ⋯ ㉡
㉠식과 ㉡식을 연립하면 $x=175$명, $y=200$명이다. 따라서 올해 남자 신입사원 수는 $175×1.08=189$명이다.

 정답 ③

어떤 일을 A가 혼자 하면 2시간, A와 B가 같이 하면 1시간 20분, B와 C가 같이 하면 1시간이 걸린다. 이 일을 A, B, C가 같이하면 걸리는 시간은?

① 30분   ② 35분

③ 40분   ④ 45분

⑤ 50분

 전체 일의 양이 1일 때, A가 1분 동안 일하는 양은 $\dfrac{1}{120}$이다. B가 1분 동안 일하는 양을 $\dfrac{1}{b}$, C가 1분 동안 일하는 양은 $\dfrac{1}{c}$이라고 하고 나머지 문제의 내용을 식으로 정리하면

$$\frac{1}{120}+\frac{1}{b}=\frac{1}{80} \quad \therefore b=240$$

$$\frac{1}{240}+\frac{1}{c}=\frac{1}{60} \quad \therefore c=80$$

B가 1분 동안 일하는 양은 $\dfrac{1}{240}$이고, C가 1분 동안 일하는 양은 $\dfrac{1}{80}$이다. 셋이 함께 일할 때 걸리는 시간(분)을 x라 하면

$$\frac{1}{120}x+\frac{1}{240}x+\frac{1}{80}x=1 \quad \therefore x=40$$

따라서 A, B, C가 동시에 일할 때 걸리는 시간은 40분이다.

TIP 일률 문제는 전체 일의 양을 1로 놓고, 일을 완성하는 데 걸리는 단위시간을 분수로 표현한다.

정답 ③

핵심 유형

의사 소통 능력

수리 능력

문제 해결 능력

> **유형 02**

실용 계산

실생활에서 접할 수 있는 자료와 공식 등이 주어지고, 이를 토대로 계산하는 문제이다. 대부분 간단한 사칙연산 수준이나 숫자가 복잡하거나 여러 단계를 거쳐 계산해야 하는 경우도 있으므로 실수를 최소화하는 게 관건이다.

다음은 임산부 외래 본인부담률 감면 제도 시행 전후 본인부담률이다. 제도 개정 후 주어진 〈상황〉에서의 본인부담금은 총 얼마인가?

〈표〉 임산부 외래 본인부담률

(단위 : %)

구분	현행	개정
상급종합병원	60	40
종합병원	50	30
병원	50	20
의원(한의원 포함)	30	10

〈상황〉

- 종합병원 진료비 : 32만 원
- 한의원 진료비 : 18만 원

① 96,000원 ② 104,000원
③ 114,000원 ④ 126,000원
⑤ 132,000원

풀이 • 종합병원 진료비 32만 원의 30% : 32만 원×0.3=96,000원
 • 한의원 진료비 18만 원의 10% : 18만 원×0.1=18,000원
따라서 총 본인부담금은 96,000원+18,000원=114,000원이다.

정답 ③

예제 02 다음은 가정용 수도요금 산정 자료이다. 3세대의 3개월간 물 사용량이 총 279m³일 때 부과될 수도요금 총액은?(단, 구경은 20mm이며, 제시된 자료는 모두 1개월 기준이다.)

핵심 유형

의사 소통 능력

수리 능력

문제 해결 능력

■ 사용요금 요율표

구분	사용구분(m³)	m³당 단가(원)	구분	사용구분(m³)	m³당 단가(원)
상수도	처음 30까지	360	하수도	처음 30까지	360
	30 초과 ~50 이하까지	550		30 초과 ~50 이하까지	850
	50 초과	790		50 초과	1,290
물이용 부담금	1m³당	170			

■ 구경별 기본요금

구경(mm)	요금(원)	구경(mm)	요금(원)	구경(mm)	요금(원)	구경(mm)	요금(원)
15	1,080	40	16,000	100	89,000	250	375,000
20	3,000	50	25,000	125	143,000	300	465,000
25	5,200	65	38,900	150	195,000	350	565,000
30	9,400	75	52,300	200	277,000	400	615,000

■ 계산방법

> 수도요금 총계＝상수도요금＋하수도요금＋물이용부담금

- 상수도요금＝ⓐ＋ⓑ

  ⓐ 사용요금＝1세대 1개월 요금×세대 수×개월 수

  ⓑ 기본요금＝계량기 구경별 정액요금×개월 수

- 하수도요금＝1세대 1개월 요금×세대 수×개월 수

- 물이용부담금＝1세대 1개월 요금×세대 수×개월 수

※ 1세대 1개월 요금＝세대당 월평균 사용량×요율
※ 세대당 월평균 사용량(m³)＝사용량(m³)÷개월 수÷세대 수(단, 소수 둘째 자리에서 절사)

① 263,430원
② 272,420원
③ 285,240원
④ 291,140원
⑤ 296,820원

풀이
- 1세대당 월평균 사용량 : 279m³÷3개월÷3세대=31m³
- 상수도 1세대 1개월 요금 : 30m³×360원+1m³×550원=11,350원
- 하수도 1세대 1개월 요금 : 30m³×360원+1m³×850원=11,650원
- 물이용부담금 1세대 1개월 요금 : 31m³×170원=5,270원
- 상수도요금은 사용요금(11,350원×3세대×3개월=102,150원)과 기본요금[3,000원(구경 20mm)×3개월=9,000원]을 합한 111,150원이다.
- 하수도요금 : 11,650원×3세대×3개월=104,850원
- 물이용부담금 : 5,270원×3세대×3개월=47,430원
따라서 부과될 수도요금 총액은 263,430원이다.

정답 ①

유형 03

단일형 자료해석

자료해석은 수리능력에서 가장 큰 비중을 차지하는 출제 유형이며, 그중에서도 단일형 자료해석은 하나의 자료가 주어지고 이에 대한 해석을 요구하는 문제이다. 자료를 읽는 법에 대한 기본적인 사항을 학습하고, 비중이나 증감률 계산 등에 익숙해질 수 있도록 충분히 연습해야 한다.

예제 01 다음 시도별 성장률 자료에 대한 설명으로 옳지 않은 것은?

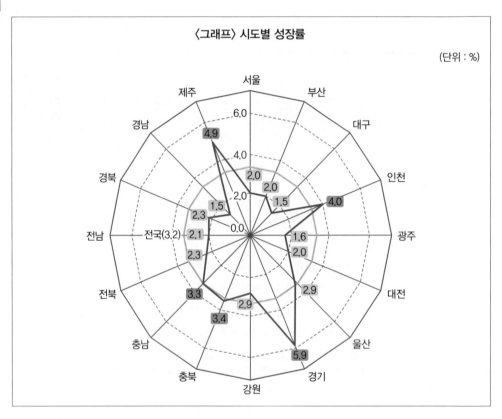

① 전국 평균 성장률 미만인 시도는 11개이다.
② 성장률이 높은 순서대로 5개 시도를 나열하면 경기, 제주, 인천, 충북, 충남이다.
③ 가장 낮은 성장률을 보이는 시도는 대구와 경남이다.
④ 2%대의 성장률을 보이는 시도는 전체의 절반 미만이다.
⑤ 시도 중 가장 높은 성장률과 가장 낮은 성장률은 4%p 이상 차이 난다.

풀이 2%대의 성장률을 보이는 시도는 서울/부산/대전(2%), 울산/강원(2.9%), 전북/경북(2.3%), 전남(2.1%)으로 총 8개이다. 따라서 전체 시도 16개 중 절반을 차지한다.

[오답 체크]
① 전국 평균 성장률은 3.2%이며, 이보다 낮은 성장률을 보이는 시도는 총 16개 시도 중 성장률이 3.2% 이상 인 시도를 제외한 나머지이므로 16−5=11개이다.
　※ 성장률이 평균 성장률보다 낮은 시도는 서울, 부산, 대구, 광주, 대전, 울산, 강원, 전북, 전남, 경북, 경남 으로 총 11개이다.
② 성장률이 높은 순서대로 5개 시도를 나열하면, 경기(5.9%), 제주(4.9%), 인천(4.0%), 충북(3.4%), 충남(3.3%) 이다.
③ 대구와 경남의 성장률은 1.5%로 가장 낮다.
⑤ 경기의 성장률은 5.9%로 가장 높고, 대구와 경남의 성장률은 1.5%로 가장 낮다. 따라서 성장률 차이는 5.9−1.5=4.4%p이다.

정답 ④

예제 02 다음 자료에 대한 설명으로 옳은 것은?(단, 언급되지 않은 지역의 체육시설은 고려하지 않는다.)

〈표〉 제주도 체육시설 현황

(단위 : 개소, m²)

구분		계		제주시		서귀포시	
		개소	면적	개소	면적	개소	면적
공공 체육 시설	소계	124	2,638,924	65	1,176,701	59	1,462,223
	육상경기장	15	837,465	7	370,825	8	466,640
	축구장	20	539,460	10	209,181	10	330,279
	야구장	4	101,769	1	44,000	3	57,769
	테니스장	7	64,995	3	24,000	4	40,995
	씨름장	1	1,039	1	1,039	–	–
	구기체육관	18	169,297	11	143,632	7	25,665
	투기체육관	1	1,643	1	1,643	–	–
	생활체육관	8	171,445	3	19,554	5	151,891
	수영장	2	16,982	2	16,982	–	–
	롤러스케이트장	2	19,250	1	1,250	1	18,000
	국궁장	5	24,657	1	851	4	23,806
	골프연습장	1	23,140	1	23,140	–	–
	게이트볼장	26	426,994	15	194,155	11	232,839
	기타	14	240,788	8	126,449	6	114,339
동네체육시설		141	692,417	75	320,335	66	372,082

① 제주도 전체 체육시설 1개소당 평균 면적은 13,000m² 이상이다.

② 공공체육시설 중 제주시가 서귀포시보다 많은 체육시설은 기타를 포함하여 6개이다.

③ 제주시 공공체육시설 1개소당 평균 면적은 동네체육시설 1개소당 평균 면적의 3배 미만이다.

④ 기타를 제외한 제주시와 서귀포시의 공공체육시설 수 상위 3개 체육시설은 동일하다.

⑤ 서귀포시 공공체육시설 중 1개소당 평균 면적이 가장 큰 체육시설은 육상경기장이다.

풀이 서귀포시 공공체육시설별 1개소당 평균 면적은 다음과 같다.

육상경기장	축구장	야구장	테니스장	구기체육관
58,330m^2	33,028m^2	19,256m^2	10,249m^2	3,666m^2
생활체육관	롤러스케이트장	국궁장	게이트볼장	기타
30,378m^2	18,000m^2	5,952m^2	21,167m^2	19,057m^2

따라서 1개소당 평균 면적이 가장 큰 체육시설은 육상경기장이다.

[오답 체크]
① 제주도 전체 체육시설은 124+141＝265개이고, 총면적은 2,638,924+692,417＝3,331,341m^{2}이다. 전체 체육시설 1개소당 평균 면적은 3,331,341÷265≒12,571m^{2}로 13,000m^2 미만이다.
② 공공체육시설 중 제주시가 서귀포시보다 많은 체육시설은 씨름장, 구기체육관, 투기체육관, 수영장, 골프연습장, 게이트볼장, 기타 7개이다.
③ 제주시 공공체육시설 1개소당 평균 면적은 1,176,701÷65≒18,103m^{2}이며, 동네체육시설 1개소당 평균 면적은 320,335÷75≒4,271m^{2}이므로 3배 이상이다.

> **TIP** 제주시의 공공체육시설 면적은 동네체육시설 면적의 3배 이상이며, 체육시설 수는 공공체육시설보다 동네체육시설이 더 많다. 따라서 평균 면적을 계산하지 않아도 공공체육시설 1개소당 평균 면적은 동네체육시설 1개소당 평균 면적의 3배 이상임을 알 수 있다.

④ 제주시의 공공체육시설 수 상위 3개 체육시설은 게이트볼장, 구기체육관, 축구장이나 서귀포시의 경우 게이트볼장, 축구장, 육상경기장이다.

정답 ⑤

복합형 자료해석

두 개 이상의 자료가 주어진 자료해석 문제이다. 기본적인 풀이법은 단일형 자료해석과 동일하나, 자료 간의 연관성을 고려하여 숨겨진 정보를 파악할 수 있어야 한다.

예제 01 다음은 1999년부터 2014년까지 5년 주기로 한국인의 생활시간 변화상을 조사하여 정리한 자료이다. 이에 대한 설명으로 옳지 않은 것은?

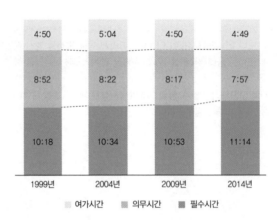

〈그래프〉 10세 이상 전 국민의 시간활용 변화

(단위 : 시간, 분)

〈표〉 1999년과 2014년 10세 이상 전 국민의 시간활용

(단위 : 시간, 분)

구분		1999년	2014년
필수시간		10:18	11:14
	수면	7:47	7:59
	식사 및 간식	1:33	1:57
	기타 개인유지[1]	0:58	1:18
의무시간		8:52	7:57
	일	3:43	3:16
	가사노동[2]	1:58	1:55
	학습	1:36	1:07
	이동	1:35	1:39
여가시간		4:50	4:49
	교제활동	1:02	0:54
	미디어 이용	2:33	2:26
	종교 · 문화 · 스포츠	0:30	0:47
	기타 여가활동[3]	0:45	0:42

1. 개인 건강관리, 개인위생, 외모관리 등
2. 가정관리, 가족 및 가구원 돌보기
3. 집단게임 · 놀이, 컴퓨터 · 모바일게임, 개인 취미활동, 유흥 등

① 1999년 이후 5년 주기로 전 국민의 필수시간은 점차 증가했고, 의무시간은 감소했다.
② 1999년 대비 2014년 수면과 식사 및 간식시간은 증가했고, 일과 가사노동시간은 감소했다.
③ 1999년 대비 2014년 필수 · 의무 · 여가시간 세부항목 중 시간활용 폭이 가장 크게 증가한 항목
   은 기타 개인유지이다.
④ 2014년 필수시간 중 수면, 의무시간 중 일, 여가시간 중 미디어 이용은 항목별 비중이 가장 크다.
⑤ 2014년 국민은 필수시간으로 46.8%, 의무시간으로 33.1%, 여가시간으로 20.1%를 사용했다.

풀이 1999년 대비 2014년 필수 · 의무 · 여가시간 세부항목 중 식사 및 간식의 경우 24분으로 가장 큰 폭으로 증가
했다.
※ 1999년 대비 2014년 생활시간이 증가한 세부항목만을 정리하면 다음과 같다.

구분	1999년	2014년	시간
수면	7시간 47분	7시간 59분	12분
식사 및 간식	1시간 33분	1시간 57분	24분
기타 개인유지	58분	1시간 18분	20분
이동	1시간 35분	1시간 39분	4분
종교 · 문화 · 스포츠	30분	47분	17분

[오답 체크]
① 의무시간은 1999년 이후 8시간 52분, 8시간 22분, 8시간 17분, 7시간 57분으로 점차 감소했으며, 필수시
   간은 10시간 18분, 10시간 34분, 10시간 53분, 11시간 14분으로 점차 증가했다.
② 1999년과 2014년 필수시간 중 수면, 식사 및 간식시간과, 의무시간 중 일, 가사노동시간을 정리하면 다음과
   같다.

구분	1999년	2014년	증감
수면	7시간 47분	7시간 59분	12분
식사 및 간식	1시간 33분	1시간 57분	24분
일	3시간 43분	3시간 16분	−27분
가사노동	1시간 58분	1시간 55분	−3분

따라서 수면과 식사 및 간식시간은 증가했고, 일과 가사노동시간은 감소했음을 알 수 있다.
④ 2014년 필수시간 11시간 14분 중 수면은 7시간 59분을 차지하고, 의무시간 7시간 57분 중 일은 3시간 16
   분을 차지하며, 여가시간 4시간 49분 중 미디어 이용은 2시간 26분을 차지한다.
⑤ 2014년 필수시간, 의무시간, 여가시간을 모두 합한 생활시간은 674+477+289=1,440분이므로, 국민은
   필수시간으로 $\frac{674}{1,440} \times 100 ≒ 46.8\%$, 의무시간으로 $\frac{477}{1,440} \times 100 ≒ 33.1\%$, 여가시간으로 $\frac{289}{1,440} \times 100 ≒$
   20.1%를 사용했다.

정답 ③

[예제 02~03] 다음 자료를 보고 이어지는 물음에 답하시오.

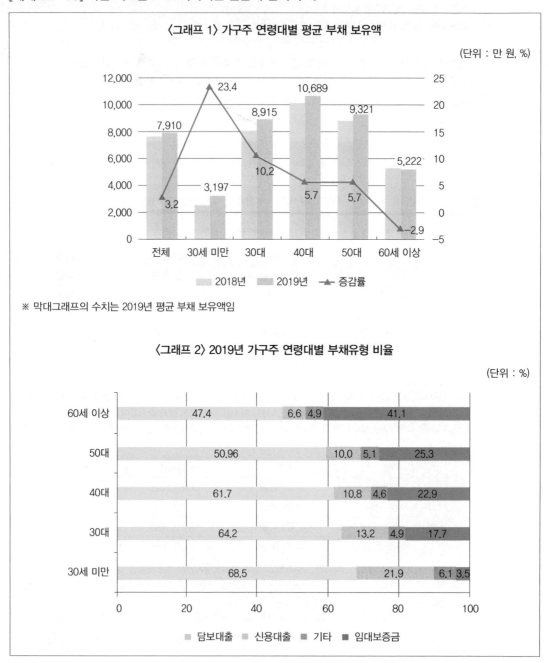

〈그래프 1〉 가구주 연령대별 평균 부채 보유액

(단위 : 만 원, %)

※ 막대그래프의 수치는 2019년 평균 부채 보유액임

〈그래프 2〉 2019년 가구주 연령대별 부채유형 비율

(단위 : %)

자료에 대한 해석으로 옳지 않은 것은?

① 30~50대의 평균 부채 보유액은 2018년과 2019년 모두 전체 평균을 웃돈다.

② 전년 대비 2019년 부채 보유액 증감률이 전체 평균보다 낮은 연령대는 60세 이상뿐이다.

③ 2019년 담보대출과 신용대출 비율은 가구주 연령대가 높아질수록 낮다.

④ 모든 가구주 연령대에서 부채유형 중 담보대출 비율이 절반 이상을 차지한다.

⑤ 신용대출과 임대보증금이 부채의 40%를 넘는 연령대는 1개이다.

풀이 〈그래프 2〉를 보면 60세 이상 가구주의 경우 담보대출 비율은 50% 미만으로 나타났다.

[오답 체크]

① 〈그래프 1〉을 보면 30~50대의 평균 부채 보유액은 2018년과 2019년 모두 전체 평균 부채 보유액을 초과한다.

② 〈그래프 1〉을 보면 전년 대비 2019년 전체 평균 부채 보유액 증감률은 3.2%이고, 이보다 낮은 연령대는 60세 이상뿐이다.

③ 〈그래프 2〉를 보면 가구주의 연령대가 높을수록 담보대출과 신용대출 비율이 낮음을 알 수 있다.

⑤ 〈그래프 2〉에서 60세 이상만 신용대출과 임대보증금 비율이 6.6+41.1=47.7%로 40%를 초과하였고 나머지 연령층은 모두 40% 미만이다.

 정답 ④

다음 중 2018년과 2019년의 부채 보유액 증감분 절댓값이 가장 큰 연령대는?

① 30세 미만 ② 30대

③ 40대 ④ 50대

⑤ 60세 이상

풀이 〈그래프 1〉에 제시된 2019년 부채 보유액과 전년 대비 증감률을 활용하여 2018년 부채 보유액을 구할 수 있다.

구분	2018년 부채 보유액	증감분
30세 미만	3,197÷1.234≒2,591	606
30대	8,915÷1.102≒8,090	825
40대	10,689÷1.057≒10,113	576
50대	9,321÷1.057≒8,818	503
60세 이상	5,222÷0.971≒5,378	−156

따라서 부채 보유액이 825만 원 증가한 30대의 증감분이 가장 크다.

 막대그래프의 길이 격차가 가장 큰 연령대는 30대이므로 계산하지 않아도 쉽게 알 수 있다.

정답 ②

매칭 · 작성

주어진 자료를 변형하거나 조건을 통해 자료의 숨겨진 정보를 매칭하는 문제이다. 표 자료를 그래프로 변환하는 문제가 가장 일반적인데, 모든 수치의 정확한 값을 계산하기보다는 추세 등의 비교를 통해 자료와 일치하지 않는 부분 위주로 파악하는 것이 효율적이다.

 S공단에 근무하는 정 과장은 일자리와 관련된 다음 도표를 근거로 개별 항목에 대한 세부 자료를 그래프로 만들고자 한다. 정 과장이 작성한 그래프 중 가장 적절하지 않은 것은?

<표> 부문별 남녀 일자리

(단위 : 만 개, %)

구분		2015년 일자리	2016년				
			일자리	지속 일자리	신규 채용 일자리	기업생성	기업 내 신규 · 대체
공공 부문		233.6	236.5	204.0	32.5	0.1	32.5
	남자	130.0	131.5	116.1	15.4	0.0	15.4
	여자	103.6	105.0	87.9	17.1	0.0	17.1
일반 정부		199.0	201.3	173.7	27.6	0.0	27.6
	남자	107.0	108.2	95.5	12.7	0.0	12.7
	여자	92.0	93.1	78.2	14.9	0.0	14.9
공기업		34.6	35.3	30.3	5.0	0.0	5.0
	남자	23.0	23.4	20.6	2.8	0.0	2.8
	여자	11.6	11.9	9.7	2.2	0.0	2.2

① 일반 정부 성별 일자리

② 2015년 성별 일자리

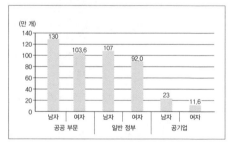

③ 2016년 부문별 여성 지속 일자리 수

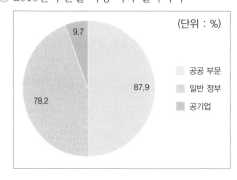

(단위 : %)

공공 부문
일반 정부
공기업

④ 2016년 공기업 남녀 지속 일자리와 신규 채용 일자리 비교

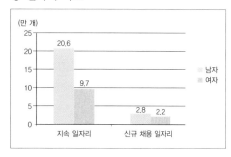

⑤ 2016년 부문별 신규 채용 일자리 비교

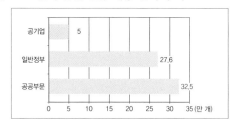

 '부문별 여성의 지속 일자리 수'의 단위는 %가 아닌 '만 개'이다. 아울러 해당 수치는 일자리 구성비를 나타낸 것이 아니므로 원형그래프를 사용하기에 적절하지 않다.

TIP 원형그래프는 전체 데이터를 100으로 한 각 구성 요소의 구성비를 나타낼 때 사용하는 그래프이다. 따라서 일반적인 수치 비교를 위해서는 막대그래프나 꺾은선그래프 등을 사용하는 것이 더 효과적이다.

정답 ③

예제 02 다음은 2017~2021년 업종별 산업재해 발생 현황에 대한 자료이다. 이에 대한 〈보기〉의 설명 중 옳은 것을 모두 고르면?(단, 제시된 업종 외에는 고려하지 않는다.)

〈표〉 2017~2021년 업종별 산업재해 발생 현황

(단위 : 건)

구분	2017년	2018년	2019년	2020년	2021년
합계	59,816	60,329	60,476	( )	64,334
광업	1,232	1,496	1,534	1,897	2,225
제조업	28,641	( )	26,142	25,333	27,377
건설업	23,665	25,132	26,570	25,649	27,686
운수업	4,180	4,159	4,114	4,237	5,291
임업	1,696	1,627	1,444	1,124	( )
어업	81	77	43	59	66
농업	( )	427	629	555	648

┌ 보기 ┐
ㄱ. 전체 산업재해 발생 건수는 2018~2021년 동안 전년 대비 꾸준히 증가하였다.
ㄴ. 2017년 광업 분야 산업재해 발생 건수는 농업 분야 산업재해 발생 건수에 비해 2배 이상 많다.
ㄷ. 2021년 임업 분야 산업재해 발생 건수는 전년 대비 10% 이상 증가하였다.
ㄹ. 2018년 제조업 분야 산업재해 발생 건수는 전체 산업재해 발생 건수의 20% 이상이다.

① ㄱ, ㄷ   ② ㄴ, ㄷ
③ ㄴ, ㄹ   ④ ㄱ, ㄴ, ㄷ
⑤ ㄱ, ㄷ, ㄹ

풀이 ㄴ. 광업 분야 산업재해 발생 건수가 농업 분야 산업재해 발생 건수의 2배라면, 광업 분야 산업재해 발생 건수 $\times\frac{3}{2}$=광업 분야 산업재해 발생 건수+농업 분야 산업재해 발생 건수일 것이다. 또한 광업 분야 산업재해 발생 건수$\times\frac{3}{2}$+제조업, 건설업, 운수업, 임업, 어업 분야 산업재해 발생 건수=전체 산업재해 발생건수일 것이다. 광업 분야 산업재해 발생 건수$\times\frac{3}{2}$=1,232$\times\frac{3}{2}$=1,848이고, 1,848+28,641+23,665+4,180+1,696+81=60,111이므로 광업 분야 산업재해 발생 건수$\times\frac{3}{2}$는 1,848보다 작아야 한다.

이때 광업 분야 산업재해 발생 건수는 1,232로 제시돼 있으므로 농업 분야 산업재해 발생 건수는 1,848−1,232=616보다 작으며, 광업 분야 산업재해 발생 건수가 농업 분야 산업재해 발생 건수의 2배 이상이라는 것을 알 수 있다.

ㄹ. 제조업 분야 산업재해 발생 건수가 전체 산업재해 발생 건수의 20% 이상이라면 광업, 건설업, 운수업, 임업, 어업, 농업 분야 산업재해 발생 건수≤전체 산업재해 발생 건수×80%일 것이다. 1,496+25,132+4,159+1,627+77+427=32,918이고 전체 산업재해 발생 건수×80%=60,329×0.8=48,263.2이므로 제조업 분야 산업재해 발생 건수는 전체 산업재해 발생 건수의 20% 이상이다.

[오답 체크]

ㄱ. 2019년과 2020년 산업재해 발생 건수를 업종별로 비교해 보면, 다음과 같다.

구분	2019년	2020년	증감
광업	1,534	1,897	+363
제조업	26,142	25,333	−809
건설업	26,570	25,649	−921
운수업	4,114	4,237	+123
임업	1,444	1,124	−320
어업	43	59	+16
농업	629	555	−74

363−809−921+123−320+16−74=−1,622이므로 2020년 산업재해 발생 건수는 2019년에 비해 1,622 감소하였다. 따라서 전체 산업재해 발생 건수는 2018~2021년 동안 전년 대비 꾸준히 증가하지 않았다.

ㄷ. 2021년 임업 분야 산업재해 발생 건수가 전년 대비 10% 이상 증가하였다면, (2020년 임업 분야 산업재해 발생 건수×1.1)+광업, 제조업, 건설업, 운수업, 어업, 농업 분야 산업재해 발생 건수≤2021년 전체 산업재해 발생 건수일 것이다. 그런데 (1,124×1.1)+2,225+27,377+27,686+5,291+66+648=64,529.4으로, 2021년 전체 산업재해 발생 건수인 64,334보다 크다. 따라서 2021년 임업 분야 산업재해 발생 건수는 전년 대비 10% 이상 증가하지 않았다.

정답 ③

| CHAPTER |

03 문제해결능력

▶ 유형 01

명제

가장 기본적인 추리 유형이다. 주어진 명제를 조합하여 참·거짓을 판단하는 문제로, 우선 명제를 기호로 변경하여 정리해야 한다. 또한, 명제에 관하여 널리 쓰이는 기본 공식은 알아두어야 문제를 해결할 수 있다.

예제 01 다음 명제가 모두 참일 때 반드시 참이 아닌 것은?

> • 감자를 사면 파프리카도 산다.
> • 양파를 사지 않으면 포도도 사지 않는다.
> • 감자를 사지 않으면 자두를 산다.
> • 수박을 사면 양파는 사지 않는다.
> • 파프리카를 사면 수박도 산다.

① 자두를 사지 않으면 포도도 사지 않는다.
② 파프리카를 사면 양파는 사지 않는다.
③ 수박을 사면 감자도 산다.
④ 포도를 사면 파프리카를 사지 않는다.
⑤ 양파를 사면 자두도 산다.

풀이 주어진 명제를 기호로 정리하면 다음과 같다.
감자 → 파프리카(대우 : ~파프리카 → ~감자)
 • ~양파 → ~포도(대우 : 포도 → 양파)
 • ~감자 → 자두(대우 : ~자두 → 감자)
 • 수박 → ~양파(대우 : 양파 → ~수박)
 • 파프리카 → 수박(대우 : ~수박 → ~파프리카)
전체를 연결시키면 '~자두 → 감자 → 파프리카 → 수박 → ~양파 → ~포도'이고, 대우는 '포도 → 양파 → ~수박 → ~파프리카 → ~감자 → 자두'이다.
따라서 명제 '수박을 사면 감자도 산다.'는 참·거짓 여부를 알 수 없다.

TIP 명제의 기본은 'p는 q이다'와 'p는 q가 아니다'의 형태로 압축되며, 이를 기호로 변환하면 각각 'p → q', 'p → ~q'로 정리할 수 있다. 또한 명제 'p → q'가 참이면 그 대우인 '~q → ~p' 역시 참이다.

정답 ③

K부처가 주관하는 이번 컨소시엄에 A~E사가 참여 신청하였다. 〈조건〉이 참일 때, A~E 중 반드시 참여하게 되는 기업의 수는?

〈조건〉
• A가 참여하면 B도 참여한다.
• A가 참여하지 않으면 D와 E도 참여하지 않는다.
• B가 참여하면 C가 참여하거나, A는 참여하지 않는다.
• D가 참여하지 않으면 A는 참여하지만 C는 참여하지 않는다.

① 1개   ② 2개   ③ 3개   ④ 4개   ⑤ 5개

 조건을 기호로 정리하면 다음과 같다.
• A → B
• ~A → ~D∧~E (대우 : D∨E → A)
• B → C∨~A
• ~D → A∧~C (대우 : ~A∨C → D)
2번째 조건에 의해 D → A, 4번째 조건에 의해 ~D → A이므로 A는 무조건 참여한다. A가 참여하면 1번째 조건에 의해 B도 참여하고, 3번째 조건에 의해 C도 참여하고, 4번째 조건에 의해 D도 참여한다. 그러나 E의 참여 여부는 확정할 수 없다. 따라서 A, B, C, D는 반드시 참여한다.

 명제에서 '또는'은 ∨(합집합), '그리고'는 ∧(교집합)을 의미한다.

정답 ④

조건 추리

주어진 조건과 내용을 바탕으로 참·거짓을 판별하는 문제로 대다수 추리 문제가 이 유형에 속하며, 실제 시험에서도 출제 빈도가 높다. 조건을 토대로 경우의 수를 나누어 답을 찾는다.

예제 01 홍보팀 직원들은 다음 달 중 하루를 정해 퇴근 후 단체로 영화를 관람하기로 하였다. 아래의 〈조건〉을 감안할 때, 다음 중 참인 것은?

> **〈조건〉**
> • 다음 달의 첫째 날은 수요일이다.
> • 영화 관람일은 월~금 중 하루로 정한다.
> • 매주 화요일과 매달 첫째, 셋째 목요일은 업무상 영화 관람 시간을 낼 수가 없다.
> • 관람을 원하는 영화는 다음 달 셋째 주 금요일까지만 개봉한다.
> • 좌석은 모두 떨어지지 않게 배정하려 하며, 이 경우 주말 관계없이 3일 전에만 현장예약이 가능하다(정 대리가 평일에 방문하여 예매하기로 하였다).

① 한 주에 관람이 가능한 날이 3일이 있는 주는 없다.
② 수요일 중 하루는 관람이 가능하다.
③ 화요일과 목요일 중 가능한 날은 총 2일이다.
④ 이번 달에는 예약을 하게 될 경우가 없다.
⑤ 관람이 가능한 날은 총 6일이다.

풀이 첫째 날이 수요일이며 셋째 주 이후에는 영화 관람이 불가하다. 또한 토요일과 일요일을 제외하고, 매주 화요일, 첫째, 셋째 목요일도 제외한다. 18일 이후도 제외한다.

이 경우, 남는 날은 1, 3, 6, 8, 9, 10, 13, 15, 17일이 되는데, 3일 전인 평일에 정 대리가 방문 예약을 해야 하므로 수요일인 1, 8, 15일은 제외된다. 따라서 가능한 날짜는 3, 6, 9, 10, 13, 17일이 된다. 이를 달력으로 표시하면 다음과 같다.

일	월	화	수	목	금	토
			1	2	3	4
5	6	7	8	9	10	11
12	13	14	15	16	17	18
19	20	21	22	23	24	25
26	27	28	(29)	(30)	(31)	

④ 3일에 관람이 가능하며 이 경우 이번 달 말일인 화요일에 예약을 하게 되는 경우가 생긴다.

정답 ⑤

용의자 A, B, C, D, E 5명 중 범인은 1명이다. 이들 중 세 사람만 진실을 말할 때, 거짓말을 한 두 사람은 누구인가?

> • A : B가 범인이다.
> • B : A는 거짓말을 하고 있다.
> • C : 나는 절대로 범인이 아니다.
> • D : C의 말은 사실이다.
> • E : D는 범인이 아니다.

① A, C   ② A, E   ③ B, D   ④ C, D   ⑤ B, E

풀이   A와 B의 말이 모순이므로 둘 중 하나는 반드시 거짓이 된다. 또한 C와 D는 동일 관계에 해당하는데, 거짓말을 한 사람은 2명이므로 이 둘의 진술은 반드시 참이다. 이때 나머지 한 사람인 E의 말은 자연히 거짓이며, E의 말이 거짓이라면 범인은 D가 된다. 따라서 A의 말도 거짓이 되므로 거짓말을 한 사람은 A와 E이다.

TIP   참·거짓 문제로 분류되는 추리 문제는 모순 관계를 우선 파악해야 한다. 만약 뚜렷한 모순 관계를 찾기 어렵다면 각각을 범인으로 가정할 때 참·거짓을 판단하는 방식으로 답을 찾는다.

정답 ②

 다음 〈조건〉을 참고할 때, A~H를 키가 작은 순서대로 나열한 것은?

> 〈조건〉
> • A보다 큰 사람은 B와 G뿐이다.
> • D보다 작은 사람은 3명이 있다.
> • E는 F보다 작지만 H보다 크다.
> • G는 가장 큰 사람이 아니다.
> • H보다 작은 사람은 C뿐이다.

① B – C – A – E – F – D – H – G   ② C – H – E – D – F – A – G – B
③ E – C – H – D – A – F – B – G   ④ F – B – E – A – H – D – G – C
⑤ G – B – A – D – F – E – C – H

풀이   첫 번째, 두 번째, 네 번째 조건을 합치면 ○ – ○ – ○ – D – ○ – A – G – B 순서가 정해신나. 마시막 조건에 의하면 H는 C와 연달아 이어져야 하므로 D보다 작으며, 세 번째 조건에 의하면 H – E – F 순서가 된다. 따라서 이를 종합하면 C – H – E – D – F – A – G – B가 된다.

정답 ②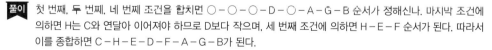

상황 적용

주어진 자료를 바탕으로 특정 상황에 적용할 때 옳고 그름을 판단하는 문제이다. 자료에 주어진 기준을 변형하지 않고 그대로 상황에 적용하여 판단한다.

예제 01

다음은 미세먼지 저감조치 및 주의·경보 관련 기준과 단계별 대응에 관한 자료이다. 이를 근거로 판단할 때 옳지 않은 것은?

■ 미세먼지 저감조치 발령 기준(어느 하나의 발령조건 충족 시)

예비저감조치	① 내일과 모레 모두 초미세먼지 평균 농도 50μg/m³ 초과 예보 ② 모레 초미세먼지 농도 '매우 나쁨' 예보
비상저감조치	① 당일 초미세먼지 평균 농도 50μg/m³ 초과+내일 평균 50μg/m³ 초과 예보 ② 당일 초미세먼지 주의보 또는 경보 발령+내일 평균 50μg/m³ 초과 예보 ③ 내일 평균 75μg/m³ 초과 예보

■ 초미세먼지 주의보 및 경보 기준

주의보	경보
기상조건 등을 고려하여, 해당 지역의 대기자동측정소에서 관측된 시간평균농도가 75μg/m³ 이상 2시간 지속	기상조건 등을 고려하여, 해당 지역의 대기자동측정소에서 관측된 시간평균농도가 150μg/m³ 이상 2시간 지속

■ 고농도 미세먼지 단계별 대응요령

[1단계] 고농도 발생	– 가급적 외출 자제하기 – 외출 시 보건용 마스크 착용하기 – 외출 시 대기오염이 심한 도로변, 공사장은 피하고 활동량 줄이기 – 대기오염 유발행위 자제하기(대중교통 이용 등)
[2단계] 예비저감조치 발령	– 우리동네대기질 모바일 앱 활용 미세먼지 농도 수시 확인 – TV방송(기상예보) 미세먼지 확인 – 차량 2부제 대비 교통수단 점검하기 – 보건용 마스크(KF80, KF94, KF99) 준비하기
[3단계] 비상저감조치 발령	– 홀수날에는 차량번호가 홀수인 차량, 짝수날에는 차량번호가 짝수인 차량 운행 – 공공기관 주차장 폐쇄, 체육·문화·의료시설 주차장은 2부제
[4단계] 주의보 발령	• 영유아·학생·어르신 　– 실외수업(활동) 단축 또는 금지 　– 이용시설 내 기계, 기구류 세척 등 식당 위생관리 강화 • 일반 국민 : 1단계 요령 유지
[5단계] 경보 발령	• 영유아·학생·어르신 　– 등·하교(원) 시간 조정, 휴교(원) 조치 검토 　– 질환자 파악 및 특별관리(진료, 조기귀가 등) • 일반 국민 : 1단계 요령 유지

① 내일부터 모레까지 초미세먼지 농도가 평균 $60\mu g/m^3$ 이상일 것으로 예보된 경우 KF94 마스크를 준비한다.

② 오후 3시부터 4시간째 초미세먼지 농도가 평균 $80\mu g/m^3$라면, 관련 질환 학생은 조기귀가 조치받을 수 있다.

③ 금일 오전 9시를 기점으로 초미세먼지 주의보가 발령되었으며 내일도 초미세먼지 농도가 평균 $50\mu g/m^3$를 초과할 것으로 예보되었을 때, 오늘이 6월 25일이라면 오늘 차량번호가 3824인 차량은 운행을 자제해야 한다.

④ 오늘 초미세먼지 주의보가 발령되었고, 내일도 초미세먼지 농도가 평균 $100\mu g/m^3$ 이상일 것으로 예보된다면 공공기관 주차장은 폐쇄된다.

⑤ 금일 오전 11시부터 오후 5시 현재까지 초미세먼지 농도가 평균 $75\mu g/m^3$ 이상을 유지하고 있다면 학교에서 실외수업을 금지해야 한다.

풀이 관련 질환 학생의 조기귀가 조치는 경보가 발령됐을 때의 대응에 해당한다. 시간평균농도가 $75\mu g/m^3$ 이상 2시간 지속되는 상황은 초미세먼지 주의보에 해당하므로 적절한 대응이 아니다.

[오답 체크]
① 예비저감조치 발령 시 적절한 대처이다.
③, ④ 비상저감조치 발령 시 적절한 대처이다.
⑤ 주의보 발령 시 적절한 대처이다.

정답 ②

예제 02 유연근무제에 대한 다음 내용을 참고할 때, 〈상황〉의 조 대리가 다음 주에 활용하기에 가장 적합한 근무 유형은 어느 것인가?

유형		활용방법
시간선택제 전환근무제		• 기본개념 : 주 40시간보다 짧은 시간 근무 • 신청 시기 : 수시 • 보수 및 연가 : 근무시간에 비례하여 적용
탄력근무제		주 40시간 근무하되, 출퇴근시각·근무시간·근무일을 자율 조정
	시차출퇴근형	• 기본개념 : 일 8시간 근무체제 유지, 출퇴근시간 자율 조정 • 신청 시기 : 실시 1주일 전까지 • 출근유형 : 가급적 07:00~10:00까지로 30분 단위로 하되, 필요 시 탄력적으로 운영 가능
	근무시간선택형	• 기본개념 : 일 8시간에 구애받지 않음(일 4~12시간 근무). 주 5일 근무 준수 • 신청 시기 : 실시 1주일 전까지 • 근무가능 시간대는 06:00~24:00로 하되, 1일 최대 근무시간은 12시간
	집약근무형	• 기본개념 : 일 8시간에 구애받지 않음(일 4~12시간 근무). 주 3.5~4일 근무 • 신청 시기 : 실시 1주일 전까지 • 근무가능 시간대는 06:00~24:00로 하되, 1일 최대 근무시간은 12시간 • 정액급식비 등 출퇴근을 전제로 지급되는 수당은 출근하는 일수만큼만 지급
	재량근무형	• 기본개념 : 출퇴근 의무 없이 프로젝트 수행으로 주 40시간 인정 • 실시기간 : 기관과 개인이 합의 • 신청 시기 : 수시 • 고도의 전문적 지식과 기술이 필요해 업무수행 방법이나 시간 배분을 담당자의 재량에 맡길 필요가 있는 분야
원격근무제		특정한 근무 장소를 정하지 않고 정보통신망을 이용하여 근무
	재택근무형	• 기본개념 : 사무실이 아닌 자택에서 근무 • 신청 시기 : 실시 1주일 전까지 • 재택근무일은 초과근무 불인정
	스마트워크근무형	• 기본개념 : 자택 인근 스마트 워크센터 등 별도 사무실에서 근무 • 신청 시기 : 실시 1주일 전까지 • 사전에 부서장 승인 시에만 초과근무 인정

〈상황〉

조 대리는 사무실 이외의 공간에서 근무하는 것을 원치 않는다. 전체적인 근무시간에 대해서는 큰 불만이 없으나, 다음주에는 몇 가지 개인적인 일이 예정되어 있어 근무 일수는 준수하되 근무 시간을 조금 조정하길 원한다. 우선, 화요일에는 업무 후 지방에서 집안 경사가 있어 수요일 출근 시간을 늦추길 바라며, 금요일에는 오후에 아들의 유치원 행사에 잠시 참석했다가 늦은 시간 사무실에 복귀하여 화요일과 금요일 낮에 처리하지 못한 일을 끝마치고 귀가하고자 한다.

① 시간선택제
② 시차출퇴근형
③ 근무시간선택형
④ 집약근무형
⑤ 재량근무형

풀이 조 대리는 사무실에서 근무하길 원하며, 전체 근무시간에 대해서는 만족하고 있다. 따라서 시간선택제, 전환근무제, 원격근무제, 재량근무형 등의 유형을 선택할 필요는 없음을 알 수 있다. 집약근무형은 근무 일수가 주 3.5~4일이 되므로 업무일수 조정의 필요가 없는 조 대리의 고려 대상에서 제외된다. 또한, 시차출퇴근형은 1일 8시간 근무시간을 준수해야 하며 이것은 화요일 근무시간의 일부를 금요일에 대체하려는 조 대리의 의도와 맞지 않으므로 결국 조 대리에게 가장 알맞은 근무제는 근무시간선택형이다.

TIP 〈상황〉을 먼저 읽으며 조 대리가 원하는 사항을 정리한다. '근무일수 준수', '사무실 근무', '다음 주 근무시간 조정', '출근시각 및 복귀시각 연기' 등의 키워드를 체크한 다음 근무유형표에서 해당 항목을 찾는 방식이 효과적이다.

정답 ③

비용 계산

주어진 자료를 토대로 문제에서 요구하는 바를 계산하는 문제이다. 실생활에서 접할 수 있는 자료가 주어진다는 점에서 수리능력의 실용 계산과 유사하고, 최적 비용을 고려한다는 점에서 자원관리능력으로도 분류될 수 있는 유형이다. 계산하지 않고 답에서 제외할 수 있는 부분을 먼저 파악해야 풀이 시간을 줄일 수 있다.

예제 01

Y공단 경영지원팀 사원 K는 비품을 관리하고 있다. 지난주 A4용지 재고가 없다는 이야기를 듣고 A4용지 8,500매를 구입하려 한다. A~E 중 가장 저렴하게 구입할 수 있는 곳은?(단, Y공단에서는 이전에 A~E에서 A4용지를 구매한 적이 없다.)

구분	묶음당 매수	묶음당 가격	배송비	기타
A	250매	4,000원	매수 상관없이 2,000원	-
B	400매	6,500원	매수 상관없이 2,500원 ※ 10만 원 이상 주문 시 무료	-
C	500매	7,500원	2,000원 ※ 10만 원 이상 주문 시 무료	주문 가격의 10% 할인
D	400매	6,500원	무료	당사에서 처음 주문하는 고객에게 20% 할인
E	600매	7,000원	2,000원 ※ 5,000매 이상 주문 시 무료	10,000원 할인 쿠폰

① A ② B ③ C ④ D ⑤ E

 풀이 A4용지 8,500매 구입 시 구입처 A~E별 금액을 계산하면 다음과 같다.

- A : $\frac{8,500}{250}$=34묶음이 필요하므로, 34×4,000원=136,000원의 비용이 든다. 배송비는 2,000원이므로 총 비용은 138,000원이다.

- B : $\frac{8,500}{400}$≒22묶음이 필요하므로, 22×6,500원=143,000원의 비용이 든다. 구매 비용이 10만 원 이상이므로 배송비는 무료이다. 따라서 총 비용은 143,000원이다.

- C : $\frac{8,500}{250}$=17묶음이 필요하므로, 17×7,500원=127,500원의 비용이 든다. 주문 가격의 10%를 할인해주므로 127,500×0.9=114,750원의 비용이 들며, 10만 원 이상 주문이므로 배송비는 무료이다. 따라서 총 비용은 114,750원이다.

- D : $\frac{8,500}{400}$≒22묶음이 필요하므로, 22×6,500원=143,000원의 비용이 든다. 처음 주문하므로 20% 할인받아 143,000×0.8=114,400원의 비용이 들며, 배송비는 무료이므로 총 비용은 114,400원이다.

- E : $\frac{8,500}{600}$≒15묶음이 필요하므로, 15×7,000=105,000원의 비용이 든다. 5,000매 이상 주문으로 배송비는 무료이며, 10,000원 할인 쿠폰을 받아 총 비용은 95,000원이다.

따라서 E에서 구입할 경우 가장 저렴하게 구입할 수 있다.

 정답 ⑤

예제 02 다음 〈표〉는 A카페의 커피 판매 정보에 대한 자료이다. 한 잔만을 더 판매하고 영업을 종료한다고 할 때, 총 이익이 정확히 64,000원이 되기 위해서 판매해야 하는 메뉴는?

〈표〉 A카페의 커피 판매 정보

(단위 : 원, 잔)

구분 메뉴	한 잔 판매가격	현재까지의 판매량	한 잔당 재료(재료비)				
			원두 (200)	우유 (300)	바닐라시럽 (100)	초코시럽 (150)	카라멜시럽 (250)
아메리카노	3,000	5	○	×	×	×	×
카페 라테	3,500	3	○	○	×	×	×
바닐라 라테	4,000	3	○	○	○	×	×
카페 모카	4,000	2	○	○	×	○	×
캐러멜 마키아토	4,300	6	○	○	○	×	○

※ 메뉴별 이익＝(메뉴별 판매가격－메뉴별 재료비)×메뉴별 판매량

※ 총 이익은 메뉴별 이익의 합이며, 다른 비용은 고려하지 않음

※ A카페는 5가지 메뉴만을 판매하며, 메뉴별 한 잔 판매 가격과 재료비는 변동 없음

※ ○ : 해당 재료 한 번 사용 / × : 해당 재료 사용하지 않음

① 아메리카노　　　　　　　② 카페 라테
③ 바닐라 라테　　　　　　　④ 카페 모카
⑤ 캐러멜 마키아토

풀이 메뉴별 이익을 계산하면 다음과 같다.
- 아메리카노 : 3,000 － 200 ＝ 2,800
  → 2,800 × 5 ＝ 14,000
- 카페 라테 : 3,500 － 200 － 300 ＝ 3,000
  → 3,000 × 3 ＝ 9,000
- 바닐라 라테 : 4,000 － 200 － 300 － 100 ＝ 3,400
  → 3,400 × 3 ＝ 10,200
- 카페 모카 : 4,000 － 200 － 300 － 150 ＝ 3,350
  → 3,350 × 2 ＝ 6,700
- 캐러멜 마키아토 : 4,300 － 200 － 300 － 100 － 250 ＝ 3,450
  → 3,450 × 6 ＝ 20,700

현재까지의 총 이익은 60,600원으로, 64,000원을 채우기 위해서는 바닐라 라테를 판매해야 한다.

정답 ③

평가와 선택

주어진 조건에 맞는 사항을 선택하는 문제이다. 점수를 계산하여 인원을 선발하거나 조건에 맞는 장소나 물품을 선정하는 자원관리능력과 상통하는 유형이 가장 일반적이다.

2020학년도 수능을 치른 A, B, C, D, E, F는 Q대학에 지원하였다. 다음 조건을 고려할 때 Q대학의 최종 합격자는?

- **조건**
  - 지원자 중 2019학년도 수학능력시험의 국어, 수학, 영어 과목이 원점수 기준 평균 2등급 이내인 자를 이과와 문과에서 각 1명씩 선발한다.
  - 위 조건에 해당하는 사람이 여러 명일 경우 3과목 원점수를 합산한 총점이 높은 순서대로 선발한다.

- **2020학년도 수능 과목별 등급 커트라인(원점수 기준)**

(단위 : 점)

구분	1등급	2등급	3등급	4등급	5등급	6등급	7등급	8등급
국어	84	78	70	61	51	41	31	22
수학(가)	92	88	81	73	61	43	26	15
수학(나)	88	84	73	59	38	23	15	11
영어	90	80	70	60	50	40	30	20

※ 국어와 영어는 공통이며, 이과는 수학(가)형, 문과는 수학(나)형을 응시한다.

- **지원자 원점수**

(단위 : 점)

구분	A	B	C	D	E	F
국어	83	81	92	76	82	80
수학	79	85	75	91	90	86
영어	82	80	82	89	81	90

※ A, B, C는 문과생, D, E, F는 이과생이다.

① A, D   ② B, D   ③ B, E   ④ C, F   ⑤ D, F

풀이 우선 지원자의 과목별 점수를 등급으로 나타내면 다음과 같다.

구분	국어	수학	영어	평균
A	2	3	2	2.3
B	2	2	2	2
C	1	3	2	2
D	3	2	2	2.3
E	2	2	2	2
F	2	3	1	2

문과생 중 B와 C, 이과생 중 E와 F가 2등급 이내에 속한다. 이들의 원점수를 합산한 총점은 다음과 같다.

B	C	E	F
246	249	253	256

따라서 최종 합격자는 C와 F이다.

TIP 점수 계산 문제는 가중치를 적용해야 하는 경우가 많다. 가중치에 따라 결과가 달라지므로 조건에 따라 상황별로 적용하도록 한다.

정답 ④

예제 02 홍보팀에서는 프레젠테이션에 필요한 빔 프로젝터를 준비하고자 한다. 제품 사양 비교와 팀장의 지시를 참고할 때, 홍보팀이 구매하기에 가장 적절한 제품은 어느 것인가?

〈제품 사양 비교〉

모델명	A제품	B제품	C제품	D제품	E제품
해상도(DPI)	1920×1080	1920×1080	1280×720	1280×720	1920×1080
화면 크기(cm)	266×149	221×124	221×124	221×124	266×149
밝기(루멘)	1400	600	550	250	1500
포트	USB×1, HDMI×1	USB×2, HDMI×1	USB×2, HDMI×2	USB×2, HDMI×2	USB×2, HDMI×1
규격(W/H/D mm)	132×84×220	170×49×170	174×44×116	85.5×36.5 ×147	118×189×353
무게(kg)	1.5	1.0	0.65	0.49	2.3

> 팀장 : 이번 프레젠테이션에 사용할 빔 프로젝터는 무게는 상관없지만 회의실 테이블 사정에 맞도록 높이가 12cm를 넘지 않아야 해요. 해상도와 화면 밝기는 가급적 고사양이면 좋겠고, 화면크기는 가로 250cm 이하여야 합니다. 필수 사항으로 USB와 HDMI 포트가 각각 2개 이상은 되어야 첨부 자료를 원활히 사용할 수 있다는 점 유념하세요.

① A제품   ② B제품   ③ C제품   ④ D제품   ⑤ E제품

 팀장의 지시를 보면 무게는 상관없으므로 고려하지 않으며, 높이(H)가 12cm보다 낮아야 하므로 E제품은 제외된다. 해상도와 화면 밝기는 가급적 고사양이면 좋겠다고 했으므로 A, B제품이 C, D제품보다 상대적으로 적합하다고 할 수 있다. 화면 크기는 가로 25cm 이하여야 하므로 B제품이 가장 적합한 제품으로 판단될 수 있으나, USB와 HDMI 포트가 각각 2개 이상이어야 한다는 필수 조건을 고려할 때, 결국 해상도와 화면 밝기가 저사양이지만 필수 조건을 충족하는 C제품과 D제품 중 보다 밝기가 우수한 C제품을 선택하는 것이 가장 적절한 선택이다.

 조건 중에서도 반드시 충족해야 하는 것과 상황에 따라 고려하지 않아도 되는 것을 구별하여 판단한다. 조건 중 USB와 HDMI 포트는 반드시 2개 이상이어야 하므로 선택 범위를 C제품과 D제품으로 대폭 줄일 수 있으며, 나머지 조건 중 더 적합한 것을 고르면 된다.

정답 ③

MEMO

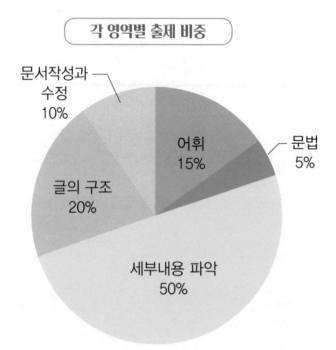

각 영역별 출제 비중

문서작성과 수정 10%

어휘 15%

문법 5%

글의 구조 20%

세부내용 파악 50%

세부내용 파악 문제는 거의 대부분 기업에서 출제되고 있는 중요한 유형으로 의사소통능력에서 가장 큰 비중을 차지한다. 그중 내용 일치/불일치 문제, 중심 내용 찾기, 주제 찾기 문제가 대표적이다. 그 다음으로 글의 맥락을 파악하고 문장 또는 문단을 순서대로 배열하는 글의 구조 문제가 자주 출제되며 빈칸의 앞뒤 내용을 중심으로 글을 삽입하는 내용 삽입 유형도 종종 출제된다. 또한 상대적으로 작은 비중이지만 실제 직무에서 요구되는 다양한 형태의 문서를 작성하고 올바르게 수정하는 문제도 출제되며 어휘와 문법 문제도 꾸준히 출제되고 있으므로 빈출 어휘와 기본적인 문법 지식을 반드시 익혀 두어야 한다.

01

의사소통능력

01 다음 문장의 밑줄 친 어휘 중 외래어 표기법에 의한 올바른 한글 표기가 아닌 것은?

① 디지털 정보와는 달리 <u>아날로그</u> 정보는 전기가 켜져 있든 꺼져 있든 상관없는 순간 볼트의 계속적인 변화와 흐름을 의미한다.

② 우리 전통 음식 중 하나인 떡에 크림과 아이스크림, <u>카스테라</u> 등 양식 재료를 더해 만든 신메뉴가 인기다.

③ 로스앤젤레스 교외로 영화 산업이 들어오기 전까지 <u>할리우드</u>는 인구가 1천 명도 안 되는 곳이었다.

④ 여자 3,000m 계주 결선 경기장에 '금메달 아니어도 괜찮아'라는 <u>플래카드</u>가 등장했다.

⑤ 마치 모세의 기적처럼 도로 위의 주행 차량들은 <u>앰뷸런스</u>를 위해 길을 터주었다.

02 다음 중 빈칸 ㉠, ㉡에 들어갈 단어를 순서대로 나열한 것은?

경제성장으로 중산층이 급속히 늘고 있는 인도에서 포도주 바람이 불고 있다. BBC 방송에 의하면 지난해 인도에선 350만 병의 포도주가 소비되었고 이에 따라 포도주 제조 및 수입회사들은 인도 전역의 대도시에서 포도주 시음행사를 열고 있다. 또한 인도 포도주는 서구 시장으로도 (㉠)하고 있다. 대표적으로 인도에서 처음으로 포도주 생산을 시작한 술라 포도농원은 미국, 이탈리아는 물론 프랑스에까지 수출하고 있다. 술라 포도농원은 해외 수출량을 맞추기 위해 현재 생산설비를 대대적으로 확충하고 있다. 현재 연 50만 병 규모를 150만 병으로 늘릴 예정이다. 이는 인도의 포도주 소비가 앞으로 5년간 연 30%씩 증가할 것이란 (㉡)을/를 바탕으로 한 증설이다.

	㉠	㉡
①	수출	예측
②	진출	가설
③	진입	전망
④	수출	가설
⑤	진출	전망

03 밑줄 친 단어의 의미가 〈보기〉와 동일한 것은?

핵심
유형

의사
소통
능력

수리
능력

문제
해결
능력

> ┌보기┐
> 그는 자신의 얼굴로 날아오는 공을 쳐 냈다.

① 어렸을 때는 구슬을 치며 놀곤 했다.
② 연주가 끝나자 관객들이 박수를 치기 시작했다.
③ 오랜만에 친구들이 모여 트럼프를 쳤다.
④ 권투 경기에서 하반신을 치는 것은 반칙이다.
⑤ 할아버지께서는 돼지를 쳐서 아버지를 학교에 보내셨다.

04 다음 중 의미 중복에 해당하지 않는 문장은?

① 출항 시간이 임박하였으니 어서 배에 승선하십시오.
② 그동안의 일들을 돌이켜 회고해 보니 마음이 뭉클하였다.
③ 수마가 지나간 이곳은 즉시 재해 지역으로 선포되었다.
④ 짧게 약술하면 다음과 같습니다.
⑤ 기차역은 고향으로 돌아가는 귀성객들로 붐볐다.

05 다음 신재생 에너지의 보급과 관련된 글을 참고할 때, 밑줄 친 부분에서 언급된 '솔루션'이 갖추어야 할 특성과 가장 거리가 먼 것은?

신재생 에너지란 태양, 바람, 해수와 같이 자연을 이용한 신 에너지와 폐열, 열병합, 폐열 재활용과 같은 재생 에너지가 합쳐진 말이다. 현재 신재생 에너지는 미래 인류의 에너지로서 다양한 연구가 이루어지고 있다. 특히 과거에는 이들의 발전 효율을 높이는 연구가 주로 이루어졌으나 현재는 이들을 관리하고 사용자가 쉽게 사용하도록 하는 연구와 개발이 활발히 진행되고 있다. 신재생 에너지는 화석 연료의 에너지 생산 비용에 근접하고 있으며 향후 유가가 상승되고 신재생 에너지 시스템의 효율이 높아짐에 따라 신재생 에너지의 생산 비용이 오히려 더 저렴해질 것으로 보인다.

따라서 미래의 신재생 에너지의 보급은 지금보다 훨씬 광범위하게 이루어질 것이며 현재의 전력 공급 체계를 변화시킬 것이다. 신재생 에너지는 현재 중앙집중식 전력공급 체계가 사용되는데 미래에는 다양한 곳에서 발전이 이루어지는 분산형으로 변할 것으로 보인다. 이를 위해 분산형 전원 시스템 체계에서 가장 중요한 기술인 스마트그리드는 전력과 IT가 융합한 형태로서 많은 연구가 이루어지고 있다.

스마트그리드란 기존 전력망에 정보통신기술을 더해 전력 생산과 소비 정보를 실시간으로 주고받는 차세대 전력망이다. 스마트그리드를 구축하기 위해서는 에너지관리시스템(EMS), 스마트 계량기(AMI), 양방향 정보통신기술 등 다양한 설비가 필요한데, 그 핵심은 에너지 저장장치(ESS)이다. ESS에 전기를 저장했다가 나중에 사용함으로써 버려지는 에너지를 최소화할 수 있다.

미래에는 스마트그리드 기반의 분산형 전원 보급이 활발해질 것이며, 곳곳에 중소규모의 신재생 에너지 시스템이 설치될 것으로 예상된다. 따라서 이들을 통합적으로 관리하고 정보 교환 기술을 갖춘 다양한 솔루션이 등장할 것으로 보인다.

신재생 에너지 시스템의 보급은 인류의 에너지 문제를 해결하는 유일한 방안이지만 화석 에너지와 달리 발전량을 쉽게 제어할 수 없다는 문제점을 가지고 있다. 또한 같은 시스템일지라도 지역의 환경에 따라 발전량이 서로 다르므로 스마트그리드를 기반으로 한 마이크로그리드 시스템이 구축될 때 신재생 에너지 시스템 관리 측면에서 정보 처리 기술이 중요한 인자가 될 것이다.

신재생 에너지 시스템을 관리하기 위해선 에너지 데이터 처리가 중요할 것으로 보인다. 특히 미래 신재생 에너지 관리 시스템은 관리가 체계적으로 진행될 발전단지보다는 비교적 관리 체계가 확립되기 힘든 주택, 빌딩 등에서 필요할 것으로 보인다. 다시 말해 <u>주택, 빌딩에 신재생 에너지 시스템이 설치되면 이들을 관리할 수 있는 솔루션</u>도 함께 설치되어야 하며 이들을 운용하기 위한 애플리케이션도 함께 등장해야 한다.

① 소비자가 에너지의 생산과 소비를 모두 고려할 수 있는 지능형 에너지 서비스
② 잉여 에너지가 발생되지 않도록 하는 수요와 공급 맞춤 발전량 자동 조절 기능
③ 다양한 OS로 기능을 구현할 수 있는 웹 서비스 기반의 범호환적인 플랫폼 기술
④ 생성된 에너지 데이터를 종합, 분석한 맞춤형 서비스 제공
⑤ 모니터링 및 제어가 가능한 모바일 컨트롤 기능

06 다음은 근로시간 단축이 근로자와 근로환경에 미치는 영향에 관한 글의 일부를 발췌한 것이다. 문맥상 〈보기〉의 문장을 삽입할 문단으로 가장 적절한 것은?

핵심
유형

의사
소통
능력

수리
능력

문제
해결
능력

(가) 법정근로시간 단축 효과를 분석한 대부분의 연구들은 고용구조, 임금수준에 집중되어 왔다. 또한 일자리 창출의 중요성이 확대되면서 거시적인 측면에서 경제성장과 고용창출의 효과를 분석하는 연구가 주를 이루었다. 그러나 근로시간 단축은 근로자의 재량시간과 기업의 노동생산성 향상 유인을 증대시킨다는 측면에서 근로자의 생활과 근로환경에도 영향을 준다.

(나) 근로시간이 단축되면 근로자들은 늘어난 재량시간을 다른 활동에 배분하게 된다. 법정근로시간 단축으로 인한 시간사용의 효과를 분석한 연구를 보면 일본은 개인의 여가시간이 증가하는 반면 한국은 수면 등 개인 관리시간이 증가한다. 근로시간 단축은 일과 생활이 양립할 수 있는 여건이 조성된다는 측면에서 근로자의 삶의 만족도를 높일 수 있다. 근로시간이 감소하면 삶의 질과 가족 관계 등 전반적인 삶의 만족도에 긍정적 영향을 미친다. 또한 노동시간이 감소하면 근로만족도와 업무성과가 향상될 뿐만 아니라 근로 유연성이 커져 생산성과 자체 성과평가도 개선된다.

(다) 근로시간은 근로자의 생활습관과 건강에 영향을 미친다. 근로시간이 길면 흡연, 음주, 나쁜 식습관은 늘어나는 반면 운동량은 줄어들게 되고 건강에도 부정적 영향을 준다는 연구가 다수 존재한다. 근로시간이 감소하면 흡연율, 비만율, 육체적 비활동률이 감소한다고 보고되었으며, 프랑스에서는 법정근로시간이 단축되면서 근로자의 흡연과 음주, 무기력증 등이 감소했다는 연구도 있다. 반면 한국의 경우 근로시간이 단축되면서 흡연 가능성은 감소한 반면 음주 가능성은 증가한 것으로 보고되고 있다.

(라) 근로시간은 근로자의 근로환경에도 영향을 미치는데 이는 고용주(기업)와 근로자의 행동 변화가 복합적으로 작용하면서 나타난다. 기업의 비용최소화 모형에 따르면 고용주는 근로시간을 줄여야 하는 상황이 발생하면 노동비용을 축소하려는 행동을 하게 된다. 이러한 과정에서 근로자들은 작업에 대한 추가적인 압력을 받게 된다. 이것은 근로시간의 감소는 노동 강도가 약화되는 현상을 상쇄한다는 것을 의미한다. OECD에서는 법정근로시간 단축의 영향은 국가별 경제상황과 기업문화 등에 따라 다양하게 나타나지만 기업측면에서는 실근로시간 감소와 시간당 노동생산성 향상이 일관되게 나타났다고 보고하고 있다.

(마) 근로시간 단축으로 인해 근로자에게 주어지는 노동 강도가 강화된다는 연구들이 존재함에도 근로자들이 심리적으로 체감하는 전반적인 만족도는 향상될 가능성이 존재한다. 이는 노동 강도가 강해져도 근로자가 작업장에 존재하는 절대적인 시간은 축소되어 시간사용의 유연성이 증대되기 때문이다. 또한 근로시간이 적정선을 넘어서면 생산성뿐만 아니라 작업의 안정성도 급격히 감소한다는 측면에서 근로시간 감소는 근로자에게 긍정적인 영향을 미칠 수 있다.

┌ **보기**
고용주는 근로자의 근무 집중도가 제고될 수 있도록 관리·감독 체계를 개선하는 등 추가적인 노동구입 없이 기존 작업량을 해소하려고 할 것이다.

① (가)　　　　② (나)　　　　③ (다)　　　　④ (라)　　　　⑤ (마)

07 다음 자료를 참고하여 A~E의 사례 중 옳지 않은 것을 고르면?

제15조(지연에 따른 환불·배상) ① 철도공사의 책임으로 승차권에 기재된 도착역 도착시각보다 고속열차가 20분 이상, 일반열차가 40분 이상 늦게 도착한 경우 승차한 날로부터 1년 이내에 해당 승차권을 역(간이역 및 승차권판매대리점 제외)에 제출하고 소비자분쟁해결기준에 정한 금액을 청구할 수 있습니다. 다만, 다음 각 호 등에 해당하는 경우는 제외합니다.

　1. 천재지변 또는 악천후로 인한 재해
　2. 열차 내 응급환자 및 사상자 구호 조치
　3. 테러위협 등으로 열차안전을 위한 조치를 한 경우

② 제1항에 정한 지연시각은 여행시작 전에는 승차권에 기재된 출발역 출발시각을, 여행시작 후에는 도착역 도착시각(환승승차권은 승차구간별 각각의 도착역 도착시각)을 기준으로 적용합니다.

③ 여행을 시작하기 전에 제1항에 정한 시간 이상이 지연되어 여행을 포기한 사람은 운임·요금 환불을 청구할 수 있으며, 이 경우 철도공사는 운임·요금 전액을 환불합니다.

제16조(운행중지에 따른 환불·배상) ① 철도공사의 책임으로 열차의 운행이 중지된 경우 여객은 승차한 날부터 1년 이내에 해당 승차권을 역(간이역 및 승차권판매대리점 제외)에 제출하여 운임·요금의 환불·배상을 청구할 수 있으며, 철도공사는 다음 각 호의 기준에 따라 지급합니다. 다만, 철도공사에서 대체 열차를 투입하거나 다른 교통수단을 제공하여 연계수송을 완료한 경우에는 지급하지 않으며, 여객은 철도공사에서 제공하는 대체 교통수단의 이용 여부를 선택할 수 있습니다.

　1. 출발 전
　　가. 운행중지를 역·홈페이지 등에 게시한 시각을 기준으로 1시간 이내에 출발하는 열차 : 전액 환불 및 영수금액의 10% 배상
　　나. 운행중지를 역·홈페이지 등에 게시한 시각을 기준으로 1시간~3시간 사이에 출발하는 열차 : 전액 환불 및 영수금액의 3% 배상
　　다. 운행중지를 역·홈페이지 등에 게시한 시각을 기준으로 3시간 후에 출발하는 열차 : 전액 환불

　2. 출발 후 : 이용하지 못한 구간에 대한 운임·요금 환불 및 이용하지 못한 구간 운임·요금의 10% 배상

② 제1항에도 불구하고 천재지변 및 악천후로 인하여 재해가 발생한 경우 등 철도공사의 책임이 없는 사유로 운행이 중지된 경우에는 다음 각 호에 정한 금액의 환불을 청구할 수 있습니다.

　1. 출발 전 : 영수금액 전액 환불
　2. 출발 후 : 이용하지 못한 구간의 운임·요금 환불. 다만, 운임·요금을 할인한 경우에는 같은 할인율로 계산한 운임·요금을 환불

제17조(환불 방법 등) ① 철도공사는 제14조 내지 제16조에 따라 운임·요금의 환불을 청구받은 경우 신용카드·마일리지·포인트로 결제한 승차권의 운임·요금은 현금으로 환불하지 않고 결제내역을 취소합니다.

① 1월 1일 13:24에 도착 예정이던 고속열차가 운행 중 열차 내 응급환자가 생기는 바람에 14:18에 도착한 데 대해 A씨는 같은 해 11월 12일 해당 승차권을 역에 제출하며 지연에 따른 환불·배상을 요구, 소비자분쟁해결기준에 정한 금액을 환불·배상받았다.

② 천재지변으로 인하여 탑승해 있었던 열차가 운행 중지를 결정하여 원하는 목적지까지 이동하는 데 해당 열차를 이용할 수 없게 된 B씨는 이용하지 못한 구간에 대한 운임의 환불을 청구하였고, 신용카드 결제내역을 취소하는 방식으로 환불받았다.

③ 15:30에 출발 예정인 열차의 운행이 철도공사의 책임으로 정지되었음이 14:50에 게시된 데 대해 C씨는 환불·배상을 청구하여 운임 전액인 21,500원을 환불받고 2,150원을 배상받았다.

④ 철도공사의 책임으로 14:20에 출발 예정인 일반열차가 15:30에 출발하게 되어 계획된 행사에 정시 참석할 수 없게 된 D씨는 행사 참석을 포기했고 이에 대한 운임 환불을 요구하여 전액을 환불받았다.

⑤ 철도공사의 책임으로 탑승 중인 열차의 운행이 중지되었고 철도공사가 제공한 대체 열차로 환승하는 것을 선택한 E씨는 연계수송에 대한 배상을 청구하였으나 배상받지 못했다.

08 다음 글에서 설명한 내용과 다른 것은?

> 우주도 언젠가는 죽음을 맞이할 것이다. 그렇다면 우주는 어떻게 멸망할까? 이에 대하여 세 가지 가설이 제시되었다. 첫 번째 가설은 '빅 립(Big rip)'이다. 우주는 그 탄생 이래 가속 팽창을 지속하고 있는데, 이 가설에 따르면 어느 순간 중력이 우주의 팽창을 감당할 수 없는 순간이 오게 된다. 그 결과 은하같이 큰 구조물이 먼저 물질 간의 공간 팽창으로 분해되고, 뒤이어 블랙홀과 항성, 행성 등이 분해된다. 그리고 팽창 속도가 빛의 속도보다 빨라지면, 우주를 이루는 원자들마저 해체되는 것이다. 두 번째 가설은 '빅 프리즈(Big freeze)'인데, 이 가설은 우주가 팽창하는 동안 물질이 방사선으로 천천히 변환되고, 그 결과 희석된 광자의 가스만이 남게 된다는 것이다. 이는 열역학 제2법칙, 즉 '엔트로피(Entropy) 증가의 법칙'에 따른 가설이다. 마지막 가설은 '빅 크런치 & 빅 바운스(Big crunch & Big bounce)'이다. 이 가설에 따르면 우주의 가속 팽창을 야기하는 암흑 에너지의 힘이 언젠가 줄어들게 되고, 그로 인해 중력이 우리 우주를 지배하는 힘이 되며, 이에 따라 우주는 팽창을 멈추고 거꾸로 '가속 수축'을 하게 되는데 이를 빅 크런치라 한다. 이 수축의 끝에서 우주는 우주의 전체 질량과 같은 질량을 가진 하나의 거대한 블랙홀이 되고, 또 한 번의 빅뱅(Big bang)을 일으키게 된다.

① '빅 프리즈'에 따르면 우주의 모든 원소들은 동일한 형태가 될 것이다.
② 세 가설 모두 우주가 영원히 멸망한다는 것을 전제로 한다.
③ 우주의 팽창 속도는 점차 증가하고 있다.
④ '빅 립'은 암흑 에너지 때문에 발생한다.
⑤ '빅 크런치 & 빅 바운스'에 따르면 빅뱅 직전 우주에는 단 하나의 거대 블랙홀만 존재할 것이다.

09 다음 글을 고쳐 쓰기 위한 방안으로 적절하지 않은 것은?

소설 작가인 김영하는 한 방송에서 자신이 가르치는 학생들에게 졸업할 때까지 '짜증난다'는 말을 ㉠쓰지 못하도록 금지했다고 이야기했다. 그는 "'짜증난다'라는 표현은 너무나 많은 감정을 표현할 수 있다."라고 말하며 '서로 완전히 다른 감정들도 모두 짜증난다는 말로 표현해 다양한 감정의 무늬를 단순하게 뭉뚱그리게 된다'고 그 이유를 설명했다. 생일에 미역국을 끓여주지 않은 어머니에게 느끼는 서운함도, 화장실에 휴지가 없어 느끼는 당황스러움도 모두 '짜증난다'라는 모호한 말로 ㉡구체화함으로써 우리가 스스로 우리의 감정을 깊이 있게 들여다보는 것을 방해한다는 것이다.

그러나 이것은 글을 쓰는 이들에게만 중요한 것이 아니다. ㉢글을 쓰는 이들은 인물의 감정은 물론 외형과 배경 요소까지 정확하게 묘사하여야 한다. 정신건강의학에서도 자신의 감정이 어떤 감정인지, 왜 그러한 감정이 생긴 것인지를 정확하게 인지하고, 또 그것을 정확한 단어로 표현하는 연습이 필요하다고 이야기한다. 이것이 자신의 감정을 이해하고, 나아가 자기 자신을 이해하는 데 큰 도움이 되기 때문이다.

지금 우리 사회는 개인주의와 사회적 소외, 각종 스트레스 등으로 우울증과 같은 정신적 질환을 겪는 이들이 늘어나고 있다. ㉣우울증 진료 환자는 2019년 79만 8,000여 명 수준으로 증가하였다. 게다가 2020년에 들어서는 코로나로 인한 비대면 상황과 직업 활동 장애 등으로 상반기에만 우울증 치료 인원이 60만 명에 달하는 상황이다. 그렇기 때문에 자신의 감정을 정확히 알고 마주하는 것은 우리 모두의 정신적·심리적 안정을 위해 ㉤반드시 필요로 한다.

① ㉠에는 의미상 불필요한 중복이 있으므로 '쓰지 못하도록 했다고'로 수정한다.
② ㉡은 의미상 적절하지 않으므로 '치부해버림으로써'로 수정한다.
③ 앞뒤의 내용을 고려하여 ㉢은 앞의 문장과 순서를 바꾼다.
④ ㉣은 주장의 근거로 활용하기에 적절하지 않으므로 비교 대상이 되는 연도의 통계를 추가한다.
⑤ 주술 관계가 자연스럽지 않으므로 ㉤을 '반드시 필요한 일이다.'로 고친다.

10 다음은 L공단에서 시행 중인 연금보험료 관련 안내문이다. 안내문의 내용을 참고할 때, 문서의 제목으로 가장 적절한 것은?

구분		변경 전(~2017년)	변경 후(2018년~)		
소득수준		140만 원 미만	190만 원 미만		
신규 가입자	정의	• 3년 이내 가입 이력이 없는 근로자 • 보험료 지원 이력이 없는 근로자	1년 이내 사업장 가입 이력이 없는 근로자		
	지원 수준	사업주 및 근로자 보험료의 각 60%	사업 규모	5인 미만	사업주 및 근로자 보험료의 각 90%
				5~10인 미만	사업주 및 근로자 보험료의 각 80%
기존 가입자	정의	신규가입자에 해당하지 않는 자	신규가입자에 해당하지 않는 자 (1년 이내 사업장 가입 이력이 있는 근로자)		
	지원 수준	사업주 및 근로자 보험료의 각 40%	사업주 및 근로자 보험료의 각 40%		

• 지원 대상 : 사업장가입자 중 사용자(법인 대표이사)를 제외한 근로자가 10명 미만인 사업장에 근무하며 기준소득월액이 고시소득 미만인 근로자로 재산 및 종합소득 요건 충족자

• 근로자 10명 미만 판단 기준 : 지원신청일이 속하는 달의 말일 기준 근로자 수가 10명 미만이어야 하고, 전년도 월평균 근로자 수가 10명 미만이어야 함(10명 이상인 경우, 신청월 직전 3개월 연속 근로자 수가 10명 미만이면 가능함)

• 지원 제외대상 : 다음의 어느 하나라도 해당되는 경우 지원 제외대상임
  ① 지원신청일이 속한 보험연도의 전년도 재산의 과세표준액 합계가 6억 원 이상인 근로자
  ② 지원신청일이 속한 보험연도의 전년도 근로소득이 연 2,508만 원 이상인 근로자
  ③ 지원신청일이 속한 보험연도의 전년도 근로소득을 제외한 종합소득이 연 2,280만 원 이상인 근로자

① 연금보험료 인하에 따른 지원대상 안내문
② 연금보험료 적용 대상 사업장 기준 안내문
③ 연금보험료 지원기준 변경 안내문
④ 사업장별 연금보험료 적용 기준 안내문
⑤ 연금보험료 지원기준 축소 변경 안내문

[11~12] K공사 인사팀에서는 청렴한 직장문화를 조성하기 위하여 다음과 같은 업무처리지침을 적용하려고 한다. 이어지는 물음에 답하시오.

<**청렴한 직장문화 조성을 위한 추진방안**>

• 인사 청탁에는 반드시 불이익 조치하여 청렴한 직장문화 조성
• 사소한 청탁이나 금품 수수도 근절하여 신뢰할 수 있는 직장문화 조성

■ **추진개요**
  • 인사와 관련된 금품 · 향응수수 등 부조리신고 활성화
  • 금품(향응) 제공자는 이유 여하 불문 각종 인사 혜택 배제
  • 본인 신상에 관한 사항은 본인이 직접 인사팀에 상담하여, 특정 라인 줄서기, 혜택 등에 대한 의혹 해소
  • 간접적인 방법이나 단순 연루 사실만으로도 일정 정도 불이익 조치

■ **부정청탁 및 금품 등 수수의 금지에 관한 법률관련 인사업무처리지침**

구분	주요 내용
부정청탁 금지대상 인사업무의 종류	• 징계 등 각종 행정처분에 관하여 법령을 위반하여 감경 · 면제하도록 하는 행위 • 채용 · 승진 · 전보 등 공직자 등의 인사에 관하여 법령을 위반하여 개입하거나 영향을 미치도록 하는 행위 • 법령을 위반하여 각종 심의, 의결, 조정 위원회의 위원, 공공기관이 주관하는 시험 · 선발위원 등 공공기관의 의사결정에 관여하는 직위에 선정 또는 탈락되도록 하는 행위 • 공공기관이 주관하는 각종 수상, 포상, 우수기관 선정 또는 우수자 선발에 관하여 법령을 위반하여 특정 개인, 단체, 법인이 선정 또는 탈락되도록 하는 행위 • 공공기관이 실시하는 각종 평가, 판정 업무에 관하여 법령을 위반하여 평가 또는 판정하게 하거나 결과를 조작하도록 하는 행위
금품 등의 수수금지	• 공직자 등은 직무 관련 여부 등에 관계없이 동일인으로부터 1회 100만 원 또는 매 회계연도에 300만 원을 초과하는 금품 등을 받거나 요구 또는 약속 금지 • 공직자 등은 직무와 관련하여 대가성 여부를 불문하고 일정 금액 이상의 금품 등을 받거나 요구 또는 약속 금지 • 금품 등에 해당되지 않는 사항 명시
위법한 업무처리 시 조치	• 공직자 등에 대한 직무 중지 또는 취소 등 • 징계, 벌칙 및 과태료

11 다음 중 위와 같은 업무처리지침을 적용하기 위한 구체적인 실행 계획으로 가장 적절하지 않은 것은?

① 감사실 등 내부 해당 조직에서 운영하는 비위 관련 신고 센터를 적극 활용한다.
② 금품 제공 당사자는 물론 당사자의 상급관리자에게도 관리감독 소홀에 따른 문책을 병행한다.
③ 근무평가, 상여금, 표창 선정 등에 있어서 금품 제공자를 배제한다.
④ 부정청탁 금지에 해당되는 기준을 명확히 공지하여 금액과 행위의 한도를 넘지 않도록 습관화한다.
⑤ 직접적인 비위 행위뿐 아니라 제3자를 통한 부정청탁에도 동일한 처벌 규정을 적용한다.

12 다음은 위의 업무지침을 본 영업팀 L대리와 홍보팀 M대리의 대화 내용이다. 위의 업무지침에 부합하지 않는 답변이 포함된 것은?

> L대리 : 채용 비리 근절을 위한 의지가 엿보이는 내용이군. 그래도 보직 이동에 관한 청탁 금지사항은 포함되어 있지 않은 것 같아.
>
> M대리 : ① 아니야. 전보에 있어서의 부정 개입도 언급되어 있잖아.
>
> L대리 : 신입사원 채용 시 면접 진행위원을 선정하는 것도 공정한 기준에 의해 진행되어야겠어.
>
> M대리 : ② 그렇지. 신빌위원에 해당하는 자도 부정청탁 금지대상에 해당된대.
>
> L대리 : 유망한 인재에게 보상이 돌아갈 수 있도록 사내 아이디어 공모전 수상자를 가급적 A사 직원으로 유도하는 것도 정당한 행위에서 벗어나려나?
>
> M대리 : ③ A사 직원이라도 공정한 경쟁으로 실력을 입증해야 수상자가 될 수 있지.
>
> L대리 : 아무튼 금전이 오고가는 경우에는 정말 조심해야겠어. 돈을 받은 대가로 그 어떤 부정행위도 이루어지지 않도록 말이야.
>
> M대리 : ④ 그렇지. 대가 제공 여부가 부정행위의 결정적인 판단 근거가 되겠는걸.
>
> L대리 : 이젠 지인으로부터 소액을 빌리는 일도 조심해야겠어.
>
> M대리 : ⑤ 맞아. 소액이라도 반드시 인사팀과 상의해서 불필요한 오해를 사는 일이 없도록 신경써야겠어.

13 다음 제시된 글의 (가)~(라)를 순서대로 적절하게 배열한 것은?

> (가) 그리고 2003년 린든 랩(Linden Lab)이 출시한 3차원 가상현실(VR ; Virtual Reality) 기반의 게임 '세컨드 라이프(Second life)'가 인기를 끌면서 널리 알려지게 되었다.
>
> (나) 메타버스(Metaverse)는 '가상', '초월' 등을 의미하는 메타(Meta)와 우주를 의미하는 유니버스(Universe)의 합성어로, 일반적으로 '현실세계와 같은 사회적·경제적 활동이 통용되는 3차원 가상공간' 정도의 의미로 사용되고 있다.
>
> (다) 최근 IT 기술의 발달로 가상현실(VR)·증강현실(AR)·혼합현실(MR) 등의 더욱 정밀한 구현이 가시화되고 코로나 19 팬데믹 상황으로 비대면·온라인 추세가 확산되면서 메타버스는 더 큰 주목을 받고 있다.
>
> (라) 이는 본래 1992년 미국 SF 작가 닐 스티브수의 소설 『스노 크래시(Snow crash)』에서 처음 등장한 개념으로, 여기서는 아바타를 통해 들어갈 수 있는 가상의 세계를 지칭하는 말이었다.

① (가) - (다) - (나) - (라)　　　　② (나) - (라) - (가) - (다)
③ (나) - (라) - (다) - (가)　　　　④ (다) - (나) - (라) - (가)
⑤ (다) - (라) - (나) - (가)

[14~15] 다음 글을 읽고 이어지는 물음에 답하시오.

우리나라의 합계 출산율은 OECD 회원국 중 가장 낮은 수준으로, 2016년 합계 출산율은 1.17명에 불과하다. 저출산·고령화의 심화로 인한 노동공급 감소, 노동 생산성 저하 등에 대응하고 지속 가능한 발전을 위해서는 여성의 노동시장 참여가 절실히 요구되고 있다. 우리나라의 여성경제활동 참가율은 2008년 54.7%, 2009년 53.9%로 계속 낮아지다가 2010년 54.5%, 2011년 54.9%, 2012년 55.2%, 2013년 55.6%, 2014년 57.0%, 2015년 57.9%, 2016년 58.4%로 상승하여 2000년 이후 가장 높은 수준을 보이나 다른 선진국보다 여전히 낮은 수준이다.

정부는 저출산 위기를 극복하고 여성의 경제활동 참여를 증진하기 위해 '일·가정 양립'을 핵심개혁과제로 선정하여 여성고용률 제고 및 일·가정 양립 문화 확산을 적극적으로 추진하였고 이러한 범국가적 정책방향은 제3차 저출산·고령사회 기본계획('15.12월)에도 반영되었다. 정부는 우선 여성의 경제활동 참여를 촉진하기 위해 시간선택제 일자리를 확산하는 한편, 여성이 경력단절 없이 계속 일할 수 있는 여건 조성을 위하여 아빠의 달 기간 확대(1 → 3개월), 둘째 자녀부터 아빠의 달 상한액 인상(월 150 → 200만 원), 임신기 근로시간 단축제도 전 사업장 확대 등 법·제도를 개선하였다. 또한 중소기업의 직장어린이집 설치를 유도하기 위해 산업단지 등 중소기업 밀집지역에 입주한 사업주 단체 등이 직장어린이집을 설치하는 경우 최대 20억 원까지 지원할 수 있도록 제도를 확대하였다.

또한 우리나라 청년 고용률(15~24세 기준)은 OECD 회원국 중 낮은 수준으로 2015년 기준 OECD 평균은 38.7%인 반면, 한국의 청년 고용률은 26.9%이며, OECD 34개국 중 27위이다. 그러나 한국의 청년 고용률은 2013년 24.2%, 2014년 25.8%로 매년 조금씩 상승하고 있지만 2000년 29.4%에 비하면 낮은 수준을 못 벗어나고 있다. 아울러 청년층이 노동시장에 진입하는 연령이 점차 늦춰지고 있는 것을 감안해서 청년층을 15~29세로 확대해서 살펴보면 2015년 OECD 평균 고용률은 51.4%이고 한국은 41.5%로, 15~24세의 OECD 평균 고용률의 격차 11.8%보다는 작은 9.9%의 차이를 보인다.

이처럼 우리나라 청년 고용률이 낮은 이유는 높은 대학 진학률과 함께 제한된 일자리에 선호가 집중됨에 따라 과도한 스펙 쌓기로 인해 노동시장 진입이 늦어지는 등 15~24세 비경제활동 인구가 증가함에 따른 것으로 볼 수 있다. 저출산 고령화 사회 우리 경제의 지속성장을 위해 대규모 은퇴가 예정된 베이비부머를 청년층이 대체할 필요가 심각한데도, 청년층의 취업 시기의 지연은 임금소득 감소 및 불안정한 고용상태로 귀착될 우려가 있다. 따라서 청년층의 교육·직업훈련, 구직·취업, 직장 유지 및 이동 등 전 단계에 대한 실태분석을 통해 맞춤형 대책을 중점 추진할 필요가 있다.

14 다음 중 윗글의 제목으로 가장 적절한 것은?

① 저출산 및 여성 고용률 저하의 원인 분석
② 우리나라와 OECD 회원국의 여성 및 청년 고용률 비교
③ 여성의 경제활동 참여를 독려하기 위한 정부 대책의 실효성 파악
④ 대학 진학과 특정 일자리 선호가 청년 고용률에 미치는 영향
⑤ 여성 및 청년의 고용률 제고를 위한 정부정책

15 다음 중 윗글에서 언급되지 않은 내용은?

① 우리나라 여성의 연도별 경제활동 참가율
② 여성의 경제활동 참여를 위한 정부의 지원정책
③ 청년층에 대한 중소기업 지원 유인책
④ 청년층 범위 규정에 따른 OECD 회원국 평균과의 고용률 차이
⑤ 우리나라의 청년 고용률이 낮은 원인

핵심
유형

의사
소통
능력

수리
능력

문제
해결
능력

16 다음 제시된 글의 제목으로 가장 적절한 것은?

우리는 양자역학의 토대 위에 살고 있다. 그 유명한 물리학자 아인슈타인도 끝내 인정하지 못했을 정도로 복잡하고 난해한 이 이론은 그저 과학자들의 연구 대상으로만 느껴지는 것이 사실이다. 그러나 양자역학이 없었다면, 오늘날 우리 생활의 근간을 이루는 반도체의 탄생은 불가능했을 것이다. 그러나 양자역학은 단순히 과학 기술 분야에만 영향을 미친 것이 아니다. 양자역학의 '중첩'과 '얽힘'의 개념은 예술가들에게도 큰 영향을 미쳐 새로운 회화 기법을 탄생시키기도 하였다. 또한 '퀀텀 클라우드(Quantum Cloud, 1999)'와 같은 작품은 양자역학이 묘사하는 세계에서 영감을 받은 작품으로 알려져 있다. 이 외에도 양자역학은 "우리는 무엇으로 이루어져 있는가."라는 근원적인 물음을 던짐으로써 문학과 철학 등의 분야에도 지대한 영향을 미쳤다.

흔히 과학과 예술은 완전히 분리된 분야이며, 심지어는 서로 대척점에 서 있는 것으로 여겨지기도 한다. 과학이 반복적인 실험과 검증을 통해 명확한 진실을 찾고자 하는 분야라면, 예술은 순간적인 영감으로 말미암아 추상적인 감정을 표현하는 분야로 인식되기 때문일 것이다. 그러나 과학과 예술은 서로 밀접하게 영향을 미쳐 왔다. 천문학의 발달과 지동설의 확립은 예술의 주체를 신에서 인간으로 변모시켰다. 앞서 설명한 양자역학의 탄생에는 세계대전 이후 일어났던 다다이즘과 초현실주의 등 예술 사조의 영향도 있었을 것으로 여겨진다. 아인슈타인이 음악에서 시간과 공간을 결합한 상대성 이론의 영감을 얻었다는 일화는 잘 알려져 있다. 반대로 과학 기술이 실현시킨 대량 생산 체제는 마르셀 뒤샹의 '샘(Fountain)'을 탄생시켰고, TV와 같은 영상 매체는 그 자체로서 '비디오 아트(Video art)'로 변모하였다. 그리고 오늘날, 과학 기술의 발달과 함께 예술은 그 기법과 개념의 확장을 도모하고 있다.

① 양자역학이 예술에 미친 영향
② 과학과 예술의 근본적 차이
③ 첨단 과학기술로 만들어진 예술 작품
④ 과학과 예술, 그 불가분의 관계
⑤ 현대 물리학의 탄생과 예술

[17~18] 다음 글을 읽고 이어지는 물음에 답하시오.

고대 이후 화폐의 사용, 은행 같은 금융서비스 산업의 발달, 기회주의적 행위를 방지하기 위한 회계제도의 발달 등은 거래비용을 줄이기 위해 ⊙고안/개발된 것이다. 또한 거래비용으로 ⓒ창출/창안되는 직업은 중개업, 법률 서비스업, 신용 평가업, 광고업, 정보 제공업 등 공식적·합법적인 직업 외에도 비공식적이고 불법적인 직업도 무수히 많은 예를 들 수 있다. 교육업의 경우 거래비용 축소가 교육업의 본래 목적은 아니지만 거래비용의 축소에 크게 기여하는 직업이라 할 수 있다. 정보지식의 ⓒ함양/연마를(을) 통해 인간의 정보 부재를 보완시킬 수 있고 인성교육이나 사회규범에 대한 교육은 인간행동의 불확실성을 감소시키는 역할을 한다는 점을 고려한다면 교육수준이 높아질수록 거래비용을 감소시켜 경제발전에도 유리하다는 교육의 새로운 의의도 발견할 수 있다.

국가의 존재도 거래비용으로 설명 가능하다. 사회계약설의 요점은, 각 개인이 자신의 생명과 재산을 지키기 위해 국가에 권력을 ⓔ위탁/부탁하면서 국가가 존재했다고 한다. 경제학적인 관점에서는 재산을 지키기 위해, 재산권 거래를 원활히 하기 위해 국가가 존재하여 불확실성을 감소시키고 경제의 효율을 높인다고 할 수 있다. 유사한 견해로, 일부 학자들 사이에서는 최고 통치자 외에 국가공무원도 거래비용을 감소시키기 위해 존재한다는 주장이 ⓜ제기/제의되기도 하였다.

17 윗글의 내용을 논거로 삼을 수 있는 주장으로 가장 적절한 것은?

① 거래비용은 매우 다양한 방식으로 정의될 수 있다.
② 거래비용은 용어 사용 전부터 암묵적으로 대부분의 경제 주체가 인지하던 개념이다.
③ 거래비용의 의미는 우리가 생각하는 것 이상으로 매우 오래 전부터 존재하던 개념이다.
④ 거래비용이란 개념은 사회의 많은 분야에서 매우 유용한 개념으로 자리하고 있다.
⑤ 사회계약설에서도 알 수 있듯이 거래비용의 개념은 국가 근간을 유지하는 중요한 의미이다.

18 밑줄 친 ⊙~ⓜ 중 문맥상 서로 혼용하기 어려운 것은?

① ⊙   ② ⓒ   ③ ⓒ   ④ ⓔ   ⑤ ⓜ

19 다음은 개인정보 수집 원칙에 관한 가이드를 설명하는 글이다. 전체 내용에서 주장하고 있는 개인정보 수집 원칙에 해당하지 않는 것은?

핵심
유형

의사
소통
능력

수리
능력

문제
해결
능력

1. 정보주체의 동의를 받거나 법령에 따른 개인정보 수집 또는 계약의 체결·이행 등을 위해 불가피하게 개인정보를 수집하는 경우에도 필요 최소한의 개인정보만을 수집하여야 함

2. 주민등록번호 대체수단도 법령에서 본인확인을 요구하거나 서비스 과정에서 본인 특정이 필요한 경우 등에 한정하여 사용하여야 함

3. 개인정보의 수집 관련 현행 법령에 원칙과 세부내용에 대한 구체적인 안내를 통해 그간 잘못된 수집 관행을 개선 유도하고, 동의내용에 대한 명확한 안내 및 선택권 부여로 실질적 동의권을 보장하여야 함

4. 정보주체의 동의 여부는 정보주체가 직접 판단하여 선택하는 것을 전제로 하여야 하며, 선택적으로 동의할 수 있는 사항을 동의하지 아니한다는 이유로 재화 또는 서비스의 제공을 거부해서는 아니 됨

5. 개인정보처리자가 정보주체의 동의를 받아 개인정보를 수집하는 때에는 정보주체에게 동의의 내용과 동의를 거부할 권리가 있다는 사실 및 동의 거부에 따른 불이익이 있는 경우 그 불이익의 내용을 구체적으로 알리고 동의를 받아야 함

6. 주민등록번호를 제외한 고유식별정보 및 민감정보는 법령에 근거가 있거나 별도로 동의를 받은 경우에만 수집할 수 있음

   ※ 주민등록번호는 법률·시행령·헌법기관 규칙에서 허용한 경우만 처리 가능

7. 개인정보를 수집하고자 하는 목적에 필요한 범위 내에서 최소한의 개인정보를 수집하여야 하며 필요 최소한의 개인정보라는 입증책임은 개인정보처리자가 부담함

① 업계의 자율적인 관행 개선 및 형식적 동의에 따른 국민 불편 해소
② 필요 최소한의 개인정보 수집
③ 개인정보의 유출 소지 차단 및 온라인 정보 제공의 위험성 홍보
④ 정보주체의 실질적 동의권 보장
⑤ 고유식별정보 및 민감정보 처리 제한

[20~21] 다음은 S사의 해외주재원 근무에 관한 내부 규정 중 일부이다. 이어지는 물음에 답하시오.

제3장 해외주재원

제15조(해외주재원의 임무) 해외주재원은 다음 각 호의 임무를 수행한다.
  1. 해외 각종동향 및 정보자료의 수집
  2. 현지조사 연구 활동 및 유관기관과의 유대 강화
  3. 기타 본사에서 지시하는 사항

제16조(해외주재원의 임기) 해외주재원의 임기는 3년을 원칙으로 하되 현지 업무 추진상 특별한 사유가 있거나 본사에서 필요하다고 인정할 때에는 이를 연장 또는 단축할 수 있다.

제17조(업무활동보고) 해외주재원은 다음 각 호의 사항을 별도의 소정서식에 의거, 본사에 보고하여야 한다.
  1. 월별 사업 활동 결과보고 : 익월 15일까지
  2. 분기별 경비정산내역서 : 본사 회계부서를 거쳐 매 분기 초 15일까지

제19조(제수당 등의 지급) ① 본사 인사팀장은 해외주재원에게 제수당 등 필요한 경비를 예산의 범위 내에서 지급할 수 있다.
② 전항의 제수당 등 필요경비라 함은 주택수당, 가족수당, 재외근무수당, 특수지 근무수당 및 사무관리비, 조사활동비 등을 말한다.
③ 해외주재원에게 지급하는 제수당 등 각종 경비 지급기준은 별도로 정한다.

제20조(조사연구사업비) 해외주재원이 별도의 특수한 프로젝트사업을 수행할 경우, 그 사업추진에 필요한 조사연구사업비를 지급할 수 있다.

제21조(급여의 지급방법) 이 규정에 따른 급여지급은 본사에서 지정하는 통화로 환산 지급하거나 국내 거주자에게 원화로 지급할 수 있다.

제22조(급여의 지급시기) 해외주재원에게 지급되는 각종 급여는 해외파견일을 기준으로 지급한다. 다만, 가족수당은 다음 각 호의 계산방법에 의한다.
  1. 배우자수당은 배우자가 주재국에 도착한 날, 기타 그 지급사유가 발생한 날이 속하는 달의 다음 달부터 지급한다.
  2. 자녀수당은 자녀의 출발을 불문하고 해외주재원이 주재국으로 출발한 날, 자녀가 출생한 날, 기타 그 지급사유가 발생한 날이 속하는 달의 다음 달부터 지급한다.
  3. 퇴직, 본국으로의 전보, 자녀의 연령초과, 기타 사유로 그 지급요건이 상실된 때에는 그 사유가 발생한 날이 속하는 달분까지 지급한다.

제23조(급여의 선급) ① 해외주재원에게 외환관리법이 정하는 기간 내에서 급여를 선급할 수 있다.
  1. 본인 및 가족에 대한 의료보험 또는 상해보험
  2. 현지 법령 등에 따라 그 가입이 강제되어 있는 보험
② 전항 제1호의 경우 본인은 보험료의 전액, 가족은 50%를 본사가 부담하고 제2호의 경우에는 해당 보험료의 전액을 해당 주재원이 부담한다.

제25조(준용규정) 이 규정이 정하지 않은 사항은 따로 정하는 바에 의하며 그 외의 사항은 급여규정, 여비규정 및 외환관리법 등을 준용한다.

20 다음 중 위 규정에 부합하는 것은?

① 해외주재원은 자녀나 배우자 등 가족에 의한 사유로 인하여 임기가 조정될 수 있다.
② 사업 활동 시행에 따른 경비정산내역을 매달 15일 본사에 보고하여야 한다.
③ 모든 종류의 제수당은 지급방법과 금액이 규정에 의해 정해져 있다.
④ 배우자수당과 자녀수당이 지급되는 시점이 다를 수 있다.
⑤ 주재국 법령에 의한 현지의 보험료와 국내 의료보험료는 본사에서 선급할 수 있다.

21 다음은 S사의 해외주재원으로 근무하게 된 김 대리와 본사 이 팀장의 대화이다. 규정에 의한 적절한 응답이라고 볼 수 없는 것은?

> 이 팀장 : 김 대리, 본사 사정이 좋지 않은 상황이라는 건 자네도 잘 알 테니까 연구 활동에 필요한 비용은 급여에서 잘 운용해서 쓰도록 하게.
>
> 김 대리 : ① 연구 활동비용은 별도 예산에서 지급되는 것 아닌가요 팀장님? 아무튼 가자마자 급한 연구 활동이 예정되어 있으니 정신없겠어요.
>
> 이 팀장 : ② 그러게 말이야. 아무튼 다음 달 15일까지는 이달 사업 활동 보고서를 꼭 제출해야 하네.
>
> 김 대리 : 제 아내는 집 정리를 좀 하고 두 달 후에 현지에 올 것 같습니다. 그럼 배우자수당도 두 달 후부터 나오겠죠?
>
> 이 팀장 : ③ 두 달 후 가게 되면 배우자수당은 3달 후부터 나오겠지.
>
> 김 대리 : 그럼 제 딸에게 지급되는 자녀수당도 있으니 아내에게 애를 데리고 한 달이라도 좀 일찍 출발하라고 해야겠어요.
>
> 이 팀장 : ④ 배우자수당뿐 아니라 자녀수당도 고려하면 아무래도 그러는 게 낫겠지. 헌데 거긴 해외 인력이 파견 나온 경우라도 T보험은 꼭 가입해야 한다면서?
>
> 김 대리 : ⑤ 그렇다고 하더라고요. T보험료는 회사 지원이 안 되니 제 비용으로 부담해야죠 뭐.

[22~23] 다음은 ○○기업의 경영혁신계획서 중 성과측정 및 보상 관련 내용이다. 이어지는 물음에 답하시오.

성과측정 및 보상

1. 성과측정

1) '경영혁신' 관련 평가지표 신설

- 기관의 혁신 추진 동력 확보 및 성과창출 측정을 위해 '경영혁신' 내부평가 지표 신설
  - '열린혁신' 지표 폐지 → '경영혁신' 지표로 대체

구분	지표 내용	배점
계량지표	중점과제 선정건수, 제출 과제 총 건수, 7개 주요 과제별 제출 건수	80
비계량지표	사회적 가치, 혁신 등 정부정책 추진 노력도, 과제 달성도	20

2) '사회적 가치' 관련 평가지표 개선

- 사회적 가치 창출 실적에 대한 평가항목 개선을 통해 정부 정책방향 구현 및 성과관리

구성 및 운영		역할 및 기능
신설	일자리 창출 노력	• '정부정책 이행 노력도' 중 '일자리 창출'을 분리하여 지표 신설 • 평가항목 : 일자리 창출 아이디어 공모, 홍보실적 등
	산업안전 관리지수	• 일반지표 '재해예방 강화지수' 중 산업안전 부분을 분리하여 지표 신설
	투명경영 및 사회적 책무	• 정부 경영평가 편람 중 '사회적 기본책무 위반 조치'를 반영하여 지표 신설 • 평가항목 : 경영공시 + 원문 정보공개 + 책임경영 감점
고도화	사회적 가치 정부정책 이행	• 지표명 변경 : 정부 권장정책 이행 → 사회적 가치 정부정책 이행 • '사회적 기업 제품' 구매를 본사군 지표에 추가
	삶의 질 제고	• 지표명 변경 : GWP 지수 → 삶의 질 제고 • 평가항목 조정 : 연차휴가 사용 + 근로시간 단축(시간선택제 등)
	책임경영 감점	• 기존 '경영목표 달성 노력도' 중 감점사항에 성희롱(성폭력) 발생(은폐), 화학물질관리법 등 위반 등의 정부 경영평가 사회적 책무 위반조치 감점사항 신규 반영

2. 보상체계

1) 우수성과에 대한 보상으로 사기진작 및 혁신 추진 동력 확보

- 개인포상 : 경영혁신 우수과제 제출자, 혁신 업무 추진에 공로가 탁월한 자를 선발하여 해외연수프로그램 참여기회 제공 및 사장상 포상
  - 해외 혁신 관련 교육연수 : 회사의 3대 중점과제로 선정된 과제(3명)
  - 사장상 포상 : 공공기관 워크숍(7월 중) 시 기재부로부터 발표자료로 선정된 과제
- 부서포상 : 혁신 우수부서 포상금 지급 검토 및 매월 혁신 우수부서 선정 추진

22 다음 중 자료를 잘못 이해한 것은?

① ○○기업은 '경영혁신' 관련 내부평가 지표를 신설하며 '열린혁신' 지표를 폐지하였다.

② 제출 과제 총 건수 등의 '경영혁신' 관련 계량지표 평가 배점은 80점이다.

③ 비계량지표 중 '사회적 가치' 관련 평가지표는 총 3가지 지표가 신설되었다.

④ 경영혁신 우수과제 제출자 중 기재부로부터 발표자료로 선정되면 해외연수프로그램에 참여할 수 있다.

⑤ 매월 혁신 우수부서를 선정하여 포상금을 지급하는 보상체계가 검토 중이다.

핵심 유형

의사 소통 능력

수리 능력

문제 해결 능력

23 다음 중 사회적 가치 창출 실적에 대한 평가항목 개선에 대하여 잘못 이해한 것은?

① 일자리 창출 아이디어 공모 및 홍보실적 등에 대한 평가지표가 신설되었다.

② 투명경영 및 사회적 책무 항목에서 신설된 지표에는 '사회적 기본책무 위반 조치'가 반영되었고, 감점이 적용된다.

③ 기존의 '정부 권장정책 이행' 지표가 '사회적 가치 정부정책 이행' 지표로 변경되었으며 평가항목에 사회적 기업 제품 구매 여부가 추가되었다.

④ '삶의 질 제고' 지표는 기존 'GWP 지수'에서 명칭이 바뀐 것으로 연차휴가 사용과 시간선택제 등을 통한 근로시간 단축 여부가 평가항목에 포함된다.

⑤ 책임경영을 위하여 성폭력이 발생·은폐되었거나 화학물질관리법을 위반하였을 경우 기존보다 엄격한 감점이 적용된다.

글로벌 금융위기 직후인 2008년 0.6%까지 추락했던 일본 기업의 ROE(자기자본이익률)가 지난해 10%를 돌파하며 유럽과 비슷한 수준까지 회복했다. 한 해에 1만 3,000~1만 9,000개의 기업들이 문을 닫아야 했던 고통을 거치면서 일본 기업들의 생사는 극명하게 갈렸다. 읍참마속의 자구노력을 실현한 끝에 글로벌 무대에 복귀한 소니·르네사스가 있는 반면, 도시바나 샤프처럼 시대의 흐름을 읽지 못해 과거의 명성이 무색해진 기업들도 있다.

ⓐ7년 가량 적자의 늪에서 헤어나오지 못해 몰락의 길을 걷는 듯 보였던 소니는 2015 회계연도부터 3년 연속 흑자(순이익 기준)를 낸 데 이어, 지난해에는 매출 8조 5,439억 엔(약 84조 500억 원)을 올리며 20년만에 최대 실적을 달성했다. 지난해 영업이익은 전년 대비 2.5배 급증한 7,348억 엔(약 7조 2,300억 원)을 기록했다. 소니는 과거 소니를 대표했지만 더 이상의 차별화가 어렵다고 판단되는 PC·바이오 등을 과감하게 정리하고, 부동산·주식 같은 보유자산도 대거 매각했다. 대신 '이미지 센서'를 성장 산업으로 꼽고 집중 투자한 결과, 글로벌 시장에서 압도적인 1위로 올라서며 수익과 성장성을 동시에 확보했다.

르네사스일렉트로닉스는 일본 반도체의 르네상스를 다시 불러올 '희망'으로 불린다. 2010년 르네사스테크놀로지와 NEC일렉트로닉스가 합병해 만들어진 이 회사는 ⓑ설립 당시 매출 기준 세계 6위였지만 2011년 동일본 대지진으로 타격을 입으면서 경영난에 처했다. 2013 회계연도까지 적자가 계속됐다. 강도 높은 구조조정을 단행하고 생산 및 개발 거점 통합 등 경영 효율성을 높이기 위해 노력한 결과 2014 회계연도에는 흑자전환에 성공했으며, 지난해에는 매출 7,802억 엔(약 7조 6,800억 원)의 실적을 올렸다. 특히 주력 분야인 자동차용 반도체와 시너지를 낼 수 있는 기업들을 과감하게 인수하며 경쟁력을 키웠다. 2016년 차량용 반도체 개발업체 미국 인터실을 32억 달러(약 3조 5,900억 원)에 사들였고, 최근에는 60억 달러(약 6조 7,300억 원)를 들여 통신용 반도체 기업인 미국의 IDT를 인수한다고 밝혔다. ⓒ자율주행 기술 확산으로 인해 향후에도 르네사스의 성장은 계속될 전망이다.

일본 가전기업으로 전 세계에 이름을 날렸지만 변화에 발 빠르게 대응하지 못해 해외 자본에 맥없이 팔려나간 기업들도 있다. 130년 전통의 도시바는 가전과 PC, 반도체 등의 원천 기술을 다수 보유하고 있는 유서 깊은 가전 명문 기업이다. 하지만 ⓓ경쟁업체들의 성장과 수요 둔화에 아랑곳 않고 제품 차별화보다 고가 전략을 고수하면서 가전과 PC 사업에서 손실이 점차 확대됐다. 여기에 2006년 인수한 미국 원전회사 웨스팅하우스의 사업 실패와 회계부정으로 치명타를 입었다. 도시바는 이후 심각한 재정난으로 상장 폐지의 위기에 몰리게 되자, 그제서야 울며 겨자먹기 식으로 돈 되는 사업들을 하나둘 정리하기 시작했다. 2016년에는 가전 사업을 중국 메이디 그룹에, 2017년에는 TV 사업을 하이센스 그룹에 매각했다.

한때 글로벌 디스플레이 업계를 장악했던 샤프 역시 외국계 자본에 흡수된 사례다. 폭스콘은 대규모 자본을 앞세워 2016년 샤프를 집어삼켰다. 샤프는 중소형 LCD 사업에만 편중하며 무리하게 생산라인 증설을 단행하다, 새롭게 부상하는 한국과 중국의 디스플레이 업체들과의 가격 경쟁에서 참패했다. ⓔ2013년에는 일본 D램 제조업체인 엘피다가 경영난을 겪으며 미국 마이크론에 인수됐고, 일본 가전의 한 축을 담당했던 산요도 2011년 중국 하이얼에 인수됐다. 이들은 하나같이 당시의 시장 장악력이 영원할 것으로 믿었으며, 사업 구조 개편과 새로운 동력 마련에 대한 고민이 부재했다.

24 다음 중 ⓐ~ⓔ와 어울리는 한자성어가 아닌 것은?

① ⓐ - 권토중래(捲土重來) 　② ⓑ - 수주대토(守株待兎)

③ ⓒ - 붕정만리(鵬程萬里) 　④ ⓓ - 망양보뢰(亡羊補牢)

⑤ ⓔ - 권불십년(權不十年)

25 다음 중 글을 읽은 후의 반응으로 가장 적절한 것은?

① A : 글로벌 금융위기로 인한 긴 암흑기를 통과한 일본 기업들의 회복 · 성장 국면을 분석한 글이구나.

② B : 혹독한 구조조정을 거쳐 회복세에 들어선 캐논은 미러리스 기술 개발을 기점으로 글로벌 무대에 복귀했구나.

③ C : 도시바는 미국 반도체 회사 인터실을 인수한 후 인터실의 부정회계로 큰 타격을 입었구나.

④ D : 상장 폐지 위기에 처한 샤프는 자회사들을 중국의 메이디 그룹, 하이센스 그룹에 매각했구나.

⑤ E : 미국 회사 마이크론과 중국 회사 하이얼은 각각 일본 회사 엘피다와 산요를 인수했구나.

핵심 유형

의사 소통 능력

수리 능력

문제 해결 능력

26 다음 글의 제목으로 가장 적절한 것은?

최근 암 조기발견 증가와 함께 다양한 기능보존수술이 활발히 시행되고 있다. 위암의 경우에는 내시경을 이용한 점막절제술, 위의 절반 이하만 절제하는 축소 수술 등이 시도되고 있으며, 유방암의 경우 유방보존수술, 감시 림프절 생검을 이용한 선택적 림프절 절제술 등이, 대장암의 경우 항문을 통해서 암을 절제하는 수술법, 각종 항문보존수술 등이 시행되고 있다.

배에 큰 상처를 내지 않고 몇 개의 구멍만을 낸 후 그 구멍을 통해 작고 특수한 기구를 넣어서 수술을 하는 복강경 수술은 최근 빠르게 발전하고 있는 분야인데, 대장암, 위암, 자궁암, 전립선암, 신장암 등 다양한 수술에 시도되고 있다. 하지만 이러한 각종 기능보존수술이 모든 암 환자에 적용 가능하진 않고 일부 조기 암 환자에게만 선택적으로 시행할 수 있다.

다소 진행된 암의 경우 다양한 복합요법이 시도되고 있다. 복합요법이란 수술, 항암제, 방사선 요법 등을 하나만 사용하는 것이 아니라 복합적으로 사용하는 것을 의미한다. 대장암을 예로 들면 수술 전 방사선 치료, 수술, 수술 후 항암제 치료 등 다양한 방법을 통해 수술 범위를 줄이고 생존율을 높이는 것이다.

현대 의학에서 암 치료는 '맞춤 치료'라는 말로 대변할 수 있다. 각 개인에 발생한 암에 맞는 항암제의 선택, 암 부위 및 진행 정도에 따른 수술 방법의 선택, 림프절 전이 가능성 예측에 따른 선택적 림프절 절제술 등이 암 치료 연구에 있어서 주목받고 있다.

① 암 수술의 종류

② 암 치료 방법의 발전

③ 기능보존수술의 효과

④ 기능보존수술의 활용 범위

⑤ 복합요법의 효과

[27~28] 다음 H공사의 공고문을 보고 이어지는 물음에 답하시오.

구내식당 급식위탁운영업체 선정 공고

H공사 구내식당 급식위탁운영업체 선정을 위하여 아래와 같이 공고합니다.

1. 개요

가. 건명 : H공사 구내식당 운영(위탁)

나. 위치 : 서울시 ××구 ××로 0-000

다. 급식 규모 및 배식 관련

구내식당 운영소속	면적		1일 급식 배식시간 및 평균인원			운영기간
	식당	조리실	조식	중식	석식	
H공사 서울시 지점	165m²	58m²	06:30~08:30 (40명)	11:00~13:00 (140명)	17:00~19:00 (50명)	설, 추석 명절 당일 제외 363일

라. 부담조건

위탁자 부담	수탁자 부담
1. 조리실 및 식당 공간 제공 2. 건물임차료, 전기, 수도, 냉난방요금 3. 기존 설치된 조리기구 및 설비 4. 식탁, 의자 제공	1. H공사 부담 비품 외 필요 비품 2. 광열비(도시가스, 기타 연료) 3. 식재료비, 인건비, 운영경비 일체 4. 시설 사용에 따른 유지보수비(비품) 5. 청소, 잔반처리(일반쓰레기 포함), 방역, 방충 등 6. 집단(위탁)급식소 신고 등 제반 사항 7. 식단 등 운영전반 8. 식당운영 관련 제세공과금 9. 기타사항은 양측이 협의에 의하여 부담

2. 참가자격

가. 「식품위생법 제37조(영업허가 등)」 및 「동법 시행령 제25조(영업신고를 하여야 하는 업종)」 규정에 의하여 식품제조·가공업 또는 식품접객업 중 일반음식점 영업허가를 받은 자

나. 「식품위생법」에 의거 단체급식업 등록업체(개인)로서 식당허가 등에 결격사유가 없는 업체(개인)

3. 위탁급식업체 선정 방법

가. 1차 평가(서류평가) / 2차 평가(제안 설명회 평가)

구분	1차	2차
일시	2021.05.03.(월) 14:00	2021.05.07.(금) 14:00
장소	3층 홍보실	3층 상황실

나. 3차 평가(현장실사 평가)

  – 업체에서 위탁운영하고 있는 식당이 있을 경우 해당사업장 방문 평가

  – 일시 : 2021.05.17.(월)

다. 우선협상 대상자와 협상을 실시한 후 위탁운영업체로 적정 시 계약 체결

  ※ 합산 점수 최고 득점자를 우선협상 대상자로 선정하되, 동점자가 생길 경우 평가위원회 협의를 통해 결정

4. 기타사항

계약 후(계약기간 6개월 내) 직원 및 고객 대상 식당만족도 설문조사 결과 불만족이 50% 이상인 경우 계약을 해지하여도 선정된 업체는 이의를 제기하지 않는다.

27 다음 중 위 공고문의 문서 작성상의 문제점을 바르게 지적하지 못한 것은?

① 응모 신청서 접수 기한에 관한 내용이 누락되어 있다.
② 급식 단가가 공지되어 있지 않아 참가 여부를 결정하기 어렵다.
③ 참가 신청을 위해 필요한 서류에 대한 설명이 누락되어 있다.
④ 식품위생법에서 규정하는 사항이 명시되지 않아 자격 유무를 판단할 수 없다.
⑤ 위탁기간을 명시하지 않아 응모 가능 여부를 판단할 수 없다.

28 다음 중 위의 공고문의 내용을 바르게 이해하지 못한 것은?

① 조식도 운영해야 하고 연중 휴일도 이틀밖에 되지 않으니 우리 업체가 수행하기엔 좀 무리가 있겠어.
② 결국 H공사 경영진보다 직원들에게 좋은 평을 받아야 계약관계를 오래 유지할 수 있겠군.
③ 우린 기존 운영하던 식당이 없는 신규업체라 방문 평가는 받지 않지만 잘 준비해서 좋은 점수를 받도록 해야겠네.
④ 세 번의 평가가 2주 만에 끝나는 계획이군. 시간이 많지 않으니 신청 전에 현장실사도 미리 준비해 두어야겠어.
⑤ 제세공과금은 어차피 우리가 내는 거지만 공사에서 제시하는 식단이 우리 수익성과 안 맞게 되면 문제가 생기겠군.

29 다음 글을 읽은 후의 반응으로 옳은 것은?

> 지급준비정책은 금융기관으로 하여금 채무의 일정비율 해당액을 중앙은행에 의무적으로 예치토록 하는 것으로서 당초에는 예금자 보호를 목적으로 도입되었다. 그러나 지급준비율 변경이 금융기관의 가용자금에 영향을 미쳐 통화량을 변동시킨다는 것이 인식되면서 1930년대부터는 유동성 조절을 위한 주요한 수단으로 활용되기 시작하였다. 지급준비정책은 법적 강제력이 뒷받침되기 때문에 금융기관의 유동성을 직접적으로 조절할 수 있는 장점이 있으나 금융기관 수지에 미치는 영향이 매우 커서 지급준비율을 신축적으로 변경하는 데에는 상당한 제약이 따른다.
>
> 지급준비정책이 한국은행의 통화조절수단으로서 중요한 지위를 차지하게 된 것은 1965년 금리현실화 조치 이후이다. 그전까지만 해도 지급준비정책은 융자사전승인제, 금융기관대출한도제 등 직접규제수단을 보완하는 수단 정도로만 활용하고 있었다. 특히 해외부문의 통화증발압력이 가중된 1980년대 후반에는 지급준비정책을 기조적인 유동성 조절수단으로 적극 활용하였다. 그러나 1990년대 들어 금융자유화 진전 및 금융시장 발전으로 공개시장조작을 주된 통화정책수단으로 활용함에 따라 지급준비제도의 역할은 크게 축소되었다. 특히 1996년 이후 금융기관의 대외경쟁력 제고와 공정 경쟁을 위해 9%를 상회했던 지급준비율을 대폭 인하함으로써 통화정책 수단으로서 지급준비율의 유용성은 크게 낮아졌다.
>
> 현재 한국은행이 수행하고 있는 지급준비정책을 개략적으로 살펴보면 금융기관은 지급준비금 적립대상 채무에 한국은행이 정하는 지급준비금의 최저율, 즉 지급준비율을 곱한 금액을 지급준비금으로 한국은행에 예치해야 한다. 현재 지급준비금을 보유하여야 하는 금융기관은 일반은행과 특수은행(한국수출입은행 제외)이다. 금융통화위원회는 50% 이하에서 지급준비율을 결정할 수 있으며 현저한 통화팽창기에는 적립대상 채무 증가액 전액까지를 지급준비금으로 보유하도록 할 수 있다. 지급준비율은 모든 금융기관에게 똑같이 적용하지만 금융통화위원회의 결정에 따라 채무의 종류별 또는 규모별로는 서로 다르게 정할 수 있다.

① 금융기관이 보유한 총 자산의 일정한 비율에 해당하는 금액을 반드시 예치해야 하는 것이 지급준비정책이구나.
② 지급준비정책은 금융기관의 수익성을 조절할 수 있는 정부 통화정책의 유용한 수단이 되는구나.
③ 지급준비정책은 과거보다 최근에 그 실효성이 더욱 증대되고 있군.
④ 금융기관의 채무액이 1천억 원인 경우 최대 지급준비금은 500억 원을 넘지 못하는군.
⑤ 통화팽창이 현저히 심한 경우 금융통화위원회의 판단으로 채무 전액에 대한 지급준비금 보유를 결정할 수 있구나.

30 다음 자료를 토대로 〈보기〉의 설명을 해당 장애유형과 바르게 연결한 것은?

장애유형별 권장 스포츠

거동이 어려운 장애인일지라도 체육을 통한 건강증진과 인간능력의 한계를 뛰어 넘어 자신의 기량을 스포츠를 통해 발휘할 수 있다. 장애유형별로 권장하는 스포츠는 다음과 같다.

■ **소아마비장애인**

소아마비장애인들을 위한 신체활동 프로그램은 근력, 지구력, 유연성, 그리고 협응력을 향상시키는 데 중점을 두어야 한다. 하지마비를 가진 소아마비 장애인들이 할 수 있는 운동종목으로는 육상트랙과 필드, 수영, 사격, 양궁, 농구, 배구, 역도, 테니스, 탁구, 펜싱, 론볼 등의 하계스포츠 종목과 빙상, 스키 등의 동계스포츠 종목이 있다. 또한, 수상스키, 요트, 행글라이딩과 같은 레저 스포츠 종목도 약간의 수정된 경기규칙과 신체적 장애를 보완해주는 보조기구만 준비된다면 충분히 안전하게 즐길 수 있다.

■ **절단장애인**

운동은 절단 부위의 상처가 완전히 치료된 후에 시작하여야 한다. 절단장애인이라도 스포츠 활동에 참여하여 운동능력을 발휘할 수 있는 잠재력이 있다는 것을 명심한다. 스포츠 활동 시 가장 중요한 것은 자신감을 고취시키는 것이다. 무릎 위가 절단된 사람들도 적절한 보철기구를 이용하면 걷는 것은 물론이고 수영, 육상, 양궁, 사격, 사이클, 배구, 탁구, 스키 등 여러 가지 스포츠에 참여할 수 있다. 상지에 절단이 있다면 축구나 육상 종목 등 다리만을 이용하는 경기에 참여할 수 있다.

■ **척수장애인**

신체의 마비되지 않은 모든 부위를 사용할 수 있는 균형 잡힌 활동을 제공해야 하며 이 활동들은 근력, 유연성, 근지구력, 심폐 지구력 그리고 협응력을 발달시키는 데 중점을 두어야 한다. 수영과 수중경기는 부력으로 인해 신체 지지의 부담을 줄일 수 있으므로 척수장애인들이 쉽게 적응할 수 있어 권장되는 스포츠다. 척수장애인이 시행할 수 있는 경기종목은 양궁, 사격, 탁구, 역도, 럭비, 테니스, 핸드볼 등 하계종목과 알파인스키, 노르딕 스키, 슬레이지 하키 등 동계종목이 있다. 단, 신체기능에 맞춰 장비나 경기규칙은 약간의 수정조항이 있다.

┌ **보기** ┐
㉠ 수중 부력으로 신체 지지의 부담을 줄일 수 있는 수중경기가 적절하다.
㉡ 장애 부위가 상지라면 축구, 육상 등의 경기에 참여할 수 있다.
㉢ 약간 수정된 경기규칙과 보조기구가 준비되면 행글라이딩, 요트 등도 안전하게 즐길 수 있다.

	㉠	㉡	㉢
①	소아마비장애인	절단장애인	척수장애인
②	소아마비장애인	척수장애인	절단장애인
③	척수장애인	절단장애인	소아마비장애인
④	척수장애인	소아마비장애인	절단장애인
⑤	절단장애인	척수장애인	소아마비장애인

31 다음 글에 대한 반응으로 가장 적절하지 않은 것은?

> 1790년 무렵 뉴욕과 보스턴을 상태가 좋은 도로를 이용하여 이동할 경우 5~6일이 걸렸다. 그러나 양 옆으로 배수구를 갖춘 자갈을 깐 포장도로가 등장하면서 5~6km/h였던 이동 속력이 13~15km/h로 빨라졌다. 1790년대에 태어난 어린이들은 50대가 되어 할아버지 세대로 접어들었을 때 엄청나게 빨라진 이동 속력을 목격하고 놀라움을 금치 못했다. 완전히 다른 세상이 도래한 것이었다. 하지만 사람들이 모두 철도와 증기선을 이용하면서 관심 밖으로 멀어진 도로는 쇠퇴일로를 걸었다. 국지적 운송에만 이용되는 용도로 전락해버린 것이다. 이러한 도로의 몰락은 2세대가 지난 후 자동차가 등장해 붐을 일으키기 전까지 계속됐다. 이후 자동차가 등장하자 사람들은 자동차를 그 당시 환경적 문제를 해결해줄 구세주로 여기며 열광적으로 반겼다. 수많은 말들이 풍기는 악취와 파리떼 그리고 말의 배설물로 인한 질병 때문이었다. 또한 자갈길을 달리는 끊이지 않는 말발굽 소음을 완전히 없애줄 것으로 기대되었다. 그러나 오늘날 자동차를 친환경적이라고 말하는 사람은 거의 없다.

① 시대별 주요 교통수단에 따라 교통로도 성쇠를 반복했구나.
② 같은 거리에 대한 이동 속력을 구체적 수치를 활용하여 비교해 주니, 기술의 속력 단축 효과가 잘 느껴져.
③ 기술 발전에 따라 이동 시간이 줄어들었지만 당시에는 변화에 대한 거부감도 상당했구나.
④ 환경 문제 등을 신기술을 통해 개선하려 한다면 장기적 관점에서 접근할 필요가 있겠구나.
⑤ 동일 구간의 이동 시간이 약 2배 빨라지는 데 약 50여 년이 걸렸는데, 지금은 어떨까?

32 다음 중 띄어쓰기가 잘못된 것은?

① 그 사람이 떠난 지가 오래되었다.
② 물품을 분배할 때는 필요한데 보내도록 주의하자.
③ 그 사람은 변덕이 죽 끓듯 하다.
④ 이제부터는 먹을 만큼 덜어서 먹으면 돼.
⑤ 시장을 지나다 본 치킨이 정말 먹음직해 보였다.

33 다음 '호주제 헌법 불합치 결정문'의 주요 내용을 보고 판단한 〈보기〉의 내용 중 옳은 것만을 모두 고르면?

재판관 6인의 다수 의견

(1) 헌법은 국가 사회의 최고 규범이므로 가족 제도가 비록 역사적, 사회적 산물이라는 특성을 지니고 있다 하더라도 헌법의 우위로부터 벗어날 수 없으며, 가족법이 헌법 이념의 실현에 장애를 초래하고 헌법 규범과 현실의 괴리를 고착시키는 데 일조하고 있다면 그러한 가족법은 수정되어야 한다.

(2) 우리 헌법은 제정 당시부터 특별히 혼인의 남녀동권을 헌법적 혼인 질서의 기초로 선언함으로써 우리 사회 전래의 가부장적인 봉건적 혼인 질서를 더 이상 용인하지 않겠다는 헌법적 결단을 표현하였으며, 현행 헌법에 이르러 양성평등과 개인의 존엄은 혼인과 가족 제도에 관한 최고의 가치 규범으로 확고히 자리잡았다. 한편, 헌법 전문과 헌법 제9조에서 말하는 '전통', '전통문화'란 역사성과 시대성을 띤 개념으로써 헌법의 가치 질서, 인류의 보편 가치, 정의와 인도 정신 등을 고려하여 오늘날의 의미로 포착하여야 하며, 가족 제도에 관한 전통과 전통문화란 적어도 그것이 가족 제도에 관한 헌법 이념인 개인의 존엄과 양성의 평등에 반하는 것이어서는 안 된다는 한계가 도출되므로, 전래의 어떤 가족 제도가 헌법 제36조 제1항이 요구하는 개인의 존엄과 양성평등에 반한다면 헌법 제9조를 근거로 그 헌법적 정당성을 주장할 수는 없다.

보기

㉠ 호주제는 전통적인 가족 제도를 유지하는 데 기여한다.
㉡ 호주제는 여성을 소외시킴으로써 인권 침해의 소지가 있다.
㉢ 호주제를 보완하는 제도가 이미 존재한다.
㉣ 호주제는 가부장적 가족 제도로서 양성평등에 관한 헌법 규정에 위배된다.
㉤ 호주제는 가족 제도를 법제화하는 과정에서 부득이하게 생긴 것이다.

---

① ㉠, ㉡   ② ㉡, ㉣
③ ㉡, ㉤   ④ ㉢, ㉣
⑤ ㉢, ㉤

34 다음 글을 읽고 추론할 수 있는 내용이 아닌 것은?

> 퇴행성 관절염은 신체 각 부분 중 체중을 많이 받는 부위인 무릎과 척추, 발목 등에 주로 생기는데, 이는 류머티스 관절염과는 다른 질병이다. 류머티스는 주로 젊은 연령층에서 시작하고, 관절염 외에도 다른 증상을 동반하는 경우가 많다. 이 두 질환은 발병 부위나 증상 등이 서로 달라 어렵지 않게 구별될 수 있다. 대략 40세를 전후하여 시작하고 위에서 언급한 관절 부위에 주된 증세가 있는 것은 거의 퇴행성 관절염이라고 본다.
>
> 흔히 퇴행성 관절염으로 오인되는 것이 골다공증이다. 골다공증은 관절이 아닌 뼈가 퇴화되어 조직이 약해지는 병이다. 통증이 없고, 쉽게 뼈가 부러지는 것이 골다공증의 주 증세이다. 폐경기 즈음하여 보통은 이 두 질환이 비슷한 시기에 나타나기도 하지만, 통증의 원인은 주로 퇴행성 관절염이다.
>
> 퇴행성 관절염의 두 가지 주요 원인은 과체중과 부족한 운동량이다. 체중이 정상 수치보다 올라갈수록 당연히 관절이 받는 압력은 비례하여 심해진다. 또한 운동 없이 장시간 일을 위해 서 있거나 걷는 사람도 관절염에 쉽게 노출된다. 신발과 구두도 많은 영향을 미치는데 딱딱한 바닥이나 하이힐 등도 관절염을 악화시키는 요인으로 작용한다. 관절 통증 때문에 약물이나 건강기능식품, 주사 등을 사용하는 경우가 많으나 이런 외적인 약물치료는 대개 통증과 염증만을 줄여주어 단기적으로는 아픈 것을 개선시켜 주지만, 관절의 마모를 지속시켜 관절염을 악화시킬 수 있어 장기적이고 근본적인 치료라고 볼 수 없다.
>
> 따라서 퇴행성 관절염의 가장 좋은 치료 방법은 적절한 체중 유지와 체중을 덜 싣는 운동이다. 앞으로 올 퇴행성 변화를 줄이기 위해서도 적절한 수준의 정상 체중까지 꾸준히 감량하는 것이 필요하다.
>
> 이미 관절에 통증이 있거나, 비만인 사람은 반드시 체중을 덜 싣는 운동을 전체 운동량의 상당부분 수준으로 할애해야 한다. 체중을 덜 싣게 되는 운동에는 대표적으로 수영, 자전거 타기, 고정식 헬스자전거 타기 등이 있고, 수영하지 못하는 경우 물속에서 걷거나 제자리 뛰기 등으로도 큰 효과를 볼 수 있다.

① 나이가 들면서 다양한 운동을 고루 접하게 되면 골다공증 및 퇴행성 관절염 예방에 큰 도움이 된다.
② 연령대별 적절 체중을 확인하고 이를 유지하는 것이 퇴행성 관절염 예방에 도움이 된다.
③ 달리기나 구기 종목 등은 퇴행성 관절염 예방에 좋은 운동으로 볼 수 없다.
④ 목욕탕이나 사우나 냉탕에서 헤엄을 쳐보는 것도 퇴행성 관절염 예방에 도움이 된다.
⑤ 약물이나 건강식품 등은 일시적인 치료법일 뿐, 퇴행성 관절염 예방의 근본 대책일 수 없다.

35 ⊙~⑩ 중 내용상 〈보기〉의 문장이 들어갈 알맞은 위치는?

많은 이들이 우리 사회 민주주의의 문제점들을 관계와 소통의 회복을 통해 극복하고자 노력하고 있다. 이들은 네트워크 시대가 만들어낸 시민들의 개인화·개별화 경향에 우려를 표한다. 네트워크 시대의 개인은 복합적 네트워킹을 통해 너무나 다양하고 폭넓은 관계를 맺고 살고 있지만, 개인들 간의 유대감은 낮기 때문에 그 관계는 지속적이기보다는 매우 유동적이고, 관계를 맺은 개인들 간에 합의되어 나오는 행동들도 매우 일시적인 경향을 띤다. 즉, 온라인 공론장은 개별 주체들의 모임으로서 그 개별화된 개인들의 선택에 의해 유동적으로 움직인다. (⊙) 예를 들어, 같은 사이트라도 이슈에 따라 공론장이 형성될 수도 형성되지 않을 수도 있으며, 이 공론장 형성 여부는 멤버들의 개인적·사적 이해관계에 따라 결정되는 경우가 많다. 나와 내 자녀의 먹거리이기 때문에 쇠고기 수입에는 지대한 관심을 가지던 사람들은 나와는 아무런 관련이 없어 보이는 계약직 근로자의 부당한 대우에는 관심을 갖지 않고 대화의 장을 마련할 이유를 찾지 못한다. 즉, 온라인 공론장은 때로는 시민사회를 포획하려는 지배 권력과 정치적 세력 또는 사적 영역에 대한 대안적 채널 역할을 하지만 또 다른 경우에는 공공영역으로서의 역할을 전혀 하지 못하기도 한다. 이러한 점에서 분절적이고 분산된 네트워크를 보다 유기적으로 조직화하여 공공영역으로서의 지속성을 가질 수 있도록 하는 시도들이 필요하다 하겠다. (ⓛ) 특히, 기존의 전통적 미디어들이 정치적 영역이나 경제적 영역에 포획되어 제 역할을 하기가 어려운 상황에서 대안으로서의 온라인 네트워크가 대항적 미디어로 가능하기 위해서는 네트워크 자체가 일정 수준의 유대를 전제로 하여야 한다. 네트워크를 구성하는 개인들이 단순히 기계적 상호작용을 벌이는 차원을 넘어 서로 결속할 수 있는 무언가가 있어야 하는 것이다. (ⓒ) 이러한 유대감이 없이는 하버마스가 말하는 합리적 의사소통의 장으로서의 역할을 담당하기는 버거울 것이다. 유대감 없이는 인터넷 공간의 자율성이나 공개성이 신뢰성으로 연결되기 힘들고, 신뢰성이 바탕되지 않고는 합의된 절차적 규범에 입각한 토론을 통해 상호이해에 이른다는 공론장의 목표를 달성하기가 어려워진다. 또한 유대감을 통한 지속성이 없으면 온라인 공간의 개인은 그 정체성이 단기적이고 일회적일 수 있기 때문에 다양성을 연결하고 사회적 결합을 이루기 힘들다. (ⓔ) 그러나 한편으로는 온라인 공간의 유대감은 때로 매우 독특한 방법으로 형성되기도 한다. (ⓜ) 온라인상에서는 정보의 진위 여부를 떠나 정보를 대하는 집단 간 혹은 개인 간 분노나 감정적 동조화가 급격히 일어나 집단 감성으로 발현되기 쉽다. 집단 감성은 감정에 동조하는 구성원들 간에 강한 유대감을 형성하지만, 많은 경우에 정보와 지식의 진위 여부에 대한 토론이나 이슈에 대한 합리적 논쟁 과정 없이 감정에 바탕한 파괴적이고 자극적인 액티비즘으로 급격히 연결되기 쉽다.

보기

이러한 의미에서 복합적 형태로 얽혀있는 관계의 강화는 네트워크 시대의 합리적 소통을 통한 민주주의의 발전을 위하여 선행되어야 할 조건이다.

① ⊙　　　　② ⓛ　　　　③ ⓒ　　　　④ ⓔ　　　　⑤ ⓜ

[36~37] 다음은 B공공기관의 직원 승진에 관한 내부 규정 중 일부이다. 다음을 읽고 이어지는 물음에 답하시오.

◆ 승진 요건
- 승진소요 최저연수가 경과되고 승진임용 제한 사유에 해당되지 않는 자
  - 근속승진소요 최저연수 : 7 → 6급 11년 / 8 → 7급 7년 / 9 → 8급 5년 6개월
  - 심사승진소요 최저연수 : 5 → 4급 4년 / 6 → 5급 3년 6개월 / 7 · 8 → 6 · 7급 2년 / 9 → 8급 1년 6개월
  - 승진임용 제한 사유 : 징계의결 요구 중 징계처분, 직위해제, 휴직 등
- 승진에 필요한 교육훈련 이수시간을 충족한 자
- 임용하려는 결원 수에 대한 법정 배수 범위 내의 자(심사승진의 경우에 해당)

임용 대상 결원	승진 심사 대상자 수	비고
1명	결원 1인당 7배수	근속승진 결원은 근속승진 기간을 초과하는 인원수로 산정됨
2명	결원 1인당 5배수	
3~5명	결원 1인당 4배수	
6~10명	20명 + 결원 5인을 초과하는 매 1인당 3배수	
11명 이상	35명 + 결원 10인을 초과하는 매 1인당 2배수	

◆ 승진심사 기준(기본원칙)
- 공직자로서 자질과 능력을 갖춘 자로 업무추진 능력이 탁월하고 공사생활에서 타의 모범이 되는 자를 선발
- 승진후보자 명부 서열을 존중하되 국별, 부서별, 성별 안배
- 주요 현안업무 추진 성과가 탁월하고 조직발전에 기여한 자 우대
- 격무 · 기피부서에서 장기근무한 자 우대
- 청렴성에 문제가 있는 자, 근무자세 불성실자 및 동료 · 상사 · 지역주민으로부터 지탄을 받는 자 등은 승진대상에서 제외
※ 승진심사기준위원회에서 의결된 승진심사 내용은 인사위원회에 승인 요청

36 다음 중 위의 승진 규정을 바르게 이해하지 못한 것은?

① 심사승진은 일반적으로 근속승진보다 승진이 더 빠르다.
② 9급인 공직자가 6급까지 승진하기 위해서는 20년이 넘게 걸릴 수도 있다.
③ 근속승진자가 2명이 되기 위해서는 적어도 근속승진 대상자 10명 이내에는 포함되어야 한다.
④ 근무 환경이 열악하거나 힘든 업무를 경험한 것은 승진심사에 유리한 요인으로 작용될 수 있다.
⑤ 승진 확정을 위해서는 승진심사기준위원회와 인사위원회를 모두 거쳐야 한다.

37 다음 〈보기〉의 (가)~(라) 중 규정에 맞는 승진 조치만을 모두 고른 것은?

┌─ 보기 ┌
│ (가) A씨는 별도의 교육을 이수하지는 않았으나 대통령 표창을 수여하는 등 회사 발전에 이바지한 공
│   로가 커 6급으로 승진하였다.
│ (나) 승진심사기준위원회에서는 3명의 근속승진 대상자를 승진 심사하기 위해서 해당 대상자 5명의
│   심사 서류를 검토하였다.
│ (다) 승진심사기준위원회에서는 7명의 심사승진자를 심사하기 위하여 25명의 대상자에 대한 심사 서
│   류를 검토하였다.
│ (라) 직장 내에서 매우 우수한 업무 평가를 받고 있지만 해당 지역 주민들로부터 민원 관련 집중 불만
│   의 대상이 되는 B씨는 이번 승진 대상에서 제외되었다.
└

① (가), (나)　　　　　　　　　　② (나), (다)
③ (가), (다)　　　　　　　　　　④ (나), (라)
⑤ (다), (라)

38 다음 글에서 제시된 문제점에 대한 해결 방안으로 가장 거리가 먼 것은?

┌
│ 우리 사회는 급격한 고령화를 경험하였고, 향후 초저출산 현상이 지속될 것이라는 우려 때문에 사회
│ 의 지속가능성에 대한 사회적 관심이 높다. 때문에 노인들은 보호받아야 하는 의존적인 존재가 아니라
│ 스스로 자신을 돌볼 수 있는 독립적인 존재가 되는 것이 노인의 기본적인 역할이라는 인식이 공유되고
│ 있다. 그러나 압축적인 사회경제적 발전으로 인하여 현세대 노인들의 교육수준과 소득수준이 낮기 때
│ 문에 이러한 기대에 부응하기가 용이하지 않은 상황이다.
│ 한편, 전통적으로 가족 내에서 노인에게 기대되었던 역할에는 변화가 발생하고 있고, 우리 사회가 가
│ 진 연령분리적 특성으로 인하여 연령차별적 인식이 강한 편이다. 또한 우리사회는 사회구성원의 시민
│ 사회참여의 경험이 많지 않았기 때문에 현재 노인들의 시민참여율도 낮을 뿐만 아니라 활동 내용도 제
│ 한적이다. 아직 한국사회에서 노인의 역할은 자신과 가족 및 이웃과 같이 협소한 영역에 한정되는 경
│ 우가 많으며 자발성에 기초하여 예산을 확보하고 활동내용을 개발해가지는 못하고 있다.
└

① 출산율을 제고할 수 있는 방안 모색
② 이러닝 등의 평생교육을 사회적으로 확대
③ 다양한 일자리 창출로 경제활동 가능 연령 연장
④ 다양한 사회 계층의 참여를 유도할 수 있는 사회구조적 제도 개선
⑤ 노령층에 보다 적합한 특화된 일자리 마련

[39~40] 다음 글을 읽고 이어지는 물음에 답하시오.

■ **사마귀란?**

사마귀는 피부 또는 점막에 사람 유두종 바이러스(Human Papilloma Virus; HPV)의 감염이 발생하여 표피의 과다한 증식이 일어나 표면이 오돌토돌한 구진(1cm 미만 크기로 피부가 솟아오른 것)으로 나타납니다. 피부 어느 부위에나 발생할 수 있으나 주로 외부에 노출되는 손, 발, 다리, 얼굴 등에 발생하고, 성 접촉을 통해 성기에도 발생할 수 있습니다.

■ **티눈과 사마귀의 차이점**

사마귀는 티눈으로 오인하기 쉽습니다. 사마귀는 바이러스성 질환이고, 티눈은 피부의 변형으로 손과 발 등 피부가 자극을 받아 작은 범위의 각질이 증식돼 원뿔모양으로 피부에 박혀 있는 것을 말합니다. 사마귀는 각질을 깎아냈을 때 여러 개의 검은 점이 보이거나 점상 출혈을 보이며, 티눈은 출혈이 없고 중심핵이 관찰됩니다. 또한 사마귀는 바이러스에 의해 피부 여러 곳으로 옮겨가지만 티눈은 그렇지 않습니다.

■ **발생 원인 및 종류**

• 보통 사마귀 : 가장 흔한 유형으로, 거칠고 융기된 표면을 가진 다양한 크기의 구진이 손등, 손톱 주위, 얼굴 등에 발생합니다. 성인이 되면 발생 빈도도 낮아지고 병변의 수도 줄어듭니다.

• 편평 사마귀 : 표면이 편평한 작은 구진으로 나타나며 각각의 병변이 합쳐져 불규칙한 판이 되기도 합니다. 치료가 어렵지만 자연 치유의 빈도도 높은 형입니다.

• 손발바닥 사마귀 : 발바닥 사마귀는 체중에 의해 눌려서 티눈처럼 보이기도 하는데 실제로 발바닥 사마귀와 티눈을 감별하기는 쉽지 않습니다. 표면의 각질층을 깎아내고 관찰하여 진단할 수 있습니다.

• 음부 사마귀 : 흔한 성인성 질환의 하나로 전염력이 매우 높으며 성관계 후 2~3개월 뒤에 피부병변이 나타납니다. 특히 여성의 경우 음부 사마귀가 자궁경부암 발생과 관련이 있기 때문에 증상이 나타나면 즉시 검사와 치료를 받을 필요가 있습니다.

■ **제거 방법**

가장 대표적인 사마귀 치료법은 냉동치료이며, 이외에 블레오마이신(bleomycin) 병변 내 주입요법, 5-FU 연고 도포, 이미퀴모드(imiquimod) 도포, DPCP 면역치료, 레이저 제거 등의 방법이 있습니다. 소아환자의 경우 냉동치료를 할 때 통증에 대한 두려움으로 반복치료가 어려운 경우가 많아 병변이 광범위하지 않다면 5-FU 연고 등의 국소도포를 먼저 고려하는 것이 좋습니다. 하지만 치료기간이 오래 걸린다는 단점이 있습니다. 블레오마이신 병변 내 주입요법의 경우 통증이 심하고 조갑변형의 위험이 있습니다. 레이저 치료는 단기간에 제거할 수 있지만 다시 재발하는 경우가 흔하고 흉터가 잘 남게 됩니다.

■ **관리를 위한 팁**

하나, 사마귀는 원인이 바이러스이므로 바이러스와의 직접적인 접촉을 피하는 것이 가장 좋은 예방법입니다.

둘, 다른 부위에 옮겨갈 수 있으므로 될 수 있으면 병변을 자극하지 않습니다. 특히 어린이의 경우 손에 발생한 사마귀를 입으로 빨지 않도록 해야 합니다.

셋, 치료하여 눈에 보이는 병변이 없어진 후에도 전염성은 존재할 수 있으므로 주의해야 합니다.

39 사마귀 환자가 위 내용을 읽고 이해한 내용으로 옳지 않은 것은?

① 사마귀는 손등에만 발생하는 것이 아니구나. 접촉에 의해 전염될 수도 있는 질환이라는 건 몰랐네.

② 치료 시 통증에 대한 우려를 없애려면 연고를 발라 치료해 보는 방법을 고려해봐야겠군.

③ 바로 증상이 나타나지 않고 몇 개월 후에 나타나는 사마귀도 있다던데 청결한 생활을 유지하도록 신경을 써야겠어.

④ 어쩐지 발바닥에 난 사마귀가 티눈과 잘 구분이 안 되더라니. 원래 식별이 어렵구나. 그래도 자연 치유가 잘 된다니 곧 낫겠지.

⑤ 티눈은 한자리에만 발생하지만 사마귀는 전이가 될 수도 있다는 사실을 알고 나니 무서워지네.

40 K대리는 윗글을 사마귀에 대한 보고서의 참고 자료로 활용하려 한다. 보고서에 포함될 중점 내용으로 가장 거리가 먼 것은?

① 사마귀와 티눈의 구별법과 차이점

② 사마귀의 발생 원인과 치료

③ 사마귀 치료법의 종류와 장단점

④ 일상생활에서의 사마귀 질환의 관리

⑤ 사마귀와 암의 상관관계

41 다음 글의 문맥상 빈칸에 들어갈 가장 적절한 문장은?

> 글을 쓰다 보면 어휘력이 부족하여 적당한 단어를 찾지 못하고 고민을 하는 경우가 많이 있다. 특히 사용빈도가 낮은 단어들은 일상적인 회화 상황에서 자연스럽게 익힐 기회가 적다. 대개 글에서는 일상적인 회화에서 사용하는 것보다 훨씬 고급 수준의 단어를 많이 사용하게 되므로 이런 어휘력 습득은 광범위한 독서를 통해서 가능하다.
>
> 그러므로 (   )

① 평소 국어사전을 활용하여 어휘력을 습득하는 습관이 필요하나.

② 사용빈도가 낮은 단어들은 사용하지 않는 것이 좋다.

③ 고급수준의 단어들을 사용하는 것 보다는 평범한 단어를 사용하는 것이 의미전달을 분명히 한다.

④ 평소에 수준 높은 좋은 책들을 많이 읽는 것이 필요하다.

⑤ 무분별한 독시보다 양질의 서적을 구별하여 읽을 줄 아는 능력을 기울 필요가 있다.

42 다음 밑줄 친 ㉠~㉠의 상황을 시간 순서대로 나열한 것은?

1884년 10월 13일 ㉠국제 자오선 회의에서 영국의 그리니치 자오선이 본초 자오선으로 채택되었다. 이로써 지구상 모든 지역이 하나의 시간을 공유하게 되었다. 본초 자오선을 결정하기 전에는 인류 대부분이 태양의 위치를 통해 시간을 파악했다. 이전에는 그림자가 생기지 않는 ㉡정오를 시간의 기준점으로 삼았는데, 관측하는 지점마다 시간이 다르게 계산될 수밖에 없었다. 지역 간 이동이 활발하지 않았던 시절이라서 지구상에 수많은 시간이 공존할 수 있었던 것이다. 하지만 사람들이 지역과 지역을 넘나들기 시작하면서 문제가 발생했다.

변화의 시초는 ㉢기차의 발명이었다. 공간을 빠르고 편리하게 이동할 수 있게 하는 기차는 산업혁명의 바탕이 되었지만 지역마다 서로 다른 시간들이 충돌하는 계기가 되기도 했다. 기차역마다 시계를 다시 맞추어야 했고, 지역별 시간이 엉키면 기차 충돌 등 대형 사고가 발생할 가능성도 컸다. 이러한 문제를 공식적으로 제기하면서 세계 표준시의 필요성을 주창한 인물이 샌퍼드 플레밍, 바로 '세계 표준시의 아버지'이다. 그는 1876년 아일랜드의 어느 시골 역에서 그 지역의 시각과 본인의 손목시계가 말해주는 시각이 달라 기차를 놓쳤고 다음 날 런던에서 출발하는 배까지 놓쳤다. 샌퍼드 플레밍은 그 경험을 바탕으로 경도를 기준으로 하는 기준시를 정하자고 제안했고 그 주장은 받아들여졌다. 그 결과 1884년 10월 미국 워싱턴에서 시간을 하나로 통일하기 위한 국제 자오선 회의가 열렸다. 회의장에서는 그리니치 표준시를 주장하는 영국과 파리 표준시를 주장하는 프랑스가 충돌했다. 자존심을 건 시간 전쟁이었다. 그러나 회의는 그리니치 표준시의 승리로 끝났다. 영국이 이미 30년 이상을 그리니치 표준시를 기준 삼아 기차 시간표를 사용해 왔고, ㉣미국의 철도 회사도 이를 따르기 시작했다는 게 그리니치 표준시가 채택된 이유였다. 원자시계를 도입하면서 당시에 정해졌던 그리니치 표준시(GMT)가 ㉤협정세계시(UTC)로 대체된 것이 1972년이지만, 여전히 GMT 표기를 사용하는 경우도 많다. 두 시각의 차이는 1초보다 짧다.

표준시를 도입했다는 것은 전혀 새로운 세상이 열렸다는 것을 뜻했다. 세계 모든 인구가 하나의 표준시에 맞추어 일상을 살아가고, 국가마다 서로 달랐던 철도·선박·항공 시간을 체계적으로 정리할 수 있게 되었다. 지구상에 파편처럼 흩어져서 살아가던 인류가 하나의 기준, 하나의 세계로 통합된 것이다.

한국의 표준시는 UTC+9:00이다. 이는 영국 그리니치보다 9시간 빠르다는 의미다. ㉥우리나라가 표준시를 처음 도입한 것은 대한제국 시절(1897~1910)이었다. 동경 127.5도를 기준으로 UTC+8:30, 그러니까 지금보다 30분 빠른 표준시를 썼다. 지금은 일제강점기를 지나고 현대사를 거치면서 박정희 군사정부가 채택한 동경 135도의 표준시를 따르고 있다.

① ㉠ - ㉡ - ㉢ - ㉣ - ㉤ - ㉥
② ㉡ - ㉢ - ㉣ - ㉠ - ㉤ - ㉥
③ ㉡ - ㉢ - ㉣ - ㉠ - ㉥ - ㉤
④ ㉢ - ㉣ - ㉡ - ㉠ - ㉤ - ㉥
⑤ ㉢ - ㉠ - ㉡ - ㉣ - ㉥ - ㉤

43 다음 글의 단락 (가)~(다)는 '도시재생 실천방안'을 제시하고 있다. 각 단락의 소제목을 〈보기〉에서 찾아 순서대로 바르게 나열한 것은?

(가) 기성 시가지 주거지역의 대부분은 고도 성장기에 부실하게 조성되어 일시에 물리적으로 노후화되고 있다. 하지만 부동산 경기침체, 인구 감소 등의 사회·경제적 여건 변화로 인하여 대도시 및 수도권 일부를 제외한 대부분의 도시에서 자발적 개선이 정체되면서 도시문제가 되고 있다. 기존 주민들이 살던 곳을 떠나가지 않고도 최소한의 삶의 질을 유지할 수 있으려면 도시가스와 주차장 등 생활형 인프라가 개선되어야 한다. 이와 함께 도심 내 빈집 등 유휴공간을 활용하여 임대주택 및 생활밀착형 공공 서비스를 제공하고, 스스로 노후한 주택을 갱신할 수 있는 다양한 조치들이 마련되어야 한다. 특히 이를 위해서 대규모 물량 위주로 공급되던 임대주택 정책이나 공간 정책과 별개로 추진되던 사회·복지, 문화·관광, 교육 공급체계, 녹색·에너지 정책 등을 쇠퇴지역의 특성에 따라 맞춤형으로 융·복합화하는 프로그램들을 개발해야 한다.

(나) 한국 도시는 주거환경 악화뿐만 아니라 저성장 기조의 고착화, 비약적 기술발전에 따른 전통 제조업의 위기, 저출산·고령화 급속한 진행, 세수감소에 따른 재정 악화 등 구조적 위기를 맞이하고 있다. 이에 대응하기 위해서는 근린 단위의 주거안정 및 컴팩-네트워크(Compact-Network) 형태로 도시구조를 전환하고 노후한 도시 인프라를 개선해야 한다. 아울러 도시의 활용 가능한 잠재적 자산을 기반으로 경쟁우위의 특화산업을 발굴·육성하여 경제성장을 통하여 늘어난 혜택을 주민들이 누릴 수 있도록 사회적 경제 및 지역 고용전략과 연계하는 등 도시 차원의 경쟁력 강화 방안을 마련해야 한다. 즉 지금까지 부처별·부서별로 추진되던 노후 인프라 개선사업, 신재생 에너지 사업, 산업단지 구조고도화 사업, 소상공인 육성사업, 사회적 경제 육성사업 등을 도시 차원의 재생전략으로 융·복합해야 한다.

(다) 개별 부처 또는 부서는 기능적으로 전문화되어 있고 합법적 절차와 규칙에 따라 운영되고 있다. 이와 같은 관료적 행정체계에 따라 기능적으로 분절화된 시스템에서 서로 다른 우선순위와 충돌하는 별개의 계획·프로그램·자원들을 장소를 중심으로 연계하고 조율하여 시너지 효과를 창출하기 위해서는 계획 수준의 협업사업을 넘어 강력한 중앙 컨트롤 타워 설치·운영, 분야 간 협업에 대한 성과 공유 및 명확한 인센티브 제공, 분야 간 공동사업 발굴 및 시범사업 추진 등 화학적 결합을 위한 정책적 기반 개선이 선행되어야 한다.

┌ 보기 ┌
㉠ 노후 주택 수리 비용 절감을 위한 대안
㉡ 주거 안정과 삶의 질 개선
㉢ 도시 개발 사업을 통한 국가경제력 제고
㉣ 도시의 인프라 개선과 경쟁력 강화
㉤ 도시재생을 위한 분야 간 협업 시스템 구축

	(가)	(나)	(다)
①	㉠	㉢	㉣
②	㉡	㉣	㉤
③	㉡	㉢	㉣
④	㉠	㉡	㉤
⑤	㉠	㉣	㉤

[44~45] 다음 글을 읽고 이어지는 물음에 답하시오.

현재 우리의 교육과정에서는 '고전 교육'이 제대로 이루어지지 않는 동시에 '고전' 자체가 교육의 내용에서 큰 비중을 차지하지 못하고 있다. 산업화에 따른 성장에 필요한 인력을 키우기 위해 새로운 과학 기술과 정보를 습득하는 쪽에 많은 비중을 두었다는 것을 부인할 수는 없을 것이다. 또한 서구 문물을 단기간 안에 요령 있게 소화할 수 있는 '요점 정리식' 교육과 평가 방식이 주를 이루었다고 진단할 수 있다. 긴 호흡의 고전을 차분하게 읽는 교육은 초 · 중 · 고등학교 교육 현장 어디에서도 찾아보기 힘들며, 학교 내의 각종 평가와 대학 입학시험에서도 고전에 관한 깊은 이해를 요구하는 경우는 거의 없다. '고전 교육의 부재', 그 결과는 어떻게 평가할 수 있을까? 결론적으로 말하자면, 부정적인 것만은 아니다. 고전 교육이 없이도 한국의 현대 교육은 산업화와 민주화의 측면에서 고도성장의 결실을 일구어내었다고 해도 딱히 반박할 수 없을 것 같다.

그렇다고 해서 호평만 할 수는 없는 일이다. 화려한 성장의 빛에서 드리워진 그늘에서 우리의 성숙도가 희생되었기 때문이다. 숨 가쁘게 성공과 성장을 목적으로 달려오면서 치열한 경쟁에 몰입하다 보니, 삶과 행복에 대한 깊은 숙고, 상호 이해와 배려, 타인에 대한 존중을 바탕으로 한 공동체 의식은 뒷전으로 밀려났으며, 역사에 대한 진지한 통찰과 미래에 대한 입체적인 조망의 여유를 갖지 못한 채 근시안적인 분주함으로 스스로를 소외시켰다. 삶의 의미를 잃고 자살을 택하는 사람들이 늘어나고, 경쟁에서 밀려난 사람들과 약자들의 고통이 증폭되면서 빈부격차와 이에 따른 사회적 계층 갈등이 심화되어 왔다. 치유책과 돌파구를 찾지 못한다면, 우리가 지금까지 이루어 놓은 성장의 금자탑은 토대의 분열로 쓰러지거나 껍질만 번지르르하게 남고 속은 곪아 터진 허위의 아성으로 전락하고 말 것이다.

고전은 인류의 역사를 만들어 온 지도자적인 책이고 시대의 문제에 맞서 싸운 전면적인 지적 투쟁의 결과이며, 새로운 현재와 미래를 구상하는 데에 가장 유효한 검증된 텍스트이다. 인류가 끊임없이 지켜오고 재해석 · 재생산했기 때문에 시대적 · 공간적 한계를 넘어 인류의 다양한 문제들에 대한 보편적인 지침과 통찰을 제공하는 텍스트이다. 지난 시절 우리가 자체적인 고전 교육 없이도 산업화와 민주화의 측면에서 고도성장의 결실을 일구어낼 수 있었던 것도 실은 고전 교육을 통해 선진성을 일구고 이를 국가적 · 국제적 차원에서 실현한 서구 선진국의 장점에 기댔기에 가능했다. 역사적 차원에서만 그러했던 것이 아니다. 고전은 학생들에게 자기 삶을 근본적으로 통찰하며 인간 공동체의 속성과 그 속에서의 개인의 역할에 대한 깨달음을 줄 것이다.

44 다음 중 윗글의 내용과 일치하지 않는 것은?

① 고전 교육의 부재는 삶의 곳곳에서 문제점을 양산하였다.
② 고전 교육의 부재로 우리의 성숙도가 희생되었다.
③ 고전 교육 없이도 산업화와 민주화의 고도성장을 이루어낸 게 사실이다.
④ 고전 위주의 교육에도 불구하고 고전은 점차 교육 현장에서 밀려나고 있다.
⑤ 고전은 삶을 통찰하며 개인의 역할에 대해 깨닫게 해줄 것이다.

45 윗글을 전체 글의 서론으로 간주할 경우, 본론이나 결론에서 필자가 중점적으로 역설하게 될 내용으로 가장 적절한 것은?

① 서양 고전 교육의 역할과 시사점
② 교육 현장의 고전 교육 실태 파악
③ 고전 교육의 필요성 강조 및 부재에 따른 대책 연구
④ 고전 교육과 사회적 갈등의 상관관계 분석
⑤ 고전 교육 부재로 인한 외국의 사례 제시

46 다음은 N공동주택의 전출입자 의무사항에 대한 규정 중 일부이다. 다음 규정을 참고할 때, N공동주택의 전출입 시 각 주체의 준수 사항으로 옳지 않은 것은?

핵심 유형

의사 소통 능력

수리 능력

문제 해결 능력

제4조(전입 시) ① 관리주체는 전입세대에게 관리사무소를 방문하여 입주자 명부를 작성하도록 안내하고 입주자 등은 이에 응해야 한다.

② 관리주체는 전입세대에게 전입세대 체크리스트를 교부하고 전입세대가 전출세대와 해당 사항을 점검하도록 안내해야 한다.

③ 차량용 RF카드에 대해서는 주차장 관리규정에 의해 관리한다. 카드교부 시 입주민 등의 서명을 받아야 한다.

④ 관리주체는 전입세대의 입주자 등에 입주자 생활안내 책자를 5,000원에 교부하며 홈페이지에서 PDF파일을 무상으로 다운받거나 이메일로 무상 전송요청이 가능함을 안내하여야 한다.

⑤ 전입세대는 '이사신고서'를 작성하여 보안대원에게 제출하고 보안대원은 관제실에 보관하도록 전달해야 한다.

제5조(전출 시) ① 전출세대는 전출 일주일 전에 미리 관리주체에 연락을 하여 중간정산을 할 수 있도록 고지해야 한다.

② 관리주체는 전출세대에 전출 시 필요한 사항을 안내하고 전출 당일 정산 업무가 원활하게 진행되도록 협조한다.

③ 전출세대는 차량용 RF카드를 관리주체에게 반납하여야 한다. RF카드의 멸실 및 분실 그리고 훼손의 경우에 35,000원의 카드 실비를 변상해야 한다. 단, 자연발생적 고장 시 무상 교환한다.

④ 관리주체는 전출세대의 중간관리비 정산내역을 작성하여 전출세대가 전입세대 또는 세대 소유주에게 중간관리비를 직접 전달하도록 안내하여야 한다. 관리주체가 중간관리비 내역을 전출세대와 전입세대 또는 세대 소유주에게 안내했음에도 불구하고 관리비가 전달되지 못한 부분에 대해서는 전입세대 또는 세대 소유주가 책임을 진다.

⑤ 전출세대는 '이사신고서'를 작성하여 보안대원에게 제출하고 보안대원은 관제실에 보관하도록 전달해야 한다.

① 입주민의 서명이 되어 있지 않은 RF카드는 관리주체가 준수 사항을 소홀히 한 것이다.

② 전출입세대의 이사신고서가 관제실에 보관되어 있지 않는 것은 전출입세대의 의무사항 미준수에 해당된다.

③ 관리주체의 안내에도 불구하고 중간관리비가 제대로 전달되지 못한 것은 전출세대의 준수 사항에 해당되지 않는다.

④ 전입세대가 입주자 생활안내를 온라인으로 받을 수 있음을 모르고 책자를 5,000원에 구매하였다면 관리주체가 준수 사항을 소홀히 한 것이다.

⑤ 관리주체가 중간관리비 정산에 필요한 일주일간의 시간을 확보하지 못하였다면 전출세대가 준수 사항을 소홀히 한 것이다.

47 다음은 G사의 건설공사 입찰 관련 내부 규정의 일부이다. 다음 규정의 내용과 부합하는 설명은?

입찰의 종류 및 방법

1. 당사에서 시행하는 경쟁입찰의 종류와 방법은 다음과 같다.

　가. 일반경쟁입찰 : 사업종류별로 관련법령에 따른 면허, 등록 또는 신고 등을 마치고 사업을 영위하는 불특정 다수의 희망자를 입찰에 참가하게 한 후 그중에서 선정하는 방법

　나. 제한경쟁입찰 : 사업종류별로 관련법령에 따른 면허, 등록 또는 신고 등을 마치고 사업을 영위하는 자 중에서 계약의 목적에 따른 제한요소('사업실적, 기술능력, 자본금의 하한')를 정하여 입찰에 참가하게 한 후 그중에서 선정하는 방법

　　1) '사업실적'은 해당 공동주택의 세대수를 기준으로 계약목적물과 같은 종류의 완료건수(공사의 경우 입찰 대상 공사와 동일한 규모 이상의 완료건수, 주택관리업과 용역의 경우 해당 입찰과 동일한 계약기간 이상의 완료건수를 의미하고, 금액으로 제한하지 못함)로 제한하여야 하고, 입찰공고일의 전년도 말일 기준으로 3년간의 실적으로 제한하여야 한다.

　　2) '기술능력'은 계약 목적을 수행하기 위해 필요한 기술(공법 · 설비 · 성능 · 물품 등을 포함) 보유현황으로서, 입찰대상자가 10인 이상인 경우 제한할 수 있다.

　다. 지명경쟁입찰 : 계약의 성질 또는 목적에 비추어 특수한 기술(공법 · 설비 · 성능 · 물품 등을 포함)이 있는 자가 아니면 계약의 목적을 달성하기 곤란하며 입찰 대상자가 10인 미만인 경우에 입찰 대상자를 지명한 후 선정하는 방법. 이 경우 5인 이상의 입찰 대상자를 지명하여야 한다. 다만, 입찰 대상자가 5인 미만인 경우에는 대상자를 모두 지명하여야 함

2. 제한경쟁의 제한요소(기술능력, 자본금)의 결정과 지명경쟁입찰 시 특수기술의 필요 여부는 입찰공고 전 자문을 거쳐 결정하여야 한다.

---

① 일반경쟁입찰을 실시할 경우에는 반드시 5인 이상의 입찰 대상자가 있어야 한다.

② 해당 입찰에 따르는 법적 면허 요건을 입찰참여 조건으로 내세우는 것은 제한경쟁입찰에 해당된다.

③ 규모가 현저히 큰 공사 실적이 있는 유자격의 제한경쟁입찰 대상자라도 '사업실적' 제한요소에 있어 혜택이 적용될 수 없다.

④ '기술능력'은 모든 제한경쟁입찰 시 제한요소로 적용될 수 있다.

⑤ 특수한 기술이 필요한 공사에 있어 해당 기술 보유자가 7인인 경우, 7인을 모두 지명한 지명경쟁입찰을 시행하여야 한다.

48 다음은 T공사의 휴가 관련 규정의 일부 내용을 주요 상황별로 정리한 것이다. T공사가 제시하는 휴가 규정을 올바르게 이해하지 못한 것은?

Case 1   연속 30일 이상의 병가

동일한 질병으로 화·수·목·금 4일간 병가 후 토요일·일요일은 쉬고, 월요일에 출근하여 근무한 후 화요일부터 25일간 병가를 신청한 경우 형식상 연속 30일 이하의 병가라 하더라도 30일 이상을 이어서 병가사유에 의한 휴가로 사용하는 만큼 30일 이상의 병가를 연속된 것으로 간주하여 공휴일과 토요일을 휴가일수에 산입함

Case 2   2년에 걸쳐 30일을 초과하는 병가

2년에 걸쳐 30일을 초과하는 병가의 경우에는 공휴일과 토요일을 병가일수에 산입함

Case 3   병가와 연속된 연가

7일간의 병가를 사용한 후 23일간의 연가를 사용함으로써 사실상 휴가기간이 30일 이상인 경우, 병가와 연가는 별개의 요건에 따라 운영되고 그 기간을 따로 계산하기 때문에 각각 30일을 초과하지 않으므로 공휴일과 토요일을 산입하지 않고 계산함

Case 4   연가일수를 초과하여 출근하지 못한 경우

부득이한 사정으로 본인의 연가가능일수를 초과하여 출근하지 못하게 된 경우에는 결근으로 처리됨

Case 5   휴직·결근·정직·직위해제 일수가 있는 경우의 연가 가산

연가 가산은 1년간 성실하게 근무한 직원에 대한 인센티브이므로 휴직·결근·정직·직위해제 일수가 있는 직원은 병가 미활용 및 연가보상비 미수령 일수가 있더라도 연가를 가산할 수 없음

① 휴가일은 공휴일과 엄격하게 구분하여 정확한 휴가 일수가 계산되도록 규정하고 있다.
② 2년에 걸친 30일 이하의 연속된 휴가인 경우에는 공휴일을 휴가 일수에 산입하지 않도록 규정 하고 있다.
③ 병가와 연가는 각각 30일 이내에 사용할 경우 휴가 일수에 공휴일을 산입하지 않도록 규정하고 있다.
④ 결근의 경험이 있는 직원에게는 병가 및 연가 미활용 일수를 가산하지 못하도록 규정하고 있다.
⑤ 연가와 병가는 그 사유와 용도가 다를 것이므로 별개의 휴가로 인정하는 것이 T공사 휴가 규정의 원칙이다.

49 다음은 K공사 홍보팀 임 대리가 작성한 안내문의 초안이다. 이를 본 홍보팀장이 임 대리에게 문서의 수정과 관련하여 내린 〈보기〉의 지침 ㉠~㉤ 중 적절하지 않은 것은?

K공사는 우리나라 물기업의 기술경쟁력을 높이고 물산업을 육성하기 위하여 K공사의 물관리 지식·시설을 물기업과 공유하는 '물산업 오픈 플랫폼'을 구축·운영하고 있습니다.

□ 참여대상 : 수자원, 상하수도, 수력 등 물산업 全분야 기업
□ 공모기간 : 2021.1.13(수)~2021.1.27(수)
□ 공모분야
　• 테스트베드 : K공사의 전국 현장 및 연구시설을 활용, 참여기업이 직접 기술의 실·검증 시행
　• 기술성능 확인 : K공사의 시설 및 전문 인력을 활용한 물기업의 기술성능 확인 시행
　• 맞춤형 연구 : 물기업의 제안을 받아 K공사가 기술개발을 시행하고 성과를 물기업과 공유

□ 접수방법 : 참여희망 분야별 신청서 작성 후 On-Line 또는 Off-Line을 통해 제출
　• (On-Line) 'K공사 마중물센터 − 소통광장 − 고객지원'에 등록
　• (Off-Line) 우편(공모기간 최종일 16:00 도착분에 한함) 또는 직접 방문하여 제출
　※ 주소 : ○○광역시 ○○구 ○○로 200 K공사 물산업 오픈 플랫폼 수요조사 담당자 앞

□ 유의사항
　• 테스트베드 및 기술성능 확인에 소요되는 일체의 비용은 참여기업이 부담하며, K공사는 어떠한 경우에도 해당기술(제품)에 대한 구매의무가 없습니다.
　• 맞춤형 연구의 성과(지식재산권 등)는 모두 K공사에 귀속되며, 제안기업은 K공사와 별도의 기술이전 협약 시 기술료를 경감할 계획입니다.

┌ 보기 ┐

"임 대리, 안내문에 수정할 곳이 좀 많네. 우선, 공모 안내문인데 ㉠응모자들이 문의할 수 있는 연락처와 담당자를 쓰는 건 기본이겠지. 그리고 날짜를 쓸 때에는 ㉡'2021.1.13.'과 같이 연월일 숫자 뒤에는 모두 마침표를 찍어야 해. 오후 4시를 24시각제 원칙에 의해 표기한 것은 잘했지만 ㉢숫자 가운데 쌍점(:)이 있을 때에는 앞뒤를 모두 띄어 써야 하니네. ㉣마지막 문장은 비문이니 잘 살펴보고 수정하도록 하고, ㉤'공모를 시행하오니 많은 참여를 부탁합니다.'라는 문장도 잊지 말고 넣도록 하게."

① ㉠　　　　　② ㉡　　　　　③ ㉢　　　　　④ ㉣　　　　　⑤ ㉤

50 다음 〈보기〉의 A가 처한 상황에 적용하기에 가장 적절한 법령을 (가)~(마)에서 고르면?

> **보기**
>
> 공립고등학교 A교장은 가을 수학여행을 앞두고 학교 행정실장을 불러 자신이 이전에 학교 교장으로
> 근무하던 당시 알고 지내던 특정 여행업체를 지목하여 계약할 것을 지시하였다. 이에 행정실장은 관
> 련 규정에 '수학여행 업체선정이 학교운영위원회의 심의 · 의결사항이고, 공개경쟁입찰에 의해 투명하
> 게 선정되어야 한다.'고 되어 있음을 사유로 들어 학교장의 지시사항을 그대로 이행하기 곤란함을 소
> 명하였다. 그러나 학교장은 여행업체 선정 권한은 학교장에게 있으며, 학교운영위원회와는 관련이 없
> 다고 주장하면서 재차 특정 여행업체와 계약을 체결하라고 일방적으로 지시하였다.

(가) 제4조(공정한 직무수행을 저해하는 지시에 대한 처리) 공무원은 상급자가 자기 또는 타인의 부당
한 이익을 위하여 공정한 직무수행을 현저하게 해치는 지시를 하였을 때에는 그 사유를 그 상급
자에게 소명하고 지시에 따르지 아니하거나 제23조에 따라 지정된 공무원 행동강령에 관한 업무
를 담당하는 공무원과 상담할 수 있다.

(나) 제5조(이해관계 직무의 회피) 공무원은 자신이 수행하는 직무가 본인의 이해관계와 연관된다고
판단될 경우에는 그 직무의 회피 여부 등에 관하여 직근 상급자 또는 행동강령책임관과 상담한
후 처리하여야 한다. 다만, 중앙행정기관의 장 등이 공정한 직무수행에 영향을 받지 아니한다고
판단하여 정하는 단순 민원업무의 경우에는 그러하지 아니하다.

(다) 제6조(특혜의 배제) 공무원은 직무를 수행할 때 지연 · 혈연 · 학연 · 종교 등을 이유로 특정인에게
특혜를 주거나 특정인을 차별하여서는 아니 된다.

(라) 제7조(예산의 목적 외 사용 금지) 공무원은 여비, 업무추진비 등 공무 활동을 위한 예산을 목적
외의 용도로 사용하여 소속 기관에 재산상 손해를 입혀서는 아니 된다.

(마) 제8조(정치인 등의 부당한 요구에 대한 처리) 공무원은 정치인이나 정당 등으로부터 부당한 직무
수행을 강요받거나 청탁을 받은 경우에는 소속 기관의 장에게 보고하거나 행동강령책임관과 상담
한 후 처리하여야 한다.

① (가) ② (나) ③ (다) ④ (라) ⑤ (마)

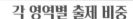

각 영역별 출제 비중

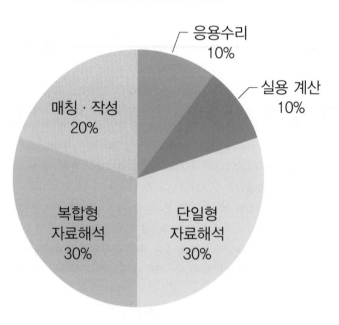

응용수리
10%

실용 계산
10%

매칭 · 작성
20%

복합형
자료해석
30%

단일형
자료해석
30%

자료해석은 각종 자료를 분석하는 능력을 평가할 수 있어 많은 기업에서 출제되고 있다. 이는 단일형과 복합형으로 구분되며 객관식 시험의 주된 유형으로 옳은 것 또는 옳지 않은 것을 묻는다. 복합형의 경우 표와 표, 표와 그래프, 그래프와 그래프가 주어진 문제로 비중, 증감률 또는 변화율을 구하거나 이용하는 문제가 고정적으로 출제되므로 기본적인 풀이 방법을 반드시 알아야 한다. 그 다음으로 주어진 조건을 바탕으로 자료와 일치하는 대상을 고르는 문항인 매칭과 표의 수치를 그래프로 나타내는 도표 작성도 자주 출제되고 있다. 또한 기초적인 연산능력과 자료를 이해하고 주어진 식을 활용하는 응용수리 및 실용 계산도 꾸준히 출제되므로, 기본적인 공식 및 자료를 통해 구해야 하는 키워드를 찾는 능력을 키워야 한다.

수리능력

01 장난감 자동차 대회의 경기장에는 A~C 세 가지 코스가 있다. 세 가지 코스에는 모두 물웅덩이가 있는데 A코스에서 물웅덩이에 빠질 확률은 $\frac{1}{3}$, B코스에서 물웅덩이에 빠질 확률은 $\frac{2}{5}$, C코스에서 물웅덩이에 빠질 확률은 $\frac{1}{4}$이다. 대회 참가자는 총 네 번의 코스를 타서 완주해야 하는데 이때 물웅덩이에 한 번도 안 빠지지 않고 완주할 확률은?(단, A~C코스를 각각 한 번 이상 타야 한다.)

① $\frac{87}{200}$

② $\frac{99}{200}$

③ $\frac{101}{200}$

④ $\frac{113}{200}$

⑤ $\frac{121}{200}$

02 A공사는 새로 설치한 제주지사의 직원을 뽑기 위해 공고를 냈더니 남자 6명, 여자 4명이 지원하였다. 지원자 중 남녀 상관없이 5명을 뽑았을 때 뽑은 지원자가 남자 3명과 여자 2명일 확률은?

① $\frac{9}{19}$

② $\frac{10}{21}$

③ $\frac{13}{25}$

④ $\frac{17}{30}$

⑤ $\frac{19}{34}$

03 둘레가 2km인 원형의 트랙이 있다. 이 트랙의 한 지점에서 A와 B가 같은 방향으로 돌면 40분 후에 만나고 반대 방향으로 돌면 10분 후에 만난다고 한다. A가 B보다 걷는 속도가 빠르다면 A의 속력은?

① 6.5km/h   ② 7.0km/h

③ 7.5km/h   ④ 8.0km/k

⑤ 8.5km/h

핵심
유형

의사
소통
능력

수리
능력

문제
해결
능력

04 다음은 B공사의 거래처 20곳의 계약직 근로자 수를 파악한 자료이다. 거래처별 평균 계약직 근로자 수와 표준편차는 각각 얼마인가?

계약직 근로자 수(명)	거래처 수(개)
4명 미만	9
4명 이상~8명 미만	1
8명 이상~12명 미만	3
12명 이상~16명 미만	5
16명 이상~20명 미만	2
합	20

	평균 계약직 근로자 수(명)	표준편차
①	6	8
②	6	10
③	8	8
④	8	6
⑤	10	6

05 동일한 6개의 전구를 점멸하여 다양한 신호를 만들려고 한다. 이때 가능한 신호의 가짓수는?(단, 모두 꺼진 경우는 신호로 생각하지 않는다.)

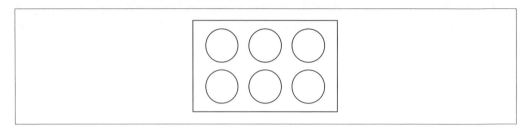

① 31가지   ② 32가지
③ 63가지   ④ 64가지
⑤ 127가지

06 A, B, C가 함께 하면 9일 걸리는 일을 A와 C가 함께 하면 12일, B와 C가 함께 하면 15일이 걸린다고 한다. A, B, C가 함께 3일 동안 일한 후 A와 B가 함께 일을 하였고, 다시 남은 일을 B가 11일 동안 맡아서 끝냈다. 이때 A와 B가 함께 일한 날은 며칠인가?

① 2일   ② 3일
③ 4일   ④ 5일
⑤ 6일

07 작년 A사는 신입사원은 총 260명이었다. 올해 남자 신입사원 수는 작년보다 20% 증가했고, 여자 신입사원 수는 작년보다 50% 감소했다. 올해 신입사원수가 235명일 때 올해 여자 신입사원 수는?

① 55명

② 60명

③ 65명

④ 70명

⑤ 75명

08 다음은 유형별 범죄자 수에 대한 자료이다. 이에 대한 설명으로 옳은 것은?

〈표〉 2017~2021년 유형별 범죄자 수

(단위 : 명)

구분	2017년	2018년	2019년	2020년	2021년
여성범죄자	333,447	347,090	327,588	323,924	340,589
미성년범죄자	79,342	75,757	72,425	65,784	65,907
학생범죄자	95,639	92,347	86,443	77,261	75,022
공무원범죄자	11,243	12,713	11,924	12,167	12,163
전과범죄자	836,002	873,307	787,453	709,823	696,539
정신장애범죄자	6,980	8,287	9,027	7,244	7,763
외국인범죄자	35,443	41,044	33,905	32,313	36,400
고령범죄자	99,966	110,123	112,360	119,489	133,905
기타범죄자	906,124	959,315	978,517	963,158	1,101,235

※고령범죄자 : 65세 이상 범죄자

① 2021년 여성범죄자는 전년 대비 10% 이상 증가했다.

② 2017~2021년 정신장애범죄자 수는 2020년 처음으로 7,000명을 넘었다.

③ 고령범죄자 수는 2017년부터 2021년까지 매년 증가하였다.

④ 유형별 범죄자 수 순위는 2019년과 2021년이 동일하지 않다.

⑤ 2021년 여성범죄자 수와 전과범죄자 수의 합은 기타범죄자 수보다 크다.

09 다음은 철도사고현황에 대한 자료이다. 자료에 대한 설명으로 옳지 않은 것은?

〈표〉 2017~2021년 철도사고현황

(단위 : 건)

구분	2017년	2018년	2019년	2020년	2021년
열차사고	8	4	4	6	4
건너목사고	9	11	8	15	8
사상사고	104	( )	( )	46	44
기타안전사고	2	3	4	5	1
합계	123	105	98	( )	57

① 2020년 철도사고 합계는 70건 이상이다.
② 사상사고는 2018년보다 2019년에 많았다.
③ 2017~2021년 동안 기타안전사고는 매년 10건 이하였다.
④ 2017년 철도사고 중 사상사고의 비중은 80% 이상이다.
⑤ 2021년 유형별 철도사고는 전년 대비 모두 감소하였다.

10 다음은 우리나라 주민등록인구와 등록외국인에 대한 자료이다. 자료에 대한 설명으로 옳은 것은?(단, 소수점 첫째 자리에서 반올림한다.)

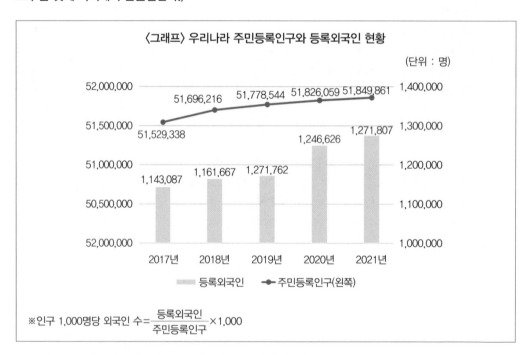

〈그래프〉 우리나라 주민등록인구와 등록외국인 현황

(단위 : 명)

※ 인구 1,000명당 외국인 수 = $\dfrac{\text{등록외국인}}{\text{주민등록인구}} \times 1{,}000$

① 인구 1,000명당 외국인 수는 2020년보다 2021년에 더 많다.
② 2020년 등록외국인은 전년보다 10% 이상 증가하였다.
③ 2017~2021년 평균 등록외국인은 1,200,000명 이상이다.
④ 2017년 인구 1,000명당 외국인 수는 약 30명이다.
⑤ 2017~2021년 동안 주민등록인구는 2021년에 처음으로 51,800,000명을 넘었다.

11 다음은 입국목적별 외래객 현황이다. 자료에 대한 설명으로 옳지 않은 것은?

〈표〉 입국목적별 외래객 현황

(단위 : 명)

구분	관광	상용	공용	유학연수	기타
아시아	1,395,081	21,570	3,299	( )	435,324
아메리카	131,102	1,548	12,092	2,790	123,955
유럽	100,963	4,610	838	8,126	100,374
오세아니아	22,975	278	121	171	6,909
아프리카	3,259	1,501	221	1,286	8,107
국적 미상	91	2	0	3	( )
합계	1,653,471	( )	16,571	118,462	674,714

① 유학연수 목적으로 입국한 국적별 외래객은 유럽 외래객이 가장 많다.
② 입국 외래객은 아메리카 외래객보다 유럽 외래객이 더 많다.
③ 상용 목적으로 입국한 외래객은 30,000명 이상이다.
④ 기타 목적으로 입국한 국적 미상 외래객은 25명이다.
⑤ 관광 목적으로 입국한 외래객 중 유럽 외래객이 차지하는 비중은 10% 이상이다.

12 다음은 학생 1인당 월 평균 사교육비 현황이다. 자료에 대한 설명으로 옳은 것은?

〈표〉 7~11월 학생 1인당 월 평균 사교육비 현황

(단위 : 만 원)

구분	초등학생	중학생	고등학생
7월	36.9	37.1	33.4
8월	36.3	36.2	35.8
9월	29.0	34.0	36.7
10월	22.1	32.8	38.8
11월	20.3	33.1	40.1

① 중학생 1인당 월 평균 사교육비는 7~11월 동안 매월 감소하였다.
② 앞으로도 고등학생 1인당 월 평균 사교육비는 증가할 것으로 예상된다.
③ 7~11월 동안 중학생 1인당 월 평균 사교육비는 매월 초등학생 1인당 월 평균 사교육비보다 많았다.
④ 처음으로 고등학생 1인당 월 평균 사교육비가 40만 원을 넘는 달은 10월이다.
⑤ 9월 초등학생 1인당 월 평균 사교육비는 전월 대비 30% 이상 감소했다.

13 다음은 대기오염원별 대기 중 농도에 대한 자료이다. 〈보기〉 중 자료에 대한 설명으로 옳은 것을 모두 고른 것은?(단, 소수점 첫째 자리에서 반올림한다.)

〈표〉 2017~2021년 대기오염원별 대기 중 농도 현황

구분	2017년	2018년	2019년	2020년	2021년
미세먼지 PM2.5($\mu g/m^3$)	32	36	31	39	21
미세먼지 PM10($\mu g/m^3$)	64	60	52	69	45
아황산가스(ppm)	0.006	0.005	0.005	0.005	0.003
오존(ppm)	0.026	0.038	0.026	0.028	0.027
이산화질소(ppm)	0.038	0.038	0.033	0.034	0.027
일산화탄소(ppm)	0.6	0.6	0.6	0.6	0.5

※ ppm 농도 $\times \dfrac{\text{분자량(g/mol)}}{0.0224} = \mu g/m^3$ 농도

※ 아황산가스 분자량 : 64g/mol, 오존 분자량 : 48g/mol, 이산화질소 분자량 : 46g/mol, 일산화탄소 분자량 : 28g/mol

┌ 보기 ┐
ㄱ 2018년 아황산가스의 대기 중 농도는 미세먼지 PM2.5의 대기 중 농도보다 높다.
ㄴ 2021년 이산화질소의 대기 중 농도는 전년 대비 20% 이상 감소했다.
ㄷ 2017~2021년 동안 오존의 대기 중 농도가 0.025ppm을 넘는 해는 2017년과 2021년뿐이다.
ㄹ 2017~2021년 동안 미세먼지 PM10의 대기 중 농도는 미세먼지 PM2.5의 대기 중 농도보다 매년 높다.
└ ┘

① ㄱ, ㄴ   ② ㄱ, ㄷ
③ ㄴ, ㄷ   ④ ㄴ, ㄹ
⑤ ㄴ, ㄷ, ㄹ

[14~15] 다음은 업종별 사업체 수와 종사자 수에 대한 자료이다. 이어지는 물음에 답하시오.

〈표 1〉 2017~2021년 업종별 사업체 수

(단위 : 개)

구분	2017년	2018년	2019년	2020년	2021년
도소매업	1,015,117	1,017,340	1,022,739	1,027,109	1,028,323
서비스업	2,548,142	2,282,542	2,862,642	2,921,816	2,977,751
운수업	379,388	385,968	386,919	400,282	409,288
제조업	428,643	430,948	433,684	437,024	440,766
기타	546,487	504,589	632,487	640,523	655,842

〈표 2〉 2017~2021년 업종별 종사자 수

(단위 : 명)

구분	2017년	2018년	2019년	2020년	2021년
도소매업	3,129,601	3,141,900	3,173,320	3,250,867	3,289,652
서비스업	10,985,752	11,564,214	11,714,064	12,188,778	12,537,747
운수업	1,096,051	1,111,060	1,115,990	1,145,752	1,155,965
제조업	4,102,259	4,097,338	4,103,986	4,105,871	4,123,817
기타	3,012,547	3,214,856	3,345,595	3,658,124	4,012,526

14 자료에 대한 설명으로 옳지 않은 것은?(단, 소수점 첫째 자리에서 반올림한다.)

① 2017~2021년 동안 업종별 사업체 수 순위는 매년 동일하다.
② 2018년 전체 사업체 수와 전체 종사자 수는 약 5배 차이가 난다.
③ 2020년 전체 종사자에서 도소매업 종사자 수가 차지하는 비중은 제조업 종사자 수가 차지하는
   비중보다 작다.
④ 2017~2021년 제조업 종사자 수는 매년 1,000명 이상 증가하였다.
⑤ 2017~2021년 평균 운수업 사업체 수는 390,000개 이상이다.

15 2021년 전체 사업체 수 중 서비스업 사업체 수가 차지하는 비중은 운수업 사업체 수가 차지하는
비중과 몇 %p 차이 나는가?(단, 소수점 첫째 자리에서 반올림한다.)

① 47%p   ② 49%p
③ 51%p   ④ 53%p
⑤ 55%p

[16~17] 다음은 우리나라 수도권 도시의 주민등록인구와 경찰공무원에 대한 자료이다. 물음에 답하시오.

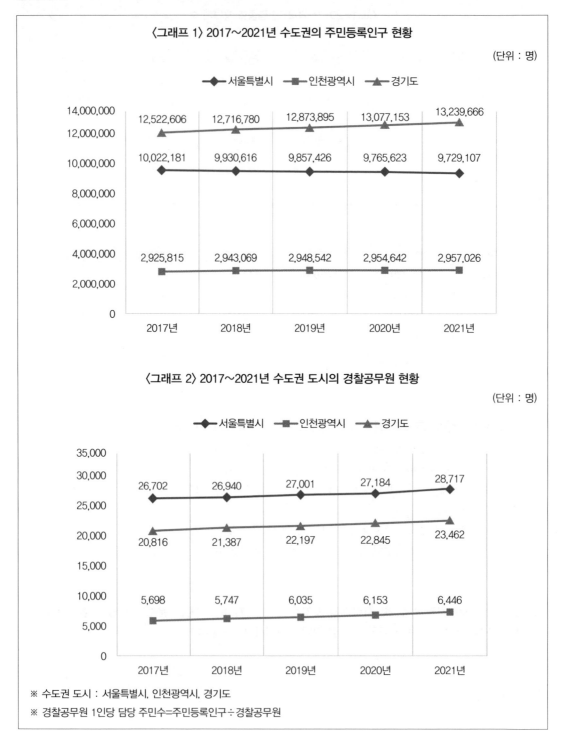

〈그래프 1〉 2017~2021년 수도권의 주민등록인구 현황

(단위 : 명)

◆ 서울특별시 ■ 인천광역시 ▲ 경기도

경기도: 12,522,606 / 12,716,780 / 12,873,895 / 13,077,153 / 13,239,666
서울특별시: 10,022,181 / 9,930,616 / 9,857,426 / 9,765,623 / 9,729,107
인천광역시: 2,925,815 / 2,943,069 / 2,948,542 / 2,954,642 / 2,957,026

〈그래프 2〉 2017~2021년 수도권 도시의 경찰공무원 현황

(단위 : 명)

◆ 서울특별시 ■ 인천광역시 ▲ 경기도

서울특별시: 26,702 / 26,940 / 27,001 / 27,184 / 28,717
경기도: 20,816 / 21,387 / 22,197 / 22,845 / 23,462
인천광역시: 5,698 / 5,747 / 6,035 / 6,153 / 6,446

※ 수도권 도시 : 서울특별시, 인천광역시, 경기도
※ 경찰공무원 1인당 담당 주민수=주민등록인구÷경찰공무원

16 ⟨보기⟩ 중 자료에 대한 설명으로 옳은 것을 모두 고른 것은?(단, 소수점 첫째 자리에서 반올림한다.)

> **보기**
>
> ㉠ 수도권 도시 중 2021년 경찰공무원 1인당 담당 주민수가 가장 많은 곳은 서울특별시이다.
> ㉡ 2017~2021년 수도권 도시의 경찰공무원은 모두 매년 증가했다.
> ㉢ 2021년 경기도 주민등록인구는 2017년 대비 5% 이상 증가하였다.
> ㉣ 2017~2021년 서울특별시 주민등록인구는 경기도 주민등록인구보다 매년 많았다.

① ㉠, ㉡   ② ㉠, ㉢
③ ㉠, ㉣   ④ ㉡, ㉢
⑤ ㉡, ㉣

17 2017~2021년 중 서울특별시 경찰공무원 1인당 담당 주민수가 가장 많은 해는 언제인가?(단, 소수점 첫째 자리에서 반올림한다.)

① 2017년   ② 2018년
③ 2019년   ④ 2020년
⑤ 2021년

18 다음 외국인 출입국자의 국적별 현황 자료에 대한 설명으로 옳은 것은?

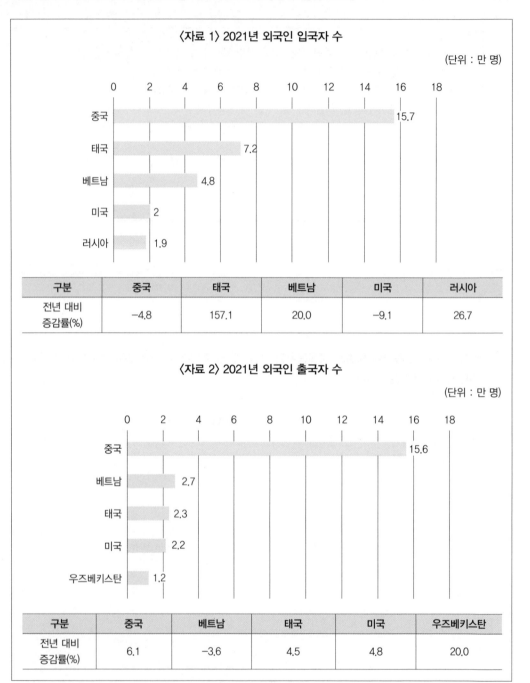

〈자료 1〉 2021년 외국인 입국자 수

(단위 : 만 명)

중국 15.7
태국 7.2
베트남 4.8
미국 2
러시아 1.9

구분	중국	태국	베트남	미국	러시아
전년 대비 증감률(%)	-4.8	157.1	20.0	-9.1	26.7

〈자료 2〉 2021년 외국인 출국자 수

(단위 : 만 명)

중국 15.6
베트남 2.7
태국 2.3
미국 2.2
우즈베키스탄 1.2

구분	중국	베트남	태국	미국	우즈베키스탄
전년 대비 증감률(%)	6.1	-3.6	4.5	4.8	20.0

① 2020년과 2021년의 국적별 입국자 수 순위는 동일하다.
② 베트남 국적의 입국자 수 증가분은 러시아 국적의 입국자 수 증가분의 3배에 달한다.
③ 태국과 우즈베키스탄 국적의 출국자 수 차이는 2021년에 더 커졌다.
④ 2020년과 2021년 국적별 출국자 수 순위는 상이하다.
⑤ 2020년 베트남 국적의 입국자 수가 태국 국적의 입국자 수보다 더 많다.

19 다음 자료를 분석하여 작성한 내용 중 밑줄 친 ㉠~㉤ 가운데 적절하지 않은 것은?

〈표 1〉 2010~2014년 전기화재 발생 현황

구분	총 화재(건)	전기화재(건)	점유율(%)	인명피해 (사망자 수/부상자 수)
2010년	41,862	9,442	22.6	48/217
2011년	43,875	9,351	21.3	27/235
2012년	43,249	9,225	21.3	49/349
2013년	40,932	8,889	21.7	43/285
2014년	42,135	8,287	19.7	31/295

〈표 2〉 2014년 각국의 감전사고 사망자 수

(단위 : 명)

구분	한국	일본	영국	호주	뉴질랜드	아일랜드
사망자 수	37	15	2	25	3	2
백만 명당 사망자 수	0.75	0.12	0.03	1.14	0.69	0.42

2014년 국내 전기화재 발생 현황을 분석해 보면, ㉠전년도에 비해 총 화재 건수는 증가했으나 전기화재 건수는 602건 감소했다. 2014년 전기화재 점유율은 19.7%로 과거 4년간의 점유율인 20%대를 벗어나 최초로 10%대로 진입하는 괄목할만한 성과를 나타냈다.

전기화재로 인한 인명피해자 수는 사망자 수 31명, 부상자 수 295명 등으로 ㉡총 326명의 피해자가 발생했으며, ㉢총 인명피해자 중 사망자가 차지하는 비율은 5년간 10%대를 유지하였다. 우리나라의 전기화재 점유율은 일본 15.6%, 대만 31.8%와 비교해 볼 때 대만보다는 낮지만 일본보다는 높은 수준이며, ㉣전년 대비 2014년 점유율은 2%p 감소했다.

한편, 2014년 감전사고자는 총 569명(사망 37명, 부상 532명)으로 전년도 605명(사망 36명, 부상 569명)에 비하여 36명 감소했다. 국가별 ㉤인구 백만 명당 사망자 수는 우리나라가 0.75명으로 호주 1.14명보다 낮지만 일본 0.12명, 영국 0.03명보다는 높은 것으로 나타나 감전재해를 줄이기 위해서는 범국가 차원의 홍보활동과 전기안전 관련 기관의 지속적인 노력이 요망된다.

① ㉠   ② ㉡   ③ ㉢   ④ ㉣   ⑤ ㉤

[20~21] 자료를 바탕으로 이어지는 물음에 답하시오.

⟨표 1⟩ 호수별 수온, 수질측정, 조류예보 및 해제 현황(2013년 8월 10~16일)

호수	측정월일	수온 (℃)	수질측정항목		조류예보 및 해제
			클로로필 농도 (mg/m³)	남조류 세포수 (개/ml)	
A	8월 10일	27.6	16.9	917	–
	8월 11일	27.5	29.4	4,221	주의보
	8월 12일	26.2	30.4	5,480	주의보
	8월 13일	25.2	40.1	8,320	경보
	8월 14일	23.9	20.8	1,020	주의보
	8월 15일	20.5	18.0	328	주의보
	8월 16일	21.3	13.8	620	해제
B	8월 10일	24.2	21.7	4,750	–
	8월 11일	25.2	28.5	1,733	주의보
	8월 12일	26.1	30.5	5,315	주의보
	8월 13일	23.8	21.5	1,312	( )
	8월 14일	22.1	16.8	389	( )
	8월 15일	18.6	10.3	987	( )
	8월 16일	17.8	5.8	612	( )

※ 수질측정은 매일 각 호수별로 동일시간, 동일지점, 동일한 방법으로 1회만 실시함

⟨표 2⟩ 2008~2012년 호수별 조류예보 발령 현황

(단위 : 일)

호수	구분	2008년	2009년	2010년	2011년	2012년
A	주의보	7	0	21	14	28
	경보	0	0	0	0	0
	대발생	0	0	0	0	0
B	주의보	49	35	28	35	14
	경보	7	0	21	42	0
	대발생	7	0	0	14	0

⟨표 3⟩ 조류예보 수질측정항목 수치의 단계별 기준

수질측정항목 〳 단계	주의보	경보	대발생
클로로필 농도(mg/m³)	15 이상	25 이상	100 이상
남조류 세포수(개/ml)	500 이상	5,000 이상	1,000,000 이상

20 다음 〈보고서〉를 작성하기 위해 제시된 〈표〉 이외에 추가로 필요한 자료만을 〈보기〉에서 모두 고르면?

〈보고서〉

2013년 8월 10~16일 동안 호수 B의 수온이 호수 A의 수온보다 매일 낮았다. 그리고 8월 10~12일 동안 호수 B의 클로로필 농도는 증가하다가 8월 13~16일 동안 감소하였다. 호수 B의 남조류 세포수는 8월 10~13일 동안 증감을 반복하다가 8월 14~16일 동안 1,000개/ml 이하로 유지되었다.

2008~2013년 호수 A와 B에서 클로로필 농도와 남조류 세포수의 월일별 증감 방향은 일치하지 않았으나, 호수 내 질소의 농도와 인의 농도를 월일별로 살펴보면 밀접한 상관관계가 있었다.

2008~2013년 조류예보 발령 현황을 보면 호수 A에는 2009년을 제외하면 매년 '주의보'가 발령되었고 호수 B에는 '경보'와 '대발생'도 발령되었다. '주의보'가 발령되는 시기는 주로 8월에서 10월까지 집중되어 있으며, 동절기인 12월에는 '주의보' 발령이 없었다.

보기
ㄱ 2008~2013년 호수 A와 B의 월일별 질소 및 인 농도 측정 현황
ㄴ 2008~2013년 호수 A와 B의 월일별 수위측정 현황
ㄷ 2008~2013년 호수 A와 B의 월일별 조류예보 발령 현황
ㄹ 2008~2013년 호수 A와 B의 월일별 수온측정 현황
ㅁ 2008~2013년 호수 A와 B의 월일별 클로로필 농도 및 남조류 세포수 측정 현황

① ㄱ, ㄷ

② ㄱ, ㄷ, ㅁ

③ ㄴ, ㄷ, ㅁ

④ ㄱ, ㄴ, ㄹ, ㅁ

⑤ ㄱ, ㄷ, ㄹ, ㅁ

21 〈조류예보 및 해제 발령 절차〉를 참고할 때 2013년 8월 13~15일 호수 B의 조류예보 및 해제 발령 결과를 바르게 나열한 것은?(단, 조류예보 수질측정항목으로 '클로로필 농도'와 '남조류 세포수'만 사용한다.)

〈조류예보 및 해제 발령 절차〉

• 예보 당일 및 전일 조류예보 수질측정항목 수치의 단계별 기준에 의거, 다음과 같이 조류예보 또는 '해제'를 발령함
• 예보 당일 및 전일의 수질측정항목(클로로필 농도와 남조류 세포수) 측정수치 4개를 획득함
• 아래 5개 조건 만족 여부를 순서대로 판정하고 조건을 만족하면 해당 발령 후 예보 당일 '조류예보 및 해제 발령 절차'를 종료함
  1) 측정수치 4개가 모두 대발생 단계 기준을 만족하면 '대발생' 발령
  2) 측정수치 4개가 모두 경보 단계 기준을 만족하면 '경보' 발령
  3) 측정수치 4개가 모두 주의보 단계 기준을 만족하면 '주의보' 발령
  4) 측정수치 4개 중 2개 이상이 주의보 단계 기준을 만족하지 못하면 '해제' 발령
  5) 위 1)~4)를 만족하지 못하면 예보 전일과 동일한 발령을 유지

	8월 13일	8월 14일	8월 15일
①	경보	주의보	해제
②	경보	주의보	주의보
③	주의보	주의보	주의보
④	주의보	주의보	해제
⑤	주의보	경보	주의보

22 다음은 우리나라의 국가별 광제조업의 무역액에 관한 자료이다. 수출과 수입의 연도별 증감 추이가 나머지와 다른 두 국가는?

〈표〉 2015~2017년 국가별 광제조업 무역액

구분	수출			수입		
	2015년	2016년	2017년	2015년	2016년	2017년
미국	62.6	59.0	60.9	24.0	22.3	27.6
중국	123.3	110.7	124.9	55.5	51.4	57.7
일본	19.5	18.2	19.8	32.2	33.1	38.5
EU	40.8	38.9	45.4	29.0	24.6	29.1
동남아	96.3	99.7	124.0	40.5	40.3	48.1
중동	21.3	18.2	19.7	55.1	45.8	60.5
중남미	26.3	21.4	24.2	12.5	11.8	13.3

① 중국, 동남아   ② 일본, EU
③ EU, 중남미   ④ 동남아, 중동
⑤ 일본, 동남아

23 다음은 A대학 2021학년도 2학기 경영정보학과의 강좌별 성적분포를 나타낸 것이다. 이에 대한 〈보기〉의 설명 중 옳은 것만을 모두 고르면?

〈표〉 2021학년도 2학기 경영정보학과의 강좌별 성적분포

(단위 : 명)

분야	담당 교수	강좌명	A+	A0	B+	B0	C+	C0	D+	D0	F	수강 인원
전공 기초	이성재	경영정보론	3	6	7	6	3	2	0	0	0	27
	이민부	경영정보론	16	2	29	0	15	0	0	0	0	62
	정상훈	경영정보론	9	9	17	13	8	10	0	0	0	66
	황욱태	회계학원론	8	6	16	4	9	6	0	0	0	49
전공 심화	이향옥	JAVA 프로그래밍	4	2	6	5	2	0	2	0	4	25
	김신재	e-비즈니스 경영	13	0	21	1	7	3	0	0	1	46
	황욱태	IT거버넌스	4	4	7	7	6	0	1	0	0	29
	김호재	CRM	14	0	23	8	2	0	2	0	0	49
	이민부	유비쿼터스 컴퓨팅	14	5	15	2	6	0	0	0	0	42
	정상훈	정보보안관리	8	8	15	9	2	0	0	0	0	42
	이성재	의사결정시스템	2	1	4	1	3	2	0	0	1	14
	김신재	프로젝트관리	3	3	6	4	1	1	0	1	0	19
	우희준	소셜네트워크 서비스	9	7	32	7	0	0	0	0	0	55

보기

㉠ A(A+, A0)를 받은 학생 수가 가장 많은 강좌는 전공심화 분야에 속한다.

㉡ 전공기초 분야의 강좌당 수강인원은 전공심화 분야의 강좌당 수강인원보다 많다.

㉢ 각 강좌별 수강인원 중 A+를 받은 학생의 비율이 가장 낮은 강좌는 황욱태 교수의 강좌이다.

㉣ 전공기초 분야에 속하는 각 강좌에서는 A(A+, A0)를 받은 학생 수가 C(C+, C0)를 받은 학생 수보다 많다.

① ㉠, ㉡   ② ㉠, ㉢
③ ㉠, ㉣   ④ ㉡, ㉣
⑤ ㉢, ㉣

다음 〈표〉는 서울시 10개구의 대기 중 오염물질 농도 및 오염물질별 대기환경지수 계산식에 관한 것이다. 이에 대한 〈보기〉의 설명 중 옳은 것만을 모두 고르면?

〈표 1〉 대기 중 오염물질 농도

지역 \ 오염물질	미세먼지 (μg/m³)	초미세먼지 (μg/m³)	이산화질소 (ppm)
종로구	46	36	0.018
중구	44	31	0.019
용산구	49	35	0.034
성동구	67	23	0.029
광진구	46	10	0.051
동대문구	57	25	0.037
중랑구	48	22	0.041
성북구	56	21	0.037
강북구	44	23	0.042
도봉구	53	14	0.022
평균	51	24	0.033

〈표 2〉 오염물질별 대기환경지수 계산식

오염물질 \ 계산식	조건	계산식
미세먼지 (μg/m³)	농도가 51 이하일 때	0.9×농도
	농도가 51 초과일 때	1.0×농도
초미세먼지 (μg/m³)	농도가 25 이하일 때	2.0×농도
	농도가 25 초과일 때	1.5×(농도－25)＋51
이산화질소 (ppm)	농도가 0.04 이하일 때	1,200×농도
	농도가 0.04 초과일 때	800×(농도－0.04)＋51

※ 통합대기환경지수는 오염물질별 대기환경지수 중 최댓값임

보기

㉠ 용산구의 통합대기환경지수는 성동구의 통합대기환경지수보다 작다.
㉡ 강북구의 미세먼지 농도와 초미세먼지 농도는 각각의 평균보다 낮고, 이산화질소 농도는 평균보다 높다.
㉢ 중랑구의 통합대기환경지수는 미세먼지의 대기환경지수와 같다.
㉣ 세 가지 오염물질 농도가 각각의 평균보다 모두 높은 구는 2개 이상이다.

① ㉠, ㉡
② ㉠, ㉢
③ ㉢, ㉣
④ ㉠, ㉡, ㉣
⑤ ㉡, ㉢, ㉣

25 다음은 불법 소프트웨어가 적용된 차량의 질소산화물 배출량을 인증모드와 실도로주행으로 각각 4회씩 실험한 결과이다. 이에 대해 이해한 것으로 적절하지 않은 것은?

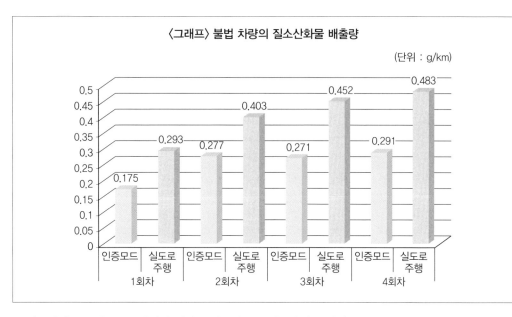

① 질소산화물은 실도로주행에서 회차를 거듭할수록 배출량이 증가했다.

② 질소산화물은 인증모드보다 실도로주행 시에 더 많이 배출되었다.

③ 인증모드에서는 2회차, 실도로주행 시에는 3회차 때 전 회차 대비 질소산화물 배출 증가량이 가장 많다.

④ 인증모드와 실도로주행 시의 질소산화물 배출량 격차는 회차가 거듭될수록 더 증가했다.

⑤ 1회차 대비 4회차의 질소산화물 배출량 증가율은 인증모드인 경우가 실도로주행 시보다 더 높다.

26 다음 국가별 이산화탄소 배출 추이를 나타낸 자료에 대한 설명으로 〈보기〉 중 옳은 것을 모두 고르면?

〈표〉 국가별 이산화탄소 배출 추이

(단위 : 백만 t CO_2)

구분	1990년	2000년	2010년	2015년	2020년
중국	2,076	3,086	7,707	8,980	9,087
미국	4,803	5,642	5,347	5,103	5,176
캐나다	420	516	526	550	555
이란	171	312	498	535	556

보기

㉠ 4개국의 이산화탄소 총 배출량에 대한 2010년 대비 2015년 증가율은 10% 미만이다.

㉡ 국가별로 2000년 이산화탄소 배출 비중이 큰 국가부터 나열하면 중국, 미국, 캐나다, 이란 순이다.

㉢ 1990년 대비 2000년 이산화탄소 증가율이 가장 큰 나라는 중국이다.

① ㉠
② ㉠, ㉡
③ ㉠, ㉢
④ ㉡, ㉢
⑤ ㉠, ㉡, ㉢

27 다음은 갑국의 연도별 1인당 의료기관 입내원 일수와 관련 비용에 대한 자료이다. 2016년 대비 2017년 입내원 1일당 월평균 진료비의 증감률은 약 몇 %인가?(단, 금액은 모두 반올림하여 원 단위로 표시한다.)

〈표〉 2014~2017년 1인당 의료기관 입내원 일수 및 비용

(단위 : 원, 일)

구분		2014년	2015년	2016년	2017년
입내원 1일당 월평균	진료비	55,029	58,390	( )	( )
	급여비	41,218	43,666	47,343	50,246
월평균	입내원 일수	1.64	1.64	1.68	1.69
	진료비	90,248	95,760	106,286	113,612
	급여비	67,598	71,612	79,536	84,916

① 5.9%
② 6.1%
③ 6.3%
④ 6.8%
⑤ 7.2%

28 다음은 그래프의 종류와 그 활용 사례를 정리한 도표이다. 그래프의 종류에 맞는 활용 사례가 아닌 것은?

	종류	활용 방법	활용 사례
①	원그래프	내역이나 내용의 구성비를 분할하여 나타내고자 할 때	제품별 매출액 구성비
②	점그래프	지역 분포를 비롯하여 도시, 지방, 기업, 상품 등의 평가나 위치, 성격을 표시할 때	광고 비율과 이익률의 관계
③	층별그래프	합계와 각 부분의 크기를 백분율로 나타내고 시간적 변화를 보고자 할 때	상품별 매출액 추이
④	막대그래프	비교하고자 하는 수량을 막대 길이로 표시하고, 그 길이를 비교하여 각 수량 간의 대소 관계를 나타내고자 할 때	연도별 매출액 추이 변화
⑤	방사형그래프	다양한 요소를 비교하거나 경과를 나타낼 때	매출액의 계절 변동

29 다음 과세표준 구간별 종합소득세율 자료를 참고했을 때 과세표준금액이 9,000만 원인 경우 산출세액은 얼마인가?

〈표〉 과세표준 구간별 종합소득세율

과세표준	세율(%)	누진공제
1,200만 원 이하	6	–
1,200만 원 초과 4,600만 원 이하	15	108만 원
4,600만 원 초과 8,800만 원 이하	24	522만 원
8,800만 원 초과 1억 5,000만 원 이하	35	1,490만 원
1억 5,000만 원 초과 3억 원 이하	38	1,940만 원
3억 원 초과 5억 원 이하	40	2,940만 원
5억 원 초과	42	3,540만 원

※ 과세표준금액×세율(%) − 누진공제액 = 산출세액

① 1,340만 원   ② 1,420만 원
③ 1,500만 원   ④ 1,580만 원
⑤ 1,660만 원

30 다음은 영업팀 최 과장의 1~11월 출장 횟수를 월별로 표시한 자료이다. 다음 자료의 중앙값, 최빈값, 평균을 순서대로 바르게 짝지은 것은?(단, 평균은 반올림하여 소수 둘째 자리까지 표기한다.)

1월	2월	3월	4월	5월	6월	7월	8월	9월	10월	11월
1	4	4	5	1	3	3	1	0	3	3

	중앙값	최빈값	평균
①	3	3	2.45
②	3	3	2.55
③	3	4	2.55
④	4	3	2.45
⑤	4	4	2.45

31 다음 자료에 대한 해석으로 옳은 것을 〈보기〉에서 모두 고르면?

〈표〉 도시농촌 간 인구이동 추이

(단위 : 명)

구분	농촌 → 도시	도시 → 농촌	농촌으로의 인구 순 유입		
			수도권	지방 대도시	중소도시
2006년	458,524	442,086	−12,041	−831	−3,566
2007년	462,431	472,048	1,967	9,108	−1,458
2015년	333,773	375,073	21,589	19,334	377

보기

㉠ 2007년 중소도시만 유일하게 농촌에서 도시로 이동한 인구가 도시에서 농촌으로 이동한 인구보다 적었다.
㉡ 농촌으로 순 유입한 총인구는 2015년에 가장 많다.
㉢ 농촌 인구의 순 유출은 2006년에만 일어났다.
㉣ 2007년 대비 2015년 이동 인구 감소율은 농촌에서 도시로 이동한 경우보다 도시에서 농촌으로 이동한 경우보다 높다.

① ㉠, ㉡
② ㉠, ㉢
③ ㉡, ㉣
④ ㉠, ㉡, ㉢
⑤ ㉡, ㉢, ㉣

32 다음 자료에 대한 설명으로 옳은 것은?

〈표〉 연도별 한우 등급 비율

(단위 : %, 두)

연도	육질 등급					한우 등급 판정 두수
	1++	1+	1	2	3	
2008년	7.5	19.5	27.0	25.5	20.5	588,003
2009년	8.6	20.5	27.6	24.8	18.5	643,930
2010년	9.7	23.0	31.0	25.3	11.0	602,016
2011년	9.2	22.8	30.8	25.6	11.6	718,256
2012년	9.3	20.4	28.7	27.5	14.1	842,771
2013년	9.2	21.0	31.0	27.5	11.3	959,751
2014년	9.3	22.6	33.8	25.5	8.8	839,161

① 1++등급으로 판정된 한우의 두수는 2010년이 2011년보다 더 많다.

② 1등급 이상 육질 등급을 받은 한우 비중이 전체의 60%를 넘는 해는 총 3개년이다.

③ 2010년 3등급 판정을 받은 한우의 두수가 가장 적다.

④ 1++등급 비율이 전년보다 증가한 연도의 3등급 비율은 전년보다 항상 감소했다.

⑤ 1++등급 비율이 가장 낮은 연도는 3등급 비율이 가장 높은 연도이며, 1++등급 비율이 가장 높은 연도는 3등급 비율이 가장 낮은 연도이다.

33 다음 전월세 전환율에 관한 설명을 참고할 때 전세보증금 1억 원의 전세 세입자가 월세보증금 1천만 원에 전월세 전환율 한도 수준까지의 월세 전환을 원할 경우, 월 임대료는 얼마인가?

집주인이 전세보증금을 올려달라고 하는 경우 세입자는 목돈을 마련하지 못해 전세자금 대출을 알아보곤 한다. 그럴 때 생각해 볼 수 있는 것이 반전세나 월세 전환이다. 임대인들도 보증금 몇 천만 원에서 나오는 이자보다 월세가 매달 나오는 것이 좋다 보니 이를 먼저 요구하기도 한다. 이때 적용되는 것이 '전월세 전환율'이다.

$$전월세\ 전환율 = \frac{월세 \times 12개월}{전세보증금 - 월세보증금} \times 100$$

우리나라는 주택임대차보호법 하에서 산정률 제한을 두고 있다. 보통 10%, 기준금리 4배수 중 낮은 비율의 범위를 초과할 수 없다고 규정하고 있기 때문에 현재 기준 금리가 1.5%로 인상되어 6%가 제한선이 된다.

① 45만 원
② 47만 원
③ 50만 원
④ 52만 원
⑤ 55만 원

다음 〈표〉는 미국이 환율조작국을 지정하기 위해 만든 요건별 판단기준과 A~K국의 2021년 자료이다. 이에 대한 〈보기〉의 설명 중 옳은 것만을 모두 고르면?

〈표 1〉 요건별 판단기준

요건	1	2	3
	현저한 대미무역수지 흑자	상당한 경상수지 흑자	지속적 환율시장 개입
판단 기준	대미무역수지 200억 달러 초과	GDP 대비 경상수지 비중 3% 초과	GDP 대비 외화자산 순매수액 비중 2% 초과

※ 요건 중 세 가지를 모두 충족하면 환율조작국으로 지정됨
※ 요건 중 두 가지만을 충족하면 관찰대상국으로 지정됨

〈표 2〉 환율조작국 지정 관련 자료(2021년)

(단위 : 10억 달러, %)

국가 \ 항목	대미무역수지	GDP 대비 경상수지 비중	GDP 대비 외화자산 순매수액 비중
A	365.7	3.1	−3.9
B	74.2	8.5	0.0
C	68.6	3.3	2.1
D	58.4	−2.8	−1.8
E	28.3	7.7	0.2
F	27.8	2.2	1.1
G	23.2	−1.1	1.8
H	17.6	−0.2	0.2
I	14.9	−3.3	0.0
J	14.9	14.6	2.4
K	−4.3	−3.3	0.1

보기
㉠ 환율조작국으로 지정되는 국가는 없다.
㉡ B국은 요건 1과 요건 2를 충족한다.
㉢ 관찰대상국으로 지정되는 국가는 모두 4개이다.
㉣ 요건 1의 판단기준을 '대미무역수지 200억 달러 초과'에서 '대미무역수지 150억 달러 초과'로 변경하여도 관찰대상국 및 환율조작국으로 지정되는 국가들은 동일하다.

① ㉠, ㉡
② ㉠, ㉢
③ ㉡, ㉣
④ ㉢, ㉣
⑤ ㉡, ㉢, ㉣

35 다음 자료를 분석한 것으로 옳지 않은 것은?

〈표〉 연도별 S제품 수출입 실적

(단위 : 백만 달러)

구분	2011년	2012년	2013년	2014년	2015년
수출	154.7	173.9	183.0	149.8	135.2
수입	1,067.3	1,175.0	1,182.8	1,373.4	1,335.7

※ 무역수지＝수출액－수입액

① 무역수지 적자가 가장 큰 해는 2014년이다.
② 2015년 수출액의 전년 대비 감소율은 수입액의 전년 대비 감소율보다 크다.
③ 2011년 대비 2015년 수입액의 증가율은 25% 이상이다.
④ 무역수지 적자폭은 지속적으로 확대되었다.
⑤ 수출액과 수입액의 변동 추이가 다른 해는 2014년이다.

36 다음 자료에 대한 판단으로 옳은 것을 〈보기〉에서 모두 고른 것은?

〈표〉 T공사 판매 품목별 원산지

(단위 : 개)

품목	판매량	국산	수입산
갑	277	231	46
을	134	121	13
병	106	( )	( )
정	90	64	26
무	65	58	7
기타	267	223	44
합	( )	( )	147

┌─ 보기 ┐
ㄱ. 국산 제품은 기타, 갑, 을, 병, 정, 무 순으로 많다.
ㄴ. 국산 제품의 개수는 수입산 제품의 개수보다 5배 이상 많다.
ㄷ. 병 품목의 전체 판매량에서 수입산 제품의 비중은 10%를 초과한다.
ㄹ. 품목별 판매량에서 수입산 제품의 비중이 가장 큰 상위 3개 품목은 갑, 정, 기타이다.

① ㄱ, ㄴ
② ㄱ, ㄷ
③ ㄴ, ㄷ
④ ㄴ, ㄹ
⑤ ㄴ, ㄷ, ㄹ

[37~38] 다음 자료를 보고 이어지는 물음에 답하시오.

〈표〉 콘텐츠산업 지역별 사업체 수

(단위 : 개소)

구분			만화				
			2012년	2013년	2014년	2015년	2016년
만화	서울		2,848	2,220	2,098	2,137	1,866
	6개 시	부산	764	742	649	632	629
		대구	458	408	400	386	382
		인천	546	425	399	392	380
		광주	291	330	322	312	308
		대전	389	317	306	296	289
		울산	173	187	196	193	185
		소계	2,621	2,409	2,272	2,211	2,173
	9개 도	경기도	1,891	1,678	1,674	1,626	1,567
		강원도	202	210	229	226	216
		충청북도	168	233	236	230	224
		충청남도	154	226	233	229	222
		전라북도	166	327	311	295	287
		전라남도	157	245	242	242	242
		경상북도	244	356	356	343	330
		경상남도	373	508	508	491	489
		제주도	32	108	115	115	110
		소계	3,387	3,891	3,904	3,797	3,687
	합계		8,856	8,520	8,274	8,145	7,726
게임	서울		4,417	3,476	3,252	2,966	2,681
	6개 시	부산	1,265	1,046	981	919	792
		대구	702	645	644	709	637
		인천	753	756	692	660	555
		광주	611	559	593	577	538
		대전	372	485	449	428	386
		울산	241	370	361	368	324
		소계	3,944	3,861	3,720	3,661	3,232
	9개 도	경기도	3,667	3,093	3,005	2,929	2,554
		강원도	412	606	578	504	483
		충청북도	345	484	453	399	381
		충청남도	546	598	591	580	512
		전라북도	538	607	562	556	492
		전라남도	462	516	524	482	434
		경상북도	726	700	693	702	632
		경상남도	963	904	854	860	779
		제주도	169	233	208	205	183
		소계	7,828	7,741	7,468	7,217	6,450
	합계		16,189	15,078	14,440	13,844	12,363

37 다음 중 자료에 대한 해석으로 옳지 않은 것은?

① 2012~2016년 만화와 게임 산업 사업체 수가 가장 많은 지역은 서울이다.

② 전체 조사기간 동안 6개 시 전체 게임 산업 사업체 수는 매년 감소하였다.

③ 2012~2016년 전체 만화 산업 사업체 중 서울 소재 사업체 비율은 매년 감소하였다.

④ 9개 도 중 만화 산업 사업체 수가 지속적으로 감소한 지역은 경기도뿐이다.

⑤ 6개 시 중 2012년 대비 2016년 만화 산업 사업체 수가 가장 큰 폭으로 감소한 지역은 인천이다.

핵심
유형

의사
소통
능력

수리
능력

문제
해결
능력

38 다음 중 자료를 바탕으로 작성 가능한 그래프로 적절하지 않은 것은?

① 2016년 6개 시의 만화와 게임 산업 사업체 수

(단위 : 개소)

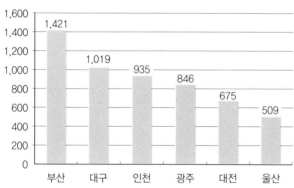

② 전년 대비 2016년의 게임 산업 사업체 수 감소율 상위 3개 도

(단위 : %)

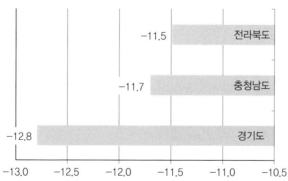

③ 6개 시의 연도별 만화와 게임 산업 사업체 수 변동 추이

(단위 : 개소)

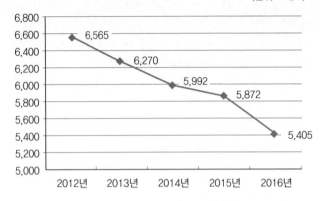

④ 2012~2016년 부산, 대구, 인천의 평균 산업 관련 사업체 수

(단위 : 개소)

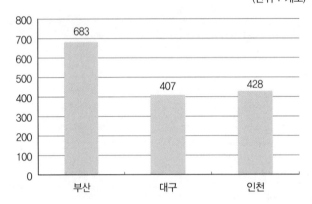

⑤ 2012~2016년 9개 도 중 경기도 게임 산업 사업체 수 비중

(단위 : %)

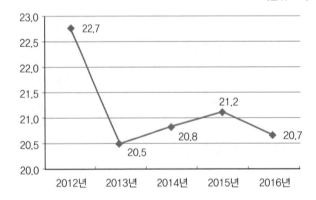

[39~40] 다음 자료를 바탕으로 이어지는 물음에 답하시오.

계약전력의 산정은 소비자와 전기 공급처가 협의하여 정하도록 하고, 계약전력을 초과한 사용량에 대해서는 초과 납부를 해야 한다. 특히 계약전력은 450시간을 기준으로 적용되기 때문에, 450시간(1일 15시간 사용 기준)을 초과한 초과사용전력량에 대해서 계약종별 전력량요금 단가의 150%를 추가로 납부해야 한다. 예를 들어, 계약전력이 3kW/h인 가정에서 1달 동안 1,500kW를 사용하였다면, 150kW를 초과 사용한 것이다.

구분		기본요금 (원/kW)	전력량요금(원/kWh)		
			여름철(6~8월)	봄, 가을철	겨울철(11~2월)
저압전력		6,000	100	65	90
고압 A	선택 1	7,000	120	70	105
	선택 2	8,250	105	67.5	97.5
고압 B	선택 1	7,000	115	70	100
	선택 2	8,250	110	65	95

39 고압 A 선택 1 요금제를 계약하고 여름철 동안 총 7,500kW를 사용하고, 겨울철 동안 총 8,000kW를 사용했다면, 어느 계절에 얼마나 더 많은 전기요금을 납부해야 하는가?(단, 다른 요금은 고려하지 않으며, 계약전력을 초과하지 않았다고 가정한다.)

① 여름철에 55,000원을 더 납부해야 한다.
② 겨울철에 55,000원을 더 납부해야 한다.
③ 여름철에 60,000원을 더 납부해야 한다.
④ 겨울철에 60,000원을 더 납부해야 한다.
⑤ 여름철에 65,000원을 더 납부해야 한다.

40 계약전력이 5kW/h인 A씨가 3월 한 달 동안 저압전력으로 2,500kW를 사용한 경우 초과 사용한 전력량에 대해 납부해야 하는 금액은 얼마인가?

① 16,250원
② 40,625원
③ 65,000원
④ 186,875원
⑤ 192,875원

[41~42] 다음은 정부의 주택가격별 종합부동산세 관련 자료이다. 물음에 답하시오.

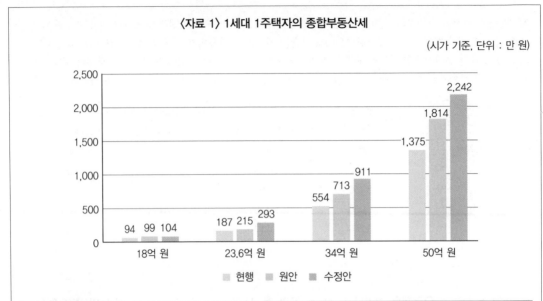

〈자료 1〉 1세대 1주택자의 종합부동산세

(시가 기준, 단위 : 만 원)

공시가격	12.7억 원	16.5억 원	24억 원	35억 원
과표	3억 원	6억 원	12억 원	21억 원
시가	18억 원	23.6억 원	34억 원	50억 원

〈자료 2〉 조정지역 내 다주택 소유자의 종합부동산세

(합산시가 기준, 단위 : 만 원)

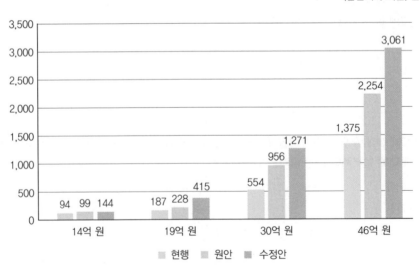

공시가격	9.8억 원	13.5억 원	21억 원	32억 원
과표	3억 원	6억 원	12억 원	21억 원
합산시가	14억 원	19억 원	30억 원	46억 원

41 주어진 자료에 대한 설명으로 옳지 않은 것은?

① 주택가격별 일정한 과표가 있으므로 공시가격과 시가(또는 합산시가)는 비례 관계가 성립하지 않는다.

② 조정지역 내 다주택 소유자는 1세대 1주택자보다 동일한 시가(또는 합산시가)일 경우 더 많은 종합부동산세를 내게 된다.

③ 원안 → 수정안으로 변경하는 경우 조정지역 내 다주택 소유자의 종합부동산세가 1세대 1주택자의 경우보다 더 많이 증가한다.

④ 원안 → 수정안으로 변경하는 경우 과표가 6억 원인 주택 소유자의 종합부동산세 증가율이 가장 크다.

⑤ 현행 동일한 종합부동산세를 내고 있는 1세대 1주택자와 조정지역 내 다주택 소유자는 소유 주택의 시가(또는 합산시가)에 대하여 동일한 과표가 적용되고 있다.

42 다음 중 정부의 부동산 대책이 원안에서 수정안으로 변경될 경우 종합부동산세의 증가율이 가장 큰 가구는?

① 1세대 1주택자로 시가가 23.6억 원인 가구

② 1세대 1주택자로 시가가 34억 원인 가구

③ 조정지역 내 다주택 소유자로 합산시가가 14억 원인 가구

④ 조정지역 내 다주택 소유자로 합산시가가 30억 원인 가구

⑤ 조정지역 내 다주택 소유자로 합산시가가 46억 원인 가구

43 다음 그래프에 대한 설명으로 옳지 않은 것은?

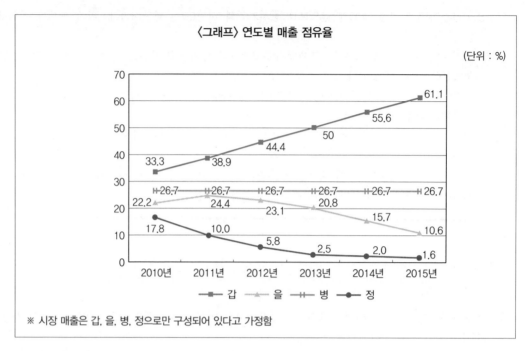

〈그래프〉 연도별 매출 점유율

(단위 : %)

※ 시장 매출은 갑, 을, 병, 정으로만 구성되어 있다고 가정함

① 매년 시장 매출 중 갑의 매출액이 가장 많다.
② 정의 매출 점유율은 매년 감소했다.
③ 2012년 정의 매출액은 2015년보다 더 많다.
④ 2010년 을의 매출 점유율은 2011년 병의 매출 점유율보다 낮다.
⑤ 2013년 갑의 매출액은 을과 병의 매출액의 합보다 많다.

[44~45] 다음은 2017년 소득분위별 건강보험료 현황을 나타낸 자료이다. 이어지는 물음에 답하시오.

〈표〉 2017년 소득분위별 건강보험료 현황

구분	세대수(세대)	최대보험료(원)	평균보험료(원)	적용인구(명)
1분위	1,195,599	28,960	15,373	1,769,012
2분위	1,195,600	36,720	25,204	1,877,367
3분위	1,195,600	41,370	30,468	1,907,730
4분위	1,195,601	44,120	33,817	1,858,896
5분위	1,195,600	47,950	37,665	1,875,672
6분위	1,195,600	52,020	42,313	1,904,465
7분위	1,195,599	57,190	47,425	1,964,106
8분위	1,195,601	61,200	53,410	2,050,662
9분위	1,195,600	67,320	59,800	2,122,844
10분위	1,195,600	73,730	68,108	2,212,794
11분위	1,195,600	82,230	76,796	2,299,486
12분위	1,195,601	93,480	86,241	2,400,609
13분위	1,195,600	108,570	96,203	2,549,869
14분위	1,195,599	125,720	108,682	2,701,493
15분위	1,195,600	143,850	123,144	2,871,954
16분위	1,195,601	163,430	139,969	3,063,175
17분위	1,195,600	186,960	160,589	3,250,982
18분위	1,195,600	217,850	186,837	3,489,401
19분위	1,195,600	270,650	225,625	3,635,292
20분위	1,195,601	2,389,860	381,346	3,718,301

※ 분위별 평균보험료 1~20분위 값의 합계는 1,999,015원이다.

44 위 자료에 대한 설명으로 옳은 것은?

① 전 분위에서 분위별 평균보험료 간 차이는 고소득 분위로 갈수록 더 커진다.
② 세대당 보험료 적용인구가 2명을 넘어서는 소득 구간은 13~20분위이다.
③ 평균보험료의 1분위 대비 2분위 증감률은 19분위 대비 20분위 증감률보다 더 크다.
④ 처음으로 최대보험료와 평균보험료가 모두 10만 원대인 소득분위는 13분위이다.
⑤ 최대보험료와 평균보험료의 차이가 가장 적게 나는 소득분위는 11분위이다.

45 분위별 평균보험료의 중앙값은 얼마인가?

① 65,032원 ② 68,108원
③ 70,398원 ④ 72,452원
⑤ 76,796원

46 다음은 A사와 B사의 부가가치세 결의서이다. 이에 대한 설명으로 옳지 않은 것은?

〈표 1〉 A사의 부가가치세 결의서

(단위 : 천 원)

구분 \ 연도	2014년	2015년	전년 대비 증가액
과세표준	150,000	( )	20,000
매출세액(a)	15,000	( )	2,000
매입세액(b)	7,000	( )	0
납부예정세액(c)(=a−b)	8,000	( )	( )
경감 · 공제세액(d)	0	( )	0
기납부세액(e)	1,500	( )	2,000
확정세액(=c−d−e)	6,500	( )	( )

〈표 2〉 B사의 부가가치세 결의서

(단위 : 천 원)

구분 \ 연도	2014년	2015년	전년 대비 증가액
과세표준	190,000	130,000	−60,000
매출세액(a)	19,000	13,000	−6,000
매입세액(b)	14,000	16,000	2,000
납부예정세액(c)(=a−b)	5,000	( )	−8,000
경감 · 공제세액(d)	4,000	0	−4,000
기납부세액(e)	0	0	0
확정세액(=c−d−e)	1,000	( )	−4,000

※ 확정세액이 음수이면 환급 받고, 양수이면 납부함
※ 매출세액 = 과세표준 × 매출세율

① 2014년과 2015년 매출세율은 10%이다.
② A사의 확정세액은 2014년에 비해 2015년에 증가하였다.
③ 2015년 B사는 300만 원을 환급받는다.
④ A사의 납부예정세액은 2014년에 비해 2015년에 20% 이상 증가하였다.
⑤ 2015년 매출세율이 15%라면, 2015년 A사의 확정세액은 B사의 4배 이상이다.

47 다음은 2013~2014년 국가별 철도사고 발생 현황을 나타낸 표이다. 〈표〉와 〈조건〉을 근거로 ⊙~② 에 해당하는 국가를 순서대로 바르게 나열한 것은?

〈표〉 국가별 철도사고 발생 현황

(단위 : 건)

국가	1억 km당 자살 건수		충돌		탈선		건널목		화재	
	2013년	2014년	2013년	2014년	2013년	2014년	2013년	2014년	2013년	2014년
⊙	41	43	4	9	6	4	14	16	2	0
ⓛ	78	79	2	0	4	5	35	28	2	9
ⓒ	61	52	2	4	9	10	13	13	2	3
②	49	53	21	3	8	11	12	11	9	4
한국	18	16	1	2	5	6	13	7	0	1

〈조건〉

(가) 2013년 영국과 한국의 1억 km당 자살 건수의 합은 다른 사고 발생 건수의 합보다 적다.

(나) 2014년 자살을 제외한 사고 발생 건수의 합이 40건 미만인 국가는 이탈리아와 스웨덴이다.

(다) 2014년 영국, 헝가리, 이탈리아의 1억 km당 자살 건수는 전년보다 많아졌다.

	⊙	ⓛ	ⓒ	②
①	이탈리아	헝가리	스웨덴	영국
②	헝가리	이탈리아	스웨덴	영국
③	이탈리아	헝가리	영국	스웨덴
④	이탈리아	스웨덴	헝가리	영국
⑤	영국	헝가리	스웨덴	이탈리아

48 다음은 A씨가 알아본 여행지의 관광상품 비교표이다. A씨 부부가 월요일에 여행을 갈 경우 하루 평균 가격이 가장 비싼 여행지부터 순서대로 바르게 나열한 것은?(단, 출발일도 일정에 포함, 1인당 가격은 할인 전 가격이며, 가격 계산은 버림 처리하여 정수로 표시한다.)

관광 순서	관광지	체류 일정	1인당 비용	비고
1	갑지	5일	599,000원	−
2	을지	6일	799,000원	월~목 20% 할인
3	병지	8일	999,000원	동반자 20% 할인

① 갑지 − 을지 − 병지
② 갑지 − 병지 − 을지
③ 을지 − 갑지 − 병지
④ 을지 − 병지 − 갑지
⑤ 병지 − 갑지 − 을지

49 다음 글을 참고할 때, 빈칸 ㉠의 결괏값과 결괏값이 다른 것은?

부울대수는 참을 의미하는 1과 거짓을 의미하는 0에 대해 논리 동작을 다루는 대수로 숫자를 다루는 일반 대수학과는 차이가 있다. 부울대수에서 사용하는 대표적인 연산자는 두 개의 이항연산자 +와 •, 그리고 하나의 단항연산자 '이다.

+는 OR 연산자라고 하는데 일반 대수학의 덧셈 의미와 차이가 있고, 합집합 개념과 유사하다. +는 두 개의 값 중 하나라도 1이면 결과가 1이 되고, 두 개의 값 모두 0이면 0이 된다. •는 AND 연산자라고 하는데 일반 대수학의 곱셈 의미와 차이가 있고, 교집합 개념과 유사하다. •는 두 개의 값 모두 1이면 결과가 1이 되고, 하나라도 0이 있으면 0이 된다. 또한 '는 NOT 연산자라고 하며, 0은 1이 되고 1은 0이 된다.

이 부울대수 연산 방식을 따를 경우, A=1, B=0이라면 다음의 결과값은 (㉠)이 된다.

$$[\{B+(A' \cdot B')\} \cdot (B \cdot A')] \cdot (A + B')$$

① A' • B'
② (A+B)' + A'
③ (A' • B) + B
④ A + (B' • A)
⑤ (A+B) • B

[50~51] 다음 수익체계표를 보고 이어지는 물음에 답하시오.

■ 갑 회사와 을 회사 제품별 수익체계

구분	L	M	N
A	(5, −2)	(4, −3)	(5, −4)
B	(4, −6)	(−3, 4)	(6, −2)
C	(−1, 6)	(−4, 3)	(2, −3)

– 갑 회사에서는 A, B, C제품을 생산하며, 을 회사에서는 L, M, N제품을 생산한다.
– 괄호 안의 숫자는 갑 회사와 을 회사의 제품으로 얻는 월 수익(억 원)을 뜻한다.
　　예 갑 회사가 A제품을 판매하고 을 회사가 L제품을 판매하였을 때 갑 회사의 월 수익은 5억 원이고,
　　　을 회사의 월 수익은 −2억 원이다.

■ 을 회사의 계절별 수익체계 증감 분포

구분	봄	여름	가을	겨울
L	5%	10%	−30%	5%
M	20%	5%	−10%	10%
N	−10%	−10%	20%	15%

– 수치는 계절별 매출 증감률을 나타낸다.
　　예 10% : 월 수익에서 10% 증가, 월 손해에서 10% 감소
　　　−10% : 월 수익에서 10% 감소, 월 손해에서 10% 증가

50 위의 수익체계표에 근거할 때, 갑, 을 두 회사의 수익의 합이 가장 클 경우는 양사가 어느 제품을 판매하여야 하는가?(단, 판매 시기는 고려하지 않는다.)

	갑	을			갑	을
①	A	M		②	B	L
③	B	M		④	C	L
⑤	C	N				

51 다음 중 가을철에 제품을 홍보했을 경우, 갑 회사와 을 회사가 얻는 수익의 합이 가장 커지려면 양사가 어느 제품을 판매하여야 하는가?

	갑	을			갑	을
①	A	M		②	A	N
③	B	M		④	B	N
⑤	C	L				

52 다음 A사 영업사원의 월별 매출 자료를 참고할 때, 마진율이 높은 순으로 나열한 것은?

〈표〉 월별 매출 자료

기간	매출총액	원가총액
7월	6,580,000원	2,780,000원
8월	6,290,000원	2,570,000원
9월	7,400,000원	3,050,000원
10월	6,720,000원	2,900,000원

$$※ \ 마진율 = \frac{매출총액 - 원가총액}{매출총액} \times 100$$

① 8월 - 7월 - 9월 - 10월
② 8월 - 9월 - 7월 - 10월
③ 8월 - 9월 - 10월 - 7월
④ 9월 - 8월 - 7월 - 10월
⑤ 10월 - 9월 - 7월 - 8월

53 다음은 특정 시점의 휘발유, 경유, LPG 부탄의 소비자가격 구조를 나타낸 자료이다. 소비자가격 대비 세금 외 비중이 가장 큰 것과 소비자가격 대비 교육세의 비중이 가장 큰 것을 각각 구하면?

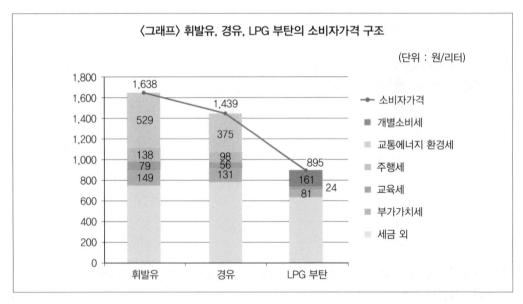

〈그래프〉 휘발유, 경유, LPG 부탄의 소비자가격 구조

① 휘발유, 경유
② 휘발유, LPG 부탄
③ LPG 부탄, 휘발유
④ LPG 부탄, 경유
⑤ 경유, 휘발유

54 다음 중 자료를 분석한 것으로 옳지 않은 것은?

〈표〉 2018년 지역별 문화체육관광 사업체 수 현황

(단위 : 개)

구분	문화산업	예술산업	스포츠산업	관광산업	합계
전국	138,259	222,692	135,306	69,387	565,644
서울	46,609	73,434	32,142	12,418	164,603
부산	8,645	14,672	9,646	4,482	37,445
대구	7,072	12,050	6,247	2,027	27,396
인천	5,471	8,254	5,633	2,872	22,230
광주	4,508	6,896	3,808	1,364	16,576
대전	4,390	6,690	3,802	1,183	16,065
울산	2,850	4,020	2,947	1,305	11,122
세종	282	365	284	126	1,057
경기	24,642	46,038	28,125	10,918	109,723
강원	3,804	5,946	5,390	5,682	20,822
충북	3,718	5,880	4,299	2,209	16,106

① 11개 지역 전부 관광산업 사업체 수가 문화체육관광 사업체 수 중 가장 적다.

② 특정 산업 분야의 사업체 수가 전체의 50% 이상인 지역은 한 곳도 없다.

③ 전 지역에서 예술산업의 사업체 수가 가장 많다.

④ 11개 지역에서 문화체육관광 사업체 중 스포츠산업 분야 사업체 수가 두 번째로 많은 지역은 모두 6개 지역이다.

⑤ 11개 지역의 총 사업체 수가 11개 이외 지역의 사업체 수보다 적은 산업 분야는 없다.

[55~56] 다음 자료를 보고 이어지는 물음에 답하시오.

〈표 1〉 음료 구매자의 구매 빈도에 따른 응답 비중

(단위 : %)

연도 \ 구매 빈도	월 13~15회	월 10~12회	월 7~9회	월 4~6회	월 1~3회
2010년	21.3	19.8	26.9	19.5	12.5
2011년	26.3	12.5	27.8	20.3	13.1
2012년	18.7	16.3	27.1	20.4	17.5
2013년	15.5	12.1	24.7	24.5	23.2
2014년	14.8	10.2	24.3	26.4	24.3
2015년	12.3	15.9	25.6	19.9	26.3

〈표 2〉 구매음료 선호도

연도 \ 순위	1순위	2순위	3순위	4순위	5순위
2010년	탄산음료	커피	이온음료	과즙음료	차음료
2011년	커피	탄산음료	과즙음료	차음료	이온음료
2012년	탄산음료	커피	이온음료	차음료	과즙음료
2013년	탄산음료	커피	과즙음료	차음료	이온음료
2014년	커피	탄산음료	차음료	과즙음료	생수
2015년	커피	탄산음료	차음료	과즙음료	숙취음료

※ 전국 만 18세 이상 남녀 1,000명을 대상으로 매년 12월 31일 조사함

55 위의 자료를 참고할 때, 다음 〈보기〉 중 옳은 것만을 모두 고르면?

┌ 보기 ┐
ⓐ 조사기간 동안 월 1~3회 구매 빈도는 꾸준히 증가했다.
ⓑ 조사기간 동안 커피와 탄산음료를 제외하고 선호도가 가장 높은 이온음료와 차음료이다.
ⓒ 조사기간 내내 순위권에 있던 음료 중 선호도 순위가 하락한 적이 없는 음료는 한 가지이다.
ⓓ 조사기간 중 월 7~9회 구매한다고 답한 경우가 매년 가장 많았다.

① ㉠, ㉢   ② ㉠, ㉣
③ ㉡, ㉢   ④ ㉡, ㉣
⑤ ㉢, ㉣

56 조사대상 중 2015년도 월 1~3회 음료 구매자의 구매음료별 비중이 다음과 같을 경우 커피와 숙취음료의
구매자 수는 몇 명 차이 나는가?(단, 인원수는 반올림하여 정수로 표시한다.)

커피	탄산음료	차음료	과즙음료	숙취음료
32%	27%	19%	17%	5%

① 65명   ② 67명

③ 69명   ④ 71명

⑤ 73명

57 다음은 국가별·성별 저임금 근로자 비율을 조사하여 비교한 자료이다. 이에 대한 〈보기〉의 설명 중
옳은 것만을 모두 고르면?

〈그래프〉 국가별·성별 저임금 근로자 비율

> **보기**
> ㉠ 한국의 여성 저임금 근로자 비율은 조사대상국 중 최고 수준으로, 조사대상국 여성 저임금 근로자
> 평균 비율보다 10%p 이상 차이 난다.
> ㉡ 조사대상국 중 여성 저임금 근로자 비율이 최하위 수준인 국가의 여성 저임금 근로자 비율은 남성
> 근로자 비율보다 낮다.
> ㉢ 여성 저임금 근로자 비율 1~4위 국가 중 남성 저임금 근로자 비율이 조사대상국 남성 저임금 근로
> 자 평균 비율을 넘는 국가는 2개국이다.

① ㉠   ② ㉠, ㉡   ③ ㉠, ㉢   ④ ㉡, ㉢   ⑤ ㉠, ㉡, ㉢

[58~59] 다음 우리나라의 국가 부채에 관한 자료를 보고 이어지는 물음에 답하시오.

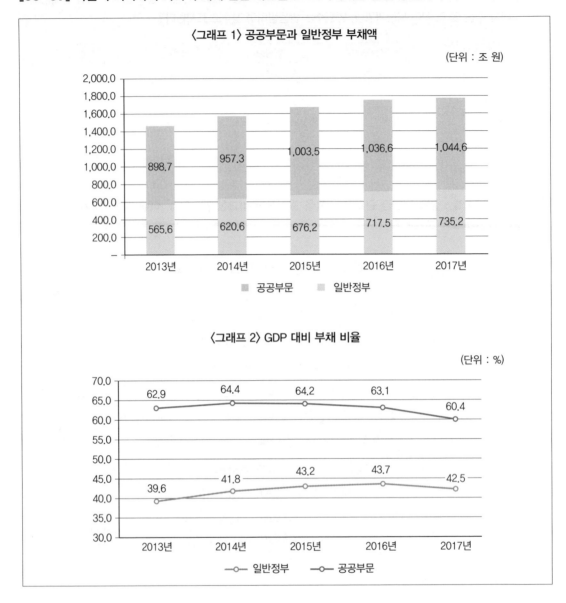

〈그래프 1〉 공공부문과 일반정부 부채액

(단위 : 조 원)

〈그래프 2〉 GDP 대비 부채 비율

(단위 : %)

58 일반정부의 부채액을 기준으로, 2013년 대비 2017년 우리나라 GDP 증감률은 약 몇 %인가?(단, 모든 계산은 반올림하여 소수 첫째 자리까지 계산한다.)

① 18.2%
② 18.8%
③ 21.1%
④ 22.1%
⑤ 22.8%

59 다음 중 자료에 대한 설명으로 옳은 것은?

① 총 국가부채가 전년 대비 가장 많이 증가한 해는 2014년이다.
② 총 국가부채가 매년 증가한 것은 아니다.
③ 일반정부 부채액에 대한 공공부문 부채액의 배율은 매년 증가했다.
④ 일반정부의 부채액을 기준으로, 2014년 우리나라 GDP는 전년보다 감소했다.
⑤ 2013년 대비 2017년 공공부문 부채 증가율은 같은 시기 GDP 증가율보다 더 크다.

핵심
유형

의사
소통
능력

수리
능력

문제
해결
능력

[60~61] 1,000명을 대상으로 휴대용 선풍기를 생산하는 5개 업체의 제품 선호도 설문조사를 실시하였다. 광고 시청 후의 선호도(1차 선택)와 실제 사용 후의 선호도(2차 선택)의 결과가 다음과 같았다. 이를 바탕으로 이어지는 물음에 답하시오.

〈표〉 휴대용 선풍기 제품 선호도

(단위 : 명)

1차 \ 2차	A업체	B업체	C업체	D업체	E업체
A업체	120	17	15	23	10
B업체	22	89	11	32	14
C업체	17	11	135	13	12
D업체	15	34	21	111	21
E업체	11	18	13	15	200

60 위 설문조사 결과에 대한 해석으로 옳지 않은 것은?

① 실제 사용 후의 선호도가 가장 높은 업체는 E이다.
② 광고 시청 후 가장 낮은 선호도를 보인 업체는 실제 사용 후 선호도 순위가 올라갔다.
③ 실제 사용 전과 후 선호도에 변동이 없는 업체는 두 군데이다.
④ 광고 시청 후의 제품 선호도가 실제 사용 후 더 낮아진 것은 D업체의 제품이다.
⑤ 2차 선택에서 선호도를 바꾼 사람은 업체당 평균 3명 이상이다.

61 휴대용 신풍기의 매출이 광고만 했을 때보다 실제 소비자에게 제품 체험 기회를 제공할 경우 가장 크게 증가할 것으로 판단되는 업체는 어느 곳인가?(단, 제품의 가격은 모두 동일하다고 가정한다.)

① A업체   ② B업체
③ C업체   ④ D업체
⑤ E업체

[62~63] 다음 자료를 보고 이어지는 물음에 답하시오.

〈표〉 A국의 주요 사망 원인

(단위 : 인구 10만 명당 사망자 수)

순위	남성				여성			
	2008년		2018년		2008년		2018년	
1	암	141.3	암	169.5	뇌혈관질환	83.9	암	99.3
2	뇌혈관질환	75.6	뇌혈관질환	61.2	암	79.9	뇌혈관질환	67.3
3	교통사고	57.1	심장질환	41.0	심장질환	34.8	심장질환	38.2
4	간질환	47.8	자살	34.9	고혈압	20.2	당뇨병	24.0
5	심장질환	38.9	간질환	27.5	교통사고	20.0	자살	17.3
6	당뇨병	17.4	당뇨병	24.4	당뇨병	17.0	하기도질환	12.2
7	고혈압	16.4	교통사고	24.0	하기도질환	13.7	고혈압	12.1
8	자살	16.2	하기도질환	18.9	간질환	10.9	교통사고	8.6
9	하기도질환	16.1	폐렴	9.0	자살	7.4	폐렴	8.2
10	호흡기결핵	12.4	추락	7.8	호흡기결핵	4.0	간질환	7.1

62 위 자료에 대한 설명으로 옳은 것은?

① 남성과 여성 모두 10년간 10위권 내에 진입한 사망 원인들은 동일하다.

② 10년 전보다 순위가 더 낮아진 사망 원인의 개수는 남녀 모두 동일하다.

③ 남녀 합산 인구 10만 명당 사망자 수는 암의 경우 10년 전보다 증가했고, 뇌혈관질환의 경우 10년 전보다 감소했다.

④ 남성과 여성 모두 10년 전과 순위가 동일한 사망 원인의 개수는 3개씩이다.

⑤ 남성과 여성 모두 10년 전보다 순위는 더 높아졌지만 사망자 수는 더 감소한 사망 원인은 각각 1개씩 있다.

63 2008년 대비 2018년 인구 10만 명당 여성의 사망자 수 증가율이 가장 높은 사망 원인은 무엇인가?(단, 2008년 폐렴으로 인한 여성의 사망자 수는 10만 명당 3.8명이다.)

① 암　　　　　　　　　　　　② 자살

③ 심장질환　　　　　　　　　④ 폐렴

⑤ 당뇨병

64 다음 자료에 대한 〈보기〉의 설명 중 옳은 것만을 모두 고르면?

〈표〉 통화별 환율 추이

(기말 기준, 단위 : 원)

구분	2016	2017	3/4	4/4	2018 1/4	1월	2월	3월
원/달러	1,207.7	1,070.5	1,145.4	1,070.5	1,063.5	1,067.9	1,082.8	1,063.5
(평균)	1,160.4	1,130.5	1,132.5	1,104.7	1,072.3	1,066.5	1,080.7	1,071.2
원/100엔	1,035.3	949.2	1,016.5	949.2	1,001.4	982.8	1,011.1	1,001.4
(평균)	1,069.0	1,008.3	1,020.6	978.4	989.5	960.9	999.8	1,010.6
원/위안	173.05	163.15	171.97	163.15	169.74	169.26	171.06	169.74
(평균)	174.37	167.43	169.74	167.05	168.69	165.88	171.04	169.62

※ '환율 상승'은 화폐가치의 하락, 해당 통화의 평가 절하를 의미함

┌─ 보기 ┐
ⓐ 2017년 기말 기준 달러와 엔화에 대하여 원화는 2016년보다 평가 절하되었다.

ⓑ 2018년 1사분기 기말 환율을 적용하면 원화 1,000원으로 100엔을 살 수는 없으나, 5위안은 살 수 있다.

ⓒ 2018년 1~3월 월평균 환율을 적용하면 엔화로 살 수 있는 원화는 갈수록 더 많아졌다.

ⓓ 평균 환율 기준으로, 세 통화에 대한 2016년 대비 2018년 1사분기 원화 가치는 모두 하락했다.

① ㉠, ㉡
② ㉠, ㉣
③ ㉡, ㉢
④ ㉡, ㉣
⑤ ㉢, ㉣

65 다음은 우리나라의 시기별 해상 조난사고 내역을 조사한 자료이다. 발생척수당 평균 인명피해의 규모가 두 번째와 세 번째로 큰 연도를 순서대로 바르게 짝지은 것은?

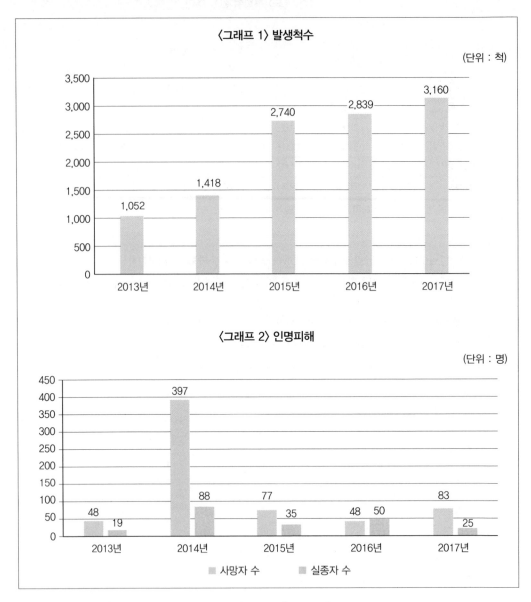

① 2013년, 2016년

② 2013년, 2015년

③ 2015년, 2013년

④ 2015년, 2017년

⑤ 2016년, 2017년

66 다음 자료에 대한 설명으로 적절하지 않은 것은?

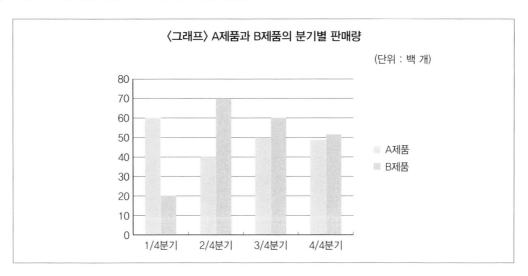

① 두 제품의 분기별 판매량의 편차가 가장 큰 시기는 동일하다.
② B제품의 연간 판매량은 A제품보다 더 많다.
③ 4/4분기 전까지 두 제품의 평균 판매량은 동일하다.
④ 두 제품의 판매량 차이는 연말이 다가올수록 점점 감소한다.
⑤ 4/4분기 B제품의 판매량이 5,100개라면, B제품의 이전 분기 대비 판매량 감소율은 3/4분기가 4/4분기보다 더 낮다.

67 다음은 영업팀 직원 갑, 을, 병, 정, 무 5명의 휴가 사용일수에 대한 편차를 나타낸 것이다. 〈보기〉의 내용 중 옳은 것을 모두 고르면?

직원	갑	을	병	정	무
편차(회)	2	−1	0	−2	1

> **보기**
> ㉠ 병의 휴가 사용일수는 평균과 같다.
> ㉡ 갑과 을의 휴가 사용일수 차이는 1회이다.
> ㉢ 분산은 2이다.
> ㉣ 휴가 사용일수가 가장 많은 직원은 정이다.

① ㉠, ㉢　　　　　　　　　② ㉠, ㉣
③ ㉡, ㉢　　　　　　　　　④ ㉡, ㉣
⑤ ㉢, ㉣

[68~69] 다음은 노인장기요양보험에 관한 자료이다. 이어지는 물음에 답하시오.

〈표 1〉 노인장기요양보험 급여실적

구분	2014년	2015년	2016년	2017년
급여이용수급자(명)	433,779	475,382	520,043	578,867
급여제공일수(만 일)	9,223	10,084	10,997	12,292
급여비(억 원)	39,849	45,226	50,052	57,600
공단부담금(억 원)	34,982	39,815	44,177	50,937
공단부담률(%)	87.8	88.0	88.3	88.4
급여수급자 1인당 월평균 급여비(원)	1,024,520	1,057,425	1,067,761	1,103,129
급여수급자 1인당 월평균 공단부담금(원)	899,361	930,917	942,415	975,496

※ 공단부담률 $= \dfrac{공단부담금}{급여비} \times 100$

〈표 2〉 장기요양 급여내용

(단위 : 억 원, %)

구분	2014년		2015년		2016년		2017년		증감률
	금액	비율	금액	비율	금액	비율	금액	비율	
장기요양 급여비 계	34,982	–	39,815	–	44,177	–	50,937	–	15.3
재가급여 소계	16,748	100.0	19,376	100.0	21,795	100.0	26,417	100.0	21.2
방문요양	13,120	78.4	14,809	76.4	16,076	73.8	18,916	71.6	17.7
방문목욕	711	4.2	723	3.7	754	3.5	892	3.4	18.3
방문간호	75	0.4	89	0.5	96	0.4	132	0.5	37.5
주야간보호	1,745	10.4	2,563	13.2	3,608	16.6	5,119	19.4	41.9
단기보호	163	1.0	154	0.8	136	0.5	134	0.5	-1.5
복지용구	934	5.6	1,037	5.4	1,125	5.2	1,224	4.6	8.8
시설급여 소계	18,234	100.0	20,440	100.0	22,382	100.0	24,520	100.0	9.6
노인요양시설	15,839	86.9	17,892	87.5	19,844	88.7	21,971	89.6	10.7
노인요양공동생활가정	2,395	13.1	2,548	12.5	2,538	11.3	2,549	10.4	0.4

68 위 자료에 대한 설명으로 옳지 않은 것은?

① 전년 대비 2017년 급여이용수급자의 증감률보다 급여비의 증감률이 더 크다.

② 2017년 재가급여는 전체 장기요양 급여비의 50% 이상을 차지한다.

③ 시설급여에서 노인요양시설이 차지하는 비중은 매년 증가하여 노인요양공동생활가정과는 대조적인 모습을 보인다.

④ 재가급여의 유형별 급여비가 모든 항목에서 매년 증가한 것은 아니다.

⑤ 공단부담률이 매년 증가한 것은 공담부담금이 증가했으나 급여비가 감소한 것에 기인한다.

69 〈보기〉의 내용을 참고할 때, 2013년 공단부담률은 약 몇 %인가?(단, 급여비와 공단부담금은 소수 첫째 자리에서 반올림하며, 공단부담률은 소수 둘째 자리에서 반올림한다.)

> **보기**
> • 전년 대비 2014년 급여비 증가율은 13.1%이다.
> • 전년 대비 2014년 공단부담금 증가율은 13.5%이다.

① 82.3% ② 84.9%
③ 86.5% ④ 87.5%
⑤ 89.7%

70 주머니에 100원짜리 동전, 500원짜리 동전, 1,000원짜리 지폐를 합쳐서 총 13개가 있다. 동전과 지폐를 다 합친 금액은 6,100원이고, 100원짜리 동전과 500원짜리 동전 개수의 비가 2 : 1일 때 500원짜리 동전은 몇 개인가?

① 2개 ② 3개
③ 4개 ④ 5개
⑤ 6개

71 환율이 1달러에 1,100원이었을 때 A씨는 이자율이 10%인 우리나라의 1년 만기 정기예금에 가입했고, B씨는 동일한 금액을 미국의 1년 만기 정기예금에 예치했다. 1년 후 환율은 1달러에 1,000원으로 변했으며, A씨와 B씨가 같은 금액을 돌려받았다면 미국의 1년 만기 정기예금 이자율은 얼마인가?(단, 외국 투자 시 환율의 변동을 고려해야 하며, 이자소득에 대한 조세와 환전수수료는 없다고 가정한다.)

① 12% ② 15%
③ 18% ④ 21%
⑤ 24%

72 다음 자료에 대한 해석으로 옳은 것은?

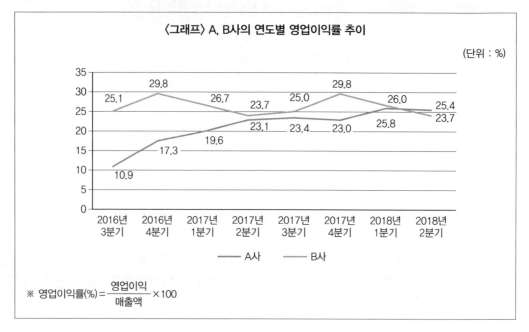

〈그래프〉 A, B사의 연도별 영업이익률 추이

(단위 : %)

※ 영업이익률(%) = $\dfrac{영업이익}{매출액}$ × 100

① A사의 매출액은 꾸준히 상승하고 있다.
② 2018년 1분기를 기점으로 양사의 영업이익은 반전되기 시작하였다.
③ 2017년 4분기 이후 B사의 매출액은 감소세로 돌아섰다.
④ 양사의 매출액 차이가 가장 적었던 두 시기는 2017년 2분기와 2018년 1분기이다.
⑤ 2016년 4분기의 A사는 전 분기 대비 매출액 증가율보다 영업이익 증가율이 더 크다.

73 다음 자료에 대한 해석으로 가장 적절하지 않은 것은?

〈표〉 급수보급 현황

구분	급수보급률 (%)	1인 1일 급수량(L)	유수율 (%)	누수율 (%)	평균단가 (원/m³)	생산원가 (원/m³)	현실화율 (%)
전국	98.8	335.2	84.3	10.9	683.4	881.7	77.5
서울특별시	100.0	300.7	95.1	2.4	572.5	639.0	89.6
광주광역시	99.9	319.1	85.9	10.1	570.5	634.0	90.0
대전광역시	100.0	307.7	92.3	4.6	525.5	539.0	97.5
울산광역시	99.4	287.7	89.9	6.9	865.8	857.0	101.0
경기도	98.6	314.9	89.1	6.4	661.0	780.9	84.6
경상남도	99.5	335.5	73.6	19.9	831.2	1,090.3	76.2
경상북도	98.0	443.3	69.0	24.3	741.7	1,252.3	59.2
강원도	95.4	361.0	70.5	20.0	845.0	1,499.7	56.3
부산광역시	100.0	281.2	91.7	4.4	718.2	908.0	79.1
대구광역시	100.0	308.5	91.2	5.4	641.4	683.0	93.9
인천광역시	100.0	332.7	89.1	6.4	673.5	656.8	102.5
세종시	95.4	315.3	80.1	19.9	740.3	1,161.9	63.7
충청남도	93.1	394.0	79.9	15.2	769.9	1,181.3	65.2
충청북도	97.9	434.8	83.8	11.8	707.5	971.4	72.8
전라남도	95.4	356.7	68.5	27.0	824.9	1,321.4	62.4
전라북도	99.2	389.0	68.5	23.2	916.6	1,216.2	75.4
제주도	100.0	652.3	44.5	41.7	772.6	926.0	83.4

※ 현실화율은 수도요금 현실화율을 의미함

① 제주도의 1인 1일 급수량이 가장 많다.
② 지자체별 수도요금 평균단가와 생산원가가 제각각이다.
③ 급수보급률과 누수율의 차이는 유수율을 의미한다.
④ 유수율과 누수율은 상관관계가 있다.
⑤ 현실화율은 생산원가 대비 평균단가의 비중을 의미한다.

74 다음 〈표〉와 〈조건〉은 고객기관 유형별 기관수와 고객기관 유형별 공공데이터 자체활용 및 제공 현황이고, 〈그림〉은 공공데이터의 제공 경로를 나타낸다. 이에 대한 〈보기〉의 설명 중 옳은 것만을 모두 고르면?

〈표〉 고객기관 유형별 기관수

(단위 : 개)

유형	기관수
1차 고객기관	600
2차 고객기관	300

〈조건〉
- 모든 1차 고객기관은 공공데이터 원천기관으로부터 제공받은 공공데이터를 보유하고 있으며, 1차 고객기관은 공공데이터를 자체활용만 하는 기관과 자체활용 없이 개인고객이나 2차 고객기관 또는 두 곳 모두에 공공데이터를 제공하는 기관으로 구분된다.
- 1차 고객기관 중 25%는 공공데이터를 자체활용만 한다.
- 1차 고객기관 중 50%는 2차 고객기관에게 공공데이터를 제공하고, 1차 고객기관 중 60%는 개인고객에게 공공데이터를 제공한다.
- 2차 고객기관 중 30%는 공공데이터를 자체활용만 하고, 70%는 개인고객에게 공공데이터를 제공한다.
- 1차 고객기관으로부터 공공데이터를 제공받지 않는 2차 고객기관은 없다.

〈그림〉 공공데이터의 제공 경로

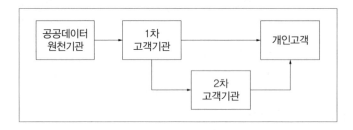

보기
- ㉠ 개인고객에게 공공데이터를 제공하는 기관의 수는 1차 고객기관이 2차 고객기관보다 크다.
- ㉡ 공공데이터를 자체활용만 하는 기관의 수는 1차 고객기관이 2차 고객기관보다 크다.
- ㉢ 1차 고객기관 중 개인고객에게만 공공데이터를 제공하는 기관의 수는 1차 고객기관의 25%이다.
- ㉣ 1차 고객기관 중 개인고객에게만 공공데이터를 제공하는 기관의 수는 1차 고객기관 중 2차 고객기관에게만 공공데이터를 제공하는 기관의 수에 비해 70% 이상 더 크다.

① ㉠, ㉡　　　　　　　　　　　② ㉠, ㉢
③ ㉡, ㉣　　　　　　　　　　　④ ㉠, ㉡, ㉢
⑤ ㉠, ㉡, ㉣

75 다음은 2013년 복지부정 신고센터의 분야별 신고 현황과 처리결과에 관한 자료이다. 이에 대한 〈보기〉의 설명 중 옳은 것만을 모두 고르면?

〈표 1〉 복지부정 신고센터의 분야별 신고상담 및 신고접수 현황

(단위 : 건)

구분 \ 분야	보건복지	고용노동	여성가족	교육	보훈	산업	기타	합
신고상담	605	81	5	6	11	12	1,838	2,558
신고접수	239	61	7	6	5	2	409	729

〈표 2〉 복지부정 신고센터에 신고접수된 건의 분야별 처리결과

(단위 : 건)

구분 \ 분야	보건복지	고용노동	여성가족	교육	보훈	산업	기타	합
이첩	58	18	2	3	0	1	123	205
송부	64	16	3	1	4	0	79	167
내부처리	117	27	2	2	1	1	207	357
전체	239	61	7	6	5	2	409	729

보기
㉠ 전체 신고상담 건수는 전체 신고접수 건수의 3배 이상이다.
㉡ 전체 신고접수 건수 대비 분야별 신고접수 건수의 비율이 가장 높은 분야는 기타를 제외하면 보건복지 분야이다.
㉢ 분야별 전체 신고접수 건수 중 '이첩' 건수의 비중이 가장 큰 분야는 여성가족 분야이다.
㉣ '내부처리' 건수는 전체 신고상담 건수의 15% 이상이다.

① ㉠, ㉡   ② ㉠, ㉢
③ ㉡, ㉢   ④ ㉠, ㉡, ㉣
⑤ ㉡, ㉢, ㉣

76 G공사 엄 대리는 우리나라의 금융경제 상황 분석을 위하여, 다음에 제시된 어음 및 수표의 거래규모에 대한 도표를 참고하여 보고서를 만들었다. 밑줄 친 ㉠~㉤ 중 옳지 않은 것은?(단, 소수점 둘째 자리에서 반올림한다.)

〈표〉 일평균 어음 및 수표 거래규모

(단위 : 10억 원)

구분	2016년	2017년		2018
		상반기	하반기	상반기
자기앞수표	2,107	1,989	1,862	1,817
1) 정액권	220	199	178	167
− 10만 원권	56	47	40	35
− 100만 원권	164	152	138	132
2) 비정액권	1,887	1,790	1,684	1,650
약속어음 등	17,154	15,941	15,908	15,967
− 약속어음	2,792	2,245	2,786	2,896
− 당좌수표	13,031	12,272	11,572	11,881
− 전자어음	1,331	1,424	1,550	1,190
기타증서	2,343	2,691	2,850	2,824
합계	21,604	20,621	20,620	20,608

2018년 상반기 중 ㉠어음·수표 등 결제금액은 일평균 20.6조원으로 전년 동기 대비 0.1% 감소했다. 지급수단의 다양화, 5만 원 은행권 이용 확대 등이 지속되는 가운데 10만 원권 등 정액권을 중심으로 ㉡자기앞수표는 전년 동기 대비 8.6% 감소했다. ㉢당좌수표 및 전자어음의 결제규모 역시 전년 동기 대비 −3.2%, −16.4% 감소했지만, ㉣약속어음의 결제규모는 전년 동기 대비 29.0%로 크게 증가했다.

한편, 2017년부터 2018년 상반기까지 매 반기 ㉤자기앞수표의 결제금액은 지속해서 감소했으나 약속어음 등의 결제금액은 계속 증가하여 상반된 양상을 보였다.

① ㉠　　　　② ㉡　　　　③ ㉢　　　　④ ㉣　　　　⑤ ㉤

77 다음 A국 기업의 회계기준 적용에 관한 자료에 대한 설명으로 옳지 않은 것은?

〈표 1〉 A국 기업의 회계기준 적용 현황

(단위 : 개, %)

회계기준 \ 연도 구분		2011년		2012년	
		기업수	비율	기업수	비율
국제 회계 기준		2,851	15.1	3,097	15.9
	의무기업 (상장기업)	1,709	9.1	1,694	8.7
	선택기업 (비상장기업)	1,142	6.0	1,403	7.2
일반회계기준 (비상장기업)		16,027	84.9	16,366	84.1
전체		18,878	100.0	19,463	100.0

※ 상장기업은 국제회계기준을 의무적용해야 하며, 비상장기업은 국제회계기준과 일반회계기준 중 하나를 적용해야 함

〈표 2〉 2011년 A국 비상장기업의 자산규모별 회계기준 적용 현황

(단위 : 개, %)

자산규모 \ 회계기준 구분	국제회계기준		일반회계기준		합	
	기업수	비율	기업수	비율	기업수	비율
2조 원 이상	38	73.1	14	26.9	52	100.0
5천억 원 이상 2조 원 미만	80	36.9	137	63.1	217	100.0
1천억 원 이상 5천억 원 미만	285	18.8	1,231	81.2	1,516	100.0
1천억 원 미만	739	4.8	14,645	95.2	15,384	100.0
계	1,142	–	16,027	–	17,169	–

① 2011년 국제회계기준을 적용한 비상장기업의 80% 이상이 자산규모 5천억 원 미만이다.

② 2011년 자산규모가 2조 원 이상인 비상장기업 중 일반회계기준을 적용한 기업 수보다 국제회계기준을 적용한 기업 수가 더 많다.

③ 2012년 전체 기업 대비 국제회계기준을 적용한 기업의 비율은 2011년에 비해 증가하였다.

④ 2012년 비상장기업의 수는 2011년에 비해 증가하였다.

⑤ 2012년 비상장기업 중 국제회계기준을 적용한 비상장기업이 차지하는 비율은 전년에 비해 2%p 이상 증가하였다.

78 다음은 특정 시점에 조사한 면적이 넓은 국가와 인구가 많은 국가의 순위를 나타낸 표이다. 자료를 보고 판단한 내용으로 옳은 것은?

〈표 1〉 면적 상위 5개국

(단위 : 천 km^2)

국가명	러시아	캐나다	미국	중국	브라질
면적	17,098	9,984	9,831	9,600	8,515

〈표 2〉 인구 상위 5개국

(단위 : 백만 명)

국가명	중국	인도	미국	인도네시아	브라질
인구	1,341	1,225	310	240	195

※ 인구밀도(명/km^2) = $\dfrac{\text{인구수}}{\text{국토 면적}}$

① 중국의 인구밀도는 미국의 인구밀도보다 작다.
② 브라질의 인구밀도는 중국의 인구밀도보다 크다.
③ 인도와 인도네시아의 인구밀도는 비교할 수 없다.
④ 미국의 인구가 지금의 4배가 된다면 중국보다 인구밀도가 더 커진다.
⑤ 인구밀도가 큰 나라일수록 인구가 더 많다.

79 갑시에서는 시의원 선거를 실시하여 개표를 진행 중이다. 개표 상황이 다음과 같을 때, A후보의 자력 당선이 확정되기 위해 앞으로 더 얻어야 할 최소 득표수는 얼마인가?

- 갑시의 총 유권자 수는 150만 명이다.
- 이번 시의원 선거의 투표율은 최종 56.4%로 집계되었다.
- 등록된 시의원 선거 후보자는 A, B, C, D 4명이다.
- 개표율이 82.0% 진행된 상황에서 후보자들의 득표수는 다음과 같다.

구분	A	B	C	D
득표수	275,000	232,000	87,360	99,360

① 43,000표   ② 43,001표
③ 54,639표   ④ 54,640표
⑤ 54,641표

80 다음 설명을 참고로 〈보기〉 ㉠~㉣을 10진수 값이 큰 순서대로 나열한 것을 고르면?

> 수 체계에 있어서 중요한 개념 중 하나는 자릿값인데, 모든 수의 각 숫자는 자릿값을 가지고 있다. 각 숫자의 자릿값은 그 위치가 의미하는 제곱수를 해당 진법에 적용하면 된다. 각 위치가 의미하는 제곱수는 가장 오른쪽이 0이고 왼쪽으로 가면서 1을 더한 값이 된다. 예를 들면, 2진수 1011(1011_2)은 다음과 같은 절차를 거쳐 10진수 11(11_{10})이 된다.
>
> $$1011_2 = 1 \times 2^3 + 0 \times 2^2 + 1 \times 2^1 + 1 \times 2^0 = 8 + 0 + 2 + 1 = 11_{10}$$

보기

㉠ 1111_2　　　㉡ 1100_2　　　㉢ 10111_2　　　㉣ 11000_2

① ㉠ - ㉣ - ㉢ - ㉡

② ㉢ - ㉠ - ㉣ - ㉡

③ ㉢ - ㉣ - ㉠ - ㉡

④ ㉣ - ㉢ - ㉠ - ㉡

⑤ ㉣ - ㉢ - ㉡ - ㉠

81 인사팀, 기획팀, 홍보팀, 영업팀은 사내 축구대회를 리그전으로 진행하여 다음과 같은 결과를 얻게 되었다. 다음 빈칸에 들어갈 숫자의 합은 모두 얼마인가?

팀명	1차	1차전 후 점수	2차	2차전 후 점수	3차	3차전 후 점수
인사팀	승	3	무	4	패	( )
기획팀	패	0	패	0	승	( )
홍보팀	무	1	무	2	승	( )
영업팀	무	1	승	4	패	( )

① 13　　　　② 14　　　　③ 15　　　　④ 16　　　　⑤ 17

[82~83] 다음은 Y년의 한·중·일 3국간 관광객 수 및 전년 동월 대비 증감률을 나타낸 자료이다. 이어지는 물음에 답하시오.

〈표〉한·중·일 관광객 수 및 증감률

(단위 : 천 명, %)

국적	여행국		5월	6월	7월	8월	9월	10월
한국	중국	관광객 수	381	305	327	342	273	335
		전년 동월 대비 증감률	−9	−22	−27	−29	−24	−19
	일본	관광객 수	229	196	238	248	160	189
		전년 동월 대비 증감률	−8	−3	−6	−9	−21	−15
중국	한국	관광객 수	91	75	101	115	113	105
		전년 동월 대비 증감률	9	−4	6	−5	7	−5
	일본	관광객 수	75	62	102	93	94	87
		전년 동월 대비 증감률	6	−1	0	−6	1	−5
일본	한국	관광객 수	191	183	177	193	202	232
		전년 동월 대비 증감률	8	4	8	−3	5	3
	중국	관광객 수	284	271	279	281	275	318
		전년 동월 대비 증감률	−17	−20	−15	−21	−17	−10

82 위 자료에 대한 해석으로 옳지 않은 것은?

① 세 나라 중 한국인 관광객 수가 가장 많다.
② 여행국 기준으로 관광객 수가 가장 적은 나라는 일본이다.
③ 세 나라의 관광객 수가 가장 많았던 시기는 8월이다.
④ 조사기간 중 중국과 일본의 관광객은 모두 일본과 중국보다 한국을 더 많이 방문했다.
⑤ 5월 대비 10월 관광객 수는 한국인은 감소한 반면 중국인과 일본인은 증가했다.

83 다음 중 Y−1년 5월과 비교할 때 3국간 관광객 수 변동 현황에 대한 설명으로 옳은 것은?(단, 관광객 수는 백 단위에서 반올림한다.)

① 중국에서 한국과 일본으로 간 관광객 변동 수는 모두 1만 명 이상이다.
② Y−1년의 출발 관광객 수가 가장 많았던 나라는 일본이다.
③ (중국 → 한국)의 관광객 변동 수는 (일본 → 한국)의 관광객 변동 수보다 더 많다.
④ Y−1년 도착국 기준 관광객 수가 가장 많은 나라는 한국이다.
⑤ 도착 기준 일본 관광객 수는 1만 5천 명 이상 감소했다.

84 다음 자료를 해석한 것으로 적절하지 않은 것은?

〈표〉 산업별 기초 통계

구분	사업체(개)	종사자(명)	남자(명)	여자(명)
농업	200	400	250	150
어업	50	100	35	65
광업	275	600	500	100
제조업	900	3,300	1,500	1,800
건설업	150	350	300	50
도매업	325	1,000	650	350
숙박업	100	250	50	200
계	2,000	6,000	3,285	2,715

① 사업체 수와 종사자 수 순위는 동일하다.
② 제조업은 4개 비교 항목에서의 항목별 구성비가 모두 40% 이상이다.
③ 사업체당 성별 평균 종사자가 1명이 안 되는 업종은 여자보다 남자의 경우가 더 많다.
④ 사업체당 평균 종사자 수가 3명 이상인 업종은 2개 업종이다.
⑤ 전체 종사자 중 남자 종사자가 50% 이하인 업종은 총 3개 업종이다.

85 다음 자료를 분석한 것으로 옳은 것은?

〈표〉 2012~2017년 음주운전 교통사고 현황

구분	2012년	2013년	2014년	2015년	2016년	2017년
사고(건)	29,093	26,589	24,043	24,399	19,769	19,517
사망(명)	815	727	592	583	481	439
부상(명)	53,345	47,711	42,772	42,880	34,423	33,364

① 조사기간 동안 사고 건수와 사망자 수는 지속적으로 감소하고 있다.
② 조사기간 동안 사고 건당 부상자 수는 지속적으로 감소하고 있다.
③ 2012년 대비 2017년 사망자 수 감소율은 50%를 넘는다.
④ 사고 건당 사망자 수는 모두 0.03명 이상이다.
⑤ 전년 대비 2017년 부상자 수는 사망자 수보다 감소율이 더 크다.

86 A, B, C, D 4지역에서는 모두 커피를 생산한다. 생산된 커피는 타 지역에도 판매 가능하다. 이때 한 번 판매된 커피는 다른 지역으로 재판매되지 않았으며, 지난해 생산된 커피는 지난해에 전부 소비되었다. 다음 그림을 참고할 때, 생산량 대비 소비량이 가장 많은 곳과 가장 적은 곳을 바르게 연결한 것은?

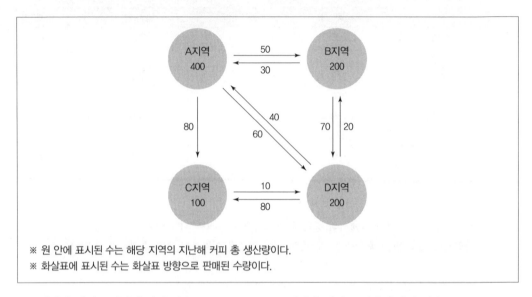

※ 원 안에 표시된 수는 해당 지역의 지난해 커피 총 생산량이다.
※ 화살표에 표시된 수는 화살표 방향으로 판매된 수량이다.

	생산량 대비 소비량이 가장 많은 곳	생산량 대비 소비량이 가장 적은 곳
①	B지역	B지역
②	C지역	A지역
③	C지역	D지역
④	D지역	A지역
⑤	D지역	B지역

87 다음 자료를 참고할 때, 난민 지위 인정률이 가장 높은 해와 가장 낮은 해를 순서대로 나열한 것은?(단, 소수점 둘째 자리에서 반올림한다.)

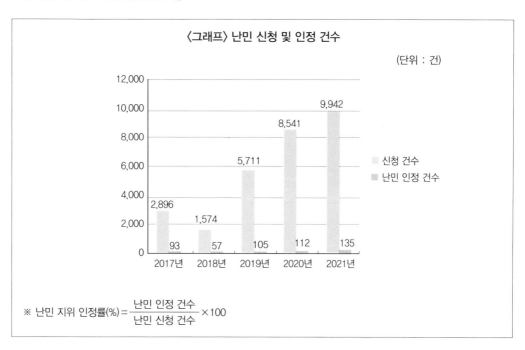

① 2017년, 2020년
② 2018년, 2020년
③ 2018년, 2021년
④ 2019년, 2020년
⑤ 2019년, 2021년

88 다음 자료에 대한 설명으로 옳은 것을 〈보기〉에서 모두 고르면?

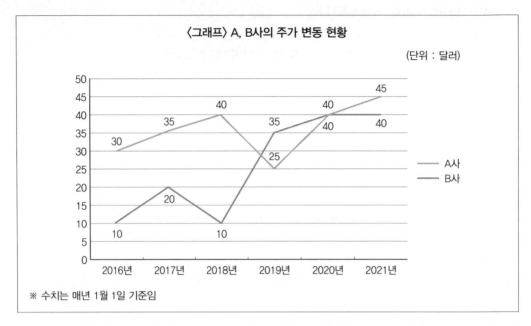

〈그래프〉 A, B사의 주가 변동 현황

(단위 : 달러)

※ 수치는 매년 1월 1일 기준임

보기

㉠ 두 회사의 2016년 대비 2021년 주가 증가율은 6배 차이 난다.
㉡ 2016~2021년 두 회사 주가의 최저가 대비 최고가의 증가율은 200%p 이상 차이 난다.
㉢ 2016~2021년 두 회사의 연평균 주가는 10달러 정도 차이 난다.
㉣ 2018년 이후 두 회사의 주가 증감 추이는 동일하다.

① ㉠, ㉡, ㉢
② ㉠, ㉡, ㉣
③ ㉠, ㉢, ㉣
④ ㉡, ㉢, ㉣
⑤ ㉠, ㉡, ㉢, ㉣

89 다음 자료에 대한 해석으로 옳은 것은?(단, 소수점 셋째 자리에서 반올림하여 비교한다.)

핵심
유형

의사
소통
능력

수리
능력

문제
해결
능력

〈표 1〉 2020~2021년 농림어가 규모

(단위 : 천 가구)

구분	농가	어가	임가
2020년	1,068	53.2	87
2021년	1,042	52.8	84

〈표 2〉 2020~2021년 농림어가 인구 규모

(단위 : 천 명)

구분	농가	어가	임가
2020년	2,496	126	204
2021년	2,422	122	196

① 2020년 가구당 인구가 가장 많은 곳은 농가이다.

② 2021년 임가의 가구당 인구는 전년보다 감소했다.

③ 2021년 어가는 전년보다 전체 규모에서 차지하는 가구와 인구의 구성비가 모두 증가했다.

④ 2021년 농림어업 분야의 가구와 인구의 규모는 모두 증가했다.

⑤ 2021년 임가 가구수 감소율은 인구수 감소율보다 더 크다.

90 농업인 50명을 대상으로 설문조사한 결과 고추 · 마늘 · 토마토 중 재배한다고 답한 농업인 수는 다음과 같다. 제시된 표를 근거로 할 때, 고추, 마늘, 토마토를 모두 재배하지 않는 농업인은 총 몇 명인가?

고추	마늘	토마토	고추, 마늘	고추, 토마토	마늘, 토마토	고추, 마늘, 토마토
22	14	15	6	9	7	3

① 10명
② 12명
③ 14명
④ 16명
⑤ 18명

91 다음은 A, B, C, D 직원 네 명의 항목별 인사 평가 점수를 나타낸 표이다. 각 직원의 인사 평가 결과에 대해 올바르게 판단한 것을 〈보기〉에서 모두 고르면?

평가항목 직원	매출실적	근무태도	대인관계	직원평가	합계
A	85	(가)	90	84	343
B	90	( )	85	91	355
C	( )	(나)	85	90	352
D	88	92	94	( )	362
계	356	349	354	353	1,412

※ (가)와 (나)의 점수는 동일하다.

┌ 보기 ┐
　㉠ C의 근무태도 점수는 D의 직원평가 점수보다 더 높다.
　㉡ 평균 점수가 가장 높은 직원은 D이다.
　㉢ 직원평가 항목의 평균 점수는 근무태도 항목의 평균 점수보다 높다.
　㉣ C의 평균 점수는 89점이다.

① ㉠, ㉡　　　　　　　　　　② ㉡, ㉣
③ ㉠, ㉢　　　　　　　　　　④ ㉡, ㉢
⑤ ㉠, ㉣

92 다음 자료에 대한 설명으로 옳은 것은?(단, 소수점 둘째 자리에서 반올림한다.)

〈표〉 총인구 및 중 · 장년층인구 현황

(단위 : 천 명)

구분		2020년		2021년	
		총인구	중 · 장년층	총인구	중 · 장년층
전국		49,856	19,518	49,943	19,664
	서울	9,470	3,671	9,398	3,644
	부산	3,394	1,378	3,368	1,363
	대구	2,431	989	2,422	987
	인천	2,841	1,141	2,847	1,151
	광주	1,478	558	1,470	562

① 총인구 대비 중 · 장년층인구 비중은 2021년보다 2020년에 더 크다.
② 2021년 전국의 중 · 장년층 중 서울지역의 중 · 장년층의 비중은 2020년보다 증가했다.
③ 2021년 서울과 부산지역의 총인구 대비 중 · 장년층 비중 차이는 2%p 이하이다.
④ 2020년 광주지역의 중 · 장년층 비중은 전국 중 · 장년층의 5%를 넘는다.
⑤ 2021년 대구지역의 총인구와 중 · 장년층인구는 전년보다 증가했다.

[93~94] 다음 자료를 보고 이어지는 물음에 답하시오.

〈표〉 2010년과 2021년 기업별 재무 상태

(단위 : %)

구분	부채비율		자기자본비율		영업이익률		순이익률	
	2010년	2021년	2010년	2021년	2010년	2021년	2010년	2021년
A기업	295.6	26.4	25.3	79.1	15.5	11.5	0.7	12.3
B기업	141.3	25.9	41.4	79.4	18.5	23.4	7.5	18.5
C기업	217.5	102.9	31.5	49.3	5.7	11.7	1.0	5.2
D기업	490.0	64.6	17.0	60.8	7.0	6.9	4.0	5.4
E기업	256.7	148.4	28.0	40.3	2.9	9.2	0.6	6.2
F기업	496.6	207.4	16.8	32.5	19.4	4.3	0.2	2.3
G기업	654.8	186.2	13.2	34.9	8.3	8.7	0.3	6.7

※ 총자산＝부채+자기자본

※ 부채구성비율＝$\dfrac{부채}{총자산}\times100$

※ 부채비율＝$\dfrac{부채}{자기자본}\times100$

※ 자기자본비율＝$\dfrac{자기자본}{총자산}\times100$

※ 영업이익률＝$\dfrac{영업이익}{매출액}\times100$

※ 순이익률＝$\dfrac{순이익}{매출액}\times100$

93 위 자료에 대한 해석으로 옳은 것을 〈보기〉에서 모두 고르면?

> 보기
> ㉠ 자기자본비율이 가장 크게 증가한 상위 3개 기업은 A, D, G기업이다.
> ㉡ 총자산이 동일한 두 기업의 경우 부채가 많은 기업일수록 자기자본과 부채구성비율 모두 작아진다.
> ㉢ 영업이익률이 개선된 기업은 순이익률도 개선되었다.
> ㉣ 2021년 자기자본보다 부채가 더 많은 기업은 모두 4개 기업이다.

① ㉠, ㉡   ② ㉠, ㉢   ③ ㉡, ㉢   ④ ㉡, ㉣   ⑤ ㉢, ㉣

94 다음 자료를 참고할 때, 앞서 제시된 기업들 중 2021년의 부채가 가장 많은 기업과 총자산이 가장 적은 기업을 순서대로 나열한 것은?

구분	A기업	B기업	C기업	D기업	E기업	F기업
자기자본	3.5억 원	3.9억 원	2.8억 원	4.4억 원	5.2억 원	4.2억 원

① E기업, A기업   ② F기업, A기업
③ E기업, B기업   ④ F기업, B기업
⑤ E기업, C기업

95 다음 〈조건〉이 항상 참이 되도록 하는 빈칸 ㉠의 숫자는?

〈표〉 갑 마을의 물 사용량

(단위 : 천 톤)

구분	2019년	2020년	2021년
지하수	4	9	13
공업용수	35	38	(㉠)
상수도	20	15	8
지표수	28	32	36

〈조건〉

(가) 2021년 총 용수 사용량은 3개년도 중 가장 적다.
(나) 공업용수의 3개년 평균 사용량은 지표수의 3개년 평균 사용량보다 많다.
(다) 2021년 상수도와 지표수의 사용량 합은 2021년 총 용수 사용량의 절반이 넘는다.

① 20   ② 22   ③ 25   ④ 33   ⑤ 38

96 우리나라의 무역 규모와 관련된 다음의 보고서를 작성하기 위한 근거 자료로 적절하지 않은 것은?

2021년 우리나라의 수출기업은 전년 대비 0.9% 증가한 93,922개이며, 수출액은 전년 대비 783억 달러 증가한 5,726억 달러에 이른다. 수입기업은 이보다 많은 178,104개인 반면, 수입액은 4,731억 달러이다. 이 중, 수출을 수행한 대기업, 중견기업, 중소기업 수의 비중은 각각 0.9%, 1.8%, 97.3%로 0.6%, 1.2%, 98.2%인 수입의 경우와 비슷한 양상을 나타냈다.

수출입 모두 대기업이 무역액의 절반 이상을 차지하였으며, 대기업, 중견기업, 중소기업 모두 수출입이 전년보다 높은 증가세를 나타냈다. 수출입 모두 광제조업이 무역액의 가장 큰 비중을 차지하였고, 수출은 동남아, 수입은 중국이 가장 큰 비중을 차지하였으며, 수출은 동남아, EU, 중국 등에서, 수입은 중동, 미국, 동남아 등에서 전년보다 큰 증가세를 보였다.

①

구분		수출(개, %)			수입(개, %)		
		2020년	2021년	증감률	2020년	2021년	증감률
기업수	전체	93,045	93,922	0.9	172,083	178,104	3.5
	대기업	796	803	0.9	1,087	1,103	1.5
	중견기업	1,690	1,651	−2.3	2,128	2,095	−1.6
	중소기업	90,559	91,468	1.0	168,868	174,906	3.6

②

구분		수출(개)		수입(개)	
		2020년	2021년	2020년	2021년
기업수	광제조업	40,424	40,966	55,275	56,635
	도소매업	44,433	44,511	94,246	97,617
	기타산업	8,188	8,445	22,562	23,852

③ 2021년 기업규모별 기업 수 구성비(수입)

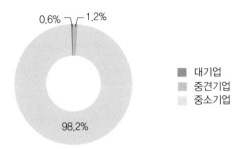

0.6% 1.2%

■ 대기업
■ 중견기업
■ 중소기업

98.2%

④

구분	수출(십억 달러)			수입(십억 달러)		
	대기업	중견기업	중소기업	대기업	중견기업	중소기업
2020년	317.2	85.1	92.0	228.8	65.9	105.1
2021년	380.3	90.9	101.4	283.8	69.8	119.5

⑤

구분		수출(십억 달러)		수입(십억 달러)	
		2020년	2021년	2020년	2021년
무역액	전체	494.3	572.6	399.8	473.1
	미국	66.1	68.2	39.8	48.1
	중국	124.4	142.1	86.6	97.5
	일본	24.3	26.8	47.3	54.9
	EU	46.5	53.9	50.4	56.0
	동남아	119.3	149.0	62.0	73.5
	중동	26.2	24.3	54.0	70.1

97 특정 질병을 진단하는 A, B, C, D 4개의 키트가 있다. 질병키트 1개당 200명의 피실험자를 대상으로 실시한 검사결과가 다음과 같을 때, 양성 예측도와 음성 예측도가 가장 낮은 키트가 바르게 짝지어진 것은?

〈키트 A〉

(단위 : 명)

판정 \ 질병	있음	없음
양성	70	30
음성	30	70

〈키트 B〉

(단위 : 명)

판정 \ 질병	있음	없음
양성	80	30
음성	30	60

〈키트 C〉

(단위 : 명)

판정 \ 질병	있음	없음
양성	50	30
음성	30	90

〈키트 D〉

(단위 : 명)

판정 \ 질병	있음	없음
양성	60	20
음성	20	100

※ 양성 예측도 $= \dfrac{\text{질병이 있는 피실험자 중 양성판정수}}{\text{질병이 있는 피실험자 수}}$

※ 음성 예측도 $= \dfrac{\text{질병이 없는 피실험자 음성판정수}}{\text{질병이 없는 피실험자 수}}$

	양성 예측도	음성 예측도
①	A	B
②	A	D
③	B	A
④	C	A
⑤	C	B

98 1,200명의 응답자를 대상으로 한 2021년 대학생 취업인식도 설문 조사가 다음과 같을 때, 선호 기업과 취업 예상 기업에 대한 올바른 판단을 〈보기〉에서 모두 고르면?

〈그래프 1〉 취업 선호 기업 유형

(단위 : %)

- 공기업 25.0
- 대기업 18.7
- 중견기업 14.2
- 정부 13.0
- 외국계 7.7
- 중소기업 6.6
- 금융기관 3.5
- 기타 11.2

※무응답은 0.1%이다.

〈그래프 2〉 실제 취업 예상 기업 유형

(단위 : %)

- 공기업 18.6
- 대기업 17.9
- 중견기업 16.9
- 정부 12.6
- 외국계 11.5
- 중소기업 4.7
- 금융기관 2.4
- 기타 15.0

※ 무응답은 0.4%이다.

보기

㉠ 선호 기업과 취업 예상 기업 간의 응답자 비율이 5%p 이상 차이 나는 유형은 1가지이다.
㉡ 선호 기업과 취업 예상 기업 간의 괴리가 가장 덜한 유형의 기업은 정부이다.
㉢ 공기업, 대기업, 중견기업은 응답자의 절반 이상이 신호하며, 실제 취업 예상 기업에서도 절반 이상이다.
㉣ 공기업을 선호한다고 응답한 대학생 중 약 74%가 실제 공기업으로 취업할 거라고 예상한다.

① ㉠, ㉡
② ㉠, ㉡, ㉢
③ ㉠, ㉢, ㉣
④ ㉡, ㉢, ㉣
⑤ ㉢, ㉣

[99~100] 다음 자료를 보고 이어지는 물음에 답하시오.

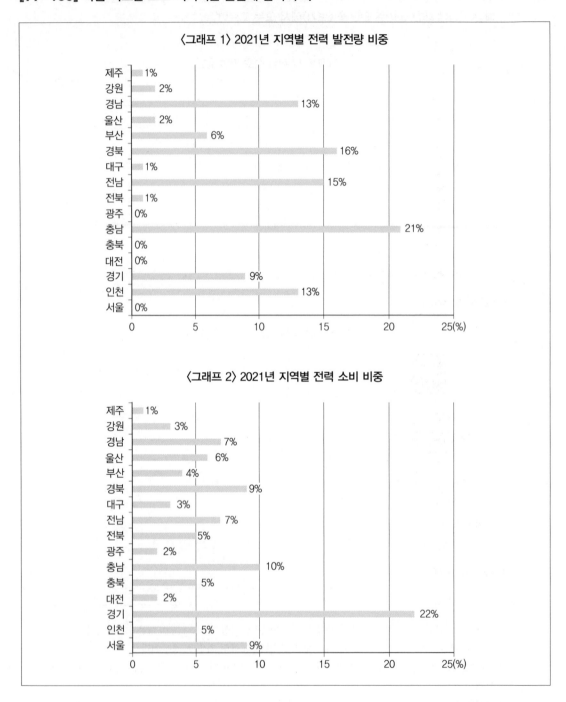

〈그래프 1〉 2021년 지역별 전력 발전량 비중

제주 1%
강원 2%
경남 13%
울산 2%
부산 6%
경북 16%
대구 1%
전남 15%
전북 1%
광주 0%
충남 21%
충북 0%
대전 0%
경기 9%
인천 13%
서울 0%

〈그래프 2〉 2021년 지역별 전력 소비 비중

제주 1%
강원 3%
경남 7%
울산 6%
부산 4%
경북 9%
대구 3%
전남 7%
전북 5%
광주 2%
충남 10%
충북 5%
대전 2%
경기 22%
인천 5%
서울 9%

99 주어진 자료에 대한 해석으로 옳지 않은 것은?(단, 전국의 지역별 전력 발전과 소비 총량은 동일하며, 발전 전력은 생산 지역에서 우선 소비한다.)

① 자체 소비 후 잉여 전력이 가장 많이 남는 지역은 충남이다.
② 충남은 울산과 부산의 발전량의 합보다 많은 양의 전력을 소비한다.
③ 경남은 자체 소비 후 대구와 광주가 추가로 소비할 수 있는 양의 전력을 발전한다.
④ 서울, 경기, 인천 지역의 발전량은 동 지역의 총 전력 소비량의 절반에도 못 미친다.
⑤ 자체 발전량 사용 후 외부로부터 추가로 필요로 하는 소비 전력이 가장 많은 지역은 경기이다.

핵심 유형

의사 소통 능력

수리 능력

문제 해결 능력

100 일부 지역만을 대상으로 분산형 전원을 통해 지역별 에너지 자급자족을 도모할 경우 현재 발전량의 2배 이상의 설비를 갖추어야 하는 지역으로 바르게 짝지은 것은?

① 충남, 울산   ② 부산, 경기
③ 대구, 인천   ④ 경남, 경기
⑤ 전북, 울산

101 다음 자료에 대한 설명으로 〈보기〉에서 옳은 것만을 모두 고르면?

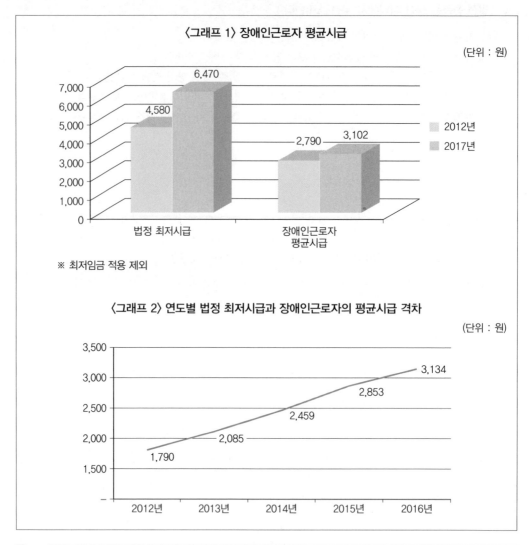

〈그래프 1〉 장애인근로자 평균시급

(단위 : 원)

※ 최저임금 적용 제외

〈그래프 2〉 연도별 법정 최저시급과 장애인근로자의 평균시급 격차

(단위 : 원)

┌─ 보기 ┐

㉠ 평균시급 격차가 전년 대비 가장 많이 증가한 연도는 2014년이다.
㉡ 2012년 대비 2017년 법정 최저시급 증가율은 장애인근로자 평균시급 증가율보다 더 높다.
㉢ 평균시급 격차의 증가율은 매년 더 커지고 있다.

① ㉠   ② ㉡
③ ㉢   ④ ㉠, ㉢
⑤ ㉡, ㉢

[102~103] 다음은 연도별 W제품의 한국, 중국, 일본 간의 상호 수출입 거래 내역이다. 이를 보고 이어지는 물음에 답하시오.

〈표〉 W제품의 한국, 중국, 일본 간 수출입 내역

(단위 : 백만 불)

구분 연도	한국		중국		일본	
	수출	수입	수출	수입	수출	수입
2017년	23	20	45	50	40	38
2018년	32	28	46	55	43	38
2019년	40	40	50	63	58	45
2020년	35	43	52	55	56	(B)
2021년	45	(A)	60	57	64	70

※ W제품의 3국 상호 간 이외의 타국과의 거래는 고려하지 않는다.

※ 무역수지 = 수출액 − 수입액(양수이면 흑자, 음수이면 적자)

102 다음 중 W제품에 대한 2021년 한국과 2020년 일본의 무역수지가 순서대로 바르게 나열된 것은?

	2021년 한국	2020년 일본
①	흑자	흑자
②	흑자	적자
③	적자	흑자
④	적자	적자
⑤	0	0

103 일본이 2017년 W제품을 한국으로 천만 불 수출하고, 2017년 한국이 중국으로 수출한 금액과 동일한 금액의 W제품을 2019년 일본으로 수출하였다면, 2019년 중국이 일본으로부터 수입한 W제품의 금액은 얼마인가?

① 1,500만 불

② 2,500만 불

③ 4,300만 불

④ 5,000만 불

⑤ 5,500만 불

104 갑~정 건물의 손해액이 5천만 원으로 동일하다고 가정할 경우 지급되는 보험금이 가장 많은 것부터 순서대로 나열한 것은?

■ 지급 보험금 산정방법

피보험건물 유형	조건	지급 보험금
일반건물, 창고건물, 주택	보험금액 ≧ 보험가액의 80%	손해액 전액
	보험금액 < 보험가액의 80%	손해액 × 보험금액 ÷ 보험가액의 80%
공장건물, 동산	보험금액 ≧ 보험가액	손해액 전액
	보험금액 < 보험가액	손해액 × 보험금액 ÷ 보험가액

■ 피보험건물의 보험금액 및 보험가액

피보험건물	피보험건물 유형	보험금액	보험가액
갑 건물	일반건물	5천만 원	7천만 원
을 건물	공장건물	7천만 원	8천만 원
병 건물	창고건물	6천만 원	8천 5백만 원
정 건물	동산	1억 원	1억 2천만 원

① 갑 건물 – 을 건물 – 병 건물 – 정 건물
② 갑 건물 – 병 건물 – 정 건물 – 을 건물
③ 갑 건물 – 병 건물 – 을 건물 – 정 건물
④ 병 건물 – 갑 건물 – 을 건물 – 정 건물
⑤ 정 건물 – 병 건물 – 을 건물 – 갑 건물

105 다음 밑줄 친 판단에 부합하는 1년 후 환율 수준으로 적절한 것은?

치과 의사인 A씨는 은행에서 운영 자금 100만 원을 1년간 빌리기로 했다. 원화로 대출받으면 1년 동안의 대출 금리가 21%인 반면, 동일한 금액을 엔화로 대출받으면 대출 금리는 10%이지만 대출금은 반드시 엔화로 상환해야 한다. 한편, 치과 병원을 1년 동안 운영할 경우 기대되는 수익은 150만 원이며, 현재 원화와 엔화 사이의 환율은 100엔당 1,000원이다. A씨는 두 대출 조건이 동일하다고 생각한다.

① 1,000원/100엔
② 1,050원/100엔
③ 1,100원/100엔
④ 1,150원/100엔
⑤ 1,200원/100엔

[106~107] 다음 〈표〉와 〈조건〉을 참고하여 이어지는 물음에 답하시오.

〈표〉ASEAN 국가의 1차 에너지 공급 현황

(단위 : ktoe)

회원국	1차 에너지 소비량	석탄	석유	천연가스	수력	신재생	바이오	전력
브루나이	2,717	0	435	2,137	0	0	0	0
캄보디아	7,037	587	0	0	172	0	4,219	131
인도네시아	225,361	41,037	49,949	37,854	1,182	17,277	56,801	1
라오스	−	−	−	−	−	−	−	−
A	85,858	17,517	25,941	37,528	1,197	23	1,937	1
미얀마	19,830	445	480	3,030	808	0	10,112	0
B	52,147	12,637	10,431	2,875	745	9,571	8,641	0
C	25,611	407	39,040	9,235	0	6	678	0
태국	135,223	16,887	69,331	37,740	408	234	25,286	1,045
D	73,804	24,954	7,561	9,549	4,827	10	15,514	136
합계	627,588	114,471	203,168	139,948	9,339	27,121	123,188	1,314

〈조건〉

(가) 필리핀과 싱가포르의 1차 에너지 소비량의 합은 말레이시아보다 작고 베트남보다 크다.
(나) 공급량이 '0'인 1차 에너지가 2가지인 나라는 미얀마와 싱가포르이다.
(다) 말레이시아는 A~D에서 1차 에너지 소비량 중 천연가스의 공급량이 가장 많다.

106 위 자료에 대한 설명으로 옳은 것은?

① 말레이시아는 신재생에너지의 공급 비중이 다섯 번째로 높다.
② 싱가포르의 수력에너지 공급량은 태국보다 더 많다.
③ 필리핀의 석유 공급량은 석탄 공급량보다 더 많다.
④ 싱가포르의 석유 공급량은 말레이시아보다 더 적다.
⑤ 수력 에너지 공급량이 가장 많은 ASEAN 국가는 베트남이다.

107 다음 중 1차 에너지의 수입국 중 수입량이 가장 적은 나라는?(단, 소비를 위해 부족한 공급량은 모두 해외에서 수입한다고 가정한다.)

① 브루나이   ② 캄보디아
③ 말레이시아   ④ 미얀마
⑤ 필리핀

108 다음 자료에 대한 해석으로 옳은 것은?

<표> A국 댐 건설 현황

구분	제원		시공 기간 (년)	댐 규모 (백만 m³)	사업 효과			해당 유역
	높이 (m)	길이 (m)			홍수조절 (백만 m³)	용수공급 (백만 m³/년)	발전량 (GWh/년)	
기 완공	20개소		–	12,923	2,296	11,282	2,355	–
갑 댐	123	530	1967~1973	2,900	500	1,213	353	A강
을 댐	97.5	447	1978~1986	2,750	616	3,380	844	A강
병 댐	72	495	1975~1981	1,490	250	1,649	201	B강
정 댐	83	612	1971~1977	1,248	110	926	99	C강
무 댐	70	498	1990~1995	815	137	650	209	B강
기 댐	96	472	1982~1989	790	80	599	232	C강
경 댐	58	330	1989~1995	707	80	488	57	D강
신 댐	73	515	1984~1993	595	80	591	83	C강
임 댐	64	344.2	1961~1965	466	32	435	182	D강
계 댐	34	1,126	1989~2003	309	269	573	41	C강

① 1990년대 이후에는 대규모 댐이 건설되었다.

② 댐의 총 저수량과 홍수조절 능력은 비례하여 건설되었다.

③ B강 유역의 댐들은 D강 유역의 댐들보다 공사 기간이 더 짧았다.

④ A강 유역에는 대규모 댐이, D강 유역에는 소규모 댐이 건설되었다.

⑤ 댐의 높이나 길이 등은 총 저수량과 직접적인 상관관계가 있다.

109 다음 A지역 공공임대주택의 분양 안내문의 일부 내용을 참고할 때, 옳지 않은 것은?

■ 공급대상

(단위 : m²)

주택 타입	세대당 주택면적					공유대지 면적
	공급면적		그 밖의 공용면적		계약면적(계)	
	주거전용	주거공용	기타공용	지하주차장		
A	46.92	21.6603	9.4870	42.3038	120.3711	35.7436
	46.92	21.6603	9.4870	42.3038	120.3711	35.7436
B	46.84	21.6234	9.4708	42.2316	120.1658	35.6826
	46.81	21.6095	9.4648	42.2046	120.0889	35.6598
C	55.96	25.8336	11.3150	50.4544	143.5630	42.6303
	55.98	25.8428	11.3190	50.4724	143.6142	42.6455

※ 주거전용면적은 주거의 용도로만 쓰이는 면적이며, 주거공용면적은 계단, 복도, 주동현관 등 공동주택의 지상층에 있는 공용면적이고, 그 밖의 공용면적은 주거공용면적을 제외한 지하층, 관리사무소, 노인정 등의 공용면적이다.
※ 세대별 분양면적은 공급면적과 기타공용면적을 합한 면적이다.
※ 세대별 공유대지는 세대별 분양면적 비율에 따라 배분한 것이다.

① 공유대지 면적은 지하주차장의 면적과 관계없다.
② A~C 타입의 주택은 세대별 분양면적의 45.8%에 해당하는 면적이 공유대지 면적이다.
③ 그 밖의 공용면적이 커질 경우, 세대별 공유대지가 커진다.
④ 주거공용 면적이 커질 경우, 공유대지 면적이 커진다.
⑤ 세대별 분양면적의 주택 타입별 배율은 공유대지 면적의 배율과 같다.

[110~112] 다음은 4개 기업에 대한 경영 실적 분석 보고서의 일부 내용이다. 이를 보고 이어지는 물음에 답하시오.

기업의 매출총손익(gross profit or loss)은 매출액에서 매출원가를 차감한 잔액을 말한다. 매출액이 매출원가를 초과하는 경우에는 그 차액을 매출총이익으로 표시하지만, 매출원가가 오히려 매출액을 초과하는 경우에는 그 차액을 매출총손실로 표시한다. 영업손익(operating income or loss)이란 기업의 주된 영업활동의 결과 발생한 손익으로 매출총손익에서 급여, 세금, 임차료 등 모든 판매비와 관리비를 차감한 금액을 말한다. 한편, 기업의 안정성을 파악하는 지표로 금융비용부담률과 이자보상비율이 사용된다. 금융비용부담률은 이자비용이 매출액에서 차지하는 비중을 나타내는 지표로 이자비용은 차입금에 대한 대가로 매출수준에 관계없는 고정비 성격의 항목이므로 불황에 대비한 안정적 경영기반 확립을 위해 이 비율을 낮추는 것이 필요하다. 또한, 영업활동에 의한 수익으로 이자비용을 어느 정도 부담할 수 있는지를 평가하는 지표가 이자보상비율이며, 이자비용에 대한 영업이익의 비율로 나타낸다. 이 지표가 높을수록 이자부담능력이 양호하다고 할 수 있으며, 100% 미만이면 영업이익으로 이자비용을 충당할 수 없는 상태이다.

〈4개 기업의 2017년 이자비용 및 2018~2021년 이자비용 증가율〉

구분	갑	을	병	정
2017년 이자비용	6억 원	12억 원	9억 원	15억 원

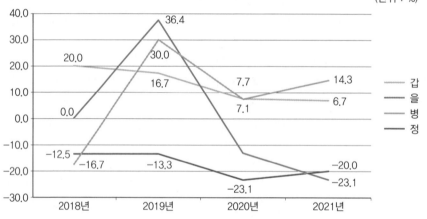

(단위 : %)

〈4개 기업의 연도별 매출 자료〉

(단위 : 억 원)

기업명	2018년			2019년			2020년			2021년		
	매출	원가	판관비	매출	원가	판관비	매출	원가	판관비	매출	원가	판관비
갑	120	75	8	145	118	3	136	114	5	128	105	10
을	100	80	5	110	90	3	105	85	7	100	88	6
병	95	82	2	92	75	6	98	78	4	95	70	2
정	90	76	4	85	70	2	92	90	2	100	85	6

※ 영업이익 = 매출 − (원가 + 판관비)

110 경영 실적 분석 지표에 대한 설명으로 옳은 것을 〈보기〉에서 모두 고르면?(단, 가정한 조건 외 나머지는 일정하다고 가정한다.)

> **보기**
> ⊙ 매출액이 작아질수록 금융비용부담률은 작아지고, 이자보상비율은 커진다.
> ⓛ 이자비용이 커질수록 금융비용부담률은 커지고, 이자보상비율은 작아진다.
> ⓒ 판매비와 관리비가 작아질수록 영업손익은 작아진다.
> ⓔ 매출원가는 금융비용부담률 증감과 관계가 없다.

① ⊙, ⓛ   ② ⊙, ⓔ
③ ⓛ, ⓒ   ④ ⓛ, ⓔ
⑤ ⓒ, ⓔ

111 갑, 을, 병, 정 4개 기업의 연도별 이자보상비율에 대한 설명 중 옳은 것은?

① 갑 기업의 이자보상비율은 해마다 증가했다.
② 2019년 병 기업의 이자보상비율은 전년보다 큰 폭으로 증가했다.
③ 2019년 정 기업의 이자보상비율은 전년보다 감소했다.
④ 2018년 이자비용은 을 기업이 가장 많다.
⑤ 2018년도 이자보상비율은 갑, 병, 을, 정 순으로 크다.

112 2018년 금융비용부담률이 큰 기업부터 순서대로 바르게 나열한 것은?(단, 이자비용은 반올림하여 소수점 첫째 자리까지 표시한다.)

① 정 – 을 – 병 – 갑
② 을 – 정 – 병 – 갑
③ 정 – 을 – 갑 – 병
④ 정 – 병 – 을 – 갑
⑤ 갑 – 을 – 병 – 정

113 다음 자료를 참고할 때, 빈칸 (A), (B)에 들어갈 수치로 바르게 짝지은 것은?

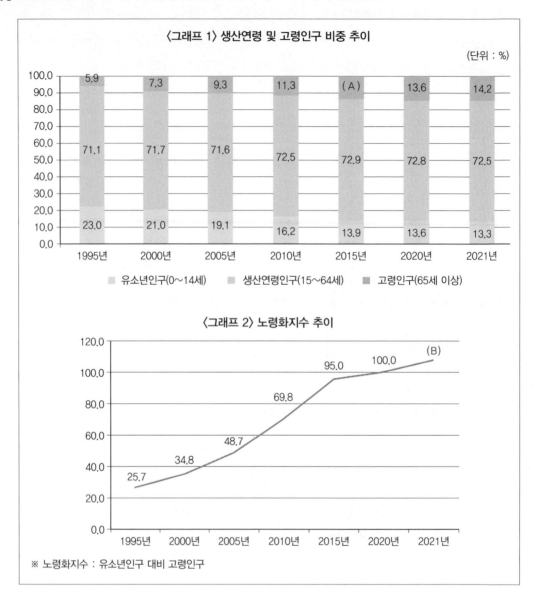

〈그래프 1〉 생산연령 및 고령인구 비중 추이

(단위 : %)

유소년인구(0~14세)　생산연령인구(15~64세)　고령인구(65세 이상)

〈그래프 2〉 노령화지수 추이

※ 노령화지수 : 유소년인구 대비 고령인구

	A	B
①	12.3	105.4
②	12.9	105.4
③	12.9	106.8
④	13.2	105.4
⑤	13.2	106.8

핵심
유형

의사
소통
능력

수리
능력

문제
해결
능력

〈표 1〉 Y년의 갑 지역 총 발전량의 발전소별 비중

발전소	A발전소	B발전소	C발전소
비중	51%	30%	19%

〈표 1〉 Y년의 갑 지역 3개 발전소별 전력 상호 공급 및 자가 소비 비중

(단위 : %)

A발전소			B발전소			C발전소		
자가 소비	B발전소 공급	C발전소 공급	자가 소비	A발전소 공급	C발전소 공급	자가 소비	A발전소 공급	B발전소 공급
( )	25	15	( )	10	6	( )	30	22

※ 전력 상호 공급 및 자가 소비 비중은 자체 발전 전력에 대한 비중임
※ Y년과 Y+1년의 갑 지역 전력 소비량은 동일함
※ 3개 발전소의 모든 발전량은 갑 지역 내에서 100% 소비되며, 다른 발전소는 없다고 가정함

114 Y+1년 갑 지역의 총 전력 소비량이 90,000MWh일 경우 Y년 3개 발전소의 자가 소비 전력량의 총합은?

① 55,306MWh
② 57,722MWh
③ 58,428MWh
④ 59,020MWh
⑤ 61,335MWh

115 갑 지역의 전력 상황에 대해 옳은 것을 〈보기〉에서 모두 고르면?(단, 총 전력 소비량은 114번 문제에서와 같이 90,000MWh로 가정한다.)

┌ 보기 ┐
㉠ A → C발전소로의 공급량은 C → B발전소로의 공급량보다 더 많다.
㉡ A발전소의 자가 소비량은 B발전소의 자가 소비량보다 더 많다.
㉢ 외부로 공급하는 전력량은 B발전소와 C발전소의 합이 A발전소보다 더 많다.
㉣ 외부로부터 공급받는 전력이 가장 많은 발전소는 B - A - C발전소 순이다.

① ㉠, ㉡
② ㉡, ㉢
③ ㉠, ㉣
④ ㉢, ㉣
⑤ ㉡, ㉣

116 차량 100대가 주차 가능한 주차장이 있다. 매 10분 동안 나가는 차의 수는 10대이고, 주차하러 오는 차의 수는 20대이다. 빈자리가 없으면 도착한 순서대로 기다리다가 자리가 생기면 주차할 수 있다. 8시에 70대가 주차되어 있고, 9시 이전에 반드시 주차하려면 늦어도 언제까지 도착해야 하는가?

① 8시 20분　　　　　　　　② 8시 30분
③ 8시 40분　　　　　　　　④ 8시 50분
⑤ 9시

[117~118] 다음 자료를 읽고 이어지는 물음에 답하시오.

총무팀과 홍보팀은 사내 체육대회에 참가하고 있다. 두 팀은 지원본부 대표로 한 팀을 이루어 '쌀자루 옮기기'와 '탁구공 담기'에 참여할 예정이며 두 종목에 시간을 나누어 쓸 수 있다. 총무팀과 홍보팀이 각각 1분당 옮길 수 있는 쌀자루의 수와 1분당 담을 수 있는 탁구공의 수는 아래 표와 같다.

구분	쌀자루 옮기기	탁구공 담기
총무팀	2	20
홍보팀	2	10

117 첫 번째 시합은 가장 짧은 시간에 쌀자루 36개를 옮기고 탁구공 120개를 모아 담는 것이다. 지원본부의 대표로 나선 두 팀이 이를 완수하는 데 걸리는 최소 시간은 얼마인가?

① 9분　　　　　　　　② 12분
③ 13분　　　　　　　　④ 15분
⑤ 24분

118 두 번째 시합은 10분 안에 가장 높은 점수를 얻는 시합이다. 쌀자루 하나를 옮기면 6점, 탁구공 하나를 담으면 1점이다. 두 팀이 10분 안에 얻을 수 있는 최대 점수는 몇 점인가?

① 220점　　　　　　　　② 240점
③ 300점　　　　　　　　④ 320점
⑤ 340점

[119~120] 다음은 A그룹의 3개 계열사인 A상사, A전자, A통신의 사내 축구 경기 결과를 나타낸 표이다. 다음을 참고로 이어지는 물음에 답하시오.

시기 \ 구분	A상사		A전자		A통신	
	승	패	승	패	승	패
2020년	15	5	6	14	9	11
2021년	13	7	11	9	6	14

※ 무승부는 없다.

119 2021년 A상사가 A통신과의 맞대결에서 7승을 거두었다면, A전자가 A상사에게 거둔 승수는 몇인가?

① 2승   ② 3승
③ 4승   ④ 5승
⑤ 6승

120 다음 중 2020년 A전자가 A상사에게 8패를 당했을 경우에 대한 설명으로 옳은 것은?

① A통신은 어느 한 팀에게 5승 5패의 성적을 거두었다.
② A상사는 통신에게 5승 이하의 승수를 거두었다.
③ A전자의 6승은 나머지 두 팀으로부터 3승씩 거둔 것이다.
④ A통신은 A전자와의 맞대결 성적이 A상사보다 좋다.
⑤ A상사는 통신과의 맞대결 성적이 A전자보다 좋지 않다.

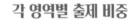

각 영역별 출제 비중

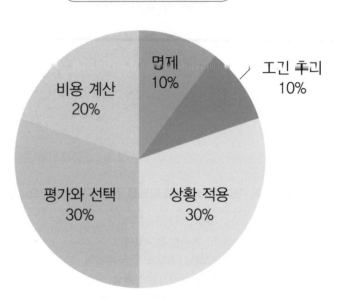

자료를 바탕으로 평가 및 선택하는 문항은 문제해결능력의 가장 기본적인 유형으로 출제 비중이 가장 높다. 평가 및 선택 대상과 점수 등이 주어지고 조건에 따라 문제에서 원하는 경우를 선별하는 문항이 주로 출제된다. 그 다음으로 주어진 조건을 특정 상황에 적용하는 유형의 상황 적용 문항이 자주 출제되고 있다. 이는 특정 상황에 조건을 적용하여 계산보다 는 상황 자체를 판단하는 유형에 해당한다. 상황별로 조건이 다르게 적용됨에 유의하여 사 실 여부를 판단하는 능력을 필요로 한다. 또한 수치 계산이 필요한 자료가 주어지고 문제에 서 요구하는 결과를 도출하는 유형인 자료 계산 문항도 꾸준히 출제되고 있다. 주로 경비 계산, 요금 합계 등을 묻는 문항이 출제되며 빠른 계산 능력을 필요로 한다.

03

문제해결능력

01 다음 〈조건〉을 바탕으로 정 대리가 이번 달 중국 출장 출발일로 정하기에 가장 적절한 날은 언제인가?(단, 전체 일정이 모두 이번 달 안에 속해 있다.)

〈조건〉
- 이번 달 1일은 월요일이다.
- 3박 4일 일정이며 출발일과 도착일이 모두 휴일이 아니어야 한다.
- 현지에서 복귀하는 비행편은 매주 화, 목요일에만 있다.
- 이번 달 셋째 주 화요일에 있을 부서의 중요한 회의에 반드시 참석해야 하며, 회의 후에 출장을 가려 한다.

① 12일 ② 15일
③ 17일 ④ 22일
⑤ 23일

02 회사의 영업비밀이 담긴 기밀문서가 도난당했다. 용의자로 지목받고 있는 A, B, C, D, E 5명은 다음과 같이 각각 두 가지 내용을 진술했는데, 이들이 각각 진술한 내용 중 한 가지는 참이고 나머지 한 가지는 거짓이다. 이때 기밀문서를 훔친 사람은 누구인가?(단, 기밀문서를 훔친 사람은 A, B, C, D, E 중 한 명이다.)

A : C는 기밀문서를 훔치지 않았다. E가 기밀문서를 훔쳤다.
B : 기밀문서를 훔친 사람은 내가 아니다. A가 기밀문서를 훔쳤다.
C : D가 기밀문서를 훔쳤다. D의 첫 번째 진술은 거짓이다.
D : B는 기밀문서를 훔치지 않았다. A의 두 번째 진술은 참이다.
E : 기밀문서를 훔친 사람은 내가 아니다. C가 기밀문서를 훔쳤다.

① A ② B ③ C ④ D ⑤ E

03 다음 글의 결론을 이끌어내기 위해 추가해야 할 전제만을 〈보기〉에서 모두 고르면?

교만하지 않은 자는 훌륭하다. 지혜롭고 덕 있는 자는 교만하지 않다. 따라서 어질고 지혜로운 자는 용감하다.

보기
ㄱ. 어진 자는 덕이 있다.
ㄴ. 덕 있는 자는 훌륭하다.
ㄷ. 용감하지 않은 자는 훌륭하지 않다.

① ㄱ

② ㄴ

③ ㄱ, ㄴ

④ ㄱ, ㄷ

⑤ ㄱ, ㄴ, ㄷ

핵심
유형

의사
소통
능력

수리
능력

문제
해결
능력

04 12명의 사람이 모자, 상의, 하의를 착용하는데, 모자, 상의, 하의는 빨간색 또는 파란색 중 하나이다. 12명이 모두 모자, 상의, 하의를 착용했을 때 다음과 같은 모습이었다면, 하의만 빨간색인 사람은 몇 명인가?

- 어떤 사람을 보아도 모자와 하의는 다른 색이다.
- 같은 색의 상의와 하의를 입은 사람의 수는 6명이다.
- 빨간색 모자를 쓴 사람의 수는 5명이다.
- 모자, 상의, 하의 중 1가지만 빨간색인 사람은 7명이다.

① 5

② 4

③ 3

④ 2

⑤ 1

05 다음 글로부터 추리한 것으로 옳은 것은?

> 어떤 회사의 사원 평가 결과 모든 사원이 최우수, 우수, 보통 중 한 등급으로 분류되었다. '최우수'에 속한 사원은 모두 45세 이상이었다. 그리고 35세 이상의 사원은 '우수'에 속하거나 자녀를 두고 있지 않았다. '우수'에 속한 사원은 아무도 이직 경력이 없다. '보통'에 속한 사원은 모두 대출을 받고 있으며, 무주택자인 사원 중에는 대출을 받고 있는 사람이 없다. 이 회사의 직원 A는 자녀를 두고 있으며 이직 경력이 있는 사원이다.

① A는 35세 미만이고 무주택자이다.
② A는 35세 이상이고 무주택자이다.
③ A는 35세 미만이고 주택을 소유하고 있다.
④ A는 45세 미만이고 무주택자이다.
⑤ A는 45세 이상이고 주택을 소유하고 있다.

06 J기업 총무팀 직원은 A, B, C, D, E 5명이다. 이들의 입사 순서가 다음과 같을 때, 〈보기〉에서 반드시 참인 것만을 고르면?(단, A, B, C, D, E 중 동시에 입사한 사람은 없다.)

> A : 나는 우리 중에서 제일 먼저 입사한 사람은 아니지만, E보다는 먼저 입사했지.
> B : 난 A보다 먼저 입사했어.
> C : 난 B보다 나중에 입사했어.
> D : 우리 중에서 나보다 먼저 입사한 사람은 1명밖에 없어.
> E : 나는 D보다 나중에 입사했어.

> **보기**
> ㄱ. B는 5명 중 가장 먼저 입사하였다.
> ㄴ. E는 A 바로 다음에 입사하였다.
> ㄷ. A보다 나중에 입사한 사람은 2명이다.
> ㄹ. 5명 중 마지막으로 입사한 사람은 E 또는 C이다.

① ㄱ
② ㄱ, ㄷ
③ ㄱ, ㄹ
④ ㄱ, ㄴ, ㄷ
⑤ ㄴ, ㄷ, ㄹ

07 K씨는 사내 문서자료에 대한 보안을 강화하기 위해 코드 abc와 코드 bb를 결합하여 생성된 코드에 코드 ac를 추가로 결합하여 생성된 코드를 문서보관실의 비밀번호로 적용하고자 한다. 다음의 〈코드 생성 원리〉를 참고하였을 때, 문서보관실의 비밀번호로 옳은 것은?

〈코드 생성 원리〉

임의의 코드는 a 하나로 이루어지거나, a로 시작되고 그 뒤에 b와 c의 조합이 이어지는 구조를 갖는다. 임의의 코드 A와 코드 B를 결합하면 결합기호 '+'가 포함된 임시 코드 A+B가 생성되는데, 임시 코드는 다음의 규칙에 따라 새로운 코드로 변환된다.

1) 임시 코드 A+a는 코드 A로 변환된다.
2) 임시 코드 A(=*b)+B(=*b)는 임시코드 A(=*c)+B(=*)로 변환된다.
3) A(=*b)+B(=*c)는 A(=*c)+B(=*b)로 변환된다.
4) A(=*c)+B(=*b)는 A(=*cb)+B(=*)로 변환된다.
5) A(=*c)+B(=*c)는 A(=*cc)+B(=*)로 변환된다.

예컨대, 임의의 코드 abbc에 ab를 결합하면 네 번째 규칙과 첫 번째 규칙이 적용되어 abbc(=*c)+ab(=*b)=abbcb(=*cb)+a=abbcb로 변환된다.

---

① accab
② abccc
③ abcbbac
④ abcbcab
⑤ acbbbac

08 다음 규정을 근거로 판단할 때 옳은 것을 〈보기〉에서 모두 고른 것은?

제00조 ① 국·공립의 초등학교·중학교·고등학교 및 특수학교(이하 "국·공립학교"라 한다)에 두는 학교운영위원회 위원의 정수는 다음 각 호의 구분에 의한 범위 안에서 학교의 규모 등을 고려하여 당해 학교의 학교운영위원회규정(이하 "위원회규정"이라 한다)으로 정한다.

    1. 학생수가 200명 미만인 학교 : 5인 이상 8인 이내

    2. 학생수가 200명 이상 1천 명 미만인 학교 : 9인 이상 12인 이내

    3. 학생수가 1천 명 이상인 학교 : 13인 이상 15인 이내

② 국·공립학교에 두는 운영위원회 위원의 구성비율은 다음 각 호의 구분에 의한 범위 내에서 위원회규정으로 정한다.

    1. 학부모위원 : 100분의 40~100분의 50

    2. 교원위원 : 100분의 30~100분의 40

    3. 지역위원(당해 학교가 소재하는 지역을 생활근거지로 하는 자로서 예산·회계·감사·법률 등에 관한 전문가 또는 교육행정에 관한 업무를 수행하는 공무원, 당해 학교가 소재하는 지역을 사업활동의 근거지로 하는 사업자, 당해 학교를 졸업한 자 기타 학교운영에 이바지하고자 하는 자를 말한다) : 100분의 10~100분의 30

③ 제2항의 규정에 불구하고 국립·공립의 산업수요 맞춤형 고등학교 및 특성화고등학교(자연현장실습 등 체험 위주의 교육을 전문으로 실시하는 고등학교는 제외한다) 운영위원회 위원의 구성비율은 다음 각 호의 구분에 의한 범위 내에서 위원회규정으로 정할 수 있다. 이 경우 지역위원 중 2분의 1 이상은 제2항 제3호의 규정에 의한 사업자로 선출하여야 한다.

    1. 학부모위원 : 100분의 30~100분의 40

    2. 교원위원 : 100분의 20~100분의 30

    3. 지역위원 : 100분의 30~100분의 50

④ 제2항 및 제3항에도 불구하고 학생 수가 100명 미만인 국·공립학교에 두는 운영위원회 위원의 구성비율은 국립학교의 경우에는 학칙으로, 공립학교의 경우에는 시·도의 조례로 정하는 범위에서 위원회규정으로 달리 정할 수 있다. 이 경우 학부모위원, 교원위원 및 지역위원은 각각 1명 이상 포함되어야 한다.

┌ **보기** ┐

ㄱ. 교생이 549명인 국립 초등학교의 학교운영위원회규정에 위원의 정수가 10명이라고 되어 있을 경우, 이 학교의 지역위원은 1명일 수 있다.

ㄴ. 학생수가 77명인 공립 중학교 학교운영위원회는 시의 조례에 규정된 사항에 따라 학부모위원, 교원위원 및 지역위원 각 1명을 포함하여 5인 이하로 구성할 수 있다.

ㄷ. 학생수가 1,258명인 국립의 산업수요 맞춤형 고등학교 학교운영위원회규정에 위원의 정수가 14명이라고 되어 있을 경우, 해당 학교가 소재하는 지역을 사업활동의 근거지로 하는 사업자인 지역위원은 최대 7명이다.

ㄹ. 전교생이 200명인 국립 고등학교에는 학부모위원 4명, 교원위원 3명, 지역위원 2명으로 구성된 학교운영위원회를 둘 수 있다.

---

① ㄱ, ㄴ   ② ㄱ, ㄷ

③ ㄱ, ㄴ, ㄹ   ④ ㄱ, ㄷ, ㄹ

⑤ ㄴ, ㄷ, ㄹ

09 다음 법조문을 근거로 판단할 때, 도시재생활성화 후보지역 갑, 을, 병, 정, 무 중 도시재생사업이 가장 먼저 실시되는 지역은?

핵심 유형

의사 소통 능력

수리 능력

문제 해결 능력

제00조 이 법에서 사용하는 용어의 뜻은 다음과 같다.

　1. 도시재생이란 인구의 감소, 산업구조의 변화, 주거환경의 노후화 등으로 쇠퇴하는 도시를 지역 역량의 강화, 지역자원의 활용을 통하여 경제적·사회적·물리적·환경적으로 활성화시키는 것을 말한다.

　2. 도시재생활성화지역이란 국가와 지방자치단체의 자원과 역량을 집중함으로써 도시재생사업의 효과를 극대화하려는 전략적 대상지역을 말한다.

제00조 ① 도시재생활성화지역을 지정하려는 경우에는 다음 각 호 요건 중 2개 이상을 갖추어야 한다.

　1. 인구가 감소하는 지역 : 다음 각 목의 어느 하나에 해당하는 지역

　　가. 최근 30년간 인구가 가장 많았던 시기 대비 현재 인구가 20% 이상 감소

　　나. 최근 5년간 3년 이상 연속으로 인구가 감소

　2. 총 사업체 수가 감소하는 지역 : 다음 각 목의 어느 하나에 해당하는 지역

　　가. 최근 10년간 사업체 수가 가장 많았던 시기 대비 현재 사업체 수가 5% 이상 감소

　　나. 최근 5년간 3년 이상 연속으로 사업체 수가 감소

　3. 전체 건축물 중 준공된 후 20년 이상된 건축물이 차지하는 비율이 50% 이상인 지역

제00조 도시재생활성화지역으로 가능한 곳이 복수일 경우, 전 조 제1항 제1호의 인구기준을 우선시하여 도시재생사업을 순차적으로 진행한다. 다만 인구기준의 하위 두 항목은 동등하게 고려하며, 최근 30년간 최다 인구 대비 현재 인구비율이 낮을수록, 최근 5년간 인구의 연속 감소 기간이 길수록 그 지역의 사업을 우선적으로 실시한다.

〈표〉 도시재생활성화 후보 지역

구분		갑	을	병	정	무
인구	최근 30년간 최다 인구 대비 현재 인구 비율	64%	81%	83%	98%	64%
	최근 5년간 인구의 연속 감소 기간	4년	3년	1년	5년	3년
사업체	최근 10년간 최다 사업체 수 대비 현재 사업체 수 비율	96%	94%	94%	97%	96%
	최근 5년간 사업체 수의 연속 감소 기간	3년	4년	3년	2년	2년
	전체 건축물 수 대비 준공된지 20년 미만인 건축물 비율	49%	43%	57%	51%	65%

① 갑　　　　　② 을　　　　　③ 병　　　　　④ 정　　　　　⑤ 무

10 다음은 올바른 분리수거 방법에 대한 안내 자료이다. 이를 참고하여 올바르게 분리수거를 하지 않은 사람을 고르면?

> 1. 종이류 : 신문은 반듯하게 펴서 차곡차곡 쌓은 뒤 묶어서 배출하고 종이 상자는 상자에 붙어 있는 택배 송장이나 박스테이프, 철핀 등의 이물질을 제거한 뒤에 납작하게 펼쳐 배출한다. 책이나 노트는 종이가 아닌 부분, 예컨대 플라스틱으로 된 표지나 가운데의 스프링 등을 모두 제거하고 종이 부분만 따로 모아 배출해야 한다. 영수증이나 은박지, 종이 외에 다른 재질이 혼합된 벽지, 플라스틱 합성지 등은 재활용이 불가능하므로 일반 쓰레기로 배출한다.
> 2. 금속캔류 : 철이나 알루미늄으로 된 캔은 내용물을 깨끗이 비우고 물로 헹구어 내부에 이물질이 남아 있지 않도록 한다. 스티커나 비닐, 플라스틱 뚜껑과 같이 다른 재질로 이루어진 부분은 모두 제거하고 가능한 한 납작하게 압착해서 배출한다. 부탄가스나 살충제 용기는 용기 하단에 송곳으로 구멍을 살짝 뚫어 내용물을 비운 뒤, 역시 다른 재질로 된 부분을 분리해 배출한다. 이때 통풍이 잘 되는 안전한 곳에서 구멍을 뚫을 수 있도록 하고, 캔 안에는 휴지나 담배꽁초 같은 이물질을 넣어선 안 된다.
> 3. 유리병류 : 캔과 마찬가지로 이물질 없이 내용물을 깨끗하게 비우고 뚜껑이나 라벨 등을 분리하여 배출한다. 뚜껑이나 라벨에 보증금 환불 문구가 있으면 마트나 슈퍼 등에 반환해서 빈용기보증금을 돌려받을 수 있다. 거울이나 전구, 도자기, 내열식기 등은 유리병류가 아니기 때문에 별도로 분리해서 배출해야 한다.
> 4. 플라스틱류 : 내용물을 깨끗이 비우고 상표나 스티커는 제거한 뒤에 병은 최대한 압착해서 배출한다. 칫솔이나 알약 포장지처럼 여러 재질이 섞인 제품은 분리수거가 어려우니 종량제 봉투에 넣어 배출한다.
> 5. 비닐류 : 비닐류는 이물질이 묻어 있지 않도록 깨끗이 세척한 후에 배출해야 한다. 이물질 제거가 어려우면 종량제 봉투에 넣어 일반 쓰레기로 제출한다.

① Z는 그동안 모아 두었던 신문지들을 차곡차곡 쌓아 노끈으로 묶어 배출하였다. 영수증은 모두 모아 종량제 봉투에 넣어 배출했다.
② X는 그동안 사용하고 모아 둔 빈 부탄가스 용기들을 옥상으로 가져가 송곳으로 캔 아래에 작은 구멍을 뚫고 배출했다.
③ C는 집 안에 있던 맥주병을 모아 유리병 안쪽을 물로 헹구어 내고 근처 마트로 가져가 반환하였다.
④ V는 수명이 다 된 칫솔의 칫솔모를 불로 태워 적당히 제거한 후 플라스틱 부분만을 남겨 배출하였다.
⑤ B는 레토르트 미트볼 식품의 비닐 포장재를 세척했으나 기름기가 사라지지 않자 일반 종량제 봉투에 넣어 배출하였다.

11 서울 본사에서 근무하는 A, B, C, D 네 사람은 대전 지사와 광주 지사에서 진행하는 세미나를 위해 출장을 가야 한다. 이에 대한 〈보기〉의 설명 중 옳은 것을 모두 고르면?

■ 출장 지역 : 대전 지사(A, B), 광주 지사(B, C, D)

■ **가능한 출장 경로**

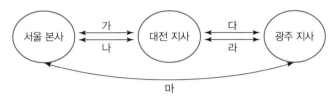

구간	경로	거리(km)	권장 주행속도(km/h)	
			17:00~23:00	23:00~17:00
서울 본사 ↔ 대전 지사	가	160	100	120
	나	200	80	100
대전 지사 ↔ 광주 지사	다	180	100	120
	라	210	80	100
서울 본사 ↔ 광주 지사	마	300	100	120

■ **조건**
- A, B, C, D 모두 서울 본사에 09 : 00까지 출근한 후 출장을 간다.
- 경로 가, 나, 다, 라, 마에서의 이동 수단은 자동차이고 이동 시 권장 주행속도를 준수한다.
- 대전 지사 세미나 시작 시간은 오후 12시, 광주 지사 세미나 시작 시간은 오후 3시이다.

보기

ㄱ. B가 대전 지사를 경유하여 광주 지사를 가는 동안 각각 최단 거리로 이동하면 광주 지사로 바로 가는 것과 거리가 같다.
ㄴ. B가 오후 1시에 대전 지사에서 출발한다면 어느 경로로 이동하든 광주 세미나 시작 전에 도착한다.
ㄷ. C, D가 세미나에 늦지 않기 위해서는 오후 12시 30분 이전에 출발해야 한다.
ㄹ. 오후 5시에 세미나를 끝마친 D가 대전 지사를 경유하여 서울 지사로 돌아갈 때, 최단 거리로 이동하면 오후 8시 30분 이전에 서울 지사에 도착한다.

① ㄱ, ㄹ
② ㄷ, ㄹ
③ ㄱ, ㄴ, ㄹ
④ ㄴ, ㄷ, ㄹ
⑤ ㄱ, ㄴ, ㄷ

12 A대리의 7월 근로시간이 다음과 같을 때, A대리가 기본급여를 제하고 받게 되는 7월분 추가 수당의 액수는?

〈표 1〉 A대리의 7월 근로시간

연장 근로시간(시간)	야간 근로시간(시간)	휴일 근로시간(시간)	비고
20	5	10	–

〈표 2〉 수당 지급 기준

수당명	지급률 및 지급액	내용
연장수당	$\dfrac{\text{통상임금}}{\text{월 통상임금 산정 기준 시간}}\times 1.5 \times$근로시간	소정 근로시간(1일 8시간, 1주 40시간)을 초과하여 근무한 직원에게 지급
야간수당	$\dfrac{\text{통상임금}}{\text{월 통상임금 산정 기준 시간}}\times 0.5 \times$근로시간	야간(오후 10시부터 오전 6시까지)에 근무한 직원에 대하여 지급
휴일수당	$\dfrac{\text{통상임금}}{\text{월 통상임금 산정 기준 시간}}\times 1.5 \times$근로시간	휴일(토·일요일, 공휴일)에 근무한 직원에 대하여 지급

※ 현행 월 통상임금 산정 기준 시간은 209시간

※ 계산 시 소수점 첫째 자리에서 반올림

① 521,910원   ② 568,183원
③ 592,470원   ④ 626,825원
⑤ 657,900원

13 다음 규정에 근거할 때, 위약금 금액이 가장 큰 것은?

〈표〉 환불 접수 시점별 환불 위약금

구분		출발일 기준 환불일				
		~91일 이전	90~61일 이전	60~15일 이전	14~4일 이전	3일 이내~
A클래스	단거리	무료	3만 원	10만 원	12만 원	15만 원
	중거리	무료	3만 원	10만 원	12만 원	15만 원
	장거리	무료	3만 원	30만 원	36만 원	45만 원
B클래스	단거리	무료	3만 원	5만 원	6만 원	8만 원
	중거리	무료	3만 원	7만 원	9만 원	11만 원
	장거리	무료	3만 원	15만 원	18만 원	23만 원
C클래스	단거리	무료	3만 원	7만 원	9만 원	11만 원
	중거리	무료	3만 원	10만 원	12만 원	15만 원
	장거리	무료	3만 원	20만 원	24만 원	30만 원

※ 장거리 : 미주, 유럽, 중동, 대양주, 아프리카행

※ 중거리 : 동남아, 서남아, 타슈켄트행

※ 단거리 : 일본, 중국, 홍콩, 대만, 몽골, 블라디보스토크행

① 10월 17일 출발하는 일본행 C클래스 티켓의 10월 15일 환불 시 위약금

② 10월 19일 출발하는 중동행 B클래스 티켓의 10월 18일 환불 시 위약금

③ 10월 21일 출발하는 동남아행 B클래스 티켓의 10월 5일 환불 시 위약금

④ 10월 25일 출발하는 아프리카행 A클래스 티켓의 8월 16일 환불 시 위약금

⑤ 10월 28일 출발하는 미주행 C클래스 티켓의 10월 16일 환불 시 위약금

14 A사는 다음과 같은 기준으로 직원들의 출장비를 지급한다고 할 때, K사원의 10월 한 달 출장비는?(단, 제시된 자료 외에는 고려하지 않는다.)

〈표 1〉 K사원 10월 출장 일정

출장지		출장 기간	목적
센프란시스코(해외)	해외 판매법인	10.3.~10.10.(7박 8일)	자산 실사
세종시(국내)	정부청사	10.29.(당일 출장)	관계 부처 업무협의

〈표 2〉 출장비 지급 기준

구분	국내	해외(미주, 유럽)	해외(아시아)
일비	30,000원×출장일수	70USD×출장일수	40USD×출장일수
식비	20,000원×출장일수	80USD×출장일수	60USD×출장일수
교통비(왕복)	서울 및 경기 : 30,000원 그 외 : 50,000원	왕복 비행기 티켓 제공	왕복 비행기 티켓 제공
숙박비	숙소 제공	숙소 제공	숙소 제공

※ 원/달러 환율은 1,146원으로 계산

① 1,372,500원

② 1,388,900원

③ 1,436,300원

④ 1,475,200원

⑤ 1,496,000원

[15~16] 다음은 4대 보험료율에 관한 자료이다. 다음 물음에 답하시오.

■ 국민연금

기준액	보험료율	근로자	사업주
기준소득월액	9%	4.5%	4.5%

※ 기준소득월액
 – 보수월액에서 천 원 미만을 절사한 금액으로, 최저금액 33만 원에서 최고금액 524만 원까지의 범위로 결정
 – 33만 원보다 적으면 33만 원을, 524만 원보다 많으면 524만 원을 기준소득월액으로 함

■ 건강보험

구분	기준액	보험료율	근로자	사업주
건강보험료	보수월액	6.86%	3.43%	3.43%
장기요양보험료	건강보험료	11.52%	5.76%	5.76%

■ 고용보험

구분		기준액	보험료율	근로자	사업주
실업급여		보수월액	1.6%	0.8%	0.8%
고용안정, 직업능력개발사업	150인 미만 기업	보수월액	0.25%	–	0.25%
	150인 이상 우선지원대상기업		0.45%		0.45%
	150인 이상 1,000인 미만 기업		0.65%		0.65%
	1,000인 이상 기업, 국가지방자치단체		0.85%		0.85%

※ 고용보험료 총액
 – 근로자 부담액(실업급여 부담금)
 – 사업주 부담액(실업급여+고용안정, 직능개발 부담금)
※ 우선지원대상기업 : 제조업 500인 이하/광업 300인 이하/건설업 300인 이하/운수, 창고, 통신업 300인 이하/기타 100인 이하

■ 산재보험

업종분류	보험료율	업종분류	보험료율
1 광업	5.85~18.63%	6 임업	5.93%
2 제조업	0.73~2.53%	7 어업	2.93%
3 전기가스 · 상수도업	0.93%	8 농업	2.13%
4 건설업	3.73%	9 기타의 사업	0.73~1.03%
5 운수 · 창고 · 통신업	0.93~1.93%	10 금융 및 보험업	0.73%

※ 사업주 전액 부담
※ 산재보험료=보수월액×보험료율

15 보수월액이 300만 원일 때, 근로자와 사업주가 부담하는 건강보험료와 장기요양보험료의 총액을 각각 구하면?(단, 계산 시 10원 미만은 절사한다.)

	건강보험료	장기요양보험
①	205,800원	345,600원
②	221,400원	23,700원
③	205,800원	11,850원
④	221,400원	11,850원
⑤	205,800원	23,700원

16 다음 중 4대 보험료율에 대한 해석으로 옳지 않은 것은?(단, 제시된 조건 외에는 고려하지 않으며, 보험료는 기준액에 보험료율을 곱하여 산출한 금액에 10원 미만 금액을 절사한 금액으로 한다.)

① 산재보험은 업종별로 보험료율이 다르게 적용되며, 10개의 업종으로 분류된다.

② 보수월액이 2,675,200원인 경우, 근로자와 사업주가 부담하는 국민연금 보험료 총액은 240,750원이다.

③ 근로자 수가 200명인 기업에서 일하는 근로자의 보수월액이 200만 원인 경우, 근로자와 사업주가 부담하는 고용보험료는 각각 16,000원, 29,000원이다.

④ 보수월액이 250만 원인 근로자가 지불해야 하는 4대 보험료의 총액은 223,150원이다.

⑤ 보수월액이 27만 5천 원인 경우 근로자가 부담하는 국민연금 보험료와 장기요양보험료는 각각 14,850원, 1,080원이다.

17 다음과 같이 갑, 을, 병 세 명이 각기 다른 주장을 하고 있으며, 이들이 각각 말한 두 문장 중 하나는 진실이고 나머지 하나는 거짓일 경우, 승진한 사람은 누구인가?

> • 갑 : "나는 승진을 하지 않았다. 을도 승진을 하지 않았다."
> • 을 : "나는 승진을 하지 않았다. 병도 승진을 하지 않았다."
> • 병 : "나는 승진을 하지 않았다. 누가 승진을 했는지 모른다."

① 갑   ② 을   ③ 병   ④ 갑과 을   ⑤ 을과 병

18 다음 내용에 근거할 때, 오 과장의 연차에 속할 수 없는 요일은?

> 영업팀 오 과장은 이번 달에 3일간의 연차를 연달아 사용하려 한다. 그런데 이번 달은 1일이 수요일인 4월이며, 같은 주에 2명 이상 연차를 사용할 수 없다. 둘째 주엔 김 대리의 휴가, 넷째 주엔 4박 5일간 지방 출장이 계획되어 있다. 또한 15일은 업무보고가 예정되어 있으며, 27일은 2/4분기 실적 마감일 이라 오 과장이 반드시 출근해야 한다.

① 월요일   ② 화요일
③ 수요일   ④ 목요일
⑤ 금요일

19 K사는 인사철을 맞아 다음과 같이 직원들의 본부 이동을 단행하였다. 본부 이동 및 잔류 현황에 대한 설명으로 옳은 것은?(단, 이동 또는 잔류에 해당하지 않는 직원은 없는 것으로 가정한다.)

이동 전 \ 이동 후	A본부	B본부	C본부
A본부	25	7	11
B본부	9	16	5
C본부	10	12	15

① 이동 전후의 인원수 변화가 가장 큰 본부는 B본부이다.
② 이동 전후의 본부별 인원수가 많은 순위는 동일하다.
③ 이동 후에 인원수가 감소한 본부는 1개 본부이다.
④ 가장 많은 인원이 이동해 온 본부는 C본부이다.
⑤ 잔류 인원보다 이동해 온 인원이 더 많은 본부는 1개 본부이다.

20 다음은 천연가스 폭발이나 화재 시의 대처방법에 관한 글이다. 이를 바탕으로 사고 발생 시 적절한 대처방법이라고 볼 수 없는 것은?

핵심
유형

의사
소통
능력

수리
능력

문제
해결
능력

천연가스 폭발 · 화재 시 대처방법

가. 적절한 (및 부적절한) 소화제
- 이물질과 관련된 소화 시 알코올 포말, 이산화탄소를 사용할 것
- 질식소화 시 건조한 모래 또는 흙을 사용할 것

나. 화학물질로부터 생기는 특정 유해성
- 공기와 폭발성 혼합물을 형성함
- 극인화성 가스
- 열, 스파크, 화염에 의해 쉽게 점화함
- 현기증 또는 질식을 유발할 수 있음
- 점화원까지 이동하여 역화(flash back)할 수 있음

다. 화재 진압 시 착용할 보호구 및 예방조치
- 누출성 가스 화재 시 누출을 안전하게 막을 수 없다면 불을 끄려하지 말 것
- 누출이 중지되지 않는다면 누출 가스 화재를 소화하지 말 것
- 안전하게 처리하는 것이 가능하면 모든 점화원을 제거할 것
- 위험하지 않다면 화재지역에서 용기를 옮길 것
- 지역을 벗어나 안전거리를 유지하여 소화할 것
- 탱크 화재 시 결빙될 수 있으므로 노출원 또는 안전장치에 직접 주수하지 말 것
- 탱크 화재 시 대규모 화재의 경우 무인 소화장비를 이용하고 불가능하다면 물러나 타게 놔둘 것
- 탱크 화재 시 소화가 진화된 후에도 다량의 물로 용기를 식힐 것
- 탱크 화재 시 압력 방출장치에서 고음 발생, 탱크 변색의 경우 즉시 물러날 것
- 탱크 화재 시 최대거리에서 소화하거나 무인 소화장비를 이용할 것
- 탱크 화재 시 화염에 휩싸인 탱크에서 물러날 것
- 파손된 실린더가 날아오를 수 있으니 주의할 것

---

① 확실한 소화방법을 모른다면 차라리 사고 지점에서 멀리 물러나는 것이 낫겠군.
② 무엇보다 가스 누출 지점을 찾아 정확한 노출원에만 신속히 물을 부어야겠다.
③ 천연가스 화재 가능성이 있는 곳이라면 무인 소화장비를 미리 갖춰두면 좋겠군.
④ 탱크 화재 진압 시 탱크의 상태를 면밀히 살피며 진행해야겠어.
⑤ 탱크에서 화재가 나면 소화 후에도 탱크의 열을 식혀줘야 되겠다.

21 □공단이 입주해 있는 건물의 3층에는 3011~3017호까지 각각 생산팀, 기획팀, 인사팀, 회계팀, 비서실, 법무팀, 홍보팀이 일렬로 위치해 있다. 다음 〈조건〉을 만족할 때, 3014호에 위치한 팀은?

> 〈조건〉
> • 법무팀은 3013호에 위치한다.
> • 생산팀은 법무팀과 붙어 있지 않다.
> • 회계팀은 맨 끝에 위치하고 있으며 홍보팀과의 사이에는 한 개의 사무실이 있다.
> • 기획팀의 바로 옆 사무실은 인사팀이 위치한다.

① 인사팀   ② 비서실   ③ 홍보팀   ④ 생산팀   ⑤ 회계팀

[22~23] 다음은 A사의 수당 지급 기준표이다. 이어지는 물음에 답하시오.

■ 수당 지급 기준

구분	지급 대상	지급 기준	비고
연차수당	연차휴가를 사용하지 않은 직원	월 통상임금 $\times \dfrac{1}{209} \times 8 \times$ 미사용 휴가일수	
가족수당	부양가족이 있는 자	부양가족(1인당 30,000원/월)	사내부부인 경우 1인에게만 지급
초과근무수당	정규근무시간 외 또는 휴일에 근무한 직원	월 통상임금 $\times \dfrac{1.5}{209} \times$ 초과근무시간	

※ 가족수당 가산 : 부양가족 중 셋째 이후 자녀부터는 월 80,000원(다만, 2011년 12월 31일 이전에 출산한 셋째 이후 자녀는 월 30,000원)을 가산함

■ 복리후생비 지급 기준

구분	지급 대상	지급 기준
학자금	고등학교에 취학 중인 자녀가 있는 자	입학금 전액, 수업료와 학교운영지원비는 국·공립 고등학교의 평균 지급액 이내 실비 지급

■ 직무급 지급 기준

지급 대상	지급 기준
본부장/감사실장	매월 1,100,000원~1,300,000원
팀장	매월 800,000원~1,100,000원

22 위의 수당 지급 기준표를 바르게 이해하지 못한 것은?

① 월 근무시간은 209시간을 기준으로 한다.

② 휴일 근무는 정규시간 근로의 1.5배에 해당하는 시급이 적용된다.

③ 야간과 휴일 근무에 대한 수당은 동일한 기준이 적용된다.

④ 월 통상 임금이 높을수록 동일 시간당 초과근무수당 지급액도 더 많다.

⑤ 사내부부인 경우, 가족수당 지급액은 부양가족의 수와 관계가 없다.

23 A사에 근무하는 두 직원의 대화를 참고할 때, 박○○ 직원이 이번 달에 받게 될 수당의 최대 금액은 얼마인가?(단, 위에서 제시된 수당 이외에는 고려하지 않으며, 천 원 이하는 버린다.)

> 김◇◇ : 이봐, 자네 첫째가 2000년생인데 올해 벌써 고3이 되었군 그래. 시간 참 빠르군.
>
> 박○○ : 그래, 참 빠르. 아내가 자식 욕심이 있어서 난 애가 셋이야. 둘째가 고1이고 막내가 중학생이지. 내 월 통상 임금만으로는 정말 생활하기가 힘들어.
>
> 김◇◇ : 그래도 자넨 팀장이잖아.
>
> 박○○ : 팀장이면 뭐 하겠어? 월 통상 임금 5백만 원으로는 턱없이 부족해서 이번 달엔 이틀이나 있는 연차도 안 쓰고, 휴일 근무도 15시간이나 했지. 그나마 지난달부터 복리후생비에 학자금 지원이 추가되어서 다행이야. 지역 평균 고등학교 수업료와 학교운영비가 월 15만 원인데 이거라도 지원받게 되었으니.

① 205만 원　　　　　　　　② 227만 원

③ 243만 원　　　　　　　　④ 250만 원

⑤ 252만 원

[24~25] 다음 자료를 보고 이어지는 물음에 답하시오.

〈건강보험 피부양자 취득안내〉

◆ **신고의무자**

- 직장가입자는 사용자
- 직장피부양자는 직장가입자

◆ **신고기간**

- 자격취득일로부터 14일 이내. 단, 직장가입자의 자격취득신고 또는 변동신고를 한 후에 별도로 피부양자 자격취득 · 신고를 한 경우에는 변동일로부터 90일 이내 신고 시 피부양자로 될 수 있었던 날로 소급인정

  ※ 지역가입자가 피부양자로 자격전환 시 피부양자 취득일이 1일인 경우 피부양자 신고일이 속한 달부터 지역보험료가 부과되지 않으나 2일 이후 취득되는 경우 신고일이 속한 달까지는 지역보험료를 납부해야 함

◆ **직장가입자의 자격취득(변동)일자**

구분	자격취득(변동)일
근로자	건강보험적용사업장에 사용된 날
	신규 건강보험적용사업장의 경우에는 사업장적용 신고일
사용자	건강보험적용사업장의 사용자가 된 날
	신규 건강보험적용사업장의 경우에는 사업장적용 신고일
공무원	공무원으로 임용된 날
	선거에 의하여 취임하는 공무원은 그 임기가 개시된 날
교직원	해당학교에 교원으로 임용된 날(교원)
	해당학교 또는 그 학교 경영기관에 채용된 날(직원)
일용근로자	건강보험적용사업장에 1월을 초과하여 사역결의된 자는 사역결의된 날
	건강보험적용사업장에 최초사역일 1월 이내의 기간을 정하여 계속사역결의되는 자는 최초 사역일로부터 1월을 초과하는 날
단시간근로자	건강보험적용사업장에 1개월 이상 근무하고 소정근로시간이 월 60시간 이상인 단기간 근로자는 근로(고용) 개시일
외국인 및 재외국인	외국인 등록을 한 외국인 또는 국내거소신고를 한 재외국민이 건강보험적용사업장에 사용(임용 채용)된 날

◆ **피부양자 대상**

- 직장가입자에 의하여 주로 생계를 유지하는 자

  ※ 직장가입자의 배우자, 직계존속(배우자의 직계존속 포함), 직계비속(배우자의 직계비속 포함) 및 그 배우자, 형제 · 자매(배우자의 직계비속, 형제 · 자매는 미혼이어야 부양 인정되고, 이혼 · 사별한 경우에는 미혼으로 간주함)

- 부양요건에 충족하는 자

  ※ 재산과표가 5.4억 원 이하인 경우 인정, 또는 재산과표가 5.4억 원을 초과하면서 9억 원 이하인 경우는 연간소득 1천만 원 이하면 인정

  ※ 형제 · 자매는 재산과표 1.8억 원 이하이면 인정(단, 65세 이상, 30세 미만, 장애인, 국가유공 · 보훈보상상이자만 인정)

- 보수 또는 소득이 없는 자

24 다음 중 위의 건강보험 피부양자 취득안내를 올바르게 이해하지 못한 것은?

① A씨가 직장에 가입한 경우 A씨는 사업장이, A씨의 부양가족은 A씨가 신고의무자가 된다.

② 3월 1일 직장가입 신고를 하였고 4월 1일 신고 사항에 변동이 생겼다면, 5월 29일까지 변동신고를 해야만 변동 사항이 3월 1일부로 소급 적용된다.

③ 무직자인 지역가입자 B씨가 3월 2일부로 피부양자 자격을 취득한 경우 B씨의 3월분 건강보험료는 지역보험료로 납부하여야 한다.

④ C씨의 이혼한 처남이나 처제는 C씨의 피부양자가 될 수 있다.

⑤ 소득이 전혀 없으나 재산과표액이 8억 원인 자가 직장가입자에게 생계를 의존하고 있다면 피부양자가 될 수 있다.

25 다음 중 해당 사업장으로부터의 건강보험 피부양자 자격취득일을 바르게 지정한 것은?

① 1월 1일 입사한 A씨의 회사가 5월 1일 새로운 법인으로 등록되어 5월 1일부로 사업장 신고를 한 경우 → 1월 1일

② 3월 1일 선거에 당선되어 4월 1일 해당 직위의 정식 임기가 시작된 공무원 B씨 → 4월 1일

③ 4월 10일에 15일 계약으로 일용직 근로를 시작하여 4월 25일 2개월의 추가 근로계약을 맺은 근로자 C씨 → 4월 25일

④ 해당 사업장에서 6월 1일 근로를 시작하여 하루 평균 4시간, 주 5일 2개월째 근무하는 근로자 D씨 → 7월 1일

⑤ 외국인 등록과 국내거소신고를 7월 1일에 하였고 사업장 채용일자가 8월 1일인 외국인 E씨 → 7월 1일

[26~27] 다음은 R공사 인사규정 중 민원실 상담 직원의 연봉 산정과 관련한 내용의 일부이다. 이어지는 물음에 답하시오.

제6조(연봉의 산정) ① 상담사의 연봉은 기본연봉, 성과연봉 및 기타 수당의 합으로 하고, 예산의 범위 내에서 회사가 매년 따로 정한다.

② 기본연봉은 전년도 기본연봉을 기준, 매년 인건비 상승분을 누적 가산하여 적용한다.

③ 기본연봉의 100분의 10은 제6조에 의한 전년도 업적등급에 따른 지급계수를 적용하여 다음의 산식에 따라 산정한다.

기본연봉 = (기준연봉 × 0.9) + (기준연봉 × 0.1 × 전년도 업적등급별 기본연봉 차등지급계수)
※ 기준연봉은 전년도 기본연봉에 당해 인건비 상승분을 반영한 금액임

④ 업적등급별 기본연봉 지급계수는 다음 표와 같다. 다만, 근무성적 평가 결과가 없는 경우에는 업적등급 지급계수를 1로 한다.

등급	S등급	A등급	B등급	C등급	D등급
지급계수	1+0.025	1+0.0125	1	1−0.0125	1−0.025

⑤ 회사는 확보된 지급재원 범위 내에서 다음 표와 같이 업적등급에 따른 지급계수를 적용하여 다음의 산식에 따라 매월 성과연봉을 지급한다.

구분	S등급	A등급	B등급	C등급	D등급
지급계수	1.2	1.1	1	0.9	0.8

성과연봉 = (기본연봉 ÷ 12) × 당해연도 성과연봉 지급률 × 전년도 업적등급별 성과연봉 지급계수

---

26 인사팀장의 다음과 같은 지시를 참고할 때, 연봉 계산 담당자가 인사팀장에게 보고해야 할 성과연봉의 총액은?(단, 모든 계산은 천 원 이하 버림 처리하여 원 단위로 표시한다.)

> 인사팀장 : 회계팀에서 보고받은 바로는 올해 인건비가 전년도보다 5% 상승했군. 성과연봉은 경영진 회의에서 8%로 결정되었으니, 이를 참고로 상담사들 두 명의 연봉을 계산해 보고 올해의 성과연봉 총액을 좀 알려 주게.

구분	전년도 기본연봉	전년도 업적등급
K상담사	3,250만 원	S
J상담사	3,350만 원	B

① 35만 원   ② 40만 원   ③ 45만 원   ④ 50만 원   ⑤ 55만 원

27 다음 중 위의 상담사 연봉 지급 기준에 대해 바르게 이해하지 못한 것은?

① 업적등급 B등급을 받은 상담사는 인건비 상승분만큼의 기본연봉이 상승된다.

② 올해 동일한 연봉을 받는 두 사람의 다음 해 기본연봉은 최대 2.5%까지 차이 난다.

③ 성과연봉은 매월 동일하게 지급된다.

④ 성과연봉은 B등급을 기준으로 등급별로 10%씩의 차액이 발생한다.

⑤ 경영상의 이유로 계산된 성과연봉이 모두 지급되지 않을 수도 있다.

28 M사의 직원 채용시험 최종 결과와 채용 기준이 다음과 같을 경우, 5명의 응시자 중 가장 많은 점수를 얻어 최종 합격자가 될 사람은 누구인가?

〈최종 결과표〉

구분	응시자 A	응시자 B	응시자 C	응시자 D	응시자 E
서류전형	84점	82점	93점	90점	93점
1차 필기	92점	90점	89점	83점	92점
2차 필기	92점	89점	92점	95점	90점
면접	90점	92점	94점	91점	93점

※ 각 단계별 다음과 같은 가중치를 부여한다.

서류전형	1차 필기	2차 필기	면접
10%	15%	20%	5%

※ 면접을 제외한 3개 항목 중 어느 항목이라도 5명 중 최하위 득점이 있을 경우(최하위 점수가 90점 이상일 경우 제외), 최종 합격자가 될 수 없다.

※ 동점자는 가중치가 높은 항목의 고득점자를 우선한다.

① 응시자 A   ② 응시자 B

③ 응시자 C   ④ 응시자 D

⑤ 응시자 E

[29~30] S공사는 새로운 조직개편에 맞춰 정보화 지식센터 책임자를 외부로부터 영입하려고 한다. 이에 대한 다음의 후보자 평가 기준을 보고 이어지는 물음에 답하시오.

〈정보화 지식센터 책임자 후보자 심사평가 기준〉

심사기준		배점	평점				
			매우 우수	우수	보통	미흡	매우 미흡
기본역량 (50)	1. 조직관리능력 – 리더십 등 업무수행에 필요한 지식과 경험	25	25	20	15	10	5
	2. 공직윤리 이행의지 – 청렴도, 도덕성 등 건전한 윤리의식	25	25	20	15	10	5
고유역량 (50)	1. 경력 요건 – 관련 분야 근무경력	20	20	16	12	8	4
	2. 정보화 관련 전문지식 – 정보화 분야 전문지식과 경험	20	20	16	12	8	4
	3. 국제화 정도 및 기여도 – 국제협력 관련 활동 및 경험	10	10	8	6	4	2

※ 합계(100) = 기본역량(50) + 고유역량(50)
※ 가중치 적용 : 기본역량 40점 이상 시 기본역량 합계 점수의 5%, 고유역량 42점 이상 시 고유역량 합계 점수의 3%를 가산하여 적용
※ 가중치를 적용한 합계 점수의 최고점자를 책임자로 선정함

〈후보자별 평가 내역〉

구분	갑	을	병	정	무
조직관리능력	우수	미흡	매우 우수	우수	우수
공직윤리 이행의지	우수	우수	우수	미흡	매우 우수
경력 요건	우수	보통	보통	매우 우수	미흡
정보화 관련 전문지식	우수	우수	우수	우수	우수
국제화 정도 및 기여도	매우 우수	우수	매우 우수	보통	보통

29 선정 기준과 평가 내역을 참고할 때, 최종 책임자로 선정될 사람은 누구인가?

① 갑　　　　　② 을　　　　　③ 병　　　　　④ 정　　　　　⑤ 무

30 후보자별 평가 내역과 관련한 설명 중 옳지 않은 것은?

① 을이 조직관리능력에서 '우수'를 받았다면 최종 점수 순위 2위가 되었을 것이다.

② 정이 공직윤리 이행의지에서 '보통'을 받았다면 정의 최종 점수 순위는 바뀌었을 것이다.

③ 조직관리능력에서 가장 낮은 점수를 받은 후보자가 최종 점수 순위도 가장 낮다.

④ 책임자로 선정될 후보자가 어느 한 항목에서 한 등급이라도 더 낮은 점수를 얻었다면 선정될 책임자는 바뀌었을 것이다.

⑤ 무는 경력 요건에서 '우수'를 받았어도 책임자로 선정될 수 없다.

31 영업팀 직원 6명(차 부장, 남 과장, 신 대리, 권 대리, 오 사원, 정 사원)은 다음 제시된 〈조건〉을 만족하며 순차적으로 여름휴가를 사용하였다. 이들 중 다섯 번째로 여름휴가를 사용한 사람은 누구인가?(단, 영업팀 직원은 모두 6명이며, 함께 휴가를 사용한 직원은 없다고 가정한다.)

〈조건〉
㉠ 차 부장은 권 대리보다 먼저 휴가를 사용하였다.
㉡ 남 과장은 차 부장보다 먼저 휴가를 사용하였다.
㉢ 오 사원보다 먼저 휴가를 사용한 직원은 없었다.
㉣ 신 대리는 남 과장의 바로 앞에 휴가를 사용하였다.
㉤ 정 사원은 권 대리의 바로 다음에 휴가를 사용하였다.

① 차 부장   ② 권 대리
③ 남 과장   ④ 신 대리
⑤ 정 사원

[32~34] 다음 자료를 바탕으로 이어지는 질문에 답하시오.

- **주택청약 가점제**

  동일순위(1, 2순위) 내에서 경쟁이 있는 경우 무주택기간(32점), 부양가족 수(35점), 청약통장가입기간(17점)을 기준으로 점수가 높은 순서대로 당첨자를 선정하는 제도

  ※ 가점이 높을수록 당첨될 확률이 높음

  ※ 청약가점제 만점 : 84점

- **가점제 대상자**

  최초 입주자모집공고일 현재 주택을 소유하지 않은 세대[청약자 본인, 배우자(주민등록이 분리된 배우자 포함), 본인 또는 배우자의 세대원 중 만 60세 미만 직계존속(배우자 직계존속 포함) 및 직계비속인 세대원 전원의 주택소유 사실 포함]에 속한 분

  ※ 직계는 증조부모, 조부모, 부모, 자녀, 손자, 증손과 같이 곧바로 이어나가는 관계를 말하며, 직계친족 중 본인의 윗 계열에 있는 이들을 직계존속이라 하고, 자손의 계열에 있는 이들을 직계비속이라 한다.

- **무주택기간 · 부양가족 수 · 청약통장 가입 기간**

항목	가점 구분	점수	가점 구분	점수	가점 구분	점수	가점 구분	점수
무주택 기간	1년 미만	2	4년	10	8년	18	12년	26
	1년	4	5년	12	9년	20	13년	28
	2년	6	6년	14	10년	22	14년	30
	3년	8	7년	16	11년	24	15년 이상	32
부양 가족 수	0명	5	2명	15	4명	25	6명 이상	35
	1명	10	3명	20	5명	30	–	–
청약 통장 가입 기간	6개월 미만	1	4년	6	9년	11	14년	16
	6개월	2	5년	7	10년	12	15년 이상	17
	1년	3	6년	8	11년	13	–	–
	2년	4	7년	9	12년	14	–	–
	3년	5	8년	10	13년	15	–	–

- 무주택기간
  - 청약신청자와 배우자의 무주택기간을 기준으로 계산한다.
  - 청약신청자가 주택을 소유하고 있는 경우 유주택자이며, 청약신청자의 배우자(주민등록 분리 포함)가 주택을 소유하고 있는 경우 청약신청자 또한 유주택자가 된다.
  - 청약신청자의 직계존속이 주택을 소유한 경우 청약신청자에게도 영향을 미치며, 주민등록이 분리된 경우 직계존속이 주택을 소유해도 청약신청자에게 영향을 미치지 않는다.
  ※ 예외 : 주민등록상 같이 등재되어 있지만 직계존속의 연세가 만 60세 이상인 경우 청약신청자는 무주택자에 해당한다.
  - 청약신청자의 직계비속(같은 주민등록상 등재된 경우)이 주택을 소유한 경우 청약신청자 또한 유주택자에 해당한다.
  - 같은 주민등록상 청약신청자와 청약신청자의 배우자, 배우자 직계존속이 등재된 경우, 배우자의 직계존속의 연세가 만 60세 미만인 경우 청약신청자 또한 유주택자에 해당한다.
  ※ 청약신청자 본인이 유주택자인지 무주택자인지 알아본 다음 무주택기간 계산 시 청약신청자와 청약신청자 배우자의 무주택기간만을 기준으로 계산한다.

– 청약신청자의 만 30세가 되는 시점과 혼인신고일 중 더 빠른 날짜로 계산한다.
– 주택을 소유하고 있다가 판 경우 청약신청자와 청약신청자 배우자의 무주택기간을 비교하여, 더 짧은 사람의 기간을 기준으로 한다.
• 부양가족 수
– 계산 시 청약신청자는 포함하지 않는다.
– 직계존속을 부양하는 경우 청약자가 세대주로서 3년 이상 계속해서 부양해야 인정한다. 즉 청약자가 세대주가 아니면, 3년 이상 부양한 직계존속은 포함되지 않는다.
– 주민등록상 분리된 배우자라 해도 청약 부양가족 수 계산 시 포함된다.
– 배우자의 직계존속 또한 포함된다.
– 자녀는 주민등록상 분리된 경우 부양가족에 포함되지 않는다.
• 청약통장 가입 기간
– 청약자의 청약통장 가입 기간을 기준으로 한다.

32 다음은 청약자가 본인인 경우 동일순위 내 경쟁에서 부양가족 수에 따라 몇 점을 받는지 계산한 것이다. 다음 중 옳지 않은 것은?(단, 괄호 안의 숫자는 나이를 뜻하며, 부모를 부양하는 경우 3년 이상 부양한다고 가정한다.)

① 가점 : 25점

② 가점 : 15점

③ 가점 : 25점

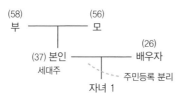

④ 가점 : 35점

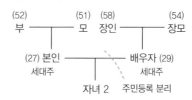

⑤ 가점 : 35점

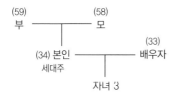

33 무주택기간 가점 관련 내용으로 옳지 않은 것은?(단, 무주택기간 계산 시 청약신청자를 포함한 주민등록상의 모든 세대원, 배우자 분리·배우자 포함 세대원 모두 주택을 소유하지 않는다고 가정한다.)

① 현재 만 50세 남성이 15년 전 결혼했다면 무주택기간은 20년이다.

② 어머니(65세)가 주택 2채 소유자이며, 청약신청자인 본인이 주택을 소유하지 않았을 때 청약신청자는 무주택자에 해당한다.

③ 청약신청자 본인과 배우자가 각자 인천과 경기로 주소지가 분리되어 거주하는 상태이며, 본인이 주택을 소유하지 않아도 배우자가 거주지를 소유하고 있다면 청약신청자는 유주택자이다.

④ 청약신청자 본인과 배우자, 만 55세 장모님이 함께 살고 주민등록상 같이 등재되어 있으며, 장모님이 주택 1채를 소유 중인 경우 청약신청자 본인은 유주택자에 해당한다.

⑤ 주택을 소유하고 있던 청약신청자 A씨와 A씨의 아내 B씨가 각자 5년, 3년 전에 주택을 팔았고 현재 모두 무주택자라면, 무주택기간은 5년으로 가점 12점을 받는다.

34 주택청약 가점제에 따라 청약신청자별로 점수를 계산했다. 다음 중 옳은 것을 모두 고르면?

청약신청자별 총 가점

청약신청자	무주택기간	부양가족 수	청약통장 가입 기간
A	4년	2명	4년
B	6년	1명	2년
C	2년	3명	3년
D	8년	0명	5년
E	3년	1명	5년

┌ 보기 ┐
ⓐ 청약신청자 A의 경우 무주택기간, 부양가족 수, 청약통장 가입 기간 중 적어도 1가지 항목에서 기간이 더 늘어나거나 부양가족 수가 증가한다면, 점수가 가장 높은 당첨자로 선정될 것이다.
ⓑ 청약신청자 E의 무주택기간이 지금보다 2년 더 길다면, 가장 점수가 낮은 청약신청자는 B가 된다.
ⓒ 청약신청자 B가 가장 높은 점수를 받아 당첨자로 선정되려면, 무주택기간 2년 연장, 부양가족 수 1명 추가, 청약통장 가입 기간 2년 연장 중 하나의 조건을 충족하면 된다.

① ⓐ
③ ⓐ, ⓑ
⑤ ⓑ, ⓒ
② ⓑ
④ ⓐ, ⓒ

35 다음 일용근로자의 보험료 산정에 관한 설명을 참고할 때, 〈사례〉의 빈칸 (A)~(C)에 들어갈 내용을 순서대로 바르게 나열한 것은?

> 일용근로자의 월별보험료는 그달에 일용근로자가 지급받은 보수총액을 월평균보수로 보아 월별보험료를 산정한다.
>
> 일용근로자 월별보험료 = 그달에 지급받은 보수총액 ×보험료율
>
> ※ 그달에 지급받은 보수총액 : 「근로내용확인신고서」에 작성된 그달의 보수총액
>
> 사업주는 매월 일용근로자의 「근로내용확인신고서」를 다음 달 15일까지 공단에 제출하고, 공단은 신고된 「근로내용확인신고서」상의 보수로 그달의 월별보험료를 산정하여 신고서가 제출한 날이 속하는 달의 월별보험료에 합산하여 부과한다.
>
> 단, 연도를 넘겨 일용근로자 「근로내용확인신고서」를 제출할 경우 해당 연도 「보수총액신고서」 또는 「보수총액수정신고서」를 제출하여 정산보험료로 납부하여야 한다.

〈사례〉

- 일용근로자 홍길동의 2018년 4월 일자별 일용근로자 근로자 가입정보 내역(일당 100,000원)

1	2	3	4	5	6	7	8	9	10	11	12	13	14	15
1	1				1				1					

16	17	18	19	20	21	22	23	24	25	26	27	28	29	30
1.5					1									

▶ 총 지급받은 보수총액 : (A)원
▶ 근로내용확인신고서 제출일 : 5월 14일
▶ 사업장의 보험료율이 20/1,000인 경우 2018년 4월 홍길동의 월별보험료 : (A)원 × 20/1,000 = (B)원
▶ 보험료 부과 및 납부 : (C)월 고지서에 홍길동의 보험료 (B)원 포함, 6월 10일까지 납부

	(A)	(B)	(C)
①	600,000	13,000	5
②	600,000	13,000	6
③	650,000	12,000	4
④	650,000	12,000	6
⑤	650,000	13,000	5

[36~37] 다음은 E시에 위치한 박물관의 관람 안내문이다. 이어지는 물음에 답하시오.

◆ 관람료

구분		금액		비고
		개인	단체(20인 이상)	
어린이		2,000원	1,600원	5~12세
청소년/군인		3,000원	2,400원	13~18세/군인
어른		6,000원	4,800원	19~64세
영유아/노인		무료	무료	4세 이하 및 65세 이상
장애인		무료	무료	– 복지카드 소지 장애인 – 동반 보호자 1인 무료
E시 시민	어린이	500원	할인 없음	위와 같음
	청소년/군인	1,000원	할인 없음	위와 같음
	어른	1,500원	할인 없음	위와 같음

※ E시 시민은 주민등록 주소지가 E시로 기재된 신분증을 소지하여야 할인혜택 적용
※ E시 시민으로 다둥이 행복카드(3자녀 이상) 소지자 및 그 자녀는 관람료 무료
※ 6개월 이내 재방문하여 기존 입장권을 제시할 경우 관람료 20% 할인

◆ 관람시간

구분		관람시간	매표 및 입장 마감시간
3~10월	평일	09:00~18:00	17:00
	토요일/공휴일	09:00~19:00	18:00
11~2월	평일	09:00~17:00	16:00
	토요일/공휴일	09:00~18:00	17:00

※ 매주 월요일, 설날, 추석 당일 휴관
※ 월요일이 공휴일이면 다음 날 휴관

◆ 관람 시 주의사항

1. 음식물 반입과 안내견 이외의 애완동물 출입 금지
2. 자전거, 퀵보드 등 승용완구 등 지참 금지
3. 플래시를 이용하지 않는 촬영은 제한적으로 허용하고 있으나, 플래시, 셀카봉, 삼각대 등을 이용한 촬영과 상업용도 촬영은 금지
4. 관람객에 위한 전시물 파손의 경우, 이에 대한 변상의 의무가 관람객에 있음

36 다음 중 박물관 관람료를 가장 적게 지불한 경우는?(단, 할인을 위한 신분증과 필요한 증명서는 모두 지참한 것으로 가정한다.)

① E시 시민으로 15세, 16세인 두 자녀와 함께 온 성인 부부
② E시 시민이 아닌 군인과 E시 시민인 21세 여자친구
③ E시 시민이 아닌 장애인 2명과 동행한 보호자 1명
④ E시 시민이 아닌 30대 성인 부부와 3세 아이
⑤ E시 시민이 아닌 단체 관람객에 속한 성인 1명

37 다음 중 관람객의 관람에 앞서 안내사항을 전달하는 안내요원의 설명으로 적절하지 않은 것은?

① 관람을 마친 후 돌아가실 때 입장권을 버리지 말고 보관해 두세요. 일정 기간 내 재차 방문 시 지참하시면 할인 혜택을 받으실 수 있습니다.
② 다음 주 월요일은 어린이날로 오후 7시까지 개방되며, 다음 날은 휴관일이니 이용에 착오 없으시기 바랍니다.
③ 상업적 용도로 사용하지 않는 조건하에 장비를 이용한 사진 촬영이 허용되오나, 다른 관람객에게 방해가 되지 않도록 주의를 기울여 주시기 바랍니다.
④ 퇴근 후 서둘러 방문 예정이신 분께서는 관람시간을 다시 확인하시기 바랍니다. 입장 마감시간에 딱 맞게 오시면 1시간밖에 관람을 못 하실 수 있습니다.
⑤ 시각장애인을 동반하시는 경우, 안내견을 별도의 장소에 맡기실 필요 없습니다.

[38~39] 다음은 A기관에서 근무하는 공무원에 대한 연가 관련 규정이다. 이를 참고하여 이어지는 물음에 답하시오.

- **연가일수의 가산**
  - 당해 연도에 결근 · 휴직 · 정직 및 직위 해제 사실이 없는 공무원으로서 아래의 경우 다음 해에 한하여 각각 연가 1일(총 2일)을 가산하며, 가산 사실을 개인별 근무상황부의 첫째 란에 기재, 허가권자 확인 완료
    ① 병가를 얻지 않은 공무원
    ② 연가보상비를 지급받지 못한 잔여 연가일수가 있는 공무원
  - 연가(병가)가산은 1년간 성실히 근무한 데 대한 보상이므로 연도 중 채용되어 1년 미만 근무한 공무원에게는 해당되지 않음
    ※ 1월 1일 자 신규 임용자는 해당되며, 1월 2일 이후 신규 임용자는 제외

- **다음 연도 연가일수를 미리 사용할 수 있는 경우**
  - 당해 연도의 잔여 연가일수를 초과하는 휴가사유가 발생한 경우(연도 중 퇴직예정자 제외), 다음 연도 연가일수의 1/2 범위에서 미리 사용할 수 있으나, 친족(배우자, 혈족 및 인척)의 경조사에 한함

- **연가일수의 공제**
  - 결근 · 정직 · 직위해제 및 강등으로 인하여 직무에 종사하지 못하는 일수가 있는 연도에는 이를 당해 연도의 잔여 연가일수에서 공제
  - 법령에 의한 의무수행, 공무상 질병 또는 부상으로 인하여 휴직한 경우를 제외한 당해 연도의 휴직기간에 대하여 다음 산식에 의하여 산출된 일수 공제, 이 경우 휴직일수가 15일 이상은 1월로 계산하고 15일 미만은 미산입하고, 산식에 의하여 산정된 연가일수가 소수점 이하일 경우 반올림한다.

$$※\ 휴직자\ 연가일수 = \frac{12월 - 당해\ 연도\ 휴직기간(월)}{12월} \times 당해\ 연도\ 연가일수$$

---

38 다음 〈사례〉의 두 직원에게 가산될 연가일수로 바르게 짝지은 것은?(단, 연가보상일수는 최대 10일이며, 두 사람 모두 병가는 사용한 것으로 가정한다.)

> **〈사례〉**
> - 김 대리 : 미사용 연가일수가 12일인데 보상비 지급일수 산정일 이후 연말까지 3일을 사용하기 위하여 9일만 연가보상비를 지급 받았으나 실제로는 사용하지 않은 경우
> - 오 과장 : 미사용 연가일수가 9일인데 보상비 지급일수 산정일 이후 연말까지 1일을 사용하기 위하여 8일만 연가보상비를 지급받은 경우

	김 대리	오 과장			김 대리	오 과장
①	1일 가산	1일 가산		②	1일 가산	가산 없음
③	가산 없음	가산 없음		④	2일 가산	1일 가산
⑤	2일 가산	2일 가산				

39 연가일수가 20일인 공무원이 1년의 휴직 후 2018년 2월 1일에 복직한 경우, 공제되는 연가일수는 며칠인가?

① 0일   ② 1일

③ 2일   ④ 3일

⑤ 4일

핵심 유형

의사 소통 능력

수리 능력

문제 해결 능력

40 한국에서 출발하여 제3국에 위치한 A 또는 B 또는 C공항을 경유하여 최종 목적지인 쿠웨이트로 이동하고자 한다. 각 이동방법에 따른 시간, 거리, 요금이 다음과 같을 때 이에 관한 설명으로 옳은 것은?(단, 환승 시 소요되는 추가 시간은 없다고 가정한다.)

노선	시간	거리	요금
한국 → A공항	2시간 30분	2,700km	85만 원
한국 → B공항	3시간	2,850km	80만 원
한국 → C공항	3시간 20분	2,900km	70만 원
A공항 → 쿠웨이트	6시간 10분	5,300km	120만 원
B공항 → 쿠웨이트	5시간 20분	5,000km	125만 원
C공항 → 쿠웨이트	5시간 40분	5,500km	140만 원

① A공항을 경유하는 방법은 가장 적은 시간이 걸린다.
② B공항을 경유하는 방법은 가장 짧은 거리를 비행하는 방법이다.
③ B공항과 C공항을 경유하는 방법의 요금은 동일하다.
④ 시간과 요금만 고려하면, A공항을 경유하는 방법이 가장 경제적이다.
⑤ A공항을 경유하는 방법은 가장 많은 시간이 걸린다.

41 이번 달 Y공단의 기획실과 비서실에서는 당직 근무를 서야 한다. 기획실에서 당직 근무가 가능한 인원은 갑, 을, 병, 정 4명이며, 비서실에서 당직 근무가 가능한 인원은 A, B, C, D, E, F 6명으로 각 실에서 한 명씩 2인 1조를 이루어 매일 당직 근무를 서야 한다. 첫날 병과 A가 함께 근무를 서고 한 명씩 돌아가며 근무가 이어질 경우, 이번 달에 함께 근무를 서지 않는 조합은 어느 것인가?(단, 순서는 갑, 을, 병, 정 / A, B, C, D, E, F 순으로 반복된다.)

① 정과 C ② 갑과 E
③ 을과 B ④ 병과 E
⑤ 을과 F

42 다음 그림에서 인접한 두 영역의 색이 겹치지 않게 A부터 J까지 모든 영역을 색칠할 때 필요한 색깔은 최소 몇 개인가?

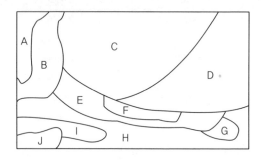

① 2가지 ② 3가지
③ 4가지 ④ 5가지
⑤ 6가지

[43~44] 다음은 T사 영업부의 진급 대상자에 대한 평가 자료이다. 인사부는 이를 통해 1명의 진급자를 결정하고자 한다. 다음 자료를 보고 이어지는 물음에 답하시오.

■ 진급 대상자 평가 점수표(평가부문별 100점 만점 기준)

구분	안 대리	백 사원	최 과장	도 과장	엄 대리
성실성	80	76	95	90	87
업무능력	92	83	85	75	92
대인관계	77	86	90	93	83
근무태도	84	92	72	85	76

■ 점수별 등급 기준

점수	95점 이상	90~94점	85~89점	80~84점	75~79점	74점 이하
등급	A+	A	B	C	D	E

※ 환산 등급을 기준으로 A+부터 E등급까지 각각 6~1점을 부여하여 등급 부여 점수가 가장 높은 직원을 진급자로 결정함
※ 동 순위인 경우 업무능력, 성실성, 근무태도, 대인관계 순으로 높은 등급을 획득한 사람을 최종 진급자로 결정함

43 평가 점수 및 등급 기준을 고려할 때 최종 진급자로 결정될 직원은?

① 안 대리   ② 백 사원
③ 최 과장   ④ 도 과장
⑤ 엄 대리

44 경영진의 새로운 인사 기준이 다음과 같이 하달되어 진급 대상자 결정 기준을 수정할 경우 최종 진급자로 결정될 직원은?

> 이번 진급 대상자 평가는 성실성, 업무능력, 대인관계, 근무태도를 각각 30%, 35%, 15%, 20%씩 반영하여 평가 점수의 최고 득점자를 최종 진급자로 결정합시다.

① 안 대리   ② 백 사원
③ 최 과장   ④ 도 과장
⑤ 엄 대리

[45~46] 다음은 K공단에서 운영하는 시민체육센터의 시설 및 강습프로그램 사용료에 대한 안내이다. 이어지는 물음에 답하시오.

〈시설 및 강습프로그램 사용료〉

구분	대상	등록비(원)	월 사용료(원)		
			주 2회	주 3회	주 5회
헬스장 (1일 1회)	성인	2,500		45,000	
	청소년	2,200		38,000	
	어린이	1,800		30,000	
수영장 (1일 1회)	성인	3,500	28,000	42,000	63,000
	청소년	2,500	20,000	30,000	45,000
	어린이	2,000	16,000	24,000	36,000
골프연습장 (1일 1회)	성인	6,000	48,000	70,000	100,000
	청소년	4,800	38,400	56,000	80,000
	어린이	3,000	24,000	35,000	50,000
스쿼시장 (1일 1회)	성인	5,000	40,000	60,000	90,000
	청소년	4,000	32,000	48,000	72,000
	어린이	2,500	20,000	30,000	45,000
생활체육 프로그램	성인	2,000	16,800	25,200	38,800
	청소년	1,500	12,600	18,900	28,300
	어린이	1,300	11,200	16,800	25,200

※ 1회 이용 기준 : 1시간

■ **기타 사항**
- 부가가치세 10% 별도
- 개인연습 사용료, 강습프로그램 사용료는 사용기간 중 미사용을 이유로 그에 상당하는 금액을 반환하지 아니함
- 사용료 납부 후 취소 사유 발생 시, 다음과 같은 기준에 의해 사용료를 반환함
  - 30일 전 : 사용료의 10분의 7
  - 20일 전 : 사용료의 10분의 5
  - 10일 전 : 사용료의 10분의 3
  - 5일 전 : 사용료의 10분의 1
- 천재지변 등 부득이한 사유로 인해 사용료 납부 후 사용이 불가하게 된 경우, 사용료 전액을 반환함

45 다음 중 위 안내문의 내용을 바르게 이해한 것은?(단, 한 달은 30일, 4주로 가정한다.)

① 수영장 주 5회 해당하는 사용료를 납부한 후 마지막 주 5회를 모두 사용하지 않았을 경우 사용료의 10%를 돌려 받는다.

② 사용료 납부 후 한 달 전에만 취소하면 납부금 전액을 돌려받게 된다.

③ 어린이가 참여할 수 있는 활동 중 스쿼시장 사용료가 가장 비싸다.

④ 청소년이 한 달 8회 골프연습장을 이용할 경우 총 43,200원을 납부해야 한다.

⑤ 헬스장은 월 이용횟수와 상관없이 동일한 사용료가 적용된다.

46 다음 대화 내용을 참고할 때, A와 B씨가 시민체육센터에 납부할 총액은 각각 얼마인가?

> A : 우리 C는 아직 어린이라서 고등학생인 D보다 시민체육센터 사용료가 좀 덜 나오겠어요.
>
> B : 그렇겠죠? 우리 D는 애 아빠와 같이 수영을 하기로 했는데요, 남편이 수영을 워낙 좋아해서 주말만 빼고 매일 데리고 가려나 봐요.
>
> A : 정말요? C는 저하고 같이 생활체육 프로그램을 신청할 생각이에요. 학원 때문에 일주일에 2번만 할 것 같아요. 저는 생활체육 프로그램 가는 날 헬스장도 이용할 생각이고요.

	A	B
①	86,680원	119,500원
②	86,680원	125,400원
③	89,340원	116,050원
④	89,340원	119,500원
⑤	89,340원	125,400원

47 다음 글과 〈상황〉을 근거로 판단할 때, A정당과 그 소속 후보자들이 최대로 실시할 수 있는 선거방송 시간의 총합은?

- ○○국 의회는 지역구의원과 비례대표의원으로 구성된다.
- 의회의원 선거에서 정당과 후보자는 선거방송을 실시할 수 있다. 선거방송은 방송광고와 방송연설로 이루어진다.
- 선거운동을 위한 방송광고는 비례대표의원 후보자를 추천한 정당이 방송매체별로 각 15회 이내에서 실시할 수 있으며, 1회 1분을 초과할 수 없다.
- 후보자는 방송연설을 할 수 있다. 비례대표의원 선거에서는 정당별로 비례대표의원 후보자 중에서 선임된 대표 2인이 각각 1회 10분 이내에서 방송매체별로 각 1회 실시할 수 있다. 지역구의원 선거에서는 각 후보자가 1회 10분 이내, 방송매체별로 각 2회 이내에서 실시할 수 있다.

〈상황〉
- ○○국 방송매체로는 텔레비전 방송사 1개, 라디오 방송사 1개가 있다.
- ○○국 A정당은 의회의원 선거에서 지역구의원 후보 100명을 출마시키고 비례대표의원 후보 10명을 추천하였다.

① 2,070분
② 4,050분
③ 4,070분
④ 4,340분
⑤ 5,225분

48 다음 자료를 볼 때, 생후 6개월 시기에 기초 접종을 완료해야 하는 예방접종만을 고르면?

예방접종 접종시기 안내

- B형 간염(HepB)

출생 직후	생후 1개월	생후 6개월
1차(기초)	2차(기초)	3차(기초)

- 디프테리아/파상풍/백일해(DTap)

생후 2개월	생후 4개월	생후 6개월	생후 15~18개월	만 4~6세
1차(기초)	2차(기초)	3차(추가)	4차(추가)	5차(추가)

- 폴리오(IPV)

생후 2개월	생후 4개월	생후 6개월	만 4~6세
1차(기초)	2차(기초)	3차(기초)	4차(추가)

- b형 헤모필루스 인플루엔자(Hib)

생후 2개월	생후 4개월	생후 6개월	생후 12~15개월
1차(기초)	2차(기초)	3차(기초)	4차(추가)

- 폐렴구균(PCV)

생후 2개월	생후 4개월	생후 6개월	생후 12~15개월
1차(기초)	2차(기초)	3차(기초)	4차(추가)

- 홍역/유행성이하선염/풍진(MMR)

생후 12~15개월	만 4~6세
1차	2차

- 수두(VAR) : 생후 12~15개월에 1회
- 일본뇌염(IJEV)

생후 12~23개월	생후 24~35개월	만 6세	만 12세
1~2차(기초)	3차(기초)	4차(추가)	5차(기초)

① DTap, HepB, MMR   ② HepB, Hib, IPV, PCV
③ DTap, Hib, IJEV, PCV   ④ IJEV, IPV, MMR, VAR
⑤ Hib, IJEV, MMR

49 다음 〈쓰레기 분리배출 규정〉을 준수한 것은?

〈쓰레기 분리배출 규정〉

• 배출 시간 : 수거 전날 저녁 7시~수거 당일 새벽 3시까지(월~토요일에만 수거함)

• 배출 장소 : 내 집 앞, 내 점포 앞

• 쓰레기별 분리배출 방법

– 일반 쓰레기 : 쓰레기 종량제 봉투에 담아 배출

– 음식물 쓰레기 : 단독주택의 경우 수분 제거 후 음식물 쓰레기 종량제 봉투에 담아서, 공동주택의 경우 음식물 전용용기에 담아서 배출

– 재활용 쓰레기 : 종류별로 분리하여 투명 비닐봉투에 담아 묶어서 배출

① 1종(병류)

② 2종(캔, 플라스틱, 페트병 등)

③ 3종(폐비닐류, 과자 봉지, 1회용 봉투 등)

※ 1종과 2종의 경우 뚜껑을 제거하고 내용물을 비운 후 배출

※ 종이류 / 박스 / 스티로폼은 각각 별도로 묶어서 배출

– 폐가전 · 폐가구 : 폐기물 스티커를 부착하여 배출

• 종량제 봉투 및 폐기물 스티커 구입 : 봉투판매소

---

① 갑은 토요일 저녁 8시에 일반 쓰레기를 쓰레기 종량제 봉투에 담아 자신의 집 앞에 배출하였다.

② 공동주택에 사는 을은 먹다 남은 찌개를 그대로 음식물 쓰레기 종량제 봉투에 담아 주택 앞에 배출하였다.

③ 병은 투명 비닐봉투에 캔과 스티로폼을 함께 담아 자신의 집 앞에 배출하였다.

④ 정은 사이다가 남아 있는 페트병을 투명 비닐봉투에 담아서 집 앞에 배출하였다.

⑤ 무는 집에서 쓰던 냉장고를 버리기 위해 폐기물 스티커를 구입 후 부착하여 월요일 저녁 9시에 자신의 집 앞에 배출하였다.

50 다음 〈그림〉과 〈표〉는 어느 도시의 지하철의 역간 거리와 출발역에서 도착역까지의 소요시간에 관한 자료이다. 이에 대한 〈보기〉의 설명 중 옳은 것만을 모두 고르면?

핵심
유형

의사
소통
능력

수리
능력

문제
해결
능력

〈그림〉 인접한 두 지하철역 간 거리

하행 →

A   B   C   D   E   F

1.5km   1.6km   2.9km   8.2km   3.1km

← 상행

〈표〉 출발역에서 도착역까지의 소요시간

출발역 도착역	A	B	C	D	E	F
A	–	1분 52초	4분 6초	7분 6초	13분 41초	16분 51초
B	1분 44초	–	1분 49초	4분 49초	11분 24초	14분 34초
C	3분 55초	1분 46초	–	2분 35초	9분 10초	12분 20초
D	6분 55초	4분 46초	2분 35초	–	6분 10초	9분 20초
E	13분 30초	11분 21초	9분 10초	6분 10초	–	2분 45초
F	16분 49초	14분 40초	12분 29초	9분 29초	2분 54초	–

※ 지하철은 모든 역에서 정차함
※ 두 역 사이의 소요시간에는 출발역과 도착역을 제외하고 중간에 경유하는 모든 역에서의 정차시간이 포함되어 있음. 예를 들어, 〈표〉에서 B열과 D행이 만나는 4분 46초는 B역에서 출발하여 C역까지의 소요시간 1분 46초, C역에서의 정차시간, C역에서 D역까지의 소요시간 2분 35초가 더해진 것임

보기
㉠ 하행의 경우 B역에서의 정차시간은 25초이다.
㉡ 인접한 두 역 간 거리가 짧을수록 두 역간 하행의 소요시간도 짧다.
㉢ 인접한 두 역 간 상행과 하행의 소요시간이 동일한 구간은 C↔D 구간뿐이다.

① ㉠
② ㉡
③ ㉠, ㉡
④ ㉡, ㉢
⑤ ㉠, ㉡, ㉢

[51~52] 다음은 산재보험 가입 · 부과 업무와 관련된 제도개선 사항이다. 이어지는 물음에 답하시오.

가.

	종전	개정
개정취지	–	소규모 영세 사업주와 근로자의 사회보험 지원 강화
개정내용	고용보험료의 지원 수준은 사업주와 근로자가 부담하는 고용보험료의 3/5 범위	고용보험료의 지원 수준을 사업주와 근로자가 부담하는 고용보험료의 범위 내로 인상
적용시기	–	2018년 1월 1일부터 시행
적용례	–	지원수준은 고용노동부고시(제2017-74호)에 따름

나.

	종전	개정
개정취지	–	재해 위험률이 높은 영세 소상공인 보호
개정내용	• 50인 미만 근로자 사용 사업주 • 1인 중소기업사업주 중 여객자동차운송 사업자, 화물자동차운송사업자, 건설기계사업자, 퀵서비스업자, 예술인, 대리운전 업자	• 종전 가입 직종 • 다음 업종의 1인 종사자 : 자동차정비업, 1차금속제품제조업, 금속가공제품제조업, 전자부품 · 컴퓨터 · 영상 · 음향 및 통신장비제조업, 의료 · 정밀 · 광학기기 및 시계제조업, 전기장비제조업, 기타 기계 및 장비제조업, 귀금속 및 장신용품제조업
적용시기	직종별 단계적 시행	2018년 1월 1일부터 시행
적용례	–	지원수준은 고용노동부고시(제2017-74호)에 따름

다.

	종전	개정
개정취지	–	소규모 영세자영업자의 생활안전망 강화
개정내용	사업자등록증상 개업연월일로부터 1년 이내 가입 신청 가능	사업자등록증상 개업연월일로부터 5년 이내 가입 신청 가능
적용시기	–	2018년 1월 1일부터 시행
적용례	–	신청일 기준 개업연월일이 5년 미도래한 자영업자도 신청 가능

라.

	종전	개정
개정취지	–	합리성 · 형평성을 도모한 연체금 기준으로 개선
개정내용	납부일이 지난 날부터 1개월이 지날 때마다 최초 30/1,000, 매달 10/1,000, 최고 90/1,000(최장 7개월) 부과	납부일이 지난 날부터 매 1일이 지날 때마다 최초 1/1,000, 30일 이후 매 1일 경과마다 1/3,000, 최고 90/1,000 부과
적용시기	–	2017년 12월 28일부터 시행
적용례	–	시행 후 최초로 납부기한이 도래하는 보험료, 그 밖의 징수금부터 적용

51 표의 내용을 참고할 때 제도개선 내용으로 적절하지 않은 것은?

① 연체금 부과 기준의 합리적 개선

② 근로자를 사용하지 않는 중소기업사업주의 산재보험 가입 직종 대폭 확대

③ 사업주의 미가입 재해에 대한 급여징수금 제도 대폭 완화

④ 사업주 및 근로자 모두에게 고용보험료 지원 금액 인상

⑤ 자영업자의 고용보험 가입 조건의 대폭 완화

52 개정된 산재보험료 내용을 참고할 때, 산재보험료 100,000원이 3개월 연체되었을 경우 '종전'과 '개정' 후 연체금의 차이는 얼마인가?(단, 한 달은 30일을 기준으로 한다.)

① 동일하다.   ② 50원

③ 100원   ④ 150원

⑤ 200원

53 통상임금에 대한 다음 설명을 참고할 때, 김○○ 씨의 '통상시급'은 약 얼마인가?

통상임금은 초과근무수당, 연차휴가수당 등을 계산할 때 사용하는 임금이다. 통상임금은 급여 항목 중에서, 정기적으로 일정한 조건에 따른 모든 근로자들에게 지급하기로 사전에 정해진 임금이다. 기본급 외에도 상여금, 식대, 직책수당 등이 통상임금에 포함된다.

〈김○○ 월급명세서〉

K공사	전략기획처	주임	김○○
	기본급	직책수당	초과근무수당
	1,800,000	80,000	180,000
지급내역	상여금	성과급	식대
	120,000	270,000	98,000
	합계		2,548,000

※ 상여금은 매월 지급되며, 초과근무수당과 성과급은 매달 변동된다.

※ 통상시급＝월 통상임금 ÷ 209시간

① 약 10,040원   ② 약 9,745원

③ 약 9,505원   ④ 약 8,840원

⑤ 약 8,530원

54 다음 글을 참고할 때, 빈칸 ㉠에 들어갈 숫자로 알맞은 것은?

책을 일반 상품으로 간주할 때에는 ISBN을 KAN으로 변형해야 한다. 이때 KAN에서 통상적으로 사용되는 앞의 세 자리 국가 코드 대신 978을 붙인다. 그 다음에 체크숫자를 제외한 ISBN의 앞 아홉 자리 숫자를 붙인 후, KAN 방식에 의해 체크숫자를 정한다. 예를 들어 ISBN이 890007248인 경우 978을 추가하여 978890007248을 만든 후 KAN 방식에 의해 마지막 자리의 체크숫자를 구한다.

> 홀수 번째 자릿수의 합＋(3×짝수 번째 자릿수의 합)＋체크숫자 ⇒ 10의 배수

이 공식에 의하면 마지막 체크숫자는 (㉠)이다.

① 0   ② 3   ③ 7   ④ 8   ⑤ 9

[55~57] 다음은 F사의 국외출장여비 규정의 일부이다. 이어지는 물음에 답하시오.

제4장 국외출장여비

제16조(국외여비 등) ① 국외 여비는 '국외 여비 지급표'에 기준하여 지급한다.

② 국외 출장 시 제1항의 여비 이외에 그 수속에 필요한 다음의 제경비는 그 실비를 지급한다.
  ※ 구비서류 준비수수료, 여권 교부수수료, 예방주사료, 비자수수료, 여행자보험료, 공항수수료, 기타 수속 부대경비

③ 국외 출장 신청 시 확정된 일정에 따른 항공권은 출장자가 발권을 의뢰한다.

④ 제1항의 국외 여비 중 항공운임 이외에 출장지 최직항 공항과 출장지역 간의 철도 운임 또는 선박 운임은 증빙서류에 의하여 그 실비를 지급한다.

⑤ 국외 출장 시 체재비는 일비, 숙박비, 식비를 의미하며, 숙박비와 식비의 초과지출금액에 대한 추가지급액은 이미 지급받은 숙박비 및 식비 각각의 2분의 1을 넘지 못하며, 일비의 초과지출금액은 제17조에 의하여 지급한다.

⑥ 숙박비는 실비 상한액임에도 불구하고 출장 여건에 따라 상한액보다 낮은 금액(할인정액)을 정액으로 지급할 수 있다. 단, 동일 출장 건에 대해 할인정액과 실비상한액을 혼용하여 지급할 수 없다.

⑦ 항공권 및 숙박비 결제 시에는 법인신용카드를 사용함을 원칙으로 한다. 다만, 출장지에서 법인신용카드를 사용할 수 없는 경우 등 특별한 사유가 있는 경우에는 그러하지 아니할 수 있다.

⑧ 회사 외의 기관·단체 또는 개인이 부담하는 국외 여비는 제1항, 제2항, 제4항 및 제5항의 규정에서 정한 범위 이내로 한다.

⑨ 제8항에 의한 국외 여비는 국외 여비를 부담하는 기관·단체 또는 개인이 직접 지급하거나 회사에서 지급 후 국외 여비를 부담하는 기관·단체 또는 개인으로부터 이를 지급받을 수 있다.

⑩ 출장지에서 다른 출장지로 이동하는 경우 이동한 출장지의 여비는 숙박비를 제외하고 도착 다음날부터 기산하여 지급된다.

제17조(동일지역 장기체재 중 일비 감액) ① 국외의 동일지역에 장기간 체재(업무상 체재를 포함)하는 경우의 일비는 그곳에 도착한 다음 날부터 기산하여 15일을 초과한 때에는 그 초과일수에 대하여 정액의 10분의 3에 상당하는 액을, 60일을 초과한 때에는 그 초과일수에 대하여 정액의 10분의 6에 상당한 액을 감하여 지급하고, 90일을 초과한 때에는 그 초과일수에 대하여 국외파견자 여비를 지급한다.

② 제1항의 경우에 장기체재기간 중 일시 다른 지역에 출장하는 경우에는 그 출장기간을 공제하고 그 체재기간을 계산한다.

<국외 여비 지급표>

(단위 : 달러)

직명	등급	항공운임	일비	숙박비/박		식비/일
				실비(상한액)	할인정액	
임원	가	1등석 정액 (Business Class)	50	389	331	160
	나		50	289	246	117
	다		50	215	183	87
	라		50	161	137	73
1급 (팀장 포함 부장급 이상)	가	2등석 정액 (Economy Class)	35	223	190	107
	나		35	160	136	78
	다		35	130	111	58
	라		35	85	72	49
2급 (과장급 이상)	가		30	176	150	81
	나		30	137	116	59
	다		30	106	90	44
	라		30	81	69	37
3급 (대리급 이하)	가		26	155	132	67
	나		26	123	105	49
	다		26	90	77	37
	라		26	77	65	30

※ 비고 : 중증장애인이거나 임산부 직원으로서 회사에서 인정한 경우 항공운임을 1등석 정액(Business Class)으로 적용 가능
※ 도시(국가)별 등급 구분은 다음과 같음

등급	국가(도시)
가	도쿄, 뉴욕, LA, 모스크바, 워싱턴 D.C, 파리, 홍콩, 제네바, 싱가포르
나	타이완, 베이징, 멕시코시티, 독일, 영국, 이탈리아, 이스라엘, 이집트
다	뉴질랜드, 호주, 인도네시아, 칠레, 체코, 폴란드
라	네팔, 미얀마, 베트남, 페루, 몰도바, 크로아티아, 소말리아, 이란

55 국외출장여비 규정을 이해한 내용으로 옳은 것을 <보기>에서 모두 고르면?

보기
ㄱ 비자발급 신청에 따르는 비용은 국가별 규정된 지급 금액이 없다.
ㄴ 결재받은 출장 신청서를 관계 부서에 넘기면 담당 부서에서 항공권을 예약하여 출장자에게 통보해 준다.
ㄷ 출장 지역 등급별로 일비, 숙박비, 식비는 다르게 적용 · 지급된다.
ㄹ 회사 이외의 관계기관에서 출장비를 부담하는 경우 지급비용은 회사의 규정에 따른다.

① ㄱ, ㄴ

② ㄴ, ㄹ

③ ㄱ, ㄷ

④ ㄴ, ㄹ

⑤ ㄱ, ㄹ

56 다음은 국외 출장을 계획하고 있는 직원이 작성한 국외 출장 계획서이다. 규정에 근거하여 빈칸 A에 들어갈 금액으로 옳은 것은?(단, 최종 금액에서 1달러 미만은 절사한다.)

출장 목적	계약 관련 바이어 미팅 및 현지 시장 조사			
출장 기간	2019. 6. 15.~2019. 7. 4. (20일간)			
출장 국가	프랑스 파리(2박 3일), 영국 런던(당일 이동으로 17박 17일)			
출장자	소속	직급	성명	체재비(할인정액 적용)
				금액
	영업부	부장	김이박	_____ 달러
	영업부	대리	최정오	_____ 달러
	계			(A)달러

① 8,183
② 8,252
③ 8,360
④ 8,435
⑤ 8,879

57 다음 국외 출장에 관한 F사 직원들의 대화 내용 중 옳은 것은?

① 지난번에 타이완으로 1박 2일 출장을 갔던 고 대리는 호텔 예약 시에 실수해서 5성급 호텔에 묵었다는군. 숙박비로 $123를 받아갔는데 하룻밤 호텔 숙박료로 $230나 지불했다고 하던데, 돌아와서 $107를 사후정산 받았겠지.

② 홍보팀 이 과장은 뉴욕에 갔을 때 계약 관련 논의가 장기화되는 바람에 15일을 계획하고 갔다가 18일이나 머물다 왔잖아. 그때 일비가 부족해서 곤란을 겪었다더군. 돌아와서 3일치 일비 $90를 받았을 거야.

③ 난 다음 주에 인도네시아 출장이 잡혀 있는데 법인카드를 꼭 챙겨가서 숙박비는 모두 법인카드로만 결제해야겠어. 출장비용은 모두 증빙이 되어야 할 테니 말이야.

④ 우리 팀 박 사원은 다음 주에 도쿄에 2일, 베이징에 3일 동안 출장을 다녀와야 하는데, 5일 동안 일비와 숙박비가 모두 동일하게 적용되겠군.

⑤ 난 지난주에 수행과제 연구 건으로 총 5박 6일간 호주와 뉴질랜드로 출장을 갔었는데, 호주는 할인정액으로 숙박비가 지급됐는데, 뉴질랜드는 상한액을 지급해 주더군.

58 A중소기업 신입사원 채용 면접 일정을 조율하고 있는 인사과 직원이 고려해야 할 사항들이 다음과 같다. 〈보기〉 중 반드시 참인 것을 모두 고르면?

- 신입사원 채용 일정은 OT, 1차 면접, 2차 면접, 대기시간으로 구성하며, 대기시간은 생략될 수 있다.
- 신입사원 채용 일정은 오전 9시에 시작해서 점심시간 없이 계속 진행되어 늦어도 당일 오후 3시까지는 마쳐야 한다.
- OT는 채용 일정 맨 처음에 10분 또는 20분으로 한다.
- 1차 면접은 5회까지 계획할 수 있고, 각 1차 면접 시간은 동일하게 40분 또는 50분으로 한다.
- 2차 면접은 1차 면접 후 동일한 횟수로 진행되며, 각 시간은 30분이다.
- 대기시간은 최대 2회까지 가질 수 있으며, 1회 대기시간은 20분으로 한다.

보기
㉠ 1차 면접을 50분으로 해도, 1차 면접을 5회 가지는 방법이 있다.
㉡ 1차 면접을 4회 계획하고, OT를 20분으로 해도, 대기시간을 2회 가지는 방법이 있다.
㉢ 1차 면접을 50분으로 4회 계획하고, OT를 20분으로 해도, 대기시간을 2회 가지는 방법이 있다.
㉣ 1차 면접을 4회 계획 시, 오후 2시 이전에 채용 시험을 마치는 방법이 있다.

① ㉠, ㉡
② ㉠, ㉢
③ ㉡, ㉢
④ ㉡, ㉣
⑤ ㉢, ㉣

59 인사팀 조 대리는 후배 직원인 남 사원과 함께 부서별로 취합한 인사 관련 서류를 정리하고 있다. 서류 정리 특성상 부서별 서류를 반드시 남 사원이 먼저 작업 후 조 대리가 작업해야 한다. 각 부서의 서류별 조 대리와 남 사원이 작업하는 데 걸리는 시간이 다음과 같을 때, 모든 작업이 완료되기까지의 시간이 가장 많이 걸리는 작업 순서는?

구분	생산팀 서류	기술팀 서류	홍보팀 서류	기획팀 서류
남 사원	23분	17분	20분	9분
조 대리	15분	20분	23분	13분

① 생산팀 – 기획팀 – 기술팀 – 홍보팀
② 기술팀 – 홍보팀 – 기획팀 – 생산팀
③ 홍보팀 – 기획팀 – 생산팀 – 기술팀
④ 기획팀 – 생산팀 – 기술팀 – 홍보팀
⑤ 기술팀 – 생산팀 – 홍보팀 – 기획팀

60 다음의 공인인증서 이용 안내를 참고할 때, 공인인증서 발급 절차로 옳지 않은 것은?

■ 공인인증서 발급 방법 및 절차

Step 1	신분증, 통장을 지참하여 금융거래 중인 은행, 증권사, 우체국 등 공인인증등록 대행기관을 직접 방문, 인터넷 뱅킹이나 사이버 트레이딩 신청

⇩

Step 2	대행 기관은 신분 확인 후 참조 번호와 인가 코드(일종의 임시 아이디와 비밀번호)를 발급

⇩

Step 3	은행, 증권사나 우체국 홈페이지에 접속하여 이를 입력한 후 인증서 프로그램을 다운로드

⇩

Step 4	전자 인증서를 휴대용 메모리나 PC 디스크(보안상 권장하지 않음) 등에 설치하고 온라인 금융 서비스를 이용할 때마다 수시로 사용

■ 공인인증서 종류

공인인증서 종류	금융기관 계좌	절차
은행거래용 공인인증서	은행계좌만 이용 가능	해당 금융기관 방문 → 인터넷 뱅킹 신청 → 금융기관 홈페이지 접속 → 공인인증서 발급
금융 투자용 공인인증서	금융 투자회사만 이용 가능	
범용 공인인증서	은행계좌 및 금융 투자회사 계좌 모두 이용 가능	공인인증기관 홈페이지를 방문하여 신청한 후 공인인증서를 발급받을 수 있습니다.

① 증권투자 전용 공인인증서 발급을 위해 ○○증권사를 직접 방문하였다.
② 임시 아이디와 비밀번호를 이용해 발급받은 코드로 인증서를 다운 받아 새로운 아이디와 비밀번호를 설정하였다.
③ 인증서 PC 저장은 위험한 방법이므로 USB에 담아 인터넷 뱅킹 이용 시마다 PC에 USB를 연결한 후 사용하였다.
④ 동생에게 정식 위임장과 신분증명 서류를 건네받아 동생의 범용 공인인증서를 대신 발급 받아주기 위해 은행을 방문하였다.
⑤ 인터넷 뱅킹과 주식 거래를 위해 은행과 증권사를 방문하여 두 개의 공인인증서를 발급받았다.

61 1년에 40,000km를 주행한다고 할 때, 다음 다섯 차종 중 하나를 구매하여 2년간 사용할 경우 가장 적은 경비가 소요되는 것은 어느 것인가?(단, 자동차 이용에 따른 총 경비는 구매 가격과 연료비의 합으로 산정하고, 5년간 연료비 변동은 없다고 가정한다. 또한 금액은 천 원 단위에서 반올림한다.)

■ 차종별 특징

제조사	차량 가격(만 원)	연료 용량(L)	연비(km/L)	연료 종류
A사	2,000	55	13	LPG
B사	2,100	60	10	휘발유
C사	1,950	55	14	LPG
D사	2,050	60	12	경유
E사	2,100	55	12	휘발유

■ 연료별 리터당 가격

LPG	800원
휘발유	1,500원
경유	1,200원

① A사 차량
② B사 차량
③ C사 차량
④ D사 차량
⑤ E사 차량

62 중요한 프로젝트를 처리하기 위하여 연구팀 소속 A, B, C, D, E 5명은 다음과 같은 조건으로 추가 근무를 실시하고자 한다. 〈조건〉을 참고할 때, 다음 설명 중 옳은 것은?(단, 추가근무는 월요일부터 금요일까지이며, 매일 2명씩 추가근무를 한다.)

〈조건〉
· A는 월요일, 수요일, 금요일에 추가근무를 할 수 있다.
· B는 월요일, 화요일, 수요일에 추가근무를 할 수 있고, 연이은 2일간 추가근무를 원한다.
· C는 화요일, 금요일에 추가근무를 할 수 있다.
· D는 수요일을 제외하고 언제든지 추가근무를 할 수 있다.
· E는 목요일, 금요일에 추가근무를 할 수 있다.

① C는 화요일과 금요일에 서로 다른 직원과 추가근무를 한다.
② A는 주중 두 번의 추가근무를 모두 동일한 직원과 한다.
③ 목요일에는 B와 E가 함께 추가근무를 한다.
④ B는 월요일과 화요일에 추가근무를 한다.
⑤ 수요일과 목요일에 연속으로 추가근무를 실시하는 직원이 있다.

[63~64] 안전한 패스워드 사용을 위한 다음 규칙을 참고로 이어지는 물음에 답하시오.

구분	권장 규칙	회피 규칙
문자구성 및 길이	• 3가지 종류 이상의 문자와 8자리 이상의 길이로 구성된 패스워드 • 2가지 종류 이상의 문자와 10자리 이상의 길이로 구성된 패스워드 – 문자 종류는 알파벳 대문자와 소문자, 특수기호, 숫자 4가지임	• 2가지 종류 이하의 문자구성으로 8자리 이하의 길이로 구성된 패스워드 • 문자구성과 관계없이 7자리 이하 길이로 구성된 패스워드

패턴 조건	• 한글, 영어 등의 사전적 단어를 포함하지 않은 패스워드
	• 널리 알려진 단어를 포함하지 않거나 예측이 어렵게 가공한 패스워드
	   – 널리 알려진 단어인 컴퓨터 용어, 기업 등의 특정 명칭을 가공하여 사용
	   – 속어, 방언, 은어 등을 포함한 경우
	• 사용자 ID와 연관성이 있는 단어구성을 포함하지 않은 패스워드
	• 제3자가 쉽게 알 수 있는 개인정보를 포함 하지 않은 패스워드
		• 일정한 패턴이 반복되는 패스워드
		• 한글, 영어 등을 포함한 사전적인 단어로 구성된 패스워드
		   – 스펠링을 거꾸로 구성한 패스워드도 포함
		• 널리 알려진 단어로 구성된 패스워드
		   – 컴퓨터 용어, 사이트, 기업 등의 특정 명칭으로 구성된 패스워드도 포함
		   – 널리 알려진 단어의 키 조합을 다른 언어로 입력한 경우도 포함
		• 사용자 ID를 이용한 패스워드
		   – 사용자 ID 혹은 사용자 ID를 거꾸로 구성한 패스워드도 포함
		• 제3자가 쉽게 알 수 있는 개인정보를 바탕으로 구성된 패스워드
		   – 가족, 생일, 주소, 전화번호 등을 포함하는 패스워드

63 위의 내용을 바르게 이해하지 못한 것은?

① 사용자 또는 사용자 이외의 특정 인물, 유명인, 연예인 등의 이름을 포함하는 패스워드는 회피하여야 한다.

② 일정한 패턴이 반복되지 않는 패스워드는 보안 수준이 높다고 할 수 있다.

③ 키보드상에서 연속한 위치에 존재하는 문자들의 집합은 노출되기 쉬운 패스워드이다.

④ 생일이나 전화번호 등 개인정보와 관련된 사항도 패스워드로 사용하지 않는 것이 좋다.

⑤ 영어 단어를 한글 모드에서 타이핑하여 입력하게 되면 쉽게 노출되지 않는 패스워드 조합을 구성할 수 있다.

64 다음 그림을 참고할 때, 위의 안내문에 따라 만든 패스워드로 가장 적절한 것은?

① bo3$&K

② S37Qn?sx · 4 ·

③ · ytisrevinu!

④ 1h3o3u4s8e

⑤ 77ncs-cookie8

65 다음 〈표〉는 하진이의 10월 모바일 쇼핑 구매내역이다. 이에 대한 설명으로 옳은 것은?

〈표〉 10월 모바일 쇼핑 구매내역

(단위 : 원, 포인트)

상품	주문금액	할인금액		결제금액	
요가용품세트	45,400	즉시할인 쿠폰할인	4,540 4,860	신용카드 + 포인트	32,700 3,300 = 36,000
가을스웨터	57,200	즉시할인 쿠폰할인	600 7,970	신용카드 + 포인트	48,370 260 = 48,630
샴푸	38,800	즉시할인 쿠폰할인	0 ( )	신용카드 + 포인트	34,300 1,500 = 35,800
보온병	9,200	즉시할인 쿠폰할인	1,840 0	신용카드 + 포인트	7,290 70 = 7,360
전체	150,600	22,810		127,790	

※ 결제금액(원) = 주문금액 − 할인금액

※ 할인율(%) = $\dfrac{\text{할인금액}}{\text{주문금액}} \times 100$

※ 1포인트는 결제금액 1원에 해당함

① 전체 할인율은 15% 미만이다.

② 할인율이 가장 높은 상품은 보온병이다.

③ 주문금액 대비 신용카드 결제금액 비율이 가장 낮은 상품은 요가용품세트이다.

④ 10월 전체 주문금액의 3%가 11월 포인트로 적립된다면, 10월 구매로 적립된 11월 포인트는 10월 동안 사용한 포인트보다 크다.

⑤ 결제금액 중 포인트로 결제한 금액이 차지하는 비율이 두 번째로 낮은 상품은 가을스웨터이다.

[66~67] 자료를 바탕으로 이어지는 물음에 답하시오.

■ **하계 당직 근무 계획표**
- 근무 기간 : 7월 1일~8월 31일(토 · 일요일, 공휴일 포함)
- 근무 부서 : 총무팀(6명), 기획팀(7명)
- 총무팀 1명과 기획팀 1명이 2인 1조로 한 조를 이루어 하루에 한 조씩 근무한다.
- 7월 1일은 일요일이며, 회사 내부 공사 기간인 8월 13~14일, 8월 24~25일에는 당직 근무를 하지 않는다.

■ **팀별 당직 근무 순서**

총무팀	최 대리 → 조 과장 → 나 사원 → 신 과장 → 박 대리 → 양 대리 (6명)

기획팀	김 사원 → 정 사원 → 강 대리 → 이 대리 → 남 과장 → 송 대리 → 한 사원 (7명)

- 근무자 순서에 따라 순차적으로 반복하여 근무한다.
- 총무팀 나 사원과 기획팀 송 대리부터 당직 근무를 한다.

66 다음 중 참인 것을 고르면?

① 7월에는 동일한 두 명의 직원이 두 번 근무하는 조합이 있다.
② 총무팀에서 7월 중 당직 근무를 가장 많이 하는 사람은 나 사원과 신 과장이다.
③ 하계 당직 근무 기간 중 가장 당직 근무를 적게 하는 사람은 4명이다.
④ 7월 한 달간 기획팀의 당직 근무 요일은 고정된다.
⑤ 8월 15일 당직 근무자는 양 대리와 정 사원이다.

67 다음 중 위의 당직 근무 계획을 검토한 직원들의 반응으로 적절한 것은 어느 것인가?

① 조 과장 : 나는 남 과장과 함께 근무를 서는 날이 없군.
② 한 사원 : 8월 마지막 주에는 김 사원과 내가 근무가 없군.
③ 최 대리 : 하계 기간 중 우리 팀에서는 3명은 9번, 3명은 10번 근무를 서게 되는군.
④ 김 사원 : 나는 평일에만 근무를 서게 되는군.
⑤ 송 대리 : 우리 팀에서는 나 혼자만 가장 근무를 많이 서는 셈이군.

68 다음 K공단의 간행물 등록번호 체계 내용을 참고할 때, 제시된 간행물 1·2·3의 등록번호에 대한 판단으로 옳은 것은?

〈간행물 등록번호 체계〉

- 간행물 발간 주관부서에서 부서와 간행물의 내용 및 성격에 맞게 O, XYZ, C를 지정함

O-XYZ-C-00△△△

- O(자료주관 부서) : Ⅰ 경영기획실, Ⅱ 정책본부, Ⅲ 글로벌협력단, Ⅳ ICT융합본부, Ⅴ 디지털문화본부, Ⅵ 공공데이터혁신본부, Ⅶ 전자정보본부, Ⅷ 기술지원본부

- XYZ

X(형태)		Y(분야)		Z(배포)	
G	Guideline 지침서	A	Analysis 분석	E	External 외부배포
R	Report 보고서	Au	Audit 감리	I	Internal 내부배포
S	Sourcebook 자료집	B	Business 사업결과		
T	Translation 번역물	I	Issue 이슈		
W	White paper 백서	P	Policy 정책		
X	기타	S	Survey 조사		
		Se	Seminar 세미나/설명회		

- C : 간행물의 내용에 따라 'A 위탁연구, B 자체수행, C 입찰을 통한 용역, D 공모'로 분류
- 00 : 발간연도
- △△△ : 해당 발간연도 간행물 번호 부여 순에 따른 일련번호

  ※ 일련번호는 자료관리 주관부서에서 부여함

- 간행물 1 : Ⅲ-SSE-B-17007
- 간행물 2 : Ⅰ-TPE-A-18034
- 간행물 3 : Ⅴ-GBI-B-18021

① 세 간행물 중 해당 연도의 간행물 등록 순서가 가장 빠른 것은 간행물 2이다.
② 디지털문화본부에서는 주관하는 간행물은 사업결과에 관한 내용을 담고 있다.
③ 정책본부에서 주관하는 간행물은 외부배포용 자료이다.
④ 정책 분야에 관련된 간행물은 K공단에서 자체 수행한 내용을 담고 있다.
⑤ 세 간행물 중 분석 분야의 내용을 번역하여 만든 간행물이 있다.

[69~71] 다음 자료를 읽고 이어지는 물음에 답하시오.

건축 비용 문제를 제외하면 건축을 희망하는 사람들은 보유한 땅에 어느 정도의 규모로 건축물을 건축할 수 있을까가 최대의 관심사일 것이다. 어느 정도라는 것은 건축물의 면적 규모와 함께 몇 층까지 지을 수 있는 지 등의 건축 가능한 층수 규모에 대한 관심일 것이다. 이러한 최대 건축가능 규모는 국토계획법에서 규정하고 있는 최대 건폐율과 용적률에 의해서 정해지며, 「건축법」에서는 이들 건폐율과 용적률의 산정 방식 및 기준을 정하고 있다.

건폐율(building coverage)이란 대지에 건축물의 그림자가 덮고 있는 비율이며, '건축면적 ÷ 대지면적 × 100'으로 표시한다. 따라서 최대 건축가능 면적은 '대지면적 × 최대 허용 건폐율'로 구할 수 있다. 이러한 계산 과정에서 알 수 있듯이 건폐율은 평면적인 규모를 가늠할 수 있을 뿐 전체 건축물의 면적(연면적)이나 층수 등의 입체적인 규모는 알 수 없다. 건축물의 입체적인 규모를 가늠할 수 있는 것은 용적률이다. 용적률은 대지면적에 대한 연면적의 비율로 '지상층 연면적 ÷ 대지면적 × 100'으로 산정되며, 용적률 산정 시 연면적은 지하층 부분의 면적이나 사람들의 상시적인 거주성이 없는 공간의 면적은 제외한다. 건폐율과 마찬가지로 지상층의 최대 건축가능 연면적은 '대지면적 × 최대 허용 용적률'로 구할 수 있다.

또한 건축면적을 산정할 때에는 건축물의 면적과 층수에 따라 규정되어 있는 건축법상 접도 요건인 도로 폭을 준수하여야 한다.

국토계획법에서 규정하고 있는 용도지역에 따른 건폐율과 용적률의 허용 범위는 다음과 같다.

용도지역 구분				건폐율	용적률
도시지역	주거지역	전용 주거지역	제1종 전용주거지역	50% 이하	50~100%
			제2종 전용주거지역		100~150%
		일반 주거지역	제1종 일반주거지역	60% 이하	100~200%
			제2종 일반주거지역		150~250%
			제3종 일반주거지역	50% 이하	200~300%
		준주거지역		70% 이하	200~500%
	상업지역	중심상업지역		90% 이하	400~1,500%
		일반상업지역		80% 이하	300~1,300%
		근린상업지역		70% 이하	200~900%
		유통상업지역		80% 이하	200~1,100%

69 위 자료의 내용을 바탕으로 할 때, 다음 중 옳지 않은 것은?

① 최대 연면적을 유지한 채 건축면적을 줄이고 층수를 늘린다면 동일한 용적률이 적용될 수 있다.

② 건축물 주변 도로의 폭이 충분하지 않은 상태라면 건축면적이 줄어들 수 있다.

③ 건폐율이 평면적 밀도를 관리하기 위한 규제 수단이라면, 용적률은 입체적 밀도를 관리하기 위한 수단이다.

④ 주차장, 피난안전구역, 대피공간 등을 불필요하게 넓게 확보할 경우 용적률 산정 시 불리하게 계산된다.

⑤ 최대 허용 용적률은 지상층 최대 건축가능 연면적을 대지면적으로 나누어 계산할 수 있다.

70 위의 자료를 참고할 때, 다음과 같은 상황에서 박 부장이 소유한 대지에 최대 건폐율을 적용하여 지을 수 있는 건축물의 면적은?

> 박 부장은 제3종 일반주거지역에 20×25m 크기의 대지를 소유하고 있으며, 이 대지에 건물을 지으려고 한다. 25m면 쪽 건너편에 있는 옆 대지와의 사이에 폭 3m의 도로가 있으며 건축법에서는 두 대지 사이의 도로 폭을 최소한 4m로 규정하고 있다. 도로의 폭이 충분히 확보되지 않은 경우에는 도로 좌우측의 대지에서 동일한 비율을 할애해 규정된 도로의 폭을 확보해야 한다.

① 487.50m²
② 243.75m²
③ 450.00m²
④ 225.50m²
⑤ 225.25m²

71 박 부장은 70번 문제와 같은 주변 상황을 감안하여 건폐율의 허용 범위 이내에서 건축물을 짓기로 결정하였다. 박 부장이 지하 2층을 포함한 건물을 지으려 할 때, 다음 중 건축 불가능한 건물의 크기와 층수는?(단, 모든 층의 면적은 동일하다고 가정한다.)

① 10 × 24m², 6층
② 11 × 22m², 5층
③ 15 × 10m², 8층
④ 13 × 10m², 10층
⑤ 14 × 17m², 4층

[72~73] 다음은 근로복지공단에서 운영하는 기업복지 향상에 관한 정부지원제도 안내이다. 다음을 읽고 이어지는 물음에 답하시오.

기업복지 향상을 위한 정부지원을 시작합니다.

[1] 공동근로복지기금 지원제도를 시작합니다.

상호 긴밀한 협력관계에 있는 기업 또는 중소기업끼리 상호협력을 통해 기업복지를 높일 수 있도록 지원하 겠습니다.

[2] 이런 경우 지원받으실 수 있습니다.

① 대 · 중소기업(원 · 하청)이 공동근로복지기금법인을 설립하여 공동으로 기금을 출연할 경우 출연금의 50% 범위 내에서 기금법인당 최대 2억 원까지 지원합니다.

　※ 중소기업은 중소기업기본법에 의해 판단함. 단, 공동기금법인 참여기업 간 계열사에 해당하거나, 하나에서 분사된 사 업장이거나 하나의 대기업이 동일 협력업체와 수개의 기금법인을 설립할 경우는 지원 제한됨

② 중소기업끼리 공동근로복지기금법인을 설립하여 공동으로 기금을 출연할 경우에도 출연금의 50% 범위 내에서 기금법인당 최대 2억 원까지 지원합니다.

[3] 매년 출연금의 80%까지 사용할 수 있습니다.

대 · 중소기업(원 · 하청) 또는 중소기업끼리 공동근로복지기금법인을 설립하여 공동으로 기금을 출연할 경 우, 대기업이 중소기업의 복지향상을 위해 중소기업의 사내근로복지기금에 출연할 경우 정부지원금을 포함 한 당해 연도 출연금액의 80%를 근로복지사업에 사용할 수 있습니다.

※ 근로복지사업 : 근로자의 날 행사지원, 체육 · 문화 활동 지원, 창립기념일 · 명절 선물비용, 장학금 및 재난구호금, 생활원 조를 위한 지원, 모성보호 및 일 · 가정양립 비용, 주택구입 자금, 우리사주구입비 지원 등

[4] 이런 혜택이 있습니다.

공동근로복지기금 지원제도는 비용지원 이외에도 법인세 및 근로소득에 관한 세제 혜택, 정기근로감독 면 제, 정부포상 우선 추천, 도입컨설팅 제공 등 혜택이 주어집니다.

① 세제 혜택 : 출연금은 지정기부금에 해당되어 당기순이익의 100분의 10까지 법인세 손비로 인정되고, 기업소득환류세제상 과세대상 소득에서 차감됩니다.

② 근로소득세 비과세 : 사내기금을 통한 복지혜택은 근로소득에 해당되지 않아 개인별 추가세금이 발생되 지 않습니다.

③ 고용부 사업 우대 : 대 · 중소기업이 공동기금법인을 도입한 경우에 고용노동부에서 실시하는 정기근로감 독을 면제합니다. 고용노동부 주관 각종 포상대상 선정 시에 사내(공동)기금지원제도 도입사업장을 우선 추천합니다.

④ 도입지원 제공 : 기금출연 및 설립을 위한 정관 제(개)정 등 각종 절차에 대한 컨설팅을 무료로 지원합니다.

---

72 안내문의 내용을 바탕으로 다음 〈사례〉에 해당하는 금액을 순서대로 나열한 것은?

〈사례〉

㉠ 갑 산업단지에 있는 대기업 A사가 3억 원, 우수 협력업체 3개사(사내하청 2개소, 사외하청 1개소)
가 1억 5천만 원(업체별 각 5천만 원)을 출연하여 공동근로복지기금법인을 설립할 경우의 정부 지
원금을 포함한 총 공동기금

㉡ 을 산업단지에 있는(또는 지역을 달리하는 동종업종인) 중소기업 C사, D사, E사가 각 1억 원씩을
출연하여 출연금 3억 원으로 공동근로복지기금법인을 설립할 경우의 정부지원금을 포함한 총 공동
기금

㉢ 앞선 ㉠과 ㉡의 경우에서 근로복지사업비로 지출할 수 있는 금액의 합

	㉠	㉡	㉢
①	4.5억 원	3억 원	6.5억 원
②	4.5억 원	4.5억 원	6.5억 원
③	4.5억 원	6.5억 원	8.8억 원
④	6.5억 원	4.5억 원	8.2억 원
⑤	6.5억 원	4.5억 원	8.8억 원

73 다음 중 위 지원제도에 대한 설명으로 가장 적절하지 않은 것은?

① A대기업이 B중소기업, C중소기업과 각각 별도의 기금을 세울 경우, 지원 대상에 해당된다.
② 기금 출연금은 기업의 이익에 대한 세금 감면 역할을 한다.
③ 사내근로복지기금사업 등의 목적사업에 출연할 경우 정부 지원금 일부를 직원들의 명절 선물비
일부로 사용할 수 있다.
④ 대 · 중소기업(원 · 하청)이 공동근로복지기금법인을 설립하여 공동으로 기금을 출연할 경우 참여 기업별
출연금의 50%씩 지원금을 받는다.
⑤ 대기업의 참여 없이 중소기업 간에도 일정 조건이 갖춰지면 지원제도를 활용할 수 있다.

[74~75] 다음은 대학생 보금자리주택 입주자 모집공고문이다. 이어지는 물음에 답하시오.

〈대학생 보금자리주택 입주자 모집공고〉

- **신청자격**

  - 입주자모집공고일 현재 아래의 「공급순위별 자격요건」에 해당하는 무주택세대주의 자녀로서, 당해 시 · 도 지역 내 대학교에 재학 중 또는 복학 예정인 타지역 출신 학생

  > ※ 「주택공급에 관한 규칙」 제2조제9호에 따른 무주택세대주
  >
  > 세대주를 포함한 세대원(세대주와 동일한 세대별 주민등록표상에 등재되어 있지 아니한 세대주의 배우자 및 배우자와 동일한 세대를 이루고 있는 세대원 포함) 전원이 주택을 소유하고 있지 아니한 세대의 세대주

  - 입주자모집공고일 현재 아동복지시설 퇴소자 중 무주택자로서 당해 시 · 도 지역 내 대학교에 재학 중 또는 복학 예정인 학생

- **무주택기간**

  입주자모집공고일 현재 무주택세대구성원 전원이 주택을 소유하지 아니한 기간(주택공급신청자의 무주택기간은 만 30세가 되는 날부터 계산하되, 만 30세 이전에 혼인한 경우(이혼 무관) 혼인 신고일부터 계산)으로 하며, 무주택세대구성원(혼인으로 구성할 세대원)이 주택을 소유한 사실이 있는 경우에는 그 주택을 처분한 후 무주택이 된 날부터 기간을 산정

- **공급순위별 자격 요건**

순위	유형	세부 자격요건
1순위		기초생활수급자, 보호대상 한부모 가족, 아동복지시설 퇴소자
2순위	가구당 월평균소득 50% 이하	당해 세대의 월평균소득이 전년도 도시근로자 가구당 월평균소득의 50% 이하인 자. 단, 개별공시지가의 합산금액이 5천만 원을 초과하는 토지 또는 과세표준액이 2천 2백만 원을 초과하는 비영업용자동차(장애인용 자동차 제외)를 소유한 경우에는 제외
	가구당 월평균소득 이하 장애인	「장애인 복지법」의 규정에 따라 장애인등록증이 교부된 자(지적장애인 · 정신장애인 및 제3급 이상의 뇌병변장애인의 경우에는 그 배우자 포함) 중 당해 세대의 월평균소득이 전년도 도시근로자 가구당 월평균소득 이하인 자

  ※ 도시근로자 월평균소득은 1,944,320원임

74 위의 모집공고문을 참고할 때, 다음에 해당하는 무주택기간을 순서대로 바르게 짝지은 것은?

> ㉠ 미혼인 신청자가 현재 만 34세이고, 무주택세대구성원 전원이 한 번도 주택을 소유한 적이 없는 경우
>
> ㉡ 기혼(만 26세 혼인)인 신청자가 현재 만 34세이고, 무주택세대구성원이 주택을 처분한 지 2년이 되는 경우
>
> ㉢ 신청자가 현재 만 32세 미혼(만 26세에 혼인 후 이혼)이며 주택을 소유한 적이 없는 경우

	㉠	㉡	㉢
①	2년	2년	없음
②	4년	2년	4년
③	4년	2년	6년
④	4년	4년	4년
⑤	4년	4년	없음

75 다음 중 위 공고문에 대한 설명으로 적절하지 않은 것은?

① 신청자 세대의 토지 보유현황, 자동차 보유현황 등의 기준이 충족되어도 월평균소득이 153만 원인 경우엔 2순위 자격에 해당되지 않는다.

② 지적장애인의 배우자로서 월평균소득이 180만 원인 경우에는 2순위 자격에 해당된다.

③ 무주택세대주가 되기 위해서는 세대원 전원이 주택을 보유하고 있지 않아야 한다.

④ 무주택기간 산정 시에는 현재의 나이보다 혼인 시기를 더 우선하여 인정해 준다.

⑤ 대학생 보금자리주택 입주자 모집은 해당 지역 내 거주하는 무주택세대주의 자녀와 아동복지시설 퇴소자들을 위한 사업이다.

다음 〈표〉는 상표심사 목표조정계수와 상표심사과 직원의 인사 발령에 관한 자료이다. 이에 대한 〈보기〉의 설명 중 옳은 것만을 모두 고르면?

〈표 1〉 상표심사과 근무월수별 상표심사 목표조정계수

교육이수여부	직급	자격증유무	근무월수						7개월차 이후
			1개월차	2개월차	3개월차	4개월차	5개월차	6개월차	
이수	일반직 5·6급	유	0.3	0.4	0.6	0.8	0.9	1.0	1.0
		무	0.3	0.3	0.4	0.6	0.8	0.9	
	경채 5·6급		0.2	0.3	0.3	0.5	0.5	0.5	
미이수	직급과 자격증 유무가 동일한 교육이수자의 근무월수에 해당하는 상표심사 목표조정계수의 70%								

※ 상표심사 목표점수(점) = 150(점) × 상표심사 목표조정계수

〈표 2〉 상표심사과 인사 발령 명단

이름 \ 구분	교육이수 여부	직급	자격증 유무
최연중	이수	일반직 6급	무
권순용	이수	경채 6급	무
정민하	미이수	일반직 5급	유
안필성	미이수	경채 5급	무

보기

㉠ 근무 3개월차 상표심사 목표점수가 높은 사람부터 순서대로 나열하면 정민하, 최연중, 권순용, 안필성이다.

㉡ 상표심사과 인사 발령자 중 5급의 근무 5개월차 상표심사 목표점수의 합은 6급의 근무 5개월차 상표심사 목표점수의 합보다 크다.

㉢ 근무 3개월차 대비 근무 4개월차 상표심사 목표점수의 증가율은 정민하가 최연중보다 크다.

㉣ 정민하와 안필성이 교육을 이수한 후 발령 받았다면, 근무 3개월차 상표심사 목표점수의 두 사람 간 차이는 40점 이상이다.

① ㉠, ㉡
② ㉠, ㉣
③ ㉡, ㉢
④ ㉠, ㉢, ㉣
⑤ ㉡, ㉢, ㉣

77 S사 영업팀은 이번 주 당직 근무자 선정을 위한 회의를 진행하였다. 다음에 제시된 내용이 모두 참일 때, 이번 주 당직 근무자는 누구인가?(단, 당직 인원수는 제한이 없는 것으로 가정한다.)

- 박 과장이 근무를 서면 한 대리는 근무를 서지 않는다.
- 박 과장이 근무를 서면 반 대리도 근무를 선다.
- 박 과장이 근무를 서지 않는다면 한 대리 또는 반 대리가 근무를 선다.
- 반 대리는 이번 주에 근무를 서지 않는다.
- 한 대리와 양 사원은 동시에 근무를 서지 않는다.
- 양 사원이 근무를 서지 않는다면 곽 사원도 근무를 서지 않는다.

① 박 과장
② 한 대리
③ 반 대리, 양 사원
④ 한 대리, 곽 사원
⑤ 박 과장, 한 대리

78 다음 직원들의 스케줄을 참고할 때, 모든 직원이 참여하여 1시간가량의 중요 회의를 진행할 수 있는 가장 적절한 시간은 언제인가?(단, 12:00~13:00는 점심시간이며, 점심시간에는 회의를 진행하지 않는다.)

구분	미팅	출장	업무	외출
부장	10:00~11:00 15:30~16:00		13:00~14:30	
차장				11:00~12:00
과장		14:00~15:00	13:00~14:00	
대리		09:00~12:00	17:30~18:00	
주임	17:00~18:00		09:00~10:00	

① 11:00~12:00
② 13:00~14:00
③ 13:30~14:30
④ 14:30~15:30
⑤ 16:00~17:00

[79~80] 다음은 G사 가전제품의 소비자 분쟁해결에 관한 안내사항이다. 이어지는 물음에 답하시오.

<소비자 분쟁해결 기준 안내>

소비자 피해 유형		보상 내역	
		보증 기간 이내	보증 기간 경과 후
구입 후 10일 이내에 정상적인 사용 상태에서 발생한 성능 또는 기능상의 하자로 중요한 수리를 요할 때		제품 교환 또는 구입가 환급	해당 없음
구입 후 1개월 이내에 정상적인 사용 상태에서 발생한 성능 또는 기능상의 하자로 중요한 수리를 요할 때		제품 교환 또는 무상수리	
품질 보증 기간 이내에 정상적인 사용 상태에서 발생한 성능 또는 기능상의 하자	하자 발생 시	무상 수리	
	수리 불가능 시	제품 교환 또는 구입가 환급	
	교환 불가능 시	구입가 환급	
	교환된 제품이 1개월 이내에 중요한 수리를 요할 때	구입가 환급	
	※ 품질 보증 기간 이내에 동일 하자에 대해 2회까지 수리하였으나 하자가 재발하는 경우 또는 여러 부위 하자에 대해 4회까지 수리하였으나 하자가 재발하는 경우는 수리 불가능한 것으로 봄		
소비자가 수리 의뢰한 제품을 사업자가 분실한 경우		제품 교환 또는 구입가 환급	정액 감가상각한 금액에 10%를 가산하여 환급 (최고한도 : 구입가격)
부품 보유 기간 이내에 수리용 부품을 보유하고 있지 않아 발생한 피해	정상적인 사용 상태에서 성능 또는 기능상의 하자로 발생된 경우	제품 교환 또는 구입가 환급	정액 감가상각한 잔여 금액에 구입가의 5%를 가산하여 환급
	소비자의 고의 또는 과실로 인한 고장인 경우	유상 수리에 해당하는 금액 징수 후 제품 교환	

<안내 사항>

1. 무상 보증 기간은 제품 구입일로부터 1년으로 합니다.

2. 본 제품에 대한 품질 보증은 보증서에 기재된 내용으로 보증 혜택을 받습니다.

3. 무상 품질 보증 기간은 구입일로부터 산정되므로 구입일자를 기재 받으십시오(구입일자가 확인되지 않을 경우 제조연월일 또는 수입 통관일로부터 3개월이 경과한 날로부터 품질 보증 기간을 기산합니다).

4. 가정용 제품을 영업을 위한 목적 또는 수단으로 사용하거나 비정상적인 환경에서 사용할 경우에는 무상 품질 보증 기간을 50% 단축하여 적용합니다.

5. 이 보증서는 재발행되지 않습니다.

6. 별도 계약에 의한 공급(조달, HOST, 단일용품 등)일 경우에는 주계약에 따라 보증 내용을 적용합니다.

79 다음 중 위 자료에 대한 설명으로 옳지 않은 것은?

① 제품의 보증 기간은 제품 생산일이 아닌 구입일로부터 산정된다.

② 제품 구매 시 제품의 용도를 확인하여야 무상 품질 보증 기간에 지장이 발생하지 않는다.

③ 구입 후 7개월이 지난 가정용 제품을 남편이 운영하는 목욕탕에서 사용하던 중 하자가 발생하게 되면 무상 수리를 의뢰하여야 한다.

④ 제품 구매 후 2주가 지난 시점에 기능상의 하자로 수리가 필요한 경우 구입가 환급은 불가하다.

⑤ 제품 구입일자가 확인되지 않는 3월 초에 제조된 국산 제품의 경우, 보증 기간의 만료일은 다음 해 6월 초이다.

80 G사 가전제품의 문제 발생 시 고객 문의 또는 직원의 답변 내용이다. 적절하지 않은 것은?

① 직원 A : 수리를 의뢰하신 제품이 저희 수리 기사의 과실로 인하여 분실되었으니 저희가 100% 책임지는 것이 당연합니다. 다만, 고객님께서 구입 당시 지불하셨던 금액까지만 환급해 드릴 수 있음을 이해해주시기 바랍니다.

② 고객 B : 수리용 부품이 처음부터 들어있지 않았다고요. 구입한 지 2달밖에 안 되었고, 보시다시피 기능상의 하자로 인한 문제가 발생한 거니까 구입가 환급을 해 주셔야겠어요.

③ 직원 C : 네 고객님, 제품을 5일 전에 구입하셨으니까 이 정도 하자라면 고객님이 원하실 경우 제품 교환뿐 아니라 구입가 환급도 가능합니다.

④ 직원 D : 고객님이 맡기신 제품을 분실하게 되어 죄송합니다. 아직 보증 기간이 지나지 않았으니 새로운 제품으로 교환해 드리거나 원하실 경우 구입가 환급도 해 드릴 수 있습니다.

⑤ 고객 E : 아니, 이봐요. 품질 보증 기간 이내에 동일 하자가 벌써 3번째 발생한 건데, 구입가격만 환급해 주다니요? 교통비에 사용한 기간에 대해 위로금까지 추가해 줘야 맞는 거 아닌가요?

핵심
유형

의사
소통
능력

수리
능력

문제
해결
능력

81 다음 문답을 참고할 때 〈사례〉에 대한 답안을 순서대로 나열한 것은?

> Q. 해외부동산 취득명의인이 해당 해외부동산을 취득함에 따른 자금출처 소명은 얼마 이상을 하여야 하는지요?
>
> A. 세법에서는 직업·연령·소득·재산상태 등으로 보아 자력으로 재산을 취득하였거나 채무를 상환하였다고 인정하기 어려운 경우 다른 사람으로부터 그 재산 취득자 또는 채무자가 자금을 증여받은 것으로 추정합니다. 따라서 취득자금의 출처를 입증하지 못한 금액에 대하여는 증여세가 과세됩니다.
> 단, 다음의 경우 증여추정에서 제외합니다.
>
> 미입증금액 < (취득재산가액×20%와 2억 원 중 적은 금액)
>
> ※ 소명금액 범위
> – 취득자금이 10억 원 미만인 경우 : 자금의 출처가 80% 이상 확인되면 취득자금 전체가 소명된 것으로 봄
> – 취득자금이 10억 원 이상인 경우 : 자금의 출처를 입증하지 못한 금액이 2억 원 미만인 경우 취득자금 전체가 소명된 것으로 봄

〈사례〉

㉠ 자력 재산 취득으로 인정되기 어려운 A씨가 취득가액 11억 원의 해외부동산을 취득하여 1.8억 원의 미입증금액이 발생한 경우 증여추정 여부

㉡ 자력 재산 취득으로 인정되기 어려운 B씨가 취득가액 8억 원인 해외부동산을 취득하여 6억 원의 취득자금이 소명된 경우 추가 소명 필요 여부

㉢ 자력 재산 취득으로 인정되기 어려운 C씨가 취득가액 12억 원인 해외부동산을 취득하여 2.4억 원의 자금 출처 미입증금액이 발생한 경우의 추가 소명 필요 여부

	㉠	㉡	㉢
①	추정	필요	필요
②	제외	불필요	불필요
③	추정	필요	불필요
④	추정	불필요	불필요
⑤	제외	필요	필요

82 다음 〈휴양림 요금규정〉과 〈조건〉에 근거할 때, 〈상황〉에서 갑, 을, 병 일행이 각각 지불한 총 요금 중 가장 큰 금액과 가장 작은 금액의 차이는?

〈휴양림 요금규정〉

• **휴양림 입장료(1인당 1일 기준)**

구분	요금(원)	입장료 면제
어른	1,000원	• 동절기(12~3월) • 다자녀 가정
청소년(만 13세 이상~만 19세 미만)	600	
어린이(만 13세 미만)	300	

※ '다자녀 가정'은 만 19세 미만의 자녀가 3인 이상 있는 가족을 말함

• **야영시설 및 숙박시설(시설당 1일 기준)**

구분		요금(원)		비고
		성수기(7~8월)	비수기(7~8월 외)	
야영시설 (10인 이내)	황토데크(개)	10,000		휴양림 입장료 별도
	캐빈(동)	30,000		
숙박시설	3인용(실)	45,000	24,000	휴양림 입장료 면제
	5인용(실)	85,000	46,000	

※ 일행 중 '장애인'이 있거나 '다자녀 가정'인 경우 비수기에 한해 야영시설 및 숙박시설 요금의 50%를 할인함

〈조건〉

• 총요금 = (휴양림 입장료) + (야영시설 또는 숙박시설 요금)
• 휴양림 입장료는 머문 일수만큼, 야영시설 및 숙박시설 요금은 숙박 일수만큼 계산함
  예 2박 3일의 경우 머문 일수는 3일, 숙박 일수는 2일

〈상황〉

• 갑(만 45세)은 아내(만 45세), 자녀 3명(각각 만 17세, 15세, 10세)과 함께 휴양림에 7월 중 3박 4일간 머물렀다. 갑 일행은 5인용 숙박시설 1실을 이용하였다.
• 을(만 25세)은 어머니(만 55세, 장애인), 아버지(만 58세)를 모시고 휴양림에서 12월 중 6박 7일간 머물렀다. 을 일행은 캐빈 1동을 이용하였다.
• 병(만 21세)은 동갑인 친구 3명과 함께 휴양림에서 10월 중 9박 10일 동안 머물렀다. 병 일행은 황토데크 1개를 이용하였다.

① 40,000원
② 114,000원
③ 125,000원
④ 144,000원
⑤ 165,000원

83 다음은 어느 대학의 재학생 및 교원 현황에 관한 자료이다. 〈환산교수 수 산정 규정〉을 적용하여 이 대학의 2014학년도 2학기 환산교수 1인당 학생 수를 구하면?(단, 소수점 첫째 자리까지 표시한다.)

〈표 1〉 2014학년도 2학기 재학생 현황

(단위 : 명)

구분	재학생 수
학부	310
대학원	60

※ 환산교수 1인당 학생 수 = $\dfrac{\text{가중치 적용 재학생 수}}{\text{환산 교수 수}}$

※ 가중치 적용 재학생 수 = 학부 재학생 수 + (대학원 재학생 수 × 1.5)

〈표 2〉 교원 현황

(단위 : 학점)

| 교원 | 2014학년도 강의학점 | | 구분 | 학력 | 전문자격증 |
	1학기	2학기			
A	3	3	전임교수	박사	–
B	6	3	시간강사	박사수료	–
C	0	3	전임교수	박사	회계사
D	3	6	시간강사	석사	–
E	3	3	초빙교수	박사	–
F	6	3	전임교수	박사	–
G	3	0	전임교수	박사	–
H	3	3	시간강사	박사수료	변호사
I	3	0	명예교수	박사	–
J	6	3	초빙교수	석사	–
K	6	3	시간강사	박사수료	회계사
L	3	3	시간강사	석사	변리사

<환산교수 수 산정 규정>

• 전임교수인 경우 : 학력, 전문자격증 보유 및 강의학점에 관계없이 1로 계산

• 전임교수가 아닌 경우

1) 직전학기와 해당학기의 두 학기 강의학점 합계가 9학점 이상이고, 박사수료 또는 박사학위를 갖고 있는 자는 1로 계산

2) 1)을 만족하지 못하면서 다음의 a) 또는 b)에 해당하는 자는 다음과 같이 계산

a) 겸임교수, 명예교수, 석좌교수, 초빙교수

b) 직전학기와 해당학기 각각 3학점 이상 강의하는 전문자격증(회계사, 변호사, 변리사) 소지자

해당학기 강의학점 수	환산교수 수
0~5	$\dfrac{\text{해당학기 강의 학점수}}{6}$
6 이상	1

• 위에 해당하지 않는 경우는 0으로 계산

① 40.0　　　　② 45.0　　　　③ 50.0　　　　④ 53.3　　　　⑤ 57.1

84 홍보팀 남 대리는 회사를 출발하여 A, B, C, D 4개 거래처를 방문하여야 한다. 장소 간 이동 시간이 다음 표와 같을 때, 방문 순서에 상관없이 4개 거래처를 모두 방문하는 데 걸리는 가장 짧은 시간은? (단, 거래처에서 머무는 시간은 고려하지 않고 이동 시간만을 계산하며, ×표시된 구간으로는 이동이 불가능하다.)

구분		도착지				
		회사	A	B	C	D
출발지	회사	-	2시간 15분	45분	×	×
	A	×	-	×	1시간 30분	3시간 45분
	B	45분	1시간 30분	-	×	×
	C	1시간 30분	×	×	-	45분
	D	×	×	45분	45분	-

① 4시간
② 4시간 15분
③ 4시간 30분
④ 4시간 45분
⑤ 5시간

85 다음은 소비자 보호를 목적으로 한, 부당한 표시와 광고를 금지하는 내용을 담고 있는 규정이다. 규정에 위배된다고 볼 수 있는 표시 또는 광고 행위로 가장 거리가 먼 것은?

가. '표시'의 개념

사업자 또는 사업자단체가 상품 또는 용역에 관한 사항을 소비자에게 알리기 위하여 그 상품의 용기·포장(첨부물 및 내용물을 포함) 또는 사업장 등의 게시물 또는 상품권·회원권·분양권 등 상품 등에 관한 권리를 나타내는 증서에 쓰거나 붙인 문자나 도형 및 상품의 특성을 나타내는 용기·포장을 말함

나. '광고'의 개념

사업자 등이 신문·인터넷신문·정기간행물·방송·전기통신, 전단·팜플렛·견본·입장권, 인터넷·PC통신, 포스터·간판·네온사인·애드벌룬·전광판, 비디오물·음반·서적·간행물·영화·연극, 자기 상품 외의 다른 상품, 기타 이들과 유사한 매체 또는 수단을 이용하여 소비자에게 널리 알리거나 제시하는 것을 말함

다. '부당한 표시·광고'의 개념

사업자 등이 자기 또는 자기의 상품(다른 사업자 또는 상품포함) 등에 관하여 소비자를 속이거나 소비자로 하여금 잘못 알게 할 우려가 있는 내용의 표시·광고를 말함

라. '부당한 표시·광고'의 유형

부당한 표시·광고에는 ①거짓 과장의 표시·광고, ②기만적인 표시·광고, ③부당하게 비교하는 표시·광고, ④비방적인 표시·광고 등 4가지 유형이 있음

마. 거짓·과장의 표시·광고

사실과 다르게 표시·광고하거나 사실을 지나치게 부풀려서 표시·광고하는 것

---

① 객관적으로 인정될 수 없는 자체실험 결과를 토대로 자기의 자동차 매연 감소 제품에 대하여 '획기적인 연료 절감 10~30%', '매연 50~90% 감소'라고 광고하는 행위
② 아파트분양 광고를 하면서 주변에 조망권을 침해하는 건물이 들어선다는 사실을 알면서도 이를 밝히지 않고 강을 바라볼 수 있는 조망권이 100% 보장된다고 광고하는 행위
③ 경쟁사업자의 최신 동급 잉크프린트가 존재함에도 불구하고 이보다 가격 및 성능이 떨어지는 구형 잉크젯 프린트와 비교하면서 자기의 잉크젯 프린트 출력속도가 뛰어난 것처럼 표시·광고하는 행위
④ 노트 표지에 해당 노트를 이용해 학습하여 명문대에 입학하자는 문구와 명문대들의 심볼을 함께 디자인하여 판매하는 행위
⑤ 학습교재 광고를 하면서 자신의 인터넷에 의한 학습방법에 비해 경쟁사의 방문 학습방법이 시대에 뒤떨어진 학습방법인 것처럼 표현하는 행위

86 L시에서는 자동차 운행에 따른 연료 소비를 줄이기 위해 시의회가 소집되었다. 다음과 같은 의회의 회의록 내용에 대한 평가로 가장 적절한 것은?

〈회의록〉
– 안건 : 연료 소비 감축 방안 – L시의회
A의원 : 자동차를 새로 구입하는 사람이 내는 등록세를 인상해야 한다. B의원 : 차라리 자동차를 보유한 모든 사람이 매년 내는 자동차세를 인상해야 한다. C의원 : 매월 주행 거리를 검사해서 거리에 비례하는 자동차 주행세를 징수해야 한다. D의원 : 아예 자동차 연료에 대한 세금을 인상해야 한다. E의원 : 세금을 손대지 말고 차량 번호 끝자리에 따라 홀짝제 운행을 시행해야 한다.

① A의원의 제안은 기존의 운전자들에게 아무 영향을 주지 않기 때문에 규제 시행 전과 비교하여 연료 소비가 줄지 않을 것이다.

② B의원의 제안은 모든 운전자들에게 동일한 영향을 주기 때문에 제도 시행 후에도 연료 소비가 줄지 않을 것이다.

③ D의원의 제안은 개인이 소비하는 연료의 양에 따라 추가 비용을 부과하는 방식이다.

④ C의원의 제안은 E의원의 제안보다 자동차 운행이 절실히 필요한 사람에게 불리하다.

⑤ D의원의 제안은 E의원의 제안보다 자동차 운행이 절실히 필요한 사람에게 불리하다.

87 다음은 홍보팀이 준비 중인 행사에 필요한 A용품의 시간당 대여료를 요금제에 따라 비교한 자료이다. 다음 중 요금제에 대한 적절한 설명으로 옳은 것만을 〈보기〉에서 모두 고르면?(단, 1분을 초과해도 시간을 초과한 것으로 간주한다.)

구분	기본요금	시간당 요금
제1요금제	15,000원/1시간	1,000원/매 초과 30분
제2요금제	17,000원/3시간	1,300원/매 초과 30분

┌ 보기 ┐
ㄱ. A용품을 4시간 이상 대여할 경우 제1요금제의 대여료가 더 저렴하다.
ㄴ. 대여 시간이 길어질수록 두 요금제의 대여료 차이가 좁혀지면서 결국 대여료 역전이 일어나게 된다.
ㄷ. 3시간 이상 대여할 경우 두 요금제의 대여료가 똑같아지는 시간대는 없다.
ㄹ. 대여 시간이 6시간을 초과할 경우에는 제1요금제의 대여료가 더 저렴하다.

① ㄱ, ㄴ
② ㄱ, ㄴ, ㄷ
③ ㄱ, ㄴ, ㄹ
④ ㄴ, ㄷ
⑤ ㄴ, ㄷ, ㄹ

[88~89] 다음 자료를 바탕으로 이어지는 물음에 답하시오.

T그룹에서는 1,000명의 신입사원들을 대상으로 연수원에서 1달간의 신입사원 오리엔테이션을 실시하였다. 신입사원들에게 연수원 입소 첫날, 근무를 희망하는 계열사를 적어내게 한 뒤, 마지막 날 다시 한 번 최종 의견을 적어내도록 하였다.

1차와 2차 선택 시의 근무 희망 계열사가 달라진 신입사원들을 대상으로 '업무 내용'과 '회사 평판' 때문이라는 두 가지 이유 중 하나를 선택하게 하였다.

〈표 1〉 1 · 2차 선택 결과

(단위 : 명)

1차 선택 \ 2차 선택	T전자	T보험	T증권	T상사	합계
T전자	70	66	20	30	186
T보험	110	150	30	24	314
T증권	104	50	90	80	324
T상사	60	30	42	44	176
합계	344	296	182	178	1,000

〈표 2〉 선택 변경 이유

(단위 : %)

변경 이유	T전자	T보험	T증권	T상사
업무 내용	65	45	70	65
회사 평판	35	55	30	35

※ 두 가지 이유 이외에 선택에 영향을 미치는 이유는 없다고 가정함

88 다음 중 위의 선택 결과에 대한 내용으로 옳은 것만을 〈보기〉에서 모두 고르면?

보기
 ㉠ 2차 선택을 통하여 선택 인원이 증가한 계열사는 한 군데이다.
 ㉡ 2차 선택에서 근무 희망 부서를 바꾼 이유가 '업무 내용' 때문인 사람이 '회사 평판' 때문인 사람보다 더 많다.
 ㉢ 1, 2차 선택 시의 선택 인원 변동이 가장 적은 두 계열사는 T증권과 T상사이다.
 ㉣ 회사 평판이 상대적으로 좋지 않다고 볼 수 있는 계열사는 T증권이다.

① ㉠, ㉡   ② ㉠, ㉢
③ ㉡, ㉢   ④ ㉡, ㉣
⑤ ㉢, ㉣

89 위의 신입사원들의 의견을 참고할 때, '업무 내용'과 '회사 평판' 때문에 2차 선택을 하게 된 신입사원의 수가 각각 두 번째로 많은 계열사가 순서대로 짝지어진 것은?(단, 인원수는 반올림하여 정수로 표시한다.)

① T상사, T증권
② T증권, T전자
③ T전자, T상사
④ T보험, T전자
⑤ T상사, T보험

90 새로 이사한 백 대리의 집 약도는 다음과 같다. 〈설명〉을 참고할 때 B~F지점의 이름을 순서대로 바르게 연결한 것은?(단, 각 지점을 연결하는 선은 포장도로를 의미한다.)

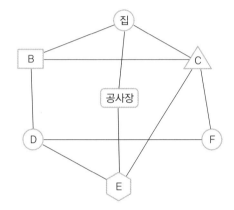

〈설명〉

1. 집에서 우체국까지 직접 연결된 포장도로는 없다.
2. 은행은 세 군데 지점과만 포장도로가 직접 연결되어 있다.
3. 목욕탕은 집, 편의점, 교회 세 군데 지점과만 직접 연결된 포장도로가 있다.
4. 우체국에서는 포장도로를 이용하여 교회만을 거쳐 집으로 갈 수 있다.

① 은행 – 편의점 – 교회 – 목욕탕 – 우체국
② 목욕탕 – 편의점 – 교회 – 은행 – 우체국
③ 은행 – 편의점 – 우체국 – 교회 – 목욕탕
④ 목욕탕 – 교회 – 편의점 – 은행 – 우체국
⑤ 은행 – 우체국 – 교회 – 편의점 – 목욕탕

[91~92] 다음 자료를 보고 이어지는 물음에 답하시오.

도시가스 요금 경감 안내

■ 지원 대상

대상	지원기준
장애인	'장애인복지법'에서 정한 1~3급 장애인
국가유공자	'국가유공자 등 예우 및 지원에 관한 법률' 및 '5.18 민주유공자 예우에 관한 법률'에서 정한 1~3급 상이자
독립유공자	'독립유공자 예우에 관한 법률'에 의한 독립유공자 또는 수급자
생계/의료, 주거급여, 교육급여 수급자	'국민기초생활보장법'에서 정한 생계급여, 의료급여, 주거급여, 교육급여 수급자
차상위계층	• 국민기초생활보장법(제9조 제5항)에 따라 자활사업에 참여하는 자 • 국민건강보험법 시행령(별표2 제3호 라목)에 따라 희귀난치성질환을 가진 자 등으로서 본인부담액을 경감받는 자 • 장애인복지법(제49, 50조)에 따라 장애수당을 받는 18세 이상 장애인 및 장애아동수당을 받는 18세 미만 장애인 • 한부모가족지원법(제5조)에 따라 지원받는 모자가정, 부자가정, 조손가정 • 차상위계층확인서를 발급받은 가정
다자녀가구	세대별 주민등록표상 세대주와의 관계가 "자(子)" 또는 "손(孫)"이 각각 3인 이상으로 표시된 주거용 주택의 세대주. 단, 만 18세 미만의 "자(子)" 또는 "손(孫)"의 확인은 주민등록표상 으로 불가능할 경우 가족관계증명서로 대체

■ 지원 금액

(단위 : 원/월)

구분	취사난방용						취사용		
	동절기(12~3월)			동절기 제외(4~11월)					
	계	도매	소매	계	도매	소매	계	도매	소매
장애인 (1~3급)	24,000	16,800	7,200	6,600	4,620	1,980	1,680	1,180	500
국가유공자	24,000	16,800	7,200	6,600	4,620	1,980	1,680	1,180	500
독립유공자	24,000	16,800	7,200	6,600	4,620	1,980	1,680	1,180	500
생계/ 의료급여	24,000	16,800	7,200	6,600	4,620	1,980	1,680	1,180	500
주거급여	12,000	8,400	3,600	3,300	2,310	990	840	590	250
교육급여	6,000	4,200	1,800	1,650	1,160	490	420	290	130
차상위계층	12,000	8,400	3,600	3,300	2,310	990	840	590	250
다자녀가구	6,000	4,200	1,800	1,650	1,160	490	420	290	130

※ 도매비용은 공사에서 공급받는 원료비, 소매비용은 도시가스사의 공급비용을 의미함

■ 경감절차

1. 신청(대상자)	2. 자격 확인(정부)	3. 경감 적용(도·소매)
• 접수처 : 도시가스사 방문, 홈페이지, 콜센터(전화), 우편, FAX 접수, 주민센터(고지서 지참) 접수 • 신청서식 : 도시가스요금경감 신청서(도시가스회사 및 주민 센터 비치), 개인정보활용 동의서	• 도시가스사 신청 시 : 도시가스사는 매일 신청인 자격 확인을 GRMS를 통해 정부에 의뢰, 정부는 자격 확인 결과를 GRMS를 통해 도시가스사에 송신 • 주민센터 신청 시 : 주민센터는 경감자격 확인 후 대상자를 GRMS를 통해 도시가스사로 매일 통보	• 도시가스사 신청 시 : 신청일 기준 익일부터 경감 선적용 단, 자격확인 결과 비대상자일 경우 경감 취소됨 • 주민센터 신청 시 : 도시가스사는 주민센터로부터 매일 수신 받은 신청인의 신청일 기준 익일부터 경감 적용

※ GRMS(가스요금경감관리시스템, Gas Tariff Reduction Management System) : 전자정부망을 통하여 경감대상 자격 요건을 확인하는 시스템

■ 안내사항

1. 가스요금 할인은 이사 등으로 주민등록 주소지가 변경되는 경우 반드시 도시가스사에 통지하여 이전 주소지 적용 건을 해지한 후 새로운 주소지로 관할 도시가스사에 재신청하셔야 계속 적용이 가능합니다.

2. 외국인은 신청일 이후 체류기간이 만료되는 경우 변동사실을 관할 도시가스사에 통보하여야 합니다.

91 다음 중 위의 도시가스 요금 경감 안내를 바르게 이해하지 못한 것은?

① 자녀수에 의해 도시가스 요금 경감 대상자가 되기 위해서는 자녀가 18세 미만의 미성년자인 경우 증명 관련 서류를 내야한다.

② 정부와 도시가스사는 GRMS 시스템을 통해 신청자의 경감 대상자 여부에 관한 정보를 공유하고 있다.

③ 도시가스사나 주민센터에 도시가스 요금 경감 신청을 하게 되면 신청일이 속한 달의 첫째 날부터 소급하여 적용받을 수 있다.

④ GRMS 시스템은 경감 대상자를 스스로 식별하여 신분상의 변화에 따라 자동으로 대응하는 시스템이 아니다.

⑤ 지원금액은 취사용보다 취사난방용이, 하절기보다 동절기에 더 많다.

92 다음 두 가지의 경우 경감 받을 수 있는 월 도시가스 요금의 지원금은 각각 얼마인가?

> • 취사난방용 금액이 적용되며, 생계급여, 의료급여, 주거급여, 교육급여 수급자인 A씨
> • 취사용 금액이 적용되며, 할머니를 모시고 두 사람이 생활 중인 고등학생 B씨

	A씨	B씨		A씨	B씨
①	55,320원	420원	②	54,450원	840원
③	53,550원	840원	④	53,050원	420원
⑤	52,460원	420원			

[93~94] 다음은 부동산 세금에 관한 자료이다. 내용을 바탕으로 이어지는 물음에 답하시오.

1세대 2주택이라도 다음과 같은 경우에는 양도소득세를 과세하지 않습니다.

1. 일시적으로 두 채의 주택을 갖게 될 경우

   한 개의 주택(종전의 주택)을 가지고 있던 1세대가 그 집을 구입한 날부터 1년 이상이 지난 후 새로운 주택 1개를 추가 구입하여 일시적으로 2주택이 된 경우, 새로운 주택을 구입한 날부터 3년 내에 2년 이상 보유한 종전의 주택을 팔게 되면 비과세됩니다.

2. 상속을 받아 두 채의 주택을 갖게 될 경우

   1주택 보유자가 별도 세대원으로부터 1주택을 상속받아 1세대 2주택이 된 경우로서 일반주택(상속개시 당시 기존 소유한 1주택)을 먼저 팔 때에는 상속받은 주택에 관계없이 국내에 1개의 주택을 소유한 것으로 판단합니다. 그러나 상속받은 주택을 먼저 팔 때에는 양도소득세가 과세됩니다.

3. 한 울타리 안에 두 개의 집이 있을 경우

   한 울타리 안에 집이 두 개가 있어도 1세대가 주거용으로 모두를 사용하고 있을 때에는 1세대 1주택으로 봅니다.

4. 집을 사간 사람이 등기이전을 해가지 않아 두 개가 될 경우

   양도소득세가 해당되지 않는 1세대 1주택을 팔았으나, 집을 사간 사람이 등기이전을 해가지 않아서 공부상 1세대 2주택으로 나타난 경우 매매계약서 등에 의하여 종전의 주택을 판 (잔금을 받은) 사실이 확인되면 양도소득세를 과세하지 않습니다.

5. 직계존속을 모시기 위하여 세대를 합쳐 두 개의 집을 갖게 될 경우

   1주택을 소유하고 있는 1세대가 1주택을 소유하고 있는 60세 이상의 직계존속(배우자의 직계존속 포함)을 모시기 위해 세대를 합친 경우 합친 날로부터 5년 이내에 먼저 양도하는 주택(비과세 요건을 갖춘 경우에 한함)은 양도소득세가 과세되지 않습니다.

6. 결혼으로 두 개의 집을 갖게 될 경우

   각각 1주택을 소유한 남녀가 결혼하여 1세대 2주택이 된 경우 또는 1주택을 소유한 직계존속(60세 이상)을 동거 봉양하는 무주택자가 1주택을 보유한 자와 결혼하여 1세대 2주택이 된 경우 혼인한 날로부터 5년 이내에 먼저 양도하는 주택(비과세 요건을 갖춘 경우에 한함)은 양도소득세가 과세되지 않습니다.

7. 농어촌주택을 포함하여 두 개의 집을 갖게 될 경우

   농어촌주택과 일반주택을 각각 1개씩 소유한 1세대가 비과세 요건을 갖춘 일반주택을 팔면(귀농주택의 경우 그 취득일부터 5년 안에 일반주택을 팔아야 함) 양도소득세가 과세되지 않습니다.

8. 취학 등 사유로 수도권 밖에 소재하는 주택을 취득하여 두 개를 소유한 경우

   1주택(일반주택)을 소유한 1세대가 취학(유치원·초등학교 및 중학교 제외), 직장의 변경이나 전근 등 근무상의 형편, 1년 이상 질병의 치료나 요양의 사유로 수도권 밖에 소재하는 1주택을 취득하여 1세대 2주택이 된 경우 부득이한 사유가 해소된 날부터 3년 이내에 일반주택(비과세 요건을 갖춘 경우에 한함)을 팔면 양도소득세가 과세되지 않습니다.

93 다음 중 양도소득세 감면조치의 취지에 대한 설명으로 적절하지 않은 것은?

① 농어촌 살리기의 정책적인 의지를 엿볼 수 있다.

② 소득 하위 계층에 대한 혜택 등 우대 정책을 엿볼 수 있다.

③ 수도권 과밀 현상을 억제하기 위한 의지를 엿볼 수 있다.

④ 투기를 목적으로 하지 않은 경우에 대하여 양도세 감면을 인정한다.

⑤ 일정 기한 내에 해당 주택을 팔 경우에는 투기 목적이 없다고 판단하여 양도세 감면을 인정한다.

94 양도소득세가 과세되지 않는 경우를 〈보기〉에서 모두 고르면?

> **보기**
>
> ㉠ 한 달 간격으로 2개의 주택을 구입한 후 먼저 구입한 주택을 1년 후에 판 경우
> ㉡ 부모로부터 주택 1개를 상속받아 이사한 후, 기존 거주하던 주택을 판 경우
> ㉢ 비과세 조건을 갖춘 주택 1개씩을 각각 소유하고 있는 남녀가 혼인 4년 후 여성 소유의 주택을 판 경우
> ㉣ 질병 치료를 위해 제주도에 추가 1주택을 산 세대가 질병 치료 완료 4년 후 일반주택을 판 경우

① ㉠, ㉡   ② ㉠, ㉢

③ ㉠, ㉣   ④ ㉡, ㉢

⑤ ㉡, ㉣

국외여행표준약관

제12조(여행요금의 변경) ① 국외여행을 실시함에 있어서 이용운송·숙박기관에 지급하여야 할 요금이 계약체결 시보다 5% 이상 증감하거나 여행요금에 적용된 외화환율이 계약체결 시보다 2% 이상 증감한 경우 당사 또는 여행자는 그 증감된 금액 범위 내에서 여행요금의 증감을 상대방에게 청구할 수 있습니다.

② 당사는 제1항의 규정에 따라 여행요금을 증액하였을 때 여행출발일 15일 전에 여행자에게 통지하여야 합니다.

제15조(여행출발 전 계약해지) ① 당사 또는 여행자는 여행출발 전 이 여행계약을 해지할 수 있습니다. 이 경우 발생하는 손해액은 공정거래위원회가 고시한 '소비자분쟁해결기준'에 따라 배상합니다.

1. 여행자의 여행계약 해지 요청이 있는 경우
    − 여행 개시 30일 전까지(~30) 통보 시 : 계약금 환급
    − 여행 개시 20일 전까지(29~20) 통보 시 : 여행요금의 10% 배상
    − 여행 개시 10일 전까지(19~10) 통보 시 : 여행요금의 15% 배상
    − 여행 개시 8일 전까지(9~8) 통보 시 : 여행요금의 20% 배상
    − 여행 개시 1일 전까지(7~1) 통보 시 : 여행요금의 30% 배상
    − 여행 당일 통보 시 : 여행요금의 50% 배상

2. 당사의 귀책사유로 취소 통보하는 경우
    − 여행 개시 30일 전까지(~30) 통보 시 : 계약금 환급
    − 여행 개시 20일 전까지(29~20) 통보 시 : 여행요금의 10% 배상
    − 여행 개시 10일 전까지(19~10) 통보 시 : 여행요금의 15% 배상
    − 여행 개시 8일 전까지(9~8) 통보 시 : 여행요금의 20% 배상
    − 여행 개시 1일 전까지(7~1) 통보 시 : 여행요금의 30% 배상
    − 여행 당일 통보 시 : 여행요금의 50% 배상

② 당사 또는 여행자는 여행출발 전에 다음 각 호의 1에 해당하는 사유가 있는 경우 상대방에게 제1항의 손해배상액을 지급하지 아니하고 여행계약을 해지할 수 있습니다.

1. 당사가 해지할 수 있는 경우
    가. 천재지변, 전란, 정부의 명령, 운송·숙박기관 등의 파업·휴업 등으로 여행의 목적을 달성할 수 없는 경우
    나. 다른 여행자에게 폐를 끼치거나 여행의 원활한 실시에 현저한 지장이 있다고 인정될 때
    다. 질병 등 여행자의 신체에 이상이 발생하여 여행 참가가 불가능한 경우
    라. 여행자가 계약서에 기재된 기일까지 여행요금을 납입하지 아니한 경우

2. 여행자가 해지할 수 있는 경우
    가. 천재지변, 전란, 정부의 명령, 운송·숙박기관 등의 파업·휴업 등으로 여행의 목적을 달성할 수 없거나 여행자의 안전과 보호를 위하여 여행자의 요청 또는 현지사정에 의하여 해지가 부득이하다고 쌍방이 합의한 경우
    나. 여행자의 3촌 이내 친족이 사망한 경우(단, 여행자는 아래와 같은 입증서류를 당사에 제출하여야 한다)
        1) 친족을 확인할 수 있는 서류(가족관계증명서 등)
        2) 진단서 또는 사체검안서(사망진단서)
        3) 그밖에 필요한 자료

다. 질병 등 여행자의 신체에 이상이 발생하여 여행 참가가 불가능한 경우(단, 여행자는 아래와 같은 입증
서류를 당사에 제출하여야 한다)

1) 진단서

2) 그밖에 필요한 자료

라. 배우자 또는 직계존비속이 신체이상으로 3일 이상 병원(의원)에 입원하여 여행 출발 전까지 퇴원이
곤란한 경우(단, 여행자는 아래와 같은 입증서류를 당사에 제출하여야 한다)

1) 친족을 확인할 수 있는 서류(가족관계증명서 등)

2) 진단서

3) 그밖에 필요한 자료

마. 당사의 귀책사유로 계약서 또는 여행일정표(여행설명서)에 기재된 여행일정대로의 여행실시가 불가능
해진 경우

바. 제12조 제1항의 규정에 의한 여행요금의 증액으로 인하여 여행 계속이 어렵다고 인정될 경우

---

95 여행자가 손해배상 없이 여행계약을 해지할 수 있는 경우에 해당하지 않는 것은?

① 여행 5일 전 A씨의 배우자가 교통사고로 최소 2주 이상 입원하게 되어, 가족관계증명서와 진단서를
제출하며 계약 해지를 요청하였다.

② B씨가 계약을 체결할 당시보다 환율이 10% 급등하는 바람에 추가요금 부담이 높아져 해지
요청하였다.

③ 계약 당시 C씨가 숙박하고자 한 호텔 예약이 여행사의 실수로 누락되어 계약 해지를 신청하였다.

④ D씨는 출발 이틀 전 여행지에 태풍 상륙이 예상되어 안전상의 이유로 여행 해지를 요구하였다.

⑤ 회사일로 부득이하게 휴가일정을 변경하게 된 E씨는 여행 40일 전 계약 해지를 요청하였다.

---

96 다음은 여행자의 요청으로 계약을 해지하는 상황이다. 갑~무의 여행 개시일은 2019년 8월 5일로 모두
동일하고, 각각의 여행요금과 해지 요청일이 다음과 같을 때, 가장 적은 금액을 배상하는 경우는?(단,
모든 경우는 제15조 제2항의 사유에 해당하지 않는다.)

	구분	여행요금	해지 요청일
①	갑	3,850,000원	2019년 7월 15일
②	을	1,680,000원	2019년 7월 27일
③	병	4,210,000원	2019년 7월 7일
④	정	1,180,000원	2019년 7월 30일
⑤	무	2,220,000원	2019년 7월 22일

97 다음 글과 〈상황〉을 근거로 판단할 때, 2016년 정당에 지급할 국고보조금의 총액은?

제○○조(국고보조금의 계상) ① 국가는 정당에 대한 보조금으로 최근 실시한 임기만료에 의한 국회의원선거의 선거권자 총수에 보조금 계상단가를 곱한 금액을 매년 예산에 계상하여야 한다.

② 대통령선거, 임기만료에 의한 국회의원선거 또는 동시지방선거가 있는 연도에는 각 선거(동시지방선거는 하나의 선거로 본다)마다 보조금 계상단가를 추가한 금액을 제1항의 기준에 의하여 예산에 계상하여야 한다.

③ 제1항 및 제2항에 따른 보조금 계상단가는 전년도 보조금 계상단가에 전전년도와 대비한 전년도 전국소비자물가변동률을 적용하여 산정한 금액을 증감한 금액으로 한다.

④ 중앙선거관리위원회는 제1항의 규정에 의한 보조금(이하 '경상보조금'이라 한다)은 매년 분기별로 균등분할하여 정당에 지급하고, 제2항의 규정에 의한 보조금(이하 '선거보조금'이라 한다)은 당해 선거의 후보자등록마감일 후 2일 이내에 정당에 지급한다.

〈상황〉
- 2014년 실시된 임기만료에 의한 국회의원선거의 선거권자 총수는 3천만 명이었고, 국회의원 임기는 4년이다.
- 2015년 정당에 지급된 국고보조금의 보조금 계상단가는 1,000원이었다.
- 전국소비자물가 변동률을 적용하여 산정한 보조금 계상단가는 전년 대비 매년 30원씩 증가한다.
- 2016년에는 5월에 대통령선거가 있고 8월에 임기만료에 의한 동시지방선거가 있다. 각 선거의 한 달 전에 후보자 등록을 마감한다.
- 2017년에는 대통령선거, 임기만료에 의한 국회의원선거 또는 동시지방선거가 없다.

① 309억 원
② 600억 원
③ 618억 원
④ 900억 원
⑤ 927억 원

98 8층짜리 건물에 총무부, 회계부, 인사부, 기획부, 연구부, 영업부, 홍보부, 생산부의 8개 부서를 배치하려 한다. 각 층에는 하나의 부서만 배치되며, 다음 조건이 모두 참일 때 항상 참인 것은?

〈조건〉
- 총무부는 3층에 위치한다.
- 회계부와 기획부는 서로 인접한 층에 위치한다.
- 홍보부는 회계부보다는 위층, 인사부보다는 아래층에 위치한다.
- 연구부는 4층이다.

① 생산부는 연구부보다 아래층에 위치한다.
② 영업부는 5층에서 8층 사이에 위치한다.
③ 기획부가 1층이라면 홍보부는 6층 이상이다.
④ 회계부가 5층이라면 홍보부는 7층이다.
⑤ 인사부는 3층과 4층을 제외한 모든 층에 위치할 수 있다.

99 K부장은 지난 7월 해외 출장을 다녀왔다. 아래 자료를 참고했을 때, K부장이 출장을 다녀온 도시로 옳은 것은?

K부장은 해외 영농업 사례 조사차 출장을 다녀왔다. 서울에서 7월 21일 오전 8시 30분 비행기를 타고 출발하였고, 도중에 경유지에서 비행기를 환승하여 총 15시간 동안 비행하였다. 도착 후 3일 동안 업무를 수행하였고, 4일째 되는 날 현지 시간 오전 9시 비행기를 탑승, 12시간의 비행 후에 인천공항에 도착하였다. 도착 직후 서울의 시간을 확인하니 7월 25일 오전 8시였다.

〈도시별 기준 시차〉

밴쿠버*	상파울루*	부에노스 아이레스	런던*	아테네*	모스크바	서울
-8	-3	-3	0	+2	+3	+9

※ 표시된 도시는 서머타임 시행 중인 곳으로, 해당 도시는 서머타임 기간 동안 기준 시차보다 1시간을 앞당겨(+1) 생활함

① 모스크바
② 부에노스아이레스
③ 런던
④ 상파울루
⑤ 아테네

[100~101] 다음은 H공단에서 실시하는 '사업주 직업능력개발훈련'에 관한 안내 자료이다. 다음 자료를 보고 이어지는 물음에 답하시오.

사업주 직업능력개발훈련

사업주 직업능력개발훈련은 사업주(=사업장 대표)가 소속근로자 등의 직무수행능력을 향상시키기 위하여 훈련을 실시할 때, 이에 소요되는 비용의 일부를 지원해 주는 제도로 사업주 훈련이라고도 합니다.

■ **훈련비 지원**
  – 훈련별 지원 내역

구분	훈련비	숙식비	훈련수당	임금의 일부
집체훈련	○	○	○	○
현장훈련	○	○	○	×
원격훈련	○	×	×	×

  – 기업별 지원 비율

기업 구분	훈련 구분	지원 비율
우선지원대상기업	향상·양성훈련	100%
	원격훈련	120%
일반 대규모기업	향상·양성훈련	60%
	비정규직 대상훈련/전직훈련	70%
	원격훈련	80%
상시근로자 1,000인 이상 대규모 기업	향상·양성훈련	50%
	비정규직 대상훈련/전직훈련	70%

훈련과정 심사등급	인터넷 원격(원/일)	스마트 원격(원/일)	우편(원/일)
A	5,600	11,000	3,600
B	3,800	7,400	2,800
C	2,700	5,400	1,980

  ※ 집체·현장훈련 지원금 = 표준훈련비 × 훈련시간 × 훈련인원 × 지원 비율
  ※ 원격훈련 지원금 = 심사등급별 지원금액 × 훈련시간 × 훈련수료인원 × 지원비율
  ※ 혼합훈련은 각각의 훈련방법에 따라 지원되는 금액으로 지원됩니다.

100 다음 중 훈련비 지원 내역을 바르게 이해하지 못한 것은?

① 훈련비는 모든 종류의 훈련에 지원된다.
② 훈련시간과 훈련인원이 많을수록 기업에 지원되는 지원금 규모는 더 커진다.
③ 기업별 지원 비율은 기업 규모가 클수록 높다.
④ 집체훈련과 현장훈련의 훈련비는 심사등급에 관계없이 일정한 금액이 지원된다.
⑤ 우선지원대상기업에서 실시한 양성훈련과 인터넷 원격훈련의 지원비율은 동일하지 않다.

101 다음 네 개의 기업이 실시한 훈련의 내역을 참고할 때, 1인당 지원 금액의 규모가 많은 기업부터 순서대로 나열한 것은?

구분	갑	을	병	정
기업구분	우선지원대상	일반 대규모	우선지원대상	일반 대규모
훈련시간(시간)	3	4	9	11
훈련 종류	향상훈련	전직훈련	스마트 원격	인터넷 원격
표준훈련비(원)	20,000	20,000	–	–
심사등급	–	–	C	A

① 갑 – 을 – 병 – 정

② 갑 – 병 – 을 – 정

③ 갑 – 병 – 정 – 을

④ 병 – 갑 – 을 – 정

⑤ 정 – 병 – 을 – 갑

102 영업팀 신 부장은 다음 달 2박 3일간의 일본 출장을 계획하고 있다. 다음의 〈조건〉을 만족할 때 신 부장의 출장 복귀일이 될 수 없는 날짜는?

〈조건〉

㉠ 다음 달은 4월이며 마지막 날은 수요일이다.

㉡ 주말에는 업무를 볼 수 없어 출장 기간에 포함시키지 않으려 한다.

㉢ 넷째 주 월~수요일은 거래처 담당자 미팅을 할 수 없다.

㉣ 첫째, 셋째 주 수요일은 모든 부서장이 참석해야 하는 본사 회의가 있다.

① 9일   ② 10일   ③ 11일   ④ 25일   ⑤ 30일

[103~104] M사 직원들은 단체로 휴양지에 놀러 가게 되었다. 휴양지에 위치한 콘도와 주변 관광지 A~E간의 거리를 나타낸 그림을 바탕으로 이어지는 물음에 답하시오.

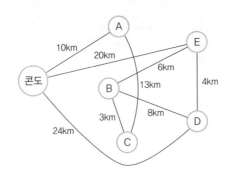

103 콘도에 도착한 직원들은 5개 조로 나누어 주변 지역 A, B, C, D, E를 방문하였다. 콘도와 방문지의 약도가 위와 같을 때, 1개 조가 다섯 지역 모두를 최단 거리로 방문할 경우의 이동 거리는 몇 km인가?

① 34km
② 36km
③ 38km
④ 48km
⑤ 50km

104 5개 조는 모두 각 조의 차량을 이용하여 A, B, C, D, E 방문지를 다녀왔고, 이동 시 각 차량의 연비와 방문에 따른 총 연료비가 다음과 같았다. 최단 경로를 이용하여 방문지를 모두 방문한 조는 어느 조인가?(단, 이동 중 다른 곳은 거치지 않은 것으로 가정하며, 휘발유 가격은 1,500원/L로 동일하다.)

구분	연비	연료비
1조	8km/L	9,000원
2조	10km/L	7,500원
3조	12km/L	4,500원
4조	16km/L	4,500원
5조	19km/L	3,000원

① 1조
② 2조
③ 3조
④ 4조
⑤ 5조

105 S은행의 다음과 같은 대출 관련 안내 사항을 참고할 때, 적절한 의견을 제시하지 못한 사람은 누구인가?

핵심
유형

의사
소통
능력

수리
능력

문제
해결
능력

- **대출자격**

  다음의 어느 하나에 해당하는 신청인
  - 세대주로서 대출 대상 주택 임차보증금 2억 원 이하(단, 수도권은 전용면적 85m² 이하), 수도권을 제외한 도시지역이 아닌 읍 또는 면 지역은 100m² 이하에 임대차계약을 체결하고 임차보증금의 5% 이상을 지불한 자
  - 대출 신청일 현재 세대주로서 세대주를 포함한 세대원 전원이 무주택자인 자
  - 대출 신청인과 배우자의 연소득 합산 6천만 원 이하인 자
  - 신혼가구 : 혼인관계증명서상 혼인기간이 5년 이내인 가구, 또는 결혼 예정자와 배우자로 구성된 가구

- **대출금리**

  부부합산 연소득에 따른 보증금별 차등 이율 적용
  - 2천만 원 이하 : 연 1.2%~1.5%
  - 2천만 원 초과~4천만 원 이하 : 연 1.5%~1.8%
  - 4천만 원 초과~6천만 원 이하 : 연 1.8%~2.1%
  - 6천만 원 초과 : 연 2.5%

- **대출한도**

  전(월)세 계약서상 임차보증금의 최대 80%
  - 수도권(서울, 경기, 인천) : 1.7억 원 한도
  - 수도권 이외 지역 : 1.3억 원 한도

---

① 지난주 수도권 지역에 전용면적 80m²인 주택 임대차계약을 체결했어요. 보증금 2억 원에서 3,000만 원만 지불하고 나머지 금액을 대출받으려 하는데, 가능하겠죠?

② 영철 씨와 다음 달 결혼 예정인데 우리 둘 소득이 약 7천만 원 정도 됩니다. 결혼 예정자이니까 우리도 대출이 가능한 것으로 알고 있어요.

③ 이번에 계약한 집의 보증금이 3억 5천만 원인데, 80% 정도는 대출이 된다고 하니 모자라는 금액 2억 원은 대출로 해결해야겠어요.

④ 우리 부부는 맞벌이를 해서 소득은 연 8천만 원 정도 되지만, 같이 사는 아들이 미혼인데다 가족 모두가 무주택자이니 이번에 대출해서 집을 좀 살까 해요.

⑤ 우린 부부합산 소득이 7천만 원이니까 1억 5천만 원을 대출하면 연 이자액이 375만 원이겠군.

주택청약종합저축 가입

- 공공주택 또는 민영주택에 청약하려는 사람은 주택청약종합저축에 가입되어 있어야 합니다. 따라서 아파트 분양을 받기 위해서는 먼저 주택청약종합저축에 가입해야 합니다.

- 청약통장의 종류

청약통장	설명	가입가능 은행
주택청약종합저축	국민주택과 민영주택을 공급받기 위한 청약통장	농협, 신한, 우리, 하나, 기업, 국민, 대구, 부산
청약저축	국민주택을 공급받기 위한 청약통장	신규가입 중단 (15년 9월 1일부터)
청약예금	민영주택 및 민간건설중형국민주택을 공급받기 위한 청약통장	
청약부금	85m² 이하의 민영주택 및 민간건설중형국민주택을 공급받기 위한 청약통장	

- 주택청약종합저축 가입서류

가입 시 구비서류	본인이 직접 가입 신청 시	실명확인증표
	배우자/직계 존·비속이 대리 가입 신청 시	주민등록등본, 대리인 실명확인증표
	제3자가 가입 신청 시	본인 및 대리인 실명확인증표, 본인이 작성한 위임장, 본인의 인감증명서

- 주택청약종합저축의 납입기간은 가입한 날부터 주택의 입주자로 선정된 날까지입니다.
- 주택청약종합저축의 월 납입금은 2만 원 이상 50만 원 이하이며, 납입금액의 단위는 5천 원입니다.

- 공급받을 수 있는 주택의 전용면적 및 지역에 따른 총 납입금

(단위 : 만 원)

구분	특별시 및 부산광역시	그 외 광역시	특별시 및 광역시 제외 지역
85m² 이하	300	250	200
102m² 이하	600	400	300
135m² 이하	1,000	700	400
135m² 초과	1,500	1,000	500

106 다음 중 청약통장에 대한 이해로 옳은 것은?

① 내 친구는 마당 있는 개인주택에서 살고 싶어 하는데 주택청약종합저축부터 만들라고 해야겠어.

② 거주를 희망하는 주택의 유형과 면적에 따라 청약통장의 종류가 다르니 미리 확인해보고 가입해야 겠네.

③ 청약통장은 반드시 본인이 아니라도 가입할 수 있는 방법이 있구나.

④ 나도 청약통장을 만들고 싶은데, 정해진 납입금액을 매월 내기엔 좀 부담스러워서 아직 망설이고 있어.

⑤ 어차피 면적이 130m^2 이상인 집이라면 지역과 상관없이 총 납입금은 같을 테니까 서울에서 벗어나지 않는 게 낫겠어.

핵심
유형

의사
소통
능력

수리
능력

문제
해결
능력

107 다음 A, B씨가 매달 납입해야 하는 주택청약종합저축의 납입금은 각각 얼마인가?

- A씨 : 전용면적 100m^{2}인 부산 지역 공공주택 분양 신청을 위해 60개월에 걸쳐 주택청약종합저축을 납입하고자 한다.
- B씨 : 전용면적 120m^{2}인 강원 지역의 공공주택 분양 신청을 위해 50개월에 걸쳐 주택청약종합저축을 납입하고자 한다.

	A씨	B씨
①	7만 원	12만 원
②	8만 원	10만 원
③	10만 원	8만 원
④	12만 원	7만 원
⑤	12만 원	8만 원

[108~109] 다음은 연수원 사용에 대한 안내자료이다. 이어지는 물음에 답하시오.

〈객실 사용료〉

구분		비수기	난방기	성수기, 주말
A동 (콘도형)	2인실[26.4m²(8평형)] 14실	26,000원	32,000원	45,000원
	4인실[29.8m²(9평형)] 3실	37,000원	43,000원	56,000원
	5인실[36.3m²(11평형)] 2실	58,000원	64,000원	77,000원
	특2인실[49.6m²(15평형)] 2실	60,000원	64,000원	82,000원
B동 (수련형)	6인실[19.8m²(6평형)] 4실	18,000원	24,000원	28,000원
	8인실[26.4m²(8평형)] 12실	24,000원	30,000원	36,000원
	10인실[33.1m²(10평형)] 3실	30,000원	36,000원	45,000원
	20인실[66.1m²(20평형)] 1실	60,000원	72,000원	90,000원

- 객실 사용료는 1박 기준임
- 객실당 최대 2명 추가 수용 가능(B동 한정. 1인당 4,000원의 추가 요금 징수)
- 성수기 : 7월 1일~8월 31일, 12월 15일~다음 해 2월 28일
- 난방기 : 3월 1일~5월 31일, 10월 1일~12월 15일
- 비수기 : 6월 1일~6월 30일, 9월 1일~9월 30일
- 주말 : 금, 토, 일, 공휴일 전일, 공휴일

〈부대시설 사용료〉

구분	사용료/회		비고
	객실 사용 시	객실 미사용 시	
강당(128석)	60,000원	300,000원	기본 3시간(초과 시 시간당 10,000원)
회의실1(36석)	40,000원	100,000원	기본 3시간(초과 시 시간당 5,000원)
회의실2(22석)	30,000원	80,000원	기본 3시간(초과 시 시간당 3,000원)
회의실3(12석)	20,000원	50,000원	기본 3시간(초과 시 시간당 3,000원)
레크리에이션실(100석)	40,000원	200,000원	기본 3시간(초과 시 시간당 10,000원)

- 사용시간은 06:00~22:00까지임

〈계약 취소 시 요금 환불방법〉

구분	환불
이용일 3일 전	전액 환불
이용일 2일에서 1일 전	반액 환불
이용일 당일	환불 불가

108 다음 중 위 자료를 바르게 이해하지 못한 것은?

① 우린 7월 10일부터 이용하는 것으로 예약했으니 혹시 취소하게 되면 7월 5일쯤에는 전액을 환불
받을 수 있군.

② 이번 1박 2일 워크숍 때 연수원 도착 당일 오후 3시부터 7시까지 55명 전체 교육을 진행하려면
70,000원의 시설 사용료를 지불해야 하는군.

③ 다음 주 화요일이 국경일이니 다음 주엔 평일 요금을 받는 날이 이틀밖에 없겠군.

④ 3월 평일에 12명이 2박 3일간 머무른다면, 객실 사용료는 10만 원이 넘겠어.

⑤ A동이 B동보다 객실 수가 더 많고, 1인당 요금도 더 비싸네.

109 다음 〈보기〉의 사례 1과 사례 2의 사용료 차액은?(단, 평일에 이용한다고 가정하며, 최대한 저렴한
방식으로 이용한다.)

> **보기**
> • 사례 1 : 7월 15일부터 1박 2일간 4명의 인원이 특2인실을 이용하는 경우
> • 사례 2 : 9월 1일부터 2박 3일간 15명의 인원이 B동을 이용하는 경우

① 56,000원   ② 60,000원

③ 64,000원   ④ 68,000원

⑤ 72,000원

[110~111] 다음 A사의 여성 휴가와 관련된 내용을 읽고 이어지는 물음에 답하시오.

- **출산휴가**

구분	대상	기간 등
출산휴가	임신 중인 여자 직원	출산 전후 90일
여성보건휴가	임신한 경우 검진	매월 1일
	매 생리기	무급
육아시간	생후 1년 미만의 유아를 가진 직원	매일 1시간
모성보호시간	임신직원	매일 1~2시간
유산 · 사산휴가	임신기간이 11주 이내	5일
	임신기간이 12주 이상 16주 이상	10일
	임신기간이 16주 이상 21주 이상	30일
	임신기간이 22주 이상 27주 이상	60일
	임신기간이 28주 이상인 경우	90일

  - 임신 중인 직원에 대하여 출산 전후 90일의 출산휴가를 허가하여야 하고, 휴가 기간은 산후에 45일 이상이 되어야 함(다만, 한 번에 둘 이상의 자녀를 임신한 경우에는 120일의 출산휴가를 허가할 수 있으며, 출산 후의 휴가기간이 60일 이상이 되게 함)
  - 출산 전 어느 때나 최장 44일(한 번에 둘 이상의 자녀를 임신한 경우에는 59일)의 범위 내에서 출산휴가를 나누어 사용할 수 있음
  - 출산예정일 45일 이전이 되는 날 이후부터는 출산휴가의 요건이 갖추어진 상태이므로 임신검진을 위한 보건휴가 이외에 일반병가를 수시로 사용하는 경우, 출산휴가를 신청하는 것이 바람직함
  - 휴가기간의 배치는 의료기관의 진단서에 의한 출산예정일을 기준으로 하되, 조산의 우려 등 특별한 경우는 예외 인정

- **여성보건휴가**

  - 여직원은 매 생리기와 임신한 경우 정기검진 등을 위하여 매월 1일의 여성보건 휴가를 얻을 수 있음(단, 생리로 인한 보건휴가는 무급)

- **육아시간 및 모성보호시간**

  - 생후 1년 미만의 유아를 가진 직원은 1일 1시간의 육아시간을, 임신직원은 1일 1시간(임신 12주 이내 또는 임신 36주 이상 임신직원은 1일 2시간)의 모성보호시간을 얻을 수 있으며, 허가대상 여부는 병원의 출생증명서 또는 주민등록등본, 진단서(임신확인)로 확인
  - 육아시간 또는 모성보호시간은 본인의 신청에 따라 근무시간 중의 적절한 시간을 선택하여 유아가 만 1세가 되는 날의 전일까지 허가
    ※ 출 · 퇴근 및 근무시간 중 1시간을 지정하여 활용
  - 육아시간과 모성보호시간의 허가는 사내 관리시스템의 복무관리(특가관리)에 사용기간과 매일의 사용시간을 기재하여 결재로 처리하고, 사용시간이 변경될 경우에는 재결재를 받아야 함(변경 및 재결재는 월 단위로 가능)

- 유산 · 사산휴가

  - 유산 · 사산한 직원이 유산 · 사산휴가를 신청하는 때에는 임신기간에 따라 유산 · 사산휴가 부여. 단, 인공임신중절수술에 의한 유산은 제외

  - 휴가기간은 유산 · 사산한 날부터 기산하므로 유산 · 사산한 날이 지난 후에 휴가를 신청하면 그만큼 휴가사용일수 단축

  - 임신 중에 심한 입덧이나 부작용 또는 안정의 필요성이 있을 경우에는 일반병가 허가

110 다음 중 위의 규정을 올바르게 이해한 내용이 아닌 것은?

① 임신 및 출산, 육아와 관련 있는 여직원에 대해서만 적용되는 규정은 아니다.

② 임신한 직원은 출산휴가, 여성보건휴가, 모성보호시간이 모두 적용된다.

③ 육아시간을 변경하고자 할 경우, 이번 달 해당일수가 지난 후 다음 달부터 새롭게 신청할 수 있다.

④ 유산 · 사산휴가는 심리적 안정을 찾은 후 본인이 원하는 날짜부터 규정된 기간을 모두 사용할 수 있다.

⑤ 출산이 임박한 직원의 모성보호시간이 출산 직후 직원의 육아시간보다 더 길다.

111 다음 〈사례〉에 제시된 A, B, C직원이 사용할 수 있는 휴가의 종류와 휴가일수에 대한 설명으로 옳은 것은?

〈사례〉

- A직원 : 쌍둥이 임신 10주째이며, 임신확인진단서를 회사에 제출하였다.
- B직원 : 임신 4개월째에 접어들어 태아가 유산되었다.
- C직원 : 출산예정일이 1주일 남았으며, 임신 중 20일 간의 출산휴가를 2회 사용하였다.

① A직원은 출산 전과 후에 각각 60일씩의 출산휴가를 사용할 수 있다.

② B직원은 유산 · 사산휴가와 남은 잔여 출산휴가를 모두 사용할 수 있다.

③ C직원은 한 명의 자녀를 출산할 경우, 출산 후 50일의 출산휴가와 1년간 매일 1시간의 육아시간을 제공받을 수 있다.

④ 세 직원 중 1일 2시간의 모성보호시간을 사용할 수 있는 직원은 1명이다.

⑤ 세 직원 중 출산휴가를 사용한 경험이 있을 수 있는 직원은 최대 2명이다.

[112~113] 다음은 한 곤충생태관 여름방학 체험교실에 관한 안내문이다. 이어지는 물음에 답하시오.

곤충생태관 여름방학 생태체험교실

- 기간 : 2018.7.29(일)~9.2(일)
- 장소 : 생태공원, 텃밭정원, 곤충생태관
- 프로그램

프로그램	대상	일정	교육비 (인당)	내용
꼬마 꿀벌탐험대	8~13세	8.4~9.2 매주 토요일 1시~1시 50분 2시~2시 50분	1,000원	꿀벌정원에 서식하는 꿀벌 관찰 및 체험
아는 만큼 보이는 식물의 전략	8~11세	8.17~8.19 10시~11시 40분	3,000원	텃밭정원에 서식하는 생물 관찰 및 텃밭 체험
아는 만큼 보이는 곤충의 법칙	8~13세	8.17~8.19 3시~4시 40분	10,000원	• 생태공원에 살고 있는 곤충 관찰·채집·분류·토론 • 곤충 표본 만들기
장수풍뎅이 기르기	8~13세	8.12~8.15 2시~2시 50분	10,000원	• 딱정벌레 한살이와 생태 특징 알아보기 • 장수풍뎅이 사육법 학습
검정물방개 기르기	8~13세	8.12~8.15 3시~3시 50분	10,000원	• 수서곤충 한살이와 생태 특징 알아보기 • 검정물방개 사육법 학습
여왕개미 기르기	8~13세	8.15/8.17/8.19 1시~1시 50분	10,000원	• 개미의 한살이와 생태특징 알아보기 • 일본왕개미 사육법 학습

※ 프로그램 참여는 프로그램 시작 전 도착해야 가능함
※ 프로그램에 단체로 참여하는 경우(10명 이상) 교육비의 10% 할인이 적용됨

---

112 다음 〈보기〉 중 생태체험교실에 참여할 수 없는 경우를 모두 고르면?

> **보기**
> ㉠ 9살인 A는 8월 18일 꼬마 꿀벌탐험대 프로그램에 참여하려 낮 12시 30분에 도착하였다.
> ㉡ 12살인 B는 8월 17일 오전 9시에 도착하여 아는 만큼 보이는 식물의 전략 프로그램에 참여하였다.
> ㉢ 13살인 C는 8월 19일 낮 12시 50분에 도착하여 여왕개미 기르기 프로그램에 참여하였다.
> ㉣ 10살인 D는 아는 만큼 보이는 곤충의 법칙 프로그램에 참여하려 8월 17일 오후 3시에 도착하였다.
> ㉤ 11살인 E는 검정물방개 기르기 프로그램에 참여하려 8월 13일 오후 1시에 도착하였다.

① ㉠, ㉢   ② ㉡, ㉣
③ ㉡, ㉤   ④ ㉢, ㉣
⑤ ㉣, ㉤

113 한 초등학교에서 생태체험 프로그램에 단체로 참여하려 한다. 아는 만큼 보이는 식물의 전략에 15명, 아는 만큼 보이는 곤충의 법칙에 10명, 여왕개미 기르기에 12명이 참여할 때, 지불해야 할 교육비는 총 얼마인가?(단, 프로그램의 참여 조건에 부합한다고 가정한다.)

① 225,000원

② 238,500원

③ 244,500원

④ 258,000원

⑤ 265,000원

핵심 유형

의사 소통 능력

수리 능력

문제 해결 능력

114 다음 〈복약설명서〉에 따라 두 약을 복용할 때 옳은 것은?

〈복약설명서〉

• 가나다정
 – 식전 15분에 복용하는 것이 가장 좋으나 식전 30분부터 식사 직전까지 복용이 가능합니다.
 – 식사를 거르게 될 경우에 복용을 거릅니다.
 – 식이요법과 운동요법을 계속하고, 정기적으로 혈당(혈액 속에 섞여 있는 당분)을 측정해야 합니다.
 – 야뇨를 피하기 위해 최종 복용시간은 오후 6시까지로 합니다.
 – 저혈당을 예방하기 위해 사탕 등 혈당을 상승시킬 수 있는 것을 가지고 다닙니다.
• ABC정
 – 매 식사 도중 또는 식사 직후에 복용합니다.
 – 복용을 잊은 경우 식사 후 1시간 이내에 생각이 났다면 즉시 약을 복용하도록 합니다. 식사 후 1시간이 초과되었다면 다음 식사에 다음 번 분량만을 복용합니다.
 – 씹지 말고 그대로 삼켜서 복용합니다.
 – 정기적인 혈액검사를 통해서 혈중 칼슘, 인의 농도를 확인해야 합니다.

---

① 식사를 거르게 될 경우 가나다정만 복용한다.

② 두 약을 복용하는 기간 동안 정기적으로 혈액검사를 할 필요는 없다.

③ 저녁식사 전 가나다정을 복용하려면 저녁식사는 늦어도 오후 6시 30분에는 시작해야 한다.

④ ABC정은 식사 중에 다른 음식과 함께 씹어 복용할 수 있다.

⑤ 식사를 30분 동안 한다고 할 때, 두 약의 복용시간은 최대 1시간 30분 차이가 날 수 있다.

[115~116] 다음은 각 사업장의 근로자를 대상으로 한 직업능력개발훈련과정 지원금 지급기준이다. 이를 보고 이어지는 물음에 답하시오.

훈련과정		지원 금액 지급기준
1. 집체훈련 (외국어과정 제외)	가. 수료한 경우 (단, 1개월 이상인 과정의 경우 단위기간 출석률이 수료기준을 충족한 경우)	지원금은 수강료의 100분의 80. 다만, 다음 각 세목의 경우는 달리 정함 1) 우선지원대상기업에 고용된 사람은 지원금 기준 금액의 100분의 100. 대규모기업의 단시간근로자는 100분의 80 2) 「사업주 직업능력개발훈련 지원규정」의 학교교육, 평생교육, 직업교육, 사회복지, 문화예술, 부동산, 청소·세탁, 이·미용, 결혼·장례, 스포츠, 식음료조리·서비스, 제과제빵 직종의 경우에는 수강료의 100분의 60
	나. 미수료 또는 수강포기한 경우	가목에 따라 산정한 금액 중 출석률에 해당하는 금액
2. 집체훈련 외국어과정	가. 수료한 경우	다음 각 세목에 따라 산정한 금액. 다만, 해당 훈련과정을 수강하기 위하여 훈련기관에 지급한 수강료의 100분의 60을 초과할 수 없음 1) 훈련시간이 20시간 미만일 경우 － 시간당 2,250원을 적용하여 산정한 금액 － 우선지원대상기업에 고용된 사람은 시간당 2,700원을 적용하여 산정한 금액 2) 훈련시간이 20시간 이상일 경우 － 최초 20시간은 45,000원으로 하고, 추가되는 20시간마다 45,000원씩 가산하여 산출한 금액. 다만, 20시간보다 적은 나머지 훈련시간은 훈련비를 지급하지 아니함
	나. 미수료 또는 수강포기한 경우	가목에 따라 산정한 금액 중 출석률에 해당하는 금액
3. 원격훈련	가. 수료한 경우	「사업주 직업능력개발훈련 지원규정」에서 정하고 있는 원격훈련 지원금 기준금액의 100분의 100. 다만, 인터넷원격훈련의 외국어과정일 경우 상기 원격훈련 지원금은 기준금액의 100분의 50
	나. 미수료 또는 수강포기한 경우	가목에 따라 산정한 금액을 학습 진도율에 따라 계산한 금액(단, 80%를 초과할 수 없음)

115 다음 중 위의 지원 금액에 관한 기준을 바르게 이해한 것은?

① 교육과정 모두 중간에 수강포기하면 지원금을 전혀 받지 못한다.

② 집체훈련을 수료한 경우 최소 수강료의 100분의 80의 지원금을 지급받는다.

③ 원격훈련 과정 중 인터넷원격훈련을 통한 외국어과정을 제외하고 기준금액의 100의 50을 지원금으로 받는다.

④ 외국어과정을 수료한 경우 받는 지원금 비율은 집체훈련 수료 후 받는 지원금 비율보다 높다.

⑤ 우선지원대상기업에 고용된 사람을 제외하고 외국어과정 훈련시간이 20시간 미만인 수료자와 훈련시간이 20시간 이상인 사람의 최초 20시간까지의 지원금액은 동일하다.

116 다음 ㉠, ㉡, ㉢ 근로자(교육생) 각각의 시간당 지원 금액을 순서대로 올바르게 나열한 것은 어느 것인가?

핵심
유형

의사
소통
능력

수리
능력

문제
해결
능력

> ㉠ 총 수강료가 120,000원인 외국어과정을 40시간 수료한 근로자
>
> ㉡ 사업주 직업능력개발훈련 지원규정의 미용업에 종사하며 수강료가 시간당 4,000원인 집체훈련과정을 수료한 근로자
>
> ㉢ 총 수강료가 90,000원인 외국어과정을 15시간 수료한 우선지원대상기업 근로자

	㉠	㉡	㉢
①	1,800원	2,400원	2,700원
②	1,800원	2,700원	3,000원
③	2,250원	2,400원	2,700원
④	2,250원	2,700원	3,000원
⑤	2,400원	2,700원	2,700원

117 다음 명제가 참일 때 도출할 수 있는 결론으로 옳은 것은?

> • 모든 수험생은 공부를 열심히 한다.
> • 어떤 수험생은 공무원 시험을 준비한다.

① 모든 수험생은 공무원 시험을 준비한다.
② 어떤 수험생은 공부를 열심히 할 때도 있고 그렇지 않을 때도 있다.
③ 어떤 수험생은 공부를 열심히 하면서 공무원 시험을 준비한다.
④ 모든 수험생은 공부를 열심히 하면서 공무원 시험을 준비한다.
⑤ 공무원 시험을 준비하는 모든 수험생은 공부를 열심히 한다.

[118~119] 다음은 Y사의 내부 입찰 관련 낙찰자 선정 방식에 대한 평가 기준이다. 이를 보고 이어지는 물음에 답하시오.

입찰가격을 내정가격의 100분의 80 이상으로 입찰한 자에 대한 평가

※ 평점 $= 30$점 $\times \dfrac{\text{최저입찰가격}}{\text{해당입찰가격}}$

– 최저입찰가격 : 유효한 입찰자 중 최저입찰가격으로 하되, 최저입찰가격이 내정가격의 100분의 60 미만일 경우에는 100분의 60으로 계산

– 해당입찰가격 : 해당 평가대상자의 입찰가격

– 내정가격 : 당사에서 입찰 전에 낙찰자 및 계약금액의 결정기준으로 삼기 위해 미리 정한 가액(입찰공고문의 예정가격 또는 예정가격 이하)

입찰가격을 내정가격의 100분의 80 미만으로 입찰한 자에 대한 평가

※ 평점 $= 30$점 $\times \dfrac{\text{최저입찰가격}}{\text{내정가격의 80\% 상당가격}} + 2 \times \dfrac{\text{내정가격의 80\% 상당가격} - \text{해당입찰가격}}{\text{내정가격의 80\% 상당가격} - \text{내정가격의 60\% 상당가격}}$

– 최저입찰가격 : 유효한 입찰자 중 최저입찰가격으로 하되, 최저입찰가격이 내정가격의 100분의 60 미만일 경우에는 100분의 60으로 계산

– 해당입찰가격 : 해당 평가대상자의 입찰가격으로 하되, 입찰가격이 내정가격의 100분의 60 미만일 경우에는 배점한도(30점)의 30%에 해당하는 평점을 부여

– 내정가격 : 당사에서 입찰 전에 낙찰자 및 계약금액의 결정기준으로 삼기 위해 미리 정한 가액(당사의 예정가격 또는 예정가격 이하)

118 Y사가 실시한 건물 사옥 신축공사와 관련하여 다음과 같은 4개 업체가 입찰에 응하였다. 평가 기준을 참고할 때, 입찰가격의 평점이 가장 높은 업체와 가장 낮은 업체의 평점 차이는 몇 점인가?(단, 내정가격은 25억 원이며, 평점은 반올림하여 소수점 둘째 자리까지로 한다.)

구분	A업체	B업체	C업체	D업체
입찰가격	18억 원	23억 원	16억 원	25억 원

① 6.4점   ② 6.6점   ③ 6.8점   ④ 7.0점   ⑤ 7.2점

119 위와 같은 입찰가격 평가 방식에 대한 설명으로 옳은 것은?

① 어떤 경우에도 낮은 입찰가격을 제시한 업체일수록 평점이 더 높게 된다.
② 내정가격의 80%보다 20%만큼 더 낮은 입찰가격을 제시한 업체가 항상 낙찰자가 된다.
③ 내정가격의 60%에 가까운 입찰가격을 제시한 업체일수록 평점이 더 높게 된다.
④ 내정가격의 80%에 가까운 입찰가격을 제시한 업체일수록 평점이 더 높게 된다.
⑤ 내정가격에 가까운 입찰가격을 제시한 업체일수록 평점이 더 높게 된다.

120 다음 글에서 제시된 논리적 오류와 같은 유형이 아닌 것은?

> 중국에서 지난해 7월 금융 부문에 대한 반부패 단속에 추가로 적발된 야오강 전 증권감독관리위원회 부주석이 5일 수뢰혐의 등으로 기소되었다. 관영 신화통신은 최고인민검찰원 발표를 인용해 야오 전 부주석이 이날 수뢰 및 내부자거래 혐의로 기소됐다고 보도했다. 이에 따라 야오 전 부주석이 집필한 증권 관련 서적에 대한 소비자들의 반품 요청이 쇄도하고 있어 출판업계에서는 큰 곤혹을 치르고 있다.

① 그가 아무리 잘못을 했어도 내 오랜 친구인데 내가 그의 편을 드는 것은 당연하다.
② 그 대통령은 결국 사형 선고를 받게 되었으니 평소 그의 철학과 소신은 믿을 수 없다.
③ 돈을 물 쓰듯이 하는 그녀가 불우한 이웃을 도와야 한다고 주장하는 얘기는 들을 필요가 없다.
④ 이번에 미투 운동에 연루된 K씨가 출연한 데뷔작은 이제 두 번 다시 보지 않겠다.
⑤ 매일 파행을 겪고 있는 의정활동을 보면 국회의원의 도덕성은 정말 믿을 것이 못 된다.

121 K사에서는 매년 외부강사 A~E를 초빙하여 사내교육을 실시한다. 강의 시급은 강사마다 차등 적용되며, 다음 연도 시급 인상률은 당해 연도 강의 만족도에 따라 결정된다. 다음 자료를 참고할 때, 2019년 가장 많은 시급을 받을 강사를 고르면?

- 2017년 강사별 시급

A	B	C	D	E
52,000	46,000	50,000	51,000	48,000

- 2017~2018년 강사별 강의 만족도

구분	A	B	C	D	E
2017년	4.3	3.8	4.6	2.9	3.4
2018년	3.2	4.3	4.1	4.5	4.0

- 인상률 기준

4.5 이상	4.0 이상 4.5 미만	3.0 이상 4.0 미만	3.0 미만
10% 인상	5% 인상	동결	5% 인하

① A   ② B   ③ C   ④ D   ⑤ E

122 다음 N은행의 마일리지 적립 안내문의 내용에 비추어 볼 때, 적절하지 않은 것은?

항공사 마일리지 적립 안내

N은행에서 원화로 환전 또는 송금하신 고객이 요청하실 경우 아시아나항공, 대한항공 마일리지를 적립해 드립니다.

■ 대상고객 및 서비스

대상고객	영업점이나 인터넷에서 외화현찰을 매입/매도하거나 여행자 수표를 구입, 인터넷 송금 이용 고객으로 아시아나항공 및 대한항공 마일리지 회원으로 가입되어 있는 개인 고객(외국인 포함) ※ 달러를 제외한 기타 통화 예약 환전 신청 고객은 제외

서비스 안내	• 개인별 마일리지는 연간 최대 100,000마일, 건당 최대 10,000마일 범위 내에서 적립 가능
	  – 해당 항공사와 영문 성 또는 항공사 회원번호가 불일치할 경우 마일리지 적립이 불가능하므로 사전에 확인 요망
	  – 마일리지 적립일은 항공사마다 상이하며, 마일리지 적립까지 최장 30일 정도의 기간 소요
	• N은행 Tops클럽 고객이 미화 1,000달러 이상 환전 시 환율 우대와 환전 마일리지 동시 수혜 가능(영업점 방문 시에만 가능)

■ 대상거래

구분	영업점 방문 환전 시	인터넷 환전 시	인터넷 송금 시	
			지급증빙 미제출	유학생 체재자
적립 기준	미화 500달러 상당액 이상 외화현찰 또는 여행자수표 구입	인터넷 이용하여 미화 300달러 상당액 이상 외화현찰 환전 또는 여행자수표 구입	인터넷 이용하여 지급증빙 미체출 송금 또는 유학생/해외 체재자 송금	
대상 항공사	아시아나항공, 대한항공			
마일리지 적립액	미화 5달러당 1마일리지 제공	미화 2달러당 1마일리지 제공	환율우대 30% +미화 10달러당 1마일리지 제공	미화 3달러당 1마일리지 제공 또는 환율우대 40% +미화 10달러당 1마일리지 제공
비고	공항소재 영업점 및 환전소 제외	수령인이 신청인과 상이한 경우, 수령인은 마일리지 적립 불가	미화 100달러 상당액 이상 시 원화예금 출금하여 송금 시에만 적립 가능	

① 우리 회사는 회사 명의로 마일리지 서비스에 회원가입이 되어 있으니 서비스 혜택을 받을 수가 없겠네.

② 업무상 달러뿐 아니라 엔화와 유로화를 모두 예약 환전해야 하는데 달러 금액에 대해서만 마일리지가 적립되겠군.

③ 어제 1층에 있는 N은행 영업점에서 700달러를 환전했으니 140마일리지가 한 달 내로 적립될 거야.

④ 내가 오전에 인터넷으로 환전 신청한 400달러를 수령하고, 마일리지는 자네 앞으로 적립하게.

⑤ 인터넷으로 해외에 1,000달러를 송금할 일이 있는데, 마일리지를 적립 받으려면 해당 원화를 N은행 계좌에서 출금하여 송금해야만 되는 거군.

123 소규모 무역업체인 R사는 새로운 사무실을 얻어 이전하게 되었다. 새로운 사무실의 건물주는 다음과 같은 건물 평면도와 사용면적 산출 방식을 제시하며 '건물사용면적'에 대한 사용료를 지불해야 한다고 주장한다. 주어진 내역을 참고할 때, R사의 '건물사용면적'으로 옳은 것은?(단, 소수 첫째 자리 미만은 버린다.)

- 건물사용면적 = 전용면적 + 공용면적
- 사용허가 사무실 전용면적 : 67.5m^2
- 건물 1층 바닥면적 : $1,353\text{m}^2$

※ 공용면적 = 사용허가 받은 자가 다른 사람과 공용으로 사용하는 총면적 (건물인 경우 해당 층) $\times$ $\dfrac{\text{사용허가를 받은 자가 전용으로 사용하는 면적}}{\text{공용으로 사용하는 자들이 전용으로 사용하는 총면적 (해당 층 총면적 - 공용사용면적)}}$

■ **건물 1층 평면도**

※ **구역별 건물면적**

구분	㉠ 좌측 현관 및 계단	㉡ 우측 현관 및 계단	㉢ 중앙홀	㉣ 중앙계단	㉤ 화장실	㉥ 복도	㉦ 사무실	㉧ 사무실
면적(m²)	74.25	74.25	67.50	57.00	67.50	220.50	83.20	180.10

① 47.8m^2 ② 67.5m^2

③ 115.3m^2 ④ 561m^2

⑤ $1,353\text{m}^2$

124 다음은 공기청정기를 구입하고자 하는 갑과 을이 A~E제품의 사양 비교표를 보고 나눈 대화이다. 갑과 을에게 적절한 제품으로 바르게 짝지어진 것은?

구분	A	B	C	D	E
면적	90m^2	91m^2	49.5m^2	39.6m^2	77.2m^2
에너지 소비	90W	75W	45W	33.5W	90W
특장점	99% 정화	7.5m까지 바람 전달	황사탈취, 새집증후군용	좁은 면적에 최적화	99.9% 정화, 습도 체크
출고가	103만 원	121.9만 원	89만 원	렌탈 전용	68만 원
월 렌탈비	해당 없음	4.9만 원	3.7만 원	2.9만 원	해당 없음

갑 : 공기청정기를 하나 구입할까 하는데 뭐가 좋을지 모르겠어.

을 : 아, 그래? 마침 우리 집도 새 걸로 좀 바꾸려고 하는데.

갑 : 우린 처음 사는 건데, 가격이 좀 부담돼서 렌탈을 할까 하는데 월 5만 원 한도 내에서 비용을 고려하고 있고, 이사 갈 집의 거실 면적이 50m^2 정도 되니까 그 정도 면적에 알맞은 제품이면 좋겠어.

을 : 그렇구나. 우린 이미 쓰던 제품이 전기를 100W나 소모해서 교체를 좀 할까 해. 이전 제품보다 적어도 25% 정도는 전기가 절약됐으면 좋겠고, 애 방에만 좁은 면적용으로 하나 놔 주려고 하네. 자네 말을 들으니 우리도 렌탈을 하는 게 더 낫겠어.

	갑	을			갑	을
①	A	B		②	A	D
③	B	E		④	C	D
⑤	C	E				

125 취미 생활로 평소 공방을 다니며 목공기술을 익힌 임 과장은 휴가를 맞아 앞마당에 설치할 야외 구조물을 직접 만들어보려고 한다. 다음 비교표를 검토한 임 과장이 선택해야 할 가장 저렴한 구조물은 어느 것인가?

구분	사이즈(cm)	m^{3}당 자재비	m^{3}당 부자재비	m^{3}당 자재운임
A구조물	250×300×150	12,000원	5,000원	7,500원
B구조물	200×250×200	20,000원	7,500원	6,500원
C구조물	330×320×200	16,000원	6,500원	7,800원
D구조물	220×270×130	20,000원	5,500원	6,700원
E구조물	200×250×100	26,000원	6,000원	6,300원

① A구조물
② B구조물
③ C구조물
④ D구조물
⑤ E구조물

126 다음은 A센터에서 운영하는 겨울방학 문화강좌 프로그램 안내문이다. 안내문을 참고할 때, 아이와 함께 문화강좌를 신청하기 위해 A센터를 찾은 H씨가 작성한 수강 신청서 내역으로 가장 적절한 것은 어느 것인가?(단, H씨의 아이는 학생이며, 두 사람은 같은 날 A센터에서 수강하려고 한다. H씨는 두 사람의 3개월 수강료로 110,000원 이하를 지불하고자 하며, 먼저 강좌를 마친 사람은 30분 이내로 기다렸다가 함께 귀가하고자 한다.)

핵심
유형

의사
소통
능력

수리
능력

문제
해결
능력

구분	프로그램명		요일	운영시간	대상	수강료 (3개월)	강의실
회화	일어	초급	목	15:00~17:00	성인/학생	45,000원	3층 강의실 1
		중급	목	10:00~12:00	성인	45,000원	
		고급	목	12:50~14:50	성인/학생	45,000원	
	영어	초급	화	11:00~12:30	성인	45,000원	2층 강의실 1
		중급	화	13:00~15:00	성인	60,000원	
	중국어	중급	수	10:30~12:00	성인/학생	45,000원	2층 강의실 2
취미	예쁜 글씨		목	10:00~11:30	성인	45,000원	
	노래 교실		월/금	14:00~16:00	성인	55,000원	2층 강의실 1
	생활 역학		수	10:00~12:00	성인	60,000원	3층 강의실 2
	수채화		수	10:00~12:00	성인/학생	50,000원	2층 강의실 1
	먹그림		목	13:00~15:00	성인/학생	40,000원	5층 서예실
	서예		금	13:30~15:30	성인/학생	40,000원	
음악	팬플룻	입문	목	12:30~13:30	성인	50,000원	4층 강의실
		중급	수	10:30~11:30	성인	55,000원	
		심화	금	12:30~13:30	성인/학생	60,000원	
	오카리나	초급	목	09:30~10:20	성인/학생	45,000원	
	우쿨렐레		화	16:40~17:30	성인	55,000원	3층 강의실 1
	기타		목	17:30~19:00	성인	60,000원	

①

강좌명	신청 대상	총 수강료(3개월)
초급 영어, 수채화	성인1, 학생1	95,000원

②

강좌명	신청 대상	총 수강료(3개월)
초급 영어, 우쿨렐레	성인1, 학생1	100,000원

③

강좌명	신청 대상	총 수강료(3개월)
중급 중국어, 중급 팬플룻	성인1, 학생1	100,000원

④

강좌명	신청 대상	총 수강료(3개월)
노래 교실, 먹그림	성인1, 학생1	95,000원

⑤

강좌명	신청 대상	총 수강료(3개월)
예쁜 글씨, 오카리나	성인1, 학생1	90,000원

[127~128] 다음은 8.2 부동산 대책에 대한 설명이다. 이를 보고 이어지는 질문에 답하시오.

■ **8.2 부동산 대책으로 인한 LTV, DTI 규제 변화**

• 우선 투기지역이나 투기과열지구, 조정대상지역 등으로 지정되지 않은 기타 수도권 지역은 기존과 동일하게 LTV 70%, DTI 60%를 적용받는다. 다만 주택담보대출을 1건 이상 보유한 경우 LTV는 60%, DTI는 50%를 적용받게 된다.

• 조정대상지역의 경우 또한 기존과 동일하다. 단, 주택담보대출을 1건 이상 보유한 이들에게 기존에서 각각 10%씩 낮아진 비율을 적용하게 되었다. 정리하면 아래와 같다.

실거주자 및 무주택자		주택담보대출 미보유자		주택담보대출 1건 이상 보유자	
LTV	DTI	LTV	DTI	LTV	DTI
70%	60%	60%	50%	60% → 50%	50% → 40%

• 투기지역 및 투기과열지구의 경우 실거주자와 무주택자는 LTV와 DTI 모두 50%를, 주택담보대출 미보유자는 40%를 적용받게 되었으며, 주택담보대출을 1건 이상 보유한 경우 LTV와 DTI 모두 30%라는 낮은 비율을 적용받게 되었다.

■ **투기과열지구 및 투기지역**

이번 8.2 부동산 대책에서 조정대상지역, 투기과열지구, 투기지역으로 적용된 지역은 다음과 같다.

조정대상지역	
경기도	성남시, 하남시, 광명시, 남양주시, 동탄2기
부산	해운대구, 연재구, 동래구, 수영구, 남구, 기장구, 부산진구

투기과열지구	
서울시	구로구, 금천구, 동작구, 관악구, 은평구, 서대문구, 종로구, 중구, 성북구, 강북구, 도봉구, 중랑구, 동대문구, 광진구
경기도	과천시

투기지역	
서울시	강남구, 서초구, 송파구, 강동구, 용산구, 성동구, 노원구, 마포구, 양천구, 영등포구, 강서구
세종시	전체

■ **LTV와 DTI**

LTV는 '주택담보대출비율'로 담보 가치 대비 최대 대출 가능 한도를 의미한다. 예를 들어 LTV가 70%일 때 2억 원의 주택을 담보로 하여 대출할 경우 최대 대출 가능 한도는 1억 4천만 원이 된다.

DTI는 '총부채상환비율'로 연간 소득 기준 대비 연간 원리금 상환액 비율을 의미한다. 예를 들어 DTI가 60%이고 연간 소득이 6천만 원인 경우, 총부채의 연간 원리금 상환액은 3,600만 원을 초과할 수 없다.

127 다음 중 거주 지역 및 자격별 LTV 혹은 DTI 비율이 잘못 연결된 것은?

① 무주택자 A(서울시 송파구) - LTV 50%

② 주택담보대출 보유자 B(경기도 의정부시) - DTI 40%

③ 실거주자 C(서울시 성북구) - DTI 50%

④ 주택담보대출 미보유자 D(서울시 성동구) - LTV 40%

⑤ 주택담보대출 보유자 E(부산시 기장구) - LTV 50%

128 현재 무주택자인 K는 주택담보대출을 받아 경기도 성남시에 전세를 얻으려 한다. 계약하고자 하는 주택의 전세금이 1억 8천만 원이고 K의 연 수입이 3천만 원이라고 할 때, LTV에 따른 최대 대출 가능 금액과 DTI에 따른 최대 연간 원리금 상환액을 바르게 짝지은 것은?

	최대 대출 가능 금액	최대 연간 원리금 상환액
①	7,200만 원	1,200만 원
②	9,000만 원	1,500만 원
③	1억 800만 원	1,500만 원
④	1억 2,600만 원	1,800만 원
⑤	1억 2,600만 원	2,100만 원

129 다음 〈표〉는 창호, 영숙, 기오, 준희가 홍콩 여행을 하며 지출한 경비에 관한 자료이다. 지출한 총경비를 네 명이 동일하게 분담하도록 정산할 때 〈그림〉의 A, B, C에 해당하는 금액을 바르게 나열한 것은?

〈표〉 여행경비 지출 내역

구분	지출자	내역	금액	단위
숙박	창호	호텔비	400,000	원
교통	영숙	왕복 비행기	1,200,000	
기타	기오	간식1	600	홍콩달러
		중식1	700	
		관광지1 입장권	600	
		석식	600	
		관광지2 입장권	1,000	
		간식2	320	
		중식2	180	

※ 환율은 1홍콩달러당 140원으로 일정하다고 가정함

〈그림〉 여행경비 정산 관계도

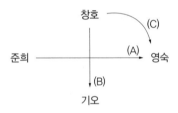

	A	B	C
①	540,000원	20,000원	120,000원
②	540,000원	20,000원	160,000원
③	540,000원	40,000원	100,000원
④	300,000원	20,000원	120,000원
⑤	300,000원	40,000원	100,000원

130 사원 K는 강릉에서 열리는 세미나에 참석하기 위해 이동 경로를 알아보고 있다. 다음 이동 경로에 대한 자료를 참고했을 때, 최단 시간으로 이동할 때와 최저 비용으로 이동할 때의 교통비 차이는 얼마인가?

핵심
유형

의사
소통
능력

수리
능력

문제
해결
능력

〈이동 경로 및 지점 간 거리〉

출발 성수동 자택	5km → 청량리역 → 245km → 강릉역 → 2.5km	도착 강릉 A 호텔
	4.5km → 동서울터미널 → 210km → 강릉터미널 → 1.7km	

〈교통수단별 소요 시간 및 비용〉

구분	출발지 → 목적지	교통수단	소요 시간	소요 비용
기차	자택 → 청량리역	버스	25분	200원/km
		지하철	15분	250원/km
	청량리역 → 강릉역	새마을호	196분	130원/km
		KTX	122.5분	250원/km
	강릉역 → A 호텔	버스	12.5분	300원/km
		택시	5분	700원/km
버스	자택 → 동서울터미널	버스	22.5분	200원/km
		지하철	13.5분	250원/km
	동서울터미널 → 강릉터미널	일반고속버스	189분	100원/km
		우등고속버스	147분	150원/km
	강릉터미널 → A 호텔	버스	8.5분	300원/km
		택시	3.4분	700원/km

※ 위의 이동시간 외에 다른 시간은 없는 것으로 간주함

① 11,190원 ② 29,650원
③ 30,435원 ④ 30,650원
⑤ 41,840원

MEMO

MEMO

MEMO

MEMO

National Competency Standards

333제

의사소통/수리/문제해결능력
핵심유형+실전문제

NCS 공기업연구소 편저

정답 및 해설

National
Competency
Standards

333제

의사소통/수리/문제해결능력
핵심유형+실전문제 _____ NCS 공기업연구소 편저

정답 및 해설

NCS 333제 핵심유형 + 실전문제

01	02	03	04	05	06	07	08	09	10
②	⑤	④	③	②	④	①	②	③	③
11	12	13	14	15	16	17	18	19	20
④	④	②	⑤	④	②	④	③	④	④
21	22	23	24	25	26	27	28	29	30
④	④	⑤	②	⑤	②	④	⑤	④	③
31	32	33	34	35	36	37	38	39	40
③	②	②	①	③	③	④	①	④	⑤
41	42	43	44	45	46	47	48	49	50
④	③	②	④	④	②	①	③	③	①

01 정답 ②

밀가루에 설탕, 달걀, 물엿 따위를 넣고 반죽하여 오븐에 구운 빵의 의미를 가진 Castella의 올바른 외래어 표기법은 '카스텔라'이다.

02 정답 ⑤

㉠에 쓰일 단어는 주어가 '포도주'이므로 포도주의 주체적인 행위가 되어야 하므로 진입 또는 진출이 되어야 하나, 포도주가 서구 시장으로 나아가는 모습을 기술하고 있으므로 '진출'이 가장 적절하다. 또한 ㉡에서는 설비 확충에 대한 근거로서 '예측' 또는 '전망' 등이 적절한 단어가 된다. '가설'은 '어떤 사실을 설명하거나 어떤 이론 체계를 연역하기 위하여 설정한 가정'을 의미하므로 적절한 근거로서의 역할을 하는 의미가 될 수 없다.

03 정답 ④

〈보기〉의 '치다'는 '손이나 손에 든 물건으로 세게 부딪게 하다'라는 의미로 사용되었다. 이와 동일한 의미로 사용된 것은 ④의 '치다'이다.

[오답 체크]
① 손이나 손에 든 물건 따위로 불체를 부딪게 하는 놀이나 운동을 하다.
② 손이나 물건 따위를 부딪쳐 소리 나게 하다.
③ 카드나 화투 따위의 패를 고루 섞다. 또는 카드나 화투를 즐기다.
⑤ 가축이나 가금 따위를 기르다.

04 정답 ③

① 배에 승선 → 승선
② 돌이켜 회고해 보니 → 회고해 보니
④ 짧게 약술하면 → 약술하면
⑤ 고향으로 돌아가는 귀성객들로 → 귀성객들로

05 정답 ②

스마트그리드 활용 시스템이 효율적으로 운영되기 위해서는 에너지 저장장치(ESS)가 필수적이다. 따라서 스마트그리드를 중심으로 한 분산형 신재생 에너지 시스템이 추구해야 할 것은 잉여 에너지를 발생시키지 않는 것이 아닌, 잉여 에너지 저장 기술의 발전과 보급이다.

[오답 체크]
① 중앙집중식으로 이루어진 에너지 공급 상황에서 거주자는 에너지 생산을 고려할 필요가 없었으나, 분산형 전원 형태의 신재생 에너지 공급 상황에서는 거주자 스스로 생산과 소비를 통제하여 에너지 절감을 할 수 있어야 한다.
③ 기존의 제한된 서비스를 넘어서는 다양한 에너지 서비스가 탄생될 수 있도록 하는 플랫폼 기술은 스마트그리드를 기반으로 한 마이크로그리드 시스템 구축에 필요한 요소라고 판단할 수 있다.
④ 과거의 경험으로 축적된 에너지 사용에 대한 데이터를 분석하여 필요한 상황에 적절한 맞춤형 에너지를 서비스하는 기능은 효과적인 관리 솔루션이 될 수 있다.
⑤ 소비자 스스로 에너지 수급을 관리할 수 있는, 스마트 시대에 요구되는 적합한 특성이다.

06 정답 ④

〈보기〉의 문장은 (라)에서 언급한 '기업의 비용최소화 모형'의 내용이다. 따라서 (라)에 포함되어야 하며, 근로시간 단축에 따른 고용주의 행동 변화를 설명하고 있으므로 '~행동을 하게 된다.'와 '~이러한 과정에서'의 사이에 들어가는 것이 가장 자연스럽다.

07 정답 ①

제15조 제1항 제2호에 의하면 열차 내 응급환자 및 사상자 구호 조치로 인한 지연은 환불·배상 대상에서 제외된다.

[오답 체크]
② 제16조 제2항에 명시된 천재지변 등 철도공사의 책임이 없는 사유로 운행이 중지된 경우의 환불 기준과, 제17조 1항에 명시된 신용카드 환불 방법을 통해 B씨의 사례가 가능함을 알 수 있다.
③ 제16조 제1항 1호 가에 따라 운행중지를 게시한 시각을 기준으로 1시간 이내에 출발하는 열차는 운임 전액을 환불하고 영수금액의 10%를 배상한다.
④ 제15조 제3항에 의하면 여행을 시작하기 전 고속열차가 20분 이상, 일반열차가 40분 이상 늦게 도착하여 여행을 포기한 사람은 운임·요금 환불을 청구할 수 있으며 이 경우 철도공사는 전액을 환불한다.
⑤ 제16조 제1항에 의하면 철도공사의 책임으로 열차의 운행이 중지된 경우라도, 철도공사에서 대체 열차를 투입하거나 다른 교통수단을 제공하여 연계수송을 완료한 경우에는 운임·요금의 환불·배상액을 지급하지 않는다.

08 정답 ②

마지막 가설인 '빅 크런치 & 빅 바운스' 가설의 경우 '또 한 번의 빅뱅을 일으키게 된다'고 하였으므로 지금과 같은 형태의 우주가 다시 태어나게 될 것으로 예측하고 있음을 알 수 있다. 따라서 '영원히 멸망한다'는 것을 전제로 하고 있지 않다.

[오답 체크]

① 빅 프리즈가 일어날 경우 우주에는 '희석된 광자의 가스'만 남게 된다고 하였으므로 모든 원소들이 동일한 형태가 될 것이다.

③ '우주는 탄생 이래 가속 팽창을 지속하고 있다'고 설명하였다.

④ '빅 립'은 우주가 가속 팽창하기 때문에 발생하는 현상인데, '빅 크런치 & 빅 바운스' 가설을 설명하면서 우주의 가속 팽창이 '암흑 에너지로 인해 야기된 것'이라고 설명하였다.

⑤ 빅 크런치로 인한 수축의 끝에서 우주는 '우주 전체의 질량과 같은 질량을 가진 하나의 거대한 블랙홀'이 된다고 하였다.

09 정답 ③

ⓒ의 경우 해당 문단의 중심 내용뿐만 아니라 글의 전체적인 내용과도 어울리지 않는 불필요한 문장이므로 순서를 바꾸는 것이 아니라 아예 삭제하는 것이 적절하다.

[오답 체크]

① '금지하다'는 '법이나 규칙이나 명령 따위로 어떤 행위를 하지 못하도록 하다'라는 의미로, 단어 안에 이미 '하지 못하게 하다'라는 의미가 있다. 따라서 불필요한 의미의 중복이 발생하며 ⓐ은 '쓰지 못하게 했다고'와 같이 고치는 것이 적절하다.

② '구체화하다'는 '구체적인 것으로 만들다'라는 의미이다. 그런데 앞에서 '서운함'이나 '당황스러움' 등의 세부적인 감정을 '짜증남'이라는 모호한 감정으로 바꿔 표현한다고 하였으므로 의미상 적절하지 않다. 따라서 ⓑ은 '치부함으로써'와 같이 수정하는 것이 자연스럽다.

④ 앞서 '정신적 질환을 겪는 이들이 늘어나고 있다'고 설명하였으나, 2019년의 통계 자료 하나만으로는 환자의 수가 늘어났는지 줄어들었는지 정확히 알 수가 없어 주장의 근거로 사용하기에는 적절하지 않다. 따라서 ⓓ의 앞에 비교 대상이 되는 다른 연도의 통계 자료(ⓔ 2015년의 우울증 진료 환자 수)를 추가하는 것이 적절하다.

⑤ 해당 문장의 주어는 '감정을 정확히 알고 마주하는 것'이므로 주술 관계가 자연스럽지 않으며, '그렇기 때문에'라는 연결 어구와도 의미상 호응하지 않는다. 따라서 ⓔ은 '반드시 필요한 일이다.'로 고치는 것이 적절하다.

10 정답 ③

제시된 문서는 특정 사항의 변경을 안내하며, 그와 함께 세부 내용을 설명하고 있다. 따라서 '변경'에 대한 안내문으로 볼 수 있으며, 변경 내용은 연금보험료를 사업장별로 지원하는 기준임을 확인할 수 있다. 따라서 연금보험료 지원기준 변경 안내문이 가장 적절한 제목이며, 하단 부분 제시된 사항은 변경된 기준에 부합하는 사업장과 근로자 여부를 판단할 수 있는 설명 자료이다.

[오답 체크]

⑤ 소득수준이 140만 원 미만에서 190만 원 미만으로 변경된 점을 통해 지원기준이 축소가 아니라 확대되었다는 것을 알 수 있다.

11 정답 ④

기준을 넘지 않는 금품 수수와 행위는 허용된다는 점을 악용할 소지가 있으며, 추진방안의 기본 사항인 '사소한 청탁이나 금품 수수도 근절하여 신뢰할 수 있는 직장문화 조성'에도 정면으로 위배되는 조치이다.

[오답 체크]

① 부조리신고 활성화 활동에 해당된다.

②, ⑤ 간접적인 방법이나 단순 연루 사실만으로도 일정 정도 불이익 조치에 해당된다.

③ 금품 제공자는 이유 여하 불문 각종 인사혜택 배제에 해당한다.

12 정답 ④

직무와 관련된 경우라면 대가성 관련 여부를 불문하고 일정 금액 이상의 금품 수수를 금지하고 있으므로 M대리의 응답은 적절하지 않다.

[오답 체크]

① 채용, 승진뿐 아니라 다른 관직이나 자리로 옮기는 전보 조치에 관한 개입도 금지하고 있다.

③ 수상, 포상 등에 있어 특정 기관이나 개인에게 혜택이 돌아가게 하는 행위가 된다.

⑤ 1회 100만 원, 회계연도 내 300만 원 금지 규정은 직무 관련 여부 등에 관계없이 적용되므로, 어쩔 수 없이 지인으로부터 돈을 빌리게 되는 경우에는 사전에 인사팀과 상의하거나 필요한 근거 자료를 확보하여 불이익이 발생하지 않도록 할 필요가 있다.

13 정답 ②

우선 글의 주제인 '메타버스'의 정의를 설명하고 있는 (나)가 가장 앞에 위치해야 한다. 그리고 메타버스가 처음 등장한 배경을 설명하는 (라)가 그 뒤에 이어지는 것이 적절한데, 이는 (라)의 '이는'이 지칭하는 대상이 메타버스임을 고려하면 더욱 명확히 알 수 있다. 그 뒤 메타버스가 널리 알려지게 된 배경을 설명하는 (가)가 이어져야 하는데, 마찬가지로 '그리고'라는 접속어를 통해 이를 더 쉽게 추론할 수 있다. 그리고 오늘날 메타버스가 전 세계적으로 큰 주목을 받게 된 배경을 설명하는 (다)가 마지막에 위치하는 것이 가장 자연스럽다.

Tip

(다)의 경우 내용상으로는 글의 처음에 위치하는 것도 자연스럽다. 그러나 '더욱 정밀한 구현'이라는 문구를 통해 VR의 구현 수준과 관련된 비교 대상(세컨드 라이프)이 존재한다는 점을 확인할 수 있으며, 마찬가지로 '더 큰 주목'이라는 문구에서 이전에도 메타버스가 주목받았던 사실이 있었다는 점 등을 확인할 수 있다. 따라서 첫 번째 순서로 오기에는 적절하지 않음을 알 수 있다.

14 정답 ⑤

제시문은 전반부와 후반부로 구분하여, 전반부에서는 여성의 고용 실태와 정책 대안을, 후반부에서는 청년의 고용 문제와 관련한 사안을 다루고 있다. 따라서 여성과 청년 등 고용 분야에 있어 가장 큰 문제가 되고 있는 두 계층에 대한 고용률 제고 방향 및 그를 위한 정부 정책을 주제로 다루고 있다.

[오답 체크]
② 제시문은 OECD 회원국과의 고용률 단순 비교를 위한 글이 아니며, 그러한 비교는 고용률 제고와 정책방향에 대한 언급을 위한 자료로 활용된 것이다.

15 정답 ③

청년층의 고용률이 낮은 원인은 분석한 반면, 청년들을 중소기업으로 유인할 수 있는 구체적인 유인책은 제시되어 있지 않다.

[오답 체크]
② 일 · 가정 양립 문화 확산을 위한 정책, 직장어린이집 설치 유인을 위한 지원 정책 등이 제시되어 있다.
④ 청년층의 범위를 15~24세와 15~29세로 구분하여 OECD 회원국 평균과 비교한 수치를 제시하였다.

16 정답 ④

첫 번째 문단에서는 양자역학에 대해 간단히 설명한 후, 물리학 이론인 양자역학이 예술 분야에도 큰 영향을 미쳤음을 설명하였다. 그리고 두 번째 문단에서 예술이 과학에 영향을 미친 사례와 반대로 과학의 발전이 예술에 영향을 미친 사례를 제시하였다. 즉 제시된 글은 과학과 예술이 서로 밀접하게 영향을 주고받는 분야임을 설명하고 있으며, 이러한 중심 내용을 가장 잘 나타낼 수 있는 제목은 '과학과 예술, 그 불가분의 관계'이다.

[오답 체크]
① 첫 번째 문단의 중심 내용에 해당하나, 두 번째 문단의 내용은 포괄하지 못하는 제목이다.
② 두 번째 문단에서 과학과 예술의 차이에 대해 이야기하기는 하였으나, 글의 전체적인 내용과는 무관한 제목이다.
③ 두 번째 문단의 일부 내용만을 지엽적으로 드러내는 제목이며, 글의 전체 내용을 포괄하지는 못하는 제목이다.
⑤ 과학과 예술의 관계를 드러내고는 있으나, 그 범위를 '현대 물리학'으로 한정하고 있어 글의 제목으로는 적절하지 않다.

17 정답 ②

제시된 글의 내용에서 거래비용과 관련된 직업은 헤아릴 수 없을 정도로 많다는 것을 알 수 있다. 이것은 곧, 거래비용이란 용어가 경제학에서 주로 사용되고 있지만 사회생활을 하는 모든 개인은 거래비용이란 용어를 사용하지 않을 뿐이지 암묵적으로 거래비용의 존재를 알고 있다는 사실에 대한 근거가 된다고 볼 수 있다. 따라서 ②와 같은 주장의 근거가 될 수 있다.

18 정답 ④

'위탁'은 '남에게 사물이나 사람의 책임 또는 법률 행위나 사무의 처리 등을 맡기다.'는 의미로 사용된 반면, '부탁'은 '어떤 일을 해 달라고 청한다.'의 의미로 보아야 하므로 문맥상 유사한 의미로 보기 어렵다.

19 정답 ③

제시된 7가지의 가이드는 다음과 같은 개인정보 수집 원칙을 내포하고 있다.
• 1, 7 → 필요 최소한의 개인정보 수집
• 2, 6 → 고유식별정보 및 민감정보 처리 제한
• 3 → 업계의 자율적인 관행 개선 및 형식적 동의에 따른 국민 불편 해소
• 4, 5 → 정보주체의 실질적 동의권 보장
③의 '개인정보의 유출 소지 차단' 원칙은 글 전체에 포함되어 있다고 볼 수 있으나, 온라인 정보 제공의 위험성을 홍보하고자 하는 원칙은 제시된 글의 내용과는 거리가 멀다.

20

정답 ④

두 수당 모두 해당 사유가 발생한 다음 달부터 지급되나, 각각 '배우자가 주재국에 도착한 날'과 '해외주재원이 주재국으로 출발한 날'로 사유 발생 시점이 다를 수 있으므로 수당의 지급 시점 또한 달라질 수 있다.

[오답 체크]

① 업무상의 사유나 본사의 필요에 의한 경우에만 임기가 조정된다고 명시되어 있다.

② 경비정산내역은 매 분기 초에 보고하는 것이므로 매달이 아닌, 1년에 4회 보고하게 된다.

③ '예산의 범위 내에서'라고 명시되어 있는 점으로 보아 조사활동비와 같은 일부 수당의 경우 기준은 정해져 있어도 금액 자체가 정해져 있다고 판단할 수는 없다.

⑤ 주재국 법령에 의한 현지의 보험료는 주재원 본인 부담이므로 본사에서 선급하지 않는다.

21

정답 ④

배우자수당은 배우자의 현지 도착일에 따라 지급 시점이 달라지지만 자녀수당은 자녀의 출발과 관계없이 해당 주재원의 주재국으로 출발한 날을 기준으로 하고 있으므로 자녀수당을 일찍 지급받기 위해 배우자와 자녀가 일찍 출발할 필요는 없다.

[오답 체크]

① 연구 활동비는 별도 예산에서 지급된다.

② 사업 활동 보고서는 익월 15일까지 제출되어야 한다.

③ 배우자가 현지에 도착한 날이 속한 달의 다음 달부터 지급된다.

⑤ 현지 법령에 의해 강제되어 있는 보험이므로 보험료는 해당 주재원의 부담이다.

22

정답 ④

2.1)에서 회사의 3대 중점과제로 선정된 과제 제출자에게는 해외 혁신 관련 교육연수 참여 기회를 제공하지만 공공기관 워크숍 시 기재부로부터 발표자료로 선정된 과제 제출자에게는 사장상을 포상한다고 하였다.

① 1.1)에서 '열린혁신' 지표를 폐지하고 '경영혁신' 지표로 대체하였음을 언급한다.

② 1.1)의 표를 통해 제출 과제 총 건수 등 계량지표의 배점은 80점임을 알 수 있다.

③ 1.1)의 표를 통해 비계량지표에 사회적 가치가 포함됨을 알 수 있고 1.2)의 표 '구성 및 운영' 중 '신설' 항목을 통해 총 3가지 지표가 신설·변경되었음을 알 수 있다.

⑤ 2.1)에서 혁신 우수부서 포상금 지급 검토 및 매월 혁신 우수부서 선정 추진을 언급하고 있다.

23

정답 ⑤

1-2)의 표에 의하면 고도화-책임경영 감점 항목에서 성폭력이 발생·은폐되었거나 화학물질관리법을 위반했을 경우의 감점은 기존보다 엄격해진 것이 아니라 신설된 사항이다.

① 1-2)의 표에 의하면 신설-일자리 창출 노력 항목에 대하여 '일자리 창출' 지표가 신설되었으며 평가항목은 일자리창출 아이디어 공모, 홍보실적 등이다.

② 1-2)의 표에 의하면 신설-투명경영 및 사회적 책무 항목에 대하여 '사회적 기본책무 위반 조치'를 반영하여 지표가 신설되었고 평가항목 중 감점 사항이 있음을 알 수 있다.

③ 1-2)의 표에 의하면 고도화-사회적 가치 정부정책 이행 항목에 대하여 '정부 권장정책 이행'이 '사회적 가치 정부정책 이행'으로 지표명이 변경되었으며 사회적 기업 제품 구매가 지표에 추가되었음을 알 수 있다.

④ 1-2)의 표에 의하면 고도화-삶의 질 제고 항목에 대하여 지표명이 변경된 사실과 연차휴가 사용 및 근로시간 단축이 평가항목으로 조정되었음을 알 수 있다.

24

정답 ②

동일본 대지진으로 경영난에 처하고 적자가 계속됐으나 구조조정 등을 단행하며 이후 흑자전환에 성공한 르네사스의 상황에는 새옹지마(塞翁之馬), 고진감래(苦盡甘來), 읍참마속(泣斬馬謖)과 같은 사자성어가 어울린다. 수주대토(守株待兎)는 중국 송(宋)나라의 한 농부가 토끼가 나무그루에 부딪쳐 죽은 것을 잡은 후, 농사는 팽개치고 나무그루만 지키고 토끼가 나타나기를 기다렸다는 고사에서 유래한, 한 가지 일에만 얽매여 발전을 모르는 어리석은 사람을 비유한 말이다.

[오답 체크]

① 7년가량 적자의 늪에서 헤어나오지 못했던 소니가 20년만에 최대 실적을 달성했다는 ⓐ의 내용에는 사자성어 '권토중래(捲土重來 : 한 번 패하였다가 세력을 회복하여 다시 쳐들어옴)'가 어울린다.

③ 향후에도 르네사스의 성장은 계속될 전망이라는 내용의 ⓒ에는 사자성어 '붕정만리(鵬程萬里 : 전도가 양양한 장래를 비유한 말)'가 어울린다.

④ 도시바가 제품 차별화보다 고가 전략을 고수하다 재정난을 겪게 되어 사업들을 정리하는 내용 ⓓ에는 사자성어 '망양보뢰(亡羊補牢 : 양을 잃고 우리를 고친다는 뜻으로 '소 잃고 외양간 고친다'와 비슷한 말)'가 어울린다.

⑤ 엘피다가 경영난을 겪으며 미국 마이크론에, 산요도 2011년 중국 하이얼에 인수되었는데, 이들이 하나같이 당시의 시장 잔아력이 영원할 것으로 믿었다고 하는 내용 ⓔ에는 사자성어 '권불십년(權不十年 : 권세는 십 년을 가지 못한다는 뜻에서, 아무리 권세가 높다 해도 오래가지 못한다는 말)'이 어울린다.

25 정답 ⑤

5문단에서 엘피다는 미국 마이크론에, 산요는 중국 하이얼에 인수됐다고 나와 있다.

[오답 체크]
① 제시문은 소니, 르네사스 등 성장세인 기업과 도시바, 샤프 등 하락세인 기업의 상황을 함께 조망한다.
② 선택지가 설명하는 기업은 소니이다.
③ 도시바가 인수한 기업은 미국 원전회사 웨스팅하우스로, 사업 실패와 회계부정으로 치명타를 입었다.
④ 도시바는 가전 사업을 메이디 그룹에, TV 사업을 하이센스 그룹에 매각했다.

26 정답 ②

글의 전반부에서는 다양한 형태의 기능보존수술을 설명하고 후반부에서는 한층 복잡한 방법인 복합요법을 설명한다. 말미에서는 각 개인의 상태에 따른 맞춤형 치료가 새롭게 주목받는 연구라는 점을 언급하고 있다. 따라서 단순히 암 수술의 종류나 특정 치료 방법의 효과 등을 나열한 것이 아니라 개인의 질병 상태에 따라 치료 방법을 달리할 수 있을 정도로 암 치료 방법이 발전하고 있다는 점을 서술하는 글이다.

27 정답 ④

식품위생법에서 규정하는 내용은 해당 응모 업체에서 숙지할 사항이나 조목이 명시되어 있으며, 관계 규정이나 법령에 관한 세부 내용 등의 개방된 사항을 공고문에 제시해야 할 필요는 없다.

[오답 체크]
급식 위탁업체를 모집하기 위한 공고문이므로 신청서 접수 시기 및 방법, 필요 서류, 급식 단가, 위탁기간 등이 삽입되어야 한다. 또한 담당자나 담당 부서의 연락처를 제공하여야 한다.

28 정답 ⑤

수탁자 부담 조건에 '식단 등 운영전반'에 대한 사항이 명시되어 있으므로 식단에 의한 수익성 문제를 고려할 필요는 없다.

[오답 체크]
① 배식시간과 운영기간을 올바르게 이해한 경우이다.
② 식당만족도 설문조사 결과가 계약기간 연장 등에 결정적인 요소라고 판단할 수 있다.
③ 업체에서 위탁운영하고 있는 식당이 있을 경우에만 해당사업장 방문 평가가 이루어지므로 신규업체로서 적절한 판단을 한 것으로 볼 수 있다.
④ 5월 3일부터 17일까지 2주에 걸쳐 3차의 평가가 모두 진행되는 일정이다.

29 정답 ④

금융통화위원회는 50% 이하의 지급준비율을 결정할 수 있다고 설명되어 있으므로 1천억 원인 경우의 최대 지급준비금은 500억 원이 된다.

[오답 체크]
① 지급준비금은 금융기관의 총 자산이 아닌 '채무'의 일정비율에 대하여 예치하는 것이다.
② 금융기관의 수익성이 아닌 유동성을 조절할 수 있는 수단이라고 언급하였다.
③ 제시된 글에서는 1965년 이후 지급준비정책이 통화조절수단으로서 중요성이 부각되었으나, 1996년 이후 역할이 축소되며 유용성이 크게 낮아졌다고 언급하고 있다.
⑤ 현저한 통화팽창기에도 채무 전액이 아닌 채무 증가액 전액을 지급준비금으로 보유토록 결정할 수 있다.

30 정답 ③

㉠ 수영과 수중경기는 부력으로 인해 신체지지의 부담을 줄일 수 있으므로 쉽게 적응할 수 있어 척수장애인에게 권장되는 스포츠다.
㉡ 절단장애인이 상지에 절단이 있다면 축구나 육상 종목 등 다리만을 이용하는 경기에 참여할 수 있다.
㉢ 소아마비장애인은 수상스키, 요트, 행글라이딩과 같은 레저 스포츠 종목도 약간의 수정된 경기규칙과 신체적 장애를 보완해주는 보조기구만 준비된다면 충분히 안전하게 즐길 수 있다.

31 정답 ③

자동차가 등장했을 때 기존의 소음, 질병 문제를 해결해주리라는 기대를 받았다고 언급되지만, 제시문에서 변화 당시의 거부감에 대한 내용은 찾기 어렵다.
① 주요 교통수단이 증기선이던 시절 쇠퇴일로를 걸었던 도로가 자동차의 등장으로 이용률이 높아졌다는 내용을 통해 이와 같이 반응할 수 있다.
② 제시문에서 뉴욕에서 보스턴까지 이동하는 데 걸리는 속력이 1790년대 초반부와 중후반부에 차이가 있었음을 설명하고 있다.
④ 자동차 등장 당시 말이 야기하는 소음, 질병 등의 문제를 자동차가 해결할 거라고 기대받았다는 일화에서 환경 문제 등의 해결 방법에 대한 교훈을 얻을 수 있다.
⑤ 제시문을 통해 1790년대에 태어난 어린이들이 50대가 되어 할아버지 세대로 접어들었을 때 포장도로의 등장으로 여행 속력이 약 2배 빨라졌음을 알 수 있다.

32 정답 ②

'일이나 것'을 뜻하는 의존 명사 '데'는 '필요한 데'와 같이 띄어 써야 한다.

33 정답 ②

제시문에는 '혼인의 남녀동권을 헌법적 혼인 질서의 기초로 선언함으로써 우리 사회 전래의 가부장적인 봉건적 혼인 질서를 더 이상 용인하지 않겠다'라는 내용과 '개인의 존엄과 양성의 평등에 반하는 것이어서는 안 된다는 한계가 도출되므로, 전래의 어떤 가족 제도가 헌법 제36조 제1항이 요구하는 개인의 존엄과 양성평등에 반한다면 헌법 제9조를 근거로 그 헌법적 정당성을 주장할 수는 없다'라는 표현을 통해 호주제가 인권 침해의 소지가 있고, 양성평등에 위배된다는 사실을 나타낸 것으로 판단할 수 있다.

34 정답 ①

지문 후반부에서는 퇴행성 관절염의 치료 방법에 대하여 체중 유지와 '체중을 덜 싣는 운동'을 강조하며 수영이나 자전거 등의 선별적인 운동이 필요하다고 설명한다. 따라서 단순히 '다양한 운동'이라고 설명하는 것은 올바른 치료 방법이 될 수 없다.

35 정답 ④

〈보기〉에 제시된 문장은 각 온라인 네트워크가 유대감을 통한 지속성을 가져야 한다는 필요성을 강조하는 결론에 해당한다. 또한 도입 부분에서 제시한 민주주의 발전을 위한 선행 조건임을 역설하며, '이러한 의미에서~'로 시작되는 점으로 보아, 논점을 모두 언급하고 난 마지막에 결어로 쓰였다고 보는 것이 타당하다. ② 뒤에 오는 단락은 독특한 방법으로 형성되는 온라인 공간의 유대감에 대한 내용으로 앞글과 다른 맥락을 구성한다.

36 정답 ③

2명의 인원 승진 시 5배수에 포함되어야 하는 것은 심사승진의 경우에 해당되며 근속승진 결원은 근속승진 기간을 초과하는 인원수로 산정된다고 명시되어 있다.
심사승진은 승진에 필요한 최저연수 규정을 둔 것으로 보아 심사에 의해 일정한 공로를 인정받아 발탁되는 승진이며, 근속승진은 특정 직급에 속한 연수를 모두 채워 정해진 기간 근무에 따른 일반적인 승진이다.

37 정답 ④

(가) 교육훈련 이수는 승진에 필요한 요건이므로 미이수자 승진은 올바른 조치라고 할 수 없다. (×)
(나) 근속승진의 경우 대상자 배수개념에 포함되지 않으며, 해당 대상자에 대한 심사를 진행한 경우이므로 적절한 조치라고 할 수 있다. (○)
(다) 심사승진이므로, 7명의 경우 5명까지의 대상 인원인 20명과 나머지 2명에 대한 3배수인 6명을 합하여 총 26명을 심사하여야 한다. (×)
(라) 지역주민으로부터 지탄을 받는 자를 승진 대상에서 제외한 것은 적절한 조치이다. (○)

38 정답 ①

글이 제시하는 문제점은 고령화 시대의 노인의 역할 또는 그와 관련한 향후의 나아갈 방향 등으로 볼 수 있다. 저출산 문제 해결은 장기적·근본적으로 노인 문제와 연관되어 있다고 볼 수 있으나 현재의 노인 문제를 해결할 수 있는 직접적인 방안이라고 보기는 어렵다. 언급된 바와 같이, 교육수준과 소득수준이 낮은 노인을 위한 일자리 창출, 평생교육, 사회 참여 유도 등이 노인의 역할을 창출하는 직접적인 방안이다.

39 정답 ④

발바닥에 난 사마귀와 티눈을 감별하는 것은 어렵다고 언급되어 있으나, 자연 치유의 빈도가 높은 종류는 손발바닥 사마귀가 아닌 편평 사마귀이다.

[오답 체크]
① 글 후반부의 '관리를 위한 팁'에서 강조한 것은 사마귀 바이러스와의 접촉을 피하는 것이다.
② 통증을 우려하는 경우 연고(5-FU) 치료가 적절한 방법이라고 소개되어 있다.
③ 음부 사마귀의 경우 성관계 2~3개월 후에 병변이 나타난다고 언급되어 있다.
⑤ 지문에서 '사마귀는 바이러스에 의해 피부 여러 곳으로 옮겨가지만 티눈은 그렇지 않습니다.'라고 언급하였다.

40 정답 ⑤

성인성 질환의 일종으로 선염력이 높고 특히 여성의 경우 음부 사마귀가 자궁경부암 발생과 관련이 있다고 언급되어 있기는 하나, 사마귀로 인한 발암률, 상당한 인과관계, 통계 자료 등에 대한 설명이 제시되어 있지 않으므로 사마귀와 암의 상관관계는 보고서의 중심 내용으로 포함시키기에 부적절하다.

41 정답 ④

주어진 글에서는 '어휘력 습득'을 핵심 주제로 이야기하고 있으며, 이를 위한 방법으로 광범위한 독서를 언급하였다. 따라서 '다독'을 언급한 ④와 같은 결론이 가장 적절하다.

[오답 체크]
⑤ 양질의 서적을 구별해 내는 능력을 길러야 하는 것은 어휘력 습득을 위한 방법으로 볼 수 없다.

42 정답 ③

인류는 태양의 위치로 시간을 파악하며 정오를 기준점으로 삼았다(ⓒ). 그러나 기차가 발명되며(ⓒ) 지역 간 이동 시간이 단축되어 공유 시간에 혼선이 생기자 영국은 그리니치 표준시를 기준 삼았고 미국도 이를 따랐다(ⓔ). 샌퍼드 플레밍이 경도를 기준으로 하는 시간을 제안하자 이를 통해 1884년 국제 자오선 회의가 열렸고(ⓐ) 그리니치 자오선이 본초 자오선으로 채택되었다(ⓑ). 우리나라에서는 대한제국 시대에 고종이 이를 받아들여 적용했다(ⓕ). 이후 1972년 원자시계가 도입되어 그리니치 표준시(GMT)가 협정세계시(UTC)로 대체되었다(ⓖ).

43 정답 ②

(가) 부동산 문제 해결과 생활 인프라 개선 등을 주장하고 있으므로 'ⓒ 주거 안정과 삶의 질 개선'이 적절한 소제목이 된다.
(나) 도시구조 전환을 통하여 경제성장을 이루어야 하고 그를 위해서는 도시의 경쟁력 강화가 필요하다는 주장을 펼치고 있으므로 'ⓔ 도시의 인프라 개선과 경쟁력 강화'가 가장 적절한 소제목이 된다.
(다) 각 부처 간의 협업, 성과 공유, 공동사업 발굴 등의 활동에서 알 수 있는 것은 'ⓕ 분야 간 협업 시스템 구축'의 일면이라고 볼 수 있다.

44 정답 ④

고전 자체가 교육 내용에서 큰 비중을 차지하지 못하고 있을 뿐 아니라 서구 문물을 단기간에 요령 있게 소화할 수 있는 요점 정리식 교육과 평가 방식이 주를 이루었으며 초·중·고등학교 교육현장 어디에서도 고전 교육을 찾아보기 힘들다고 언급되어 있으므로 '고전 위주의 교육'이라는 설명은 옳지 않다.

45 정답 ③

고전 교육의 실상과 문제점을 논거로 제시하고 있으며 고전의 가치와 선진국 고전 교육의 장점도 언급하고 있으므로 본론 및 결론에서는 우리 고전 교육의 필요성을 강조하며 아울러 고전 교육 부재에 따른 대책 및 대안이 중점 기술될 것으로 보는 것이 타당하다.

46 정답 ②

전출입세대는 이사신고서를 작성하여 보안대원에게 제출하는 것이 준수 사항이며, 이를 관제실에 전달하여 보관토록 하는 것은 보안대원의 준수 사항이다.

[오답 체크]
① 차량용 RF카드는 관리주체가 입주민에게 교부하는 것이며, 교부 시에 서명을 받도록 규정하고 있으므로 관리주체가 준수 사항을 소홀히 한 것에 해당한다.
③ 관리주체의 안내에도 불구하고 발생한 중간관리비 전달상의 문제는 전입세대 또는 세대 소유주의 책임이라고 규정하고 있다.
④ 관리주체는 전입세대에게 입주자 생활안내 책자를 무상으로 얻을 수 있는 방법을 고지해야 한다고 규정하고 있다.
⑤ 전출세대는 전출 일주일 전 전출을 고지하여 관리주체가 중간관리비 정산을 위한 시간을 확보하게 해야 한다.

47 정답 ③

제한경쟁입찰의 경우 입찰 대상 공사와 동일한 규모 이상의 완료건수를 기준으로 하며 공사금액으로는 제한하지 못한다고 규정되어 있으므로 대규모 공사 실적이 혜택을 받을 수 있는 사항으로 적용되지는 않는다.

[오답 체크]
① 일반경쟁입찰의 경우에는 입찰 대상자의 수를 규정하고 있지 않다.
② 관련법령에 따른 면허, 등록, 신고의 자격과 조건을 갖추는 것은 일반경쟁입찰에도 해당되는 사항이므로 제한경쟁입찰에만 해당되는 조건이라고 할 수 없다.
④ '기술능력'은 입찰 대상자가 10인 이상인 제한경쟁입찰의 경우에만 제한요소로 적용할 수 있다고 규정하고 있다.
⑤ 지명경쟁입찰은 입찰 대상자가 10인 미만인 경우 시행하게 되나, 5인 이상의 입찰 대상자를 지명하여야 한다고 규정되어 있으므로 반드시 7인의 기술 보유자를 모두 지명할 필요는 없다.

48 정답 ①

휴가 일수가 정확히 계산되어야 하는 것은 당연한 원칙이나, Case 1에서 연속 30일 이상의 병가 사용 사례를 설명한 것과 같이 휴가 일수를 공휴일과 명확히 구분하여 계산하는 것에 대한 폐단을 방지하는 규정이 있다.

[오답 체크]
② Case 2는 2년에 걸쳐 각각 30일 초과인 경우에 한해서만 적용되므로 30일 이하 사용인 경우에는 공휴일을 산입하지 않도록 규정하고 있다.
③ Case 1~3의 내용으로 보아 병가와 연가의 30일 이내 사용에 대해서는 공휴일을 휴가 일수에 산입하지 않도록 규정한다고 볼 수 있다.
④ Case 5의 내용의 기본 취지는 1년간의 성실한 근무를 위한 보상이므로 그에 따른 결근자에 대한 조치에 해당된다.
⑤ T공사는 휴가 일수를 합리적으로 분리하여 계산하고 있으므로 별개의 휴가로 인정하고 있다.

49 　　　　　　　　　　　　　　　　　　　　정답 ③

시간은 24시각제에 따라 '16:00'과 같이 아라비아 숫자로 표기하며 쌍점 전후로 띄어쓰기를 하지 않는다.

[오답 체크]

① 공모 안내문에는 문의처와 연락 전화번호 등을 포함시키는 것이 일반적 형식이다.

② '2021.1.17.(수)'가 올바른 표기이다. 연월일은 아라비아 숫자로 표기하며 모든 숫자 뒤에 마침표를 찍어야 한다.

④ 기술료를 경감하는 주체가 제안기업일 수 없으므로 비문이다. '제안기업에게는'으로 수정하는 것이 적절하다.

50 　　　　　　　　　　　　　　　　　　　　정답 ①

주어진 상황은 '특정 업체와 수의계약을 지시한 상황'으로 규정할 수 있다. 이에 대하여 행정실장은 적절한 소명을 하였고 상급자인 교장은 재차 위법 행위 이행을 지시한 경우이므로 '공정한 직무수행을 저해하는 지시'가 핵심인 상황으로 볼 수 있다.

CHAPTER 02	수리능력 정답 및 해설

01	02	03	04	05	06	07	08	09	10
⑤	②	③	④	③	④	①	③	②	①
11	12	13	14	15	16	17	18	19	20
④	②	④	④	①	④	①	⑤	③	②
21	22	23	24	25	26	27	28	29	30
④	⑤	①	①	⑤	①	③	④	⑤	②
31	32	33	34	35	36	37	38	39	40
⑤	③	①	⑤	④	⑤	③	⑤	③	②
41	42	43	44	45	46	47	48	49	50
①	③	③	⑤	④	②	①	①	④	④
51	52	53	54	55	56	57	58	59	60
④	②	③	①	①	④	③	③	①	②
61	62	63	64	65	66	67	68	69	70
③	③	②	③	②	①	①	⑤	④	④
71	72	73	74	75	76	77	78	79	80
④	⑤	③	④	①	⑤	⑤	③	⑤	④
81	82	83	84	85	86	87	88	89	90
④	④	⑤	③	②	②	②	①	②	⑤
91	92	93	94	95	96	97	98	99	100
④	③	⑤	②	③	②	⑤	②	④	⑤
101	102	103	104	105	106	107	108	109	110
②	①	③	③	③	⑤	①	④	③	④
111	112	113	114	115	116	117	118	119	120
⑤	①	⑤	③	①	③	②	④	③	④

01 　　　　　　　　　　　　　　　　　　　　정답 ⑤

A~C코스에서 물웅덩이에 빠지지 않고 탈 확률은 각각 $\frac{2}{3}$, $\frac{3}{5}$, $\frac{3}{4}$이며 완주 시 어떤 코스를 2번 타는지 경우를 나눠 각각의 확률을 구하면 다음과 같다.

• A코스 2번, B코스 1번, C코스 1번 : $\frac{2}{3} \times \frac{2}{3} \times \frac{3}{5} \times \frac{3}{4} = \frac{1}{5}$

• A코스 1번, B코스 2번, C코스 1번 : $\frac{2}{3} \times \frac{3}{5} \times \frac{3}{5} \times \frac{3}{4} = \frac{9}{50}$

• A코스 1번, B코스 1번, C코스 2번 : $\frac{2}{3} \times \frac{3}{5} \times \frac{3}{4} \times \frac{3}{4} = \frac{9}{40}$

따라서 대회 참가자가 물웅덩이에 한 번도 빠지지 않고 완주할 확률은 $\frac{1}{5} + \frac{9}{50} + \frac{9}{40} = \frac{121}{200}$이다.

02
정답 ②

제주지사에 지원한 지원자 $6+4=10$명 중 남녀 상관없이 5명을 뽑는 경우의 수는 $_{10}C_5=\dfrac{10!}{5!(10-5)!}=\dfrac{10\times9\times8\times7\times6}{5\times4\times3\times2\times1}=252$ 가지이다. 이 중 남자 3명과 여자 2명이 뽑힐 경우의 수는 $_6C_3\times$ $_4C_2=\dfrac{6\times5\times4}{3\times2\times1}\times\dfrac{4\times3}{2\times1}=120$가지이다. 따라서 제주지사 지원자 중 남녀 상관없이 5명을 뽑았을 때 남자 3명과 여자 2명일 확률은 $\dfrac{120}{252}=\dfrac{10}{21}$이다.

Tip

- 서로 다른 n개에서 r개를 뽑는 경우 : $_nC_r=\dfrac{n!}{r!(n-r)!}=\dfrac{_nP_r}{r!}$
- 서로 다른 n개에서 중복을 허락하여 r개를 택하는 경우 : $_nH_r=_{n+r-1}C_r=\dfrac{(n+r-1)!}{r!(n-1)!}$

03
정답 ③

반대 방향으로 돌 경우 A가 간 거리+B가 간 거리=트랙의 둘레, 같은 방향으로 돌 경우 A가 간 거리−B가 간 거리=트랙의 둘레 이다. A의 속력을 x, B의 속력을 y라 하면 $10x+10y=2,000$m, $40x-40y=2,000$m이다. 두 식을 연립하면 $x=125$m/분, $y=75$m/분이므로 이를 km와 시속으로 변환하면 $x=7.5$km/h, $y=4.5$km/h이다. 따라서 A의 속력은 7.5km/h이다.

Tip

- 반대 방향으로 돌 경우 두 사람이 x분 동안 걸은 거리의 합 =트랙의 둘레
- 같은 방향으로 돌 경우 두 사람이 x분 동안 걸은 거리의 차 =트랙의 둘레

04
정답 ④

제시된 경우와 같이 거래처별 계약직 근로자 수의 정확한 변량을 알 수 없을 때에는 각 계급의 중간치인 계급값을 사용한다. 따라서 거래처별 평균 계약직 근로자의 수는 $\{(2\times9)+(6\times1)+(10\times3)+(14\times5)+(18\times2)\}\div20=8$명이다.

평균이 8명일 경우 '편차=계급값−평균'에 의해, 각 계급의 편차는 순서대로 각각 −6, −2, 2, 6, 10이고 편차의 제곱과 각 계급의 거래처 수를 곱한 값의 합을 구하면 $(36\times9)+(4\times1)+(4\times3)+(36\times5)+(100\times2)=720$이다. 이를 전체 거래처 수로 나눈 값인 분산은 $720\div20=36$이며 표준편차는 분산의 제곱근이므로 6이다.

05
정답 ③

1개의 전구마다 켜고 끄는 두 가지의 신호를 보낼 수 있다. 전구가 총 6개이므로 $2^6=64$가지의 신호를 만들 수 있다. 그러나 모두 꺼진 1가지의 경우는 신호로 생각하지 않기 때문에 가능한 신호의 가짓수는 $64-1=63$가지이다.

06
정답 ④

전체 일의 양을 1이라 하고 A, B, C 한 사람당 하루에 가능한 일의 양을 각각 x, y, z라 할 때 하루에 할 수 있는 일의 양은 다음과 같다.

- 셋이 함께 하여 9일이 걸린 경우 : $x+y+z=\dfrac{1}{9}$
- A와 C가 함께 하여 12일이 걸린 경우 : $x+z=\dfrac{1}{12}$
- B와 C가 함께 하여 15일이 걸린 경우 : $y+z=\dfrac{1}{15}$

세 식을 연립하면 $x=\dfrac{2}{45}$, $y=\dfrac{1}{36}$, $z=\dfrac{7}{180}$이다. 따라서 A, B, C가 함께 3일 동안 일한 후 A와 B가 함께 일을 하였고, 다시 남은 일을 B가 11일 동안 맡아서 끝냈으므로 A와 B가 함께 일한 일의 양은 $1-(\dfrac{1}{9}\times3)-(\dfrac{1}{36}\times11)=\dfrac{13}{36}$이다. A와 B가 함께 할 경우 하루에 가능한 일의 양은 $\dfrac{2}{45}+\dfrac{1}{36}=\dfrac{8}{180}+\dfrac{5}{180}=\dfrac{13}{180}$이므로 A와 B가 함께 일한 날은 $\dfrac{13}{36}\div\dfrac{13}{180}=5$일이다.

07
정답 ①

작년 남자 신입사원 수를 x, 작년 여자 신입사원 수를 y라 하면 $x+y=260$, $(1+0.2)x+(1-0.5)y=235$이다. 두 식을 연립하면 $x=150$, $y=110$이다. 올해 여자 신입사원 수는 작년보다 50% 감소했으므로 $110\times0.5=55$명이다.

08
정답 ③

2017~2021년 고령범죄자 수는 99,966 → 110,123 → 112,360 → 119,489 → 133,905명으로 유형별 범죄자 수 중 유일하게 매년 증가했다.

[오답 체크]

① 2021년 여성범죄자는 전년 대비 $\dfrac{340,589-323,924}{323,924}\times100 ≒$ 5.1% 증가했다.

Tip

2021년 여성범죄자가 전년 대비 10% 이상 증가하려면 2021년 여성범죄자가 $323,924\times1.1≒356,316$명 이상이어야 한다.

② 2017~2021년 정신장애범죄자 수는 6,980 → 8,287 → 9,027 → 7,244 → 7,763명으로 2018년에 7,000명을 넘었다.

④ 2019년과 2021년 유형별 범죄자 수 순위는 다음과 같다.

순위	2019년	2021년
1	기타범죄자	기타범죄자
2	전과범죄자	전과범죄자
3	여성범죄자	여성범죄자
4	고령범죄자	고령범죄자
5	학생범죄자	학생범죄자
6	미성년범죄자	미성년범죄자
7	외국인범죄자	외국인범죄자
8	공무원범죄자	공무원범죄자
9	정신장애범죄자	정신장애범죄자

따라서 유형별 범죄자 수 순위는 2019년과 2021년이 동일하다.

⑤ 2021년 여성범죄자 수와 전과범죄자 수의 합은 340,589+696,539=1,037,128명으로 1,101,235명인 기타범죄자 수보다 작다.

09   정답 ②

2018년 사상사고는 105−4−11−3=87건이고, 2019년 사상사고는 98−4−8−4=82건이다. 따라서 사상사고는 2019년보다 2018년에 많았다.

[오답 체크]

① 2020년 철도사고 합계는 6+15+46+5=72건이다.

③ 2017~2021년 동안 기타안전사고는 2 → 3 → 4 → 5 → 1건으로 매년 10건 이하였다.

④ 2017년 철도사고 중 사상사고의 비중은 $\frac{104}{123} \times 100 ≒ 85\%$이다.

⑤ 2020년과 2021년 유형별 철도사고는 다음과 같다.

(단위 : 건)

구분	2020년	2021년
열차사고	6	4
건너목사고	15	8
사상사고	46	44
기타안전사고	5	1

따라서 2021년 유형별 철도사고는 전년 대비 모두 감소하였다.

10   정답 ①

2020년 인구 1,000명당 외국인 수는 $\frac{1,246,626}{51,826,059} \times 1,000 ≒ 24$명,

2021년 인구 1,000명당 외국인 수는 $\frac{1,271,807}{51,849,861} \times 1,000 ≒ 25$명

이다. 따라서 인구 1,000명당 외국인 수는 2020년보다 2021년에 많다.

[오답 체크]

② 2020년 등록외국인은 전년보다 $\frac{1,246,626-1,171,762}{1,171,762} \times 100$ ≒6% 증가하였다.

③ 2017~2021년 평균 등록외국인은

$\frac{1,143,087+1,161,677+1,171,762+1,246,626+1,271,807}{5}$

$=\frac{5,994,959}{5}≒1,198,992$명이다.

④ 2017년 인구 1,000명당 외국인 수는 $\frac{1,143,087}{51,529,338} \times 1,000 ≒ 22$명이다.

⑤ 2017~2021년 동안 주민등록인구는 51,529,338 → 51,696,216 → 51,778,544 → 51,826,059 → 51,849,861명으로 2020년에 처음으로 51,800,000명을 넘었다.

11   정답 ④

기타 목적으로 입국한 국적 미상 외래객은 674,714−435,324−123,955−100,374−6,909−8,107=45명이다.

[오답 체크]

① 유학연수 목적으로 입국한 아시아 외래객은 118,462−2,790−8,126−171−1,286−3=106,086명으로 유학연수 목적으로 입국한 외래객 중 가장 많다.

② 아메리카 외래객은 131,102+1,548+12,092+2,790+123,955=271,487명이고, 유럽 외래객은 100,963+4,610+838+8,126+100,374=214,911명으로 입국 외래객은 유럽 외래객보다 아메리카 외래객이 더 많다.

③ 상용 목적으로 입국한 외래객은 21,570+1,548+4,610+278+1,501+2=29,509명이다.

⑤ 관광 목적으로 입국한 외래객 중 유럽 외래객이 차지하는 비중은 $\frac{100,963}{1,653,471} \times 100 ≒ 6\%$이다.

12 정답 ②

7~11월 고등학생 1인당 월 평균 사교육비는 33.4 → 35.8 → 36.7 → 38.8 → 40.1만 원으로 매월 증가했다. 따라서 앞으로도 고등학생 1인당 월 평균 사교육비는 증가할 것으로 예상된다.

[오답 체크]
① 7~11월 중학생 1인당 월 평균 사교육비는 37.1 → 36.2 → 34.0 → 32.8 → 33.1만 원으로 10월까지 매월 감소했다가 11월에는 증가하였다.
③ 7~11월 중학생과 초등학생 1인당 월 평균 사교육비는 다음과 같다.

(단위 : 만 원)

구분	초등학생	중학생
7월	36.9	37.1
8월	36.3	36.2
9월	29.0	34.0
10월	22.1	32.8
11월	20.3	33.1

따라서 7~11월 동안 8월을 제외하면 중학생 1인당 월 평균 사교육비는 매월 초등학생 1인당 월 평균 사교육비보다 많았다.
④ 7월~11월 고등학생 1인당 월 평균 사교육비는 33.4 → 35.8 → 36.7 → 38.8 → 40.1만 원으로 처음으로 고등학생 1인당 월 평균 사교육비가 40만 원을 넘는 달은 11월이다.
⑤ 9월 초등학생 1인당 월 평균 사교육비는 전월 대비 $\frac{29.0-36.3}{36.3}$ ×100≒(−)20% 감소하였다.

13 정답 ④

㉠ 2018년 아황산가스의 대기 중 농도는 0.005ppm× $\frac{64g/mol}{0.0224}$ ≒14μg/m³이고 미세먼지 PM2.5의 대기 중 농도는 36μg/m³이므로 아황산가스의 대기 중 농도가 더 낮다. (×)
㉡ 2021년 이산화질소의 대기 중 농도는 전년 대비 $\frac{0.027-0.034}{0.034}$ ×100≒21% 감소했다. (○)
㉢ 2017~2021년 오존의 대기 중 농도는 0.026 → 0.038 → 0.026 → 0.028 → 0.027 ppm으로 2017~2021년 동안 매년 0.025ppm을 넘었다. (×)
㉣ 2017~2021년 미세먼지 PM2.5와 미세먼지 PM10의 대기 중 농도는 다음과 같다.

(단위 : μg/m³)

구분	2017년	2018년	2019년	2020년	2021년
미세먼지 PM2.5	32	36	31	39	21
미세먼지 M10	64	60	52	69	45

따라서 2017~2021년 동안 미세먼지 PM10의 대기 중 농도는 미세먼지 PM2.5의 대기 중 농도보다 매년 높다. (○)

14 정답 ④

2017~2021년 제조업 종사자 수는 4,102,259 → 4,097,338 → 4,103,986 → 4,105,871 → 4,123,817명으로 2018년을 제외하고 매년 1,000명 이상 증가하였다.

[오답 체크]
① 2017~2021년 업종별 사업체 수 순위는 다음과 같다.

구분	2017년	2018년	2019년	2020년	2021년
도소매업	2	2	2	2	2
서비스업	1	1	1	1	1
운수업	5	5	5	5	5
제조업	4	4	4	4	4
기타	3	3	3	3	3

따라서 2017~2021년 동안 업종별 사업체 수 순위는 매년 동일하다.
② 2018년 전체 사업체 수는 1,017,340+2,282,542+385,968+430,948+504,589=4,621,387개이고 전체 종사자 수는 3,141,900+11,564,214+1,111,060+4,097,338+3,214,856=23,129,368명으로 2018년 전체 사업체 수와 전체 종사자 수는 $\frac{23,129,368}{4,621,387}$ ≒5배 차이가 난다.
③ 2020년 전체 종사자는 3,250,867+12,188,778+1,145,752+4,105,871+3,658,124=24,349,392명이다. 이 중 도소매업 종사자가 차지하는 비중은 $\frac{3,250,867}{24,349,392}$ ×100≒13%이고 제조업 종사자가 차지하는 비중은 $\frac{4,105,871}{24,349,392}$ ×100≒17%이다. 따라서 2020년 전체 종사자에서 도소매업 종사자가 차지하는 비중은 제조업 종사자가 차지하는 비중보다 작다.

Tip

2020년 도소매업 종사자 수와 제조업 종사자 수의 비중을 구하지 않더라도, 도소매업 종사자 수는 제조업 종사자 수보다 작으므로 도소매업 종사자 수가 차지하는 비중은 제조업 종사자 수가 차지하는 비중보다 작다는 것을 알 수 있다.

⑤ 2017~2021년 평균 운수업 사업체수는 $\frac{379,388+385,968+386,919+400,282+409,288}{5}$ =392,369개이므로 390,000개 이상이다.

15 정답 ①

2021년 전체 사업체수는 1,028,323+2,977,751+409,288+440,766+655,842=5,511,970개이다. 이 중 서비스업 사업체수가 차지하는 비중은 $\frac{2,977,751}{5,511,970}$ ×100≒54%이고 운수업 사업체수가 차지하는 비중은 $\frac{409,288}{5,511,970}$ ×100≒7%이다. 따라서 이 둘의 차이는 54−7=47%p이다.

16
정답 ④

㉠ 수도권 도시의 2021년 경찰공무원 1인당 담당 주민수는 다음과 같다.

(단위 : 명)

구분	서울특별시	인천광역시	경기도
주민등록인구	9,729,107	2,957,026	13,239,666
경찰공무원	28,717	6,446	23,462
경찰공무원 1인당 담당 주민수	339	459	564

따라서 수도권 도시 중 2021년 경찰공무원 1인당 담당 주민수가 가장 많은 곳은 경기도이다. (×)

㉡ 2017~2021년 수도권 도시의 경찰공무원 현황은 다음과 같다.
- 서울특별시 : 26,702 → 26,940 → 27,001 → 27,184 → 28,717명
- 인천광역시 : 5,698 → 5,747 → 6,035 → 6,153 → 6,446명
- 경기도 : 20,816 → 21,387 → 22,197 → 22,845 → 23,462명

따라서 2017~2021년 수도권 도시의 경찰공무원은 모두 매년 증가했다. (○)

㉢ 2021년 경기도 주민등록인구는 2017년 대비
$\frac{13,239,666-12,522,606}{12,522,606} \times 100 \fallingdotseq 6\%$ 증가하였다. (○)

㉣ 2017~2021년 서울특별시 주민등록인구와 경기도 주민등록인구는 다음과 같다.

(단위 : 명)

구분	2017년	2018년	2019년	2020년	2021년
서울특별시	10,022,181	9,930,616	9,857,426	9,765,623	9,729,107
경기도	12,522,606	12,716,780	12,873,895	13,077,153	13,239,666

따라서 2017~2021년 경기도 주민등록인구는 서울특별시 주민등록인구보다 매년 많았다. (×)

17
정답 ①

2017~2021년 서울특별시 경찰공무원 1인당 담당 주민수를 구하면 다음과 같다.

(단위 : 명)

구분	2017년	2018년	2019년	2020년	2021년
주민등록인구	10,022,181	9,930,616	9,857,426	9,765,623	9,729,107
경찰공무원	26,702	26,940	27,001	27,184	28,717
경찰공무원 1인당 담당 주민수	375	369	365	359	339

따라서 2017~2021년 중 서울특별시 경찰공무원 1인당 담당 주민수가 가장 많은 해는 2017년이다.

18
정답 ⑤

2021년도 출입국자와 전년 대비 증감률을 참고하여 2020년 외국인 출입국자 현황을 구하면 다음과 같다.

- 입국자 수

(단위 : 만 명)

구분	중국	태국	베트남	미국	러시아
2020년	16.5	2.8	4.0	2.2	1.5

- 출국자 수

(단위 : 만 명)

구분	중국	베트남	태국	미국	우즈베키스탄
2020년	14.7	2.8	2.2	2.1	1.0

따라서 2020년 베트남 국적의 입국자 수는 태국 국적의 입국자 수보다 더 많다.

[오답 체크]
① 2020년 국적별 입국자 수는 2021년과 달리 중국 – 베트남 – 태국 – 미국 – 러시아 순으로 높다.
② 2021년 베트남 국적의 입국자 수는 전년 대비 약 8,000명 증가하였고, 러시아 국적의 입국자 수는 전년 대비 약 4,000명 증가하였다. 따라서 약 2배에 해당한다.
③ 태국과 우즈베키스탄 국적의 출국자 수 차이는 2020년 1만 2,000명에서 2021년 1만 1,000명으로 줄어들었다.
④ 2020년과 2021년 모두 동일하게 국적별 출국자 수는 중국 – 베트남 – 태국 – 미국 – 우즈베키스탄 순으로 높다.

19
정답 ③

연도별로 총 인명피해자 중 사망자가 차지하는 비율은 다음과 같다.
- 2010년 : $\frac{48}{48+217} \times 100 \fallingdotseq 18.1\%$
- 2011년 : $\frac{27}{27+235} \times 100 \fallingdotseq 10.3\%$
- 2012년 : $\frac{49}{49+349} \times 100 \fallingdotseq 12.3\%$
- 2013년 : $\frac{43}{43+285} \times 100 \fallingdotseq 13.1\%$
- 2014년 : $\frac{31}{31+295} \times 100 \fallingdotseq 9.5\%$

따라서 2014년에는 총 인명피해자 중 사망자가 차지하는 비율이 10% 미만이었다.

20 정답 ②

2문단의 '2008~2013년 호수 A와 B에서 클로로필 농도와 남조류 세포수의 월일별 증감 방향은 일치하지 않았으나' 부분을 작성하기 위해서는 ⓐ, '호수 내 질소의 농도와 인의 농도를 월일별로 살펴보면 밀접한 상관관계가 있었다' 부분을 작성하기 위해서는 ㉠이 추가로 필요하다. 아울러 3문단을 작성하기 위해서는 ㉢이 추가로 필요하다.

21 정답 ④

〈조류예보 및 해제 발령 절차〉에 나온 기준을 살펴보면 13~15일의 클로로필, 남조류 측정수치 4개의 결과에 따라 발령이 정해진다. 여기서 주의해야 할 것이 그 4개는 13~15일 당일 및 전날의 클로로필, 남조류 수치를 뜻한다. 즉, 13일의 클로로필, 남조류의 4개 측정수치는 "13일 당일 클로로필, 남조류의 측정수치 총 2개"와 "13일 전일인 12일의 클로로필, 남조류의 측정수치 총 2개"이다. 따라서 가장 먼저 B 호수의 12~15일 클로로필, 남조류의 측정수치를 구해야 하는데, 이는 문제에 제시된 〈표 1〉과 〈표 3〉을 토대로 구할 수 있다. 따라서 이를 토대로 B 호수의 12~15일 클로로필, 남조류 측정수치 4개의 결과를 표로 정리하면 다음과 같다.

구분	당일		전일	
	클로로필	남조류	클로로필	남조류
8월 12일	경보	경보	경보	주의보
8월 13일	주의보	주의보	경보	경보
8월 14일	주의보	해제	주의보	주의보
8월 15일	해제	주의보	주의보	해제

표의 내용을 바탕으로 〈조류예보 및 해제 발령 절차〉에 제시된 조건 1)~5)를 살펴보면 발령 결과를 알 수 있다.
- 8월 12일 : 조건 5)에 해당되어 '주의보' 발령
- 8월 13일 : 조건 5)에 해당되어 '주의보' 발령
- 8월 14일 : 조건 5)에 해당되어 '주의보' 발령
- 8월 15일 : 조건 4)에 해당되어 '해제' 발령

여기서 주의할 것은 조건 4)의 내용에서 '2개 이상이 주의보 단계 기준을 만족하지 못한다'는 것은 '2개 이상이 주의보 단계보다 밑의 단계, 즉 해제 단계'임을 의미한다.
따라서 8월 13일 주의보, 8월 14일 주의보, 8월 15일 해제가 된다.

22 정답 ⑤

- 대동남아 수출은 2년 연속 증가했다.
- 대일본 수입은 2년 연속 증가했다.

23 정답 ①

㉠ A를 받은 학생 수가 19명으로 가장 많은 강좌는 유비쿼터스 컴퓨팅이며, 이는 전공심화 분야에 속한다. (○)

㉡ 전공기초 분야의 강좌당 수강인원은 204÷4=51명이고, 전공심화 분야의 강좌당 수강인원은 321÷9=35.6명으로 전공기초 분야의 강좌당 수강인원이 전공심화 분야의 강좌당 수강인원보다 많다. (○)

㉢ 각 강좌별 수강인원 중 A+를 받은 학생의 비율이 가장 낮은 강좌는 $\frac{3}{27}×100≒11.1\%$인 이성재 교수의 경영정보론이다. 항욱태 교수의 IT 거버넌스의 수강인원 중 A+를 받은 학생의 비율은 $\frac{4}{29}×100≒13.8\%$이다. (×)

㉣ 전공기초 분야에 속하는 각 강좌에서 A를 받은 학생 수와 C를 받은 학생 수는 다음과 같다.

(단위 : 명)

강좌명	A를 받은 학생 수	C를 받은 학생 수
경영정보론(이성재)	9	5
경영정보론(이민부)	18	15
경영정보론(정상훈)	18	18
회계학원론(황욱태)	14	15

이성재 교수와 이민부 교수의 경영정보론은 A를 받은 학생 수가 더 많지만, 정상훈 교수의 경영정보론은 A와 C를 받은 학생 수가 같고, 황욱태 교수의 회계학원론은 C를 받은 학생 수가 더 많다. (×)

24 정답 ①

㉠ 용산구와 성동구의 오염물질별 대기환경지수는 다음과 같다.
- 용산구

미세먼지	$0.9×49=44.1$
초미세먼지	$1.5×(35-25)+51=66$
이산화질소	$1,200×0.034=40.8$

- 성동구

미세먼지	$1.0×67=67$
초미세먼지	$2.0×23=46$
이산화질소	$1,200×0.029=34.8$

통합대기환경지수는 오염물질별 대기환경지수 중 최댓값이므로 용산구의 통합대기환경지수는 66이고, 성동구의 통합대기환경지수는 67이다. 따라서 용산구의 통합대기환경지수가 더 작다. (○)

Tip

오염물질 중 미세먼지 농도만 용산구보다 성동구가 높다. 따라서 성동구의 초미세먼지와 이산화질소 대기환경지수는 계산하지 않아도 용산구보다 작을 것임을 유추할 수 있다.

ⓒ 강북구의 미세먼지 농도는 44μg/m³이고, 초미세먼지 농도는 23μg/m³이므로 서울시 10개구의 평균 51μg/m³, 24μg/m³보다 낮고, 이산화질소 농도는 0.042ppm으로 평균값인 0.033ppm보다 높다. (○)

ⓒ 중랑구의 오염물질별 대기환경지수는 다음과 같다.

미세먼지	$0.9 \times 48 = 43.2$
초미세먼지	$2.0 \times 22 = 44$
이산화질소	$800 \times (0.041 - 0.04) + 51 = 51.8$

따라서 중랑구의 통합대기환경지수는 51.8로 이산화질소의 대기환경지수와 같다. (×)

> **Tip**
> 중랑구의 미세먼지와 초미세먼지 농도는 평균 이하인 반면 이산화질소 농도는 평균 이상이다. 오염물질별 대기환경지수 중 최댓값이 통합대기환경지수이므로 이산화질소 대기환경지수가 곧 통합대기환경지수가 될 것이다.

ⓔ 세 가지 오염물질 농도가 각각의 평균보다 모두 높은 구는 동대문구뿐이다. (×)

25 　　정답 ③

인증모드와 실도로주행 시 모두 2회차 때 전 회차 대비 질소산화물 배출 증가량이 가장 많다. 이는 계산하지 않아도 그래프의 기울기를 통해 확인할 수 있다.

[오답 체크]
① 0.293 → 0.403 → 0.452 → 0.483g/km으로 배출량이 증가했다.
② 1~4회차 모두 실도로주행 시의 배출량이 인증모드보다 많았다.
④ 0.118 → 0.126 → 0.181 → 0.192g/km으로 실험 회차가 거듭될수록 증가했다.
⑤ 인증모드와 실도로주행인 경우 1회차 대비 4회차의 질소산화물 배출량 증가율은 다음과 같다.

- 인증모드 : $\dfrac{0.291 - 0.175}{0.175} \times 100 \fallingdotseq 66.3\%$
- 실도로주행 : $\dfrac{0.483 - 0.293}{0.293} \times 100 \fallingdotseq 64.8\%$

따라서 인증모드인 경우가 실도로주행인 경우보다 더 높다.

26 　　정답 ①

ⓐ 4개국의 이산화탄소 총 배출량은 2010년 14,078백만 t CO_2, 2015년 15,168백만 t CO_2이므로 2010년 대비 2015년 증가율은 약 7.7%이다. 따라서 10% 미만이다. (○)

ⓑ 2000년 이산화탄소 배출 비중이 큰 국가부터 나열하면 미국, 중국, 캐나다, 이란 순이다. (×)

ⓒ 이란의 1990년 대비 2000년 이산화탄소 증가율은 $\dfrac{312 - 171}{171} \times 100 \fallingdotseq 82.5\%$이므로 가장 크다. (×)

> **Tip**
> 국가별 1990년 대비 2000년 이산화탄소 증가율 식을 세우면, 이란의 경우 분모의 값(171)이 분자의 값(141)보다 약 1.2배로 가장 적다. 중국의 경우 분모의 값(2,076)이 분자의 값(1,010)보다 약 2.1배이므로, 이란의 해당 증가율이 가장 크다는 것을 알 수 있다.

27 　　정답 ③

1인 기준으로 입내원 1일당 월평균 진료비는 월평균 진료비÷월평균 입내원 일수이다. 계산하면 다음과 같다.

- 2016년 : $\dfrac{106,286}{1.68} \fallingdotseq 63,265$원
- 2017년 : $\dfrac{113,612}{1.69} \fallingdotseq 67,226$원

따라서 증감률은 $\dfrac{67,226 - 63,265}{63,265} \times 100 \fallingdotseq 6.3\%$이다.

28 　　정답 ④

막대그래프는 가장 많이 쓰이는 그래프로 영업소별 매출액, 성적별 인원 분포 등의 자료를 한 눈에 알아볼 수 있는 그래프이다. 제시된 연도별 매출액 변화와 같은 '추이'를 알아보기 위해서는 꺾은선그래프를 사용하는 것이 보다 적절하다.

29 　　정답 ⑤

과세표준금액 9,000만 원은 8,800만 원 초과 1억 5,000만 원 이하이므로 35%의 세율이 적용되고, 누진공제액은 1,490만 원이다. 따라서 해당 산출세액은 $9,000 \times 0.35 - 1,490 = 3,150 - 1,490 = 1,660$만 원이다.

30 　　정답 ②

- 중앙값 : 0, 1, 1, 1, 3, 3, 3, 3, 4, 4, 5의 중앙에 있는 값 → 3
- 최빈값 : 가장 많은 값 → 3
- 평균 : $(0+1+1+1+3+3+3+3+4+4+5) \div 11 \to 2.55$

31 정답 ⑤

㉠ 2007년에는 중소도시만 농촌으로의 인구 순 유입이 마이너스(−)였다. 이는 농촌에서 도시로 이동한 인구가 도시에서 농촌으로 이동한 인구보다 많았음을 의미한다. (×)

㉡ 농촌으로 순 유입된 총인구는 다음과 같다.
- 2006년 : −12,041−831−3,566=−16,438
- 2007년 : 1,967+9,108−1,458=9,617
- 2015년 : 21,589+19,334+377=41,300

따라서 2015년에 농촌으로 순 유입한 인구가 가장 많다. (○)

> **Tip**
>
> 도시 → 농촌 수치에서 농촌 → 도시 수치를 빼도 값은 동일하다.
> - 2006년 : 442,086−458,524=−16,438
> - 2007년 : 472,048−462,431=9,617
> - 2015년 : 375,073−333,773=41,300

㉢ 2006년에만 농촌 → 도시인구 > 도시 → 농촌인구이므로 순 유출이 일어났다. (○)

㉣ 2007년 대비 2015년 농촌에서 도시로 이동한 인구의 감소율은 $\frac{333,773−462,431}{462,431}\times100=−27.8\%$이며, 도시에서 농촌으로 이동한 인구의 감소율은 $\frac{375,073−472,048}{472,048}\times100=−20.5\%$이다. 따라서 농촌에서 도시로 이동한 인구의 감소율이 농촌에서 도시에서 농촌으로 이동한 인구의 감소율보다 더 높다. (○)

> **Tip**
>
> 도시에서 농촌으로 이동한 인구 감소율을 보면 농촌에서 도시로 이동한 인구 감소율보다 분모의 수치는 더 작고, 분자의 수치는 더 크므로 구체적인 계산 없이도 감소율이 더 높음을 알 수 있다.

32 정답 ③

2014년 3등급 판정을 받은 한우의 비율이 가장 낮지만, 2010년 3등급 판정을 받은 두수가 602,016×0.11 ≒ 66,222두로, 2014년 839,161×0.088 ≒ 73,846두보다 더 적다.

[오답 체크]

① 1++등급으로 판정된 한우의 수는 2010년 602,016×0.097 ≒ 58,396두이며, 2011년 718,256×0.092 ≒ 66,080두이다.

② 1등급 이상이 60%를 넘은 해는 2010, 2011, 2013, 2014년으로 4개년이다.

④ 전년 대비 2012년 1++등급은 0.1%p, 3등급은 2.5%p 증가하였다.

⑤ 2010년의 경우 1++등급 비율이 가장 높았으나 3등급 비율은 11%로 2014년보다 높았다.

33 정답 ①

$\frac{월세\times12개월}{전세보증금−월세보증금}\times100=6$'이므로 월세를 x로 하여 주어진 금액을 대입하면 $\frac{12x}{1억\ 원−1천만\ 원}\times100=6$, $x=45$만 원이 된다.

34 정답 ⑤

국가별 요건 충족 여부를 정리하면 다음과 같다.

국가	요건 1	요건 2	요건 3
A	○	○	×
B	○	○	×
C	○	○	○
D	○	×	×
E	○	○	×
F	○	×	×
G	○	×	×
H	×	×	×
I	×	×	×
J	×	○	○
K	×	×	×

㉠ 3가지 요건을 모두 충족하면 환율조작국으로 지정된다. 이에 해당되는 국가로 C가 존재한다. (×)

㉡ 위 정리 내용에 따르면 B는 요건 1과 요건 2를 충족한다. (○)

㉢ 요건 중 2가지를 충족하면 관찰대상국으로 지정된다. 이를 충족하는 국가는 A, B, E, J로 총 4개국이다. (○)

㉣ 요건 1의 판단기준을 대미무역수지 150억 달러 초과로 변경할 때 충족 여부가 바뀌는 국가는 H뿐이다. 이 경우 H는 요건 2와 3을 충족하지 않아 관찰대상국이나 환율조작국으로 지정되지 않으므로 지정 국가들은 동일하다. (○)

35 정답 ④

무역수지는 매년 적자를 보이지만 적자폭은 증가와 감소를 반복하고 있으므로 적자폭이 지속적으로 확대된 것은 아니다.

[오답 체크]

① 2014년 무역수지 적자는 149.8−1,373.4 = −1,223.6백만 달러로 가장 크다.

② 수출액의 전년 대비 감소율은 −9.7%이며, 수입액의 전년 대비 감소율은 −2.7%이므로 수출액의 감소율이 더 크다.

③ $\frac{1,335.7−1,067.3}{1,067.3}\times100 ≒ 25.1\%$이다.

⑤ 2013년까지 수출액과 수입액 모두 해마다 증가하였으나 2014년 수출액은 감소하고 수입액은 증가하면서 변동 추이가 달라졌다.

36 정답 ⑤

ⓐ 갑, 기타, 을, 병, 정, 무 순으로 많다. (×)

ⓑ 국산 품목은 총 792개이며, 수입산 품목은 총 147개이므로 5배 이상이다. (○)

ⓒ 병 품목의 전체 판매량에서 수입산 제품은 11개이므로 병 품목 판매량 전체의 $\frac{11}{106} \times 100 ≒ 10.4\%$이다. (○)

ⓓ 각 품목의 수입산 비중은 다음과 같다.

- 갑 : $\frac{46}{277} \times 100 ≒ 16.6\%$

- 을 : $\frac{13}{134} \times 100 ≒ 9.7\%$

- 병 : $\frac{11}{106} \times 100 ≒ 10.4\%$

- 정 : $\frac{26}{90} \times 100 ≒ 28.9\%$

- 무 : $\frac{7}{65} \times 100 ≒ 10.8\%$

- 기타 : $\frac{44}{267} \times 100 ≒ 16.5\%$

따라서 상위 3개 품목은 갑, 정, 기타이다. (○)

37 정답 ③

만화산업 전체 사업체 중 서울 소재 사업체 비중은 2012년 32.2%, 2013년 26.1%, 2014년 25.4%, 2015년 26.2%, 2016년 24.2%다. 따라서 2015년에는 전년보다 증가하였다.

Tip

2015년 서울 사업체 수는 2014년보다 증가하였으나 2015년 전체 사업체 수는 2014년보다 감소하였으므로 서울 소재 사업체 비중은 증가하였다.

[오답 체크]

① 전체 조사기간 동안 지역별 만화와 게임 산업 사업체 수는 서울이 가장 많았다.

② 2012~2016년 6개 시 전체 게임 산업 사업체 수는 3,944 → 3,861 → 3,720 → 3,661 → 3,232개소로 매년 감소하였다.

④ 9개 도 중 만화 사업체 수는 경기도만 1,891 → 1,678 → 1,674 → 1,626 → 1,567개소로 매년 감소하였다.

⑤ 6개 시 중 2012년 대비 2016년 만화 산업 사업체 수가 감소한 지역은 부산, 대구, 인천, 울산이다. 이들 지역의 사업체 수 감소폭은 다음과 같다.

(단위 : 개소)

부산	대구	인천	대전
135	76	166	100

따라서 가장 큰 폭으로 감소한 지역은 인천이다.

38 정답 ⑤

해당 그래프는 경기도 사업체 수가 9개 도에서 차지하는 비중이 아닌, 전체 합계에서 차지하는 비중을 나타낸 그래프이다. 올바른 그래프는 다음과 같다.

(단위 : %)

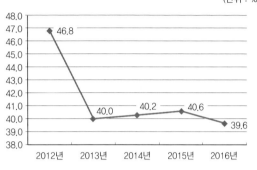

39 정답 ③

기본요금은 동일하므로 전력량요금만 비교하면 된다.

- 여름철 요금 : 120×7,500=900,000원
- 겨울철 요금 : 105×8,000=840,000원

따라서 여름철에 60,000원을 더 납부해야 한다.

40 정답 ②

계약전력이 5kW/h이면, 한 달 450시간 계약전력량은 5×450=2,250kW이다. 사용전력량은 2,500kW이므로 250kW를 초과 사용하였다.

초과 사용한 전력에 대한 150%의 추가 요금은 즉, 기존 요금의 2.5배가 된다는 의미이므로 250×2.5×65=40,625원을 추가로 납부해야 한다.

41 정답 ①

주택가격별 과표가 정해져 있으나, 1주택자와 다주택 소유자의 여부와 관계없이 공시가격이 더 높거나 낮은 경우, 항상 시가(또는 합산시가)는 더 높거나 낮으므로 둘은 비례 관계에 있다고 볼 수 있다.

[오답 체크]

② 동일한 과표일 때 조정지역 내 다주택 소유자의 합산시가 기준이 1세대 1주택자의 시가 기준보다 더 낮다. 따라서 동일한 시가일 경우 더 많은 종합부동산세를 납부해야 한다.

③ 과표 3억 원인 가구에 해당할 때 1세대 1주택자의 경우 종합부동산세가 5만 원 증가하는 반면 조정지역 내 다주택 소유자는 45만 원 증가한다.

④ 1세대 1주택자의 경우 과표 6억 원인 가구가 약 36.3%의 종합부동산세 증가율을 보이며, 조정지역 내 다주택 소유자는 약 82%의 증가율을 보여 가장 큰 증가율을 보이는 과표 구간이 된다.

⑤ 그래프 상에서 94만 원, 187만 원, 554만 원, 1,375만 원 등의 종합부동산세를 내는 구간의 해당 과표는 1세대 1주택자와 조정지역 내 다주택 소유자가 동일하다.

42   정답 ③

원안 99만 원에서 수정안 144만 원으로 증가

$\Rightarrow$ 증가율 $\dfrac{144-99}{99} \times 100 \fallingdotseq 45.5\%$

① 원안 215만 원에서 수정안 293만 원으로 증가

$\Rightarrow$ 증가율 $\dfrac{293-215}{215} \times 100 \fallingdotseq 36.3\%$

② 원안 713만 원에서 수정안 911만 원으로 증가

$\Rightarrow$ 증가율 $\dfrac{911-713}{713} \times 100 \fallingdotseq 27.8\%$

④ 원안 956만 원에서 수정안 1,271만 원으로 증가

$\Rightarrow$ 증가율 $\dfrac{1,271-956}{956} \times 100 \fallingdotseq 32.9\%$

⑤ 원안 2,254만 원에서 수정안 3,061만 원으로 증가

$\Rightarrow$ 증가율 $\dfrac{3,061-2,254}{2,254} \times 100 \fallingdotseq 35.8\%$

43   정답 ③

매출 점유율은 전체 매출에서 차지하는 비율을 나타낸다. 2012년과 2015년 매출액이 제시되지 않았으므로 매출 점유율만으로 정확한 매출액을 알 수 없다.

[오답 체크]
① 시장은 갑, 을, 병, 정으로만 구성되며, 갑은 매년 가장 높은 점유율을 차지하므로 매출액도 가장 많다.
② 정의 매출 점유율은 2010년 17.8%, 2011년 10.0%, 2012년 5.8%, 2013년 2.5%, 2014년 2.0%, 2015년 1.6%로 매년 감소했다.
④ 2010년 을의 매출 점유율은 22.2%이고, 2011년 병의 매출 점유율은 26.7%이다.
⑤ 2013년 갑의 매출 점유율은 50.0%이고, 을과 병의 매출 점유율은 26.7+20.8=47.5%이므로 을과 병의 매출액 합보다 갑의 매출액이 더 크다.

44   정답 ⑤

11분위에서의 최대보험료와 평균보험료의 차이는 82,230−76,796 =5,434원으로 가장 작다.

[오답 체크]
① 분위별 평균보험료의 차이는 고소득 분위로 갈수록 대체적으로 커졌으나 1~2분위 9,831원에서 2~3분위 5,264원, 3~4분위 3,349원, 4~5분위 3,848원 등으로 예외가 있다. 따라서 전 분위에서 나타나는 현상이라 볼 수 없다.

② 12분위의 세대당 보험료 적용인구는 $\dfrac{2,400,609}{1,195,601} \fallingdotseq 2.01$명이므로 세대당 보험료 적용인구가 2명을 넘어서는 소득 구간은 12분위부터다.

③ 1분위 대비 2분위 증감률 $\dfrac{25,204-15,373}{15,373} \times 100 \fallingdotseq 63.9\%$보다

19분위 대비 20분위 증감률 $\dfrac{381,346-225,625}{225,625} \times 100 \fallingdotseq 69.0\%$가

더 크다.
④ 최대보험료 125,720원, 평균보험료 108,682원으로 모두 10만 원대인 소득분위는 14분위이다.

45   정답 ④

중앙값이란 모든 변량들의 중앙에 위치하는 값이며, 변량이 짝수 개일 경우 중앙 두 변량의 평균값이다. 따라서 중앙값은 10분위 평균보험료와 11분위 평균보험료의 평균인 $\dfrac{68,108+76,796}{2} = 72,452$ 원이다.

46   정답 ②

A사 부가가치세 결의서의 빈칸을 채우면 다음과 같다.

(단위 : 천 원)

구분＼연도	2014년	2015년	전년 대비 증가액
과세표준	150,000	170,000	20,000
매출세액	15,000	17,000	2,000
매입세액	7,000	7,000	0
납부예정세액	8,000	10,000	2,000
경감 · 공제세액	0	0	0
기납부세액	1,500	3,500	2,000
확정세액	6,500	6,500	0

따라서 A사의 확정세액은 2014년과 2015년이 동일하다.

[오답 체크]
① 주석에 따르면 '매출세액 = 과세표준×매출세율'인데, 〈표 2〉를 볼 때 2014년과 2015년 매출세액이 과세표준의 10%임을 확인할 수 있다.
③ '확정세액 = 납부예정세액 − 경감 · 공제세액 − 기납부세액'이다. 2015년 B사의 확정세액은 −3,000천 원−0−0=−300만 원인데, 확정세액이 음수이면 환급받으므로 300만 원을 환급받는다.
④ 2015년 A사의 납부예정세액은 2014년보다 $\dfrac{2백만 원}{8백만 원} \times 100$ =25% 증가하였다.
⑤ 2015년 매출세율이 15%이면 부가가치세 결의서의 내용이 다음과 같이 변경된다.

구분	A사	B사
과세표준	170,000	130,000
매출세액	25,500	19,500
매입세액	7,000	16,000
납부예정세액	18,500	3,500
경감·공제세액	0	0
기납부세액	3,500	0
확정세액	15,000	3,500

따라서 A사의 확정세액 > B사의 확정세액×4이다.

47 정답 ①

- (가)에 의하면 2013년 한국의 1억 km당 자살 건수는 18건이고, 나머지 사고 건수는 19건이다. 따라서 자살 건수가 나머지 사고 건수에 1을 더한 값보다 작은 곳이 영국이 된다.

㉠	㉡	㉢	㉣
41 > 26 + 1	78 > 43 + 1	61 > 26 + 1	49 < 50 + 1

따라서 ㉣은 영국이다.
- (나)에 의하면 ㉡은 2014년 사고 발생 건수의 합이 40건보다 많으므로 헝가리이며, ㉠과 ㉢이 이탈리아와 스웨덴이다.
- (다)에 의하면 ㉠, ㉡, ㉣이 영국, 헝가리, 이탈리아이므로, ㉠은 이탈리아고, ㉢이 스웨덴이다.

48 정답 ①

관광지별 일일 비용을 정리하면 다음과 같다.

관광지	일일 비용(2명)
갑지	599,000÷5×2=239,600원
을지	799,000÷6×2=266,333원(주말 비용) 266,333×0.8=213,066원(주중 비용) → {(266,333×2)+(213,066×4)}÷6=230,821원
병지	999,000÷8=124,875원(1인) 999,000÷8×0.8=99,900원(1인) → 124,875+99,900=224,775원

따라서 갑지 – 을지 – 병지 순으로 비싸다.

49 정답 ④

연산자를 정리하면 다음 표와 같다.

A	B	A+B
0	0	0
0	1	1
1	0	1
1	1	1

A	B	A·B
0	0	0
0	1	0
1	0	0
1	1	1

A	A'
0	1
1	0

식에 숫자를 대입하면 [{0+(0·1)}·(0·0)]·(1+1)={(0+0)·0}·1=(0·0)·1=0·1=0이 된다.
따라서 A+(B'·A)=1+1=1이 빈칸 ㉠의 결괏값과 다르다.

[오답 체크]
① A'·B'=0·1=0
② (A+B)'+A'=0+0=0
③ (A'·B)+B=0+0=0
⑤ (A+B)·B=1·0=0

50 정답 ④

갑 회사가 C제품, 을 회사가 L제품을 판매하였을 때의 수익액은 각각 -1억 원과 6억 원이다. 수익의 합이 5억 원으로 가장 큰 경우가 된다.

51 정답 ④

가을철에 홍보를 할 경우, 을 회사의 L, M, N 제품은 각각 -30%, -10%, 20%씩의 수익액 변동이 일어나게 되며, 이를 정리하면 다음과 같다.

구분	L제품	M제품	N제품
A제품	(5, -2.6)	(4, -3.3)	(5, -3.2)
B제품	(4, -7.8)	(-3, 3.6)	(6, -1.6)
C제품	(-1, 4.2)	(-4, 2.7)	(2, -2.4)

따라서 갑 회사가 B제품을, 을 회사가 N제품을 판매하였을 경우의 수익액이 6-1.6=4.4억 원으로 가장 큰 경우가 된다.

52 정답 ②

월별 마진율을 계산하면 다음과 같다.

- 7월 : $\frac{6,580-2,780}{6,580} \times 100 \fallingdotseq 57.8\%$

- 8월 : $\frac{6,290-2,570}{6,290} \times 100 \fallingdotseq 59.1\%$

- 9월 : $\frac{7,400-3,050}{7,400} \times 100 \fallingdotseq 58.8\%$

- 10월 : $\frac{6,720-2,900}{6,720} \times 100 \fallingdotseq 56.8\%$

따라서 8월 – 9월 – 7월 – 10월 순으로 마진율이 높다.

53 정답 ③

소비자가격이 주어져 있으므로 세금 외 비용을 구하여 소비자가격과의 비중을 정리하면 다음과 같다.

구분	휘발유(원)	경유(원)	LPG 부탄(원)
소비자가격	1,638	1,439	895
세금 외	743	779	629
교육세	79	56	24
세금 외 비중	$\frac{743}{1,638}\times100$ $\approx45.4\%$	$\frac{779}{1,439}\times100$ $\approx54.1\%$	$\frac{629}{895}\times100$ $\approx70.3\%$
교육세 비중	$\frac{79}{1,638}\times100$ $\approx4.8\%$	$\frac{56}{1,439}\times100$ $\approx3.9\%$	$\frac{24}{895}\times100$ $\approx2.7\%$

Tip

그래프상 세금 외 비중은 휘발유, 경유, LPG 부탄의 수치가 비슷하나 소비자가격은 LPG 부탄이 상대적으로 매우 저렴하므로 소비자가격에서 세금 외의 비중이 높음을 알 수 있다.

따라서 소비자가격 대비 세금 외의 비중이 가장 큰 것은 LPG 부탄이고, 교육세의 비중이 가장 큰 것은 휘발유이다.

54 정답 ①

관광산업 분야의 사업체 수는 제시된 11개 지역 중 강원 지역을 제외한 모든 지역에서 가장 적다. 강원 지역에서는 예술산업 다음으로 관광산업 사업체 수가 많음을 알 수 있다.

[오답 체크]
② 특정 산업 분야의 사업체 수가 지역별 합계의 절반을 넘는 곳은 한 곳도 없다.
③ 11개 모든 지역과 전국의 수치를 통해 예술산업 분야 사업체 수가 가장 많음을 알 수 있다.
④ 문화체육관광 사업체 중 스포츠산업 분야 사업체 수가 두 번째로 많은 지역은 부산, 인천, 울산, 세종, 경기, 충북으로 총 6개이다.
⑤ 산업별 11개 지역의 총 사업체 수는 문화산업부터 순서대로 각각 111,991개, 184,245개, 102,323개, 44,586개로 산업별 전국 사업체 수의 절반을 넘는다.

55 정답 ①

㉠ 2010년 12.5%에서 2015년 26.3%로 매년 꾸준히 증가했다. (○)
㉡ 조사기간 중 이온음료는 3순위 2회, 5순위 2회에 그쳤다. 반면 차음료와 과즙음료는 3순위 2회, 4순위 3회, 5순위 1회로, 커피와 탄산음료를 제외한 선호도가 가장 높은 음료로 나타났다. (×)
㉢ 차음료만 5 → 4 → 3순위로 매년 순위 하락 없이 상승했다. (○)
㉣ 2014년의 경우 월 4~6회, 2015년의 경우 월 1~3회 구매한다는 응답이 가장 많았다. (×)

56 정답 ④

조사 대상자 1,000명 중 2015년도 월 1~3회 음료 구매자는 263명이다. 이 중 커피 구매자는 84명, 숙취음료 구매자는 13명으로 71명 차이 난다.

57 정답 ③

㉠ 한국의 여성 저임금 근로자 비율은 조사대상국 중 1위로 최고 수준이며, 32개국의 여성 저임금 근로자 평균 비율인 23.8%보다 35.3−23.8=11.5%p 더 높다. (○)
㉡ 조사대상국 중 여성 저임금 근로자 비율이 32위로 최하위 수준인 국가는 벨기에이다. 해당국의 여성 저임금 근로자 비율은 5.4%, 남성 저임금 근로자 비율이 3.9%이므로, 여성이 남성보다 높다. (×)
㉢ 여성 저임금 근로자 비율이 1~4위인 국가는 한국, 이스라엘, 에스토니아, 미국으로 총 4개국이며, 이 중 조사대상국 남성 저임금 근로자 평균 비율인 14.7%를 넘는 국가는 이스라엘 17.9%, 미국 20.9%로 총 2개국이다. (○)

58 정답 ③

일반정부의 부채 금액을 기준으로 계산하며, 일반정부의 부채 금액과 GDP 대비 비율을 통해 2013년과 2017년 GDP를 구하면 각각 $\frac{565.6}{39.6}\times100\approx1,428.3$조 원, $\frac{735.2}{42.5}\times100\approx1,729.9$조 원이다.

따라서 GDP 증감률은 $\frac{1,729.9-1,428.3}{1,428.3}\times100\approx21.1\%$이다.

59 정답 ①

연도별 총 국가부채의 증가액은 다음과 같다.
• 2014년 : (957.3+620.6)−(898.7+565.6)=113.6조 원
• 2015년 : (1,003.5+676.2)−(957.3+620.6)=101.8조 원
• 2016년 : (1,036.6+717.5)−(1,003.5+676.2)=74.4조 원
• 2017년 : (1,044.6+735.2)−(1,036.6+717.5)=25.7조 원
따라서 2014년 총 국가부채에 대한 증가액이 가장 크다.

[오답 체크]
② 총 국가부채는 매년 꾸준히 증가했다.
③ 공공부문의 부채 금액을 일반정부의 부채 금액으로 나눈 값(배율)은 감소 추세에 있다.
• 2013년 : $\frac{898.7}{565.6}\approx1.6$ • 2014년 : $\frac{957.3}{620.6}\approx1.5$
• 2015년 : $\frac{1,003.5}{676.2}\approx1.5$ • 2016년 : $\frac{1,036.6}{717.5}\approx1.4$
• 2017년 : $\frac{1,044.6}{735.2}\approx1.4$

Tip

2015년만 보더라도 전년 대비 일반정부의 부채액 증가분이 공공정부보다 많다. 따라서 배율은 감소하였으므로 매년 증가했다고 볼 수 없다.

④ 2013년 GDP는 1,428.3조 원이며, 2014년 GDP는 $\frac{620.6}{41.8} \times 100 = 1,484.7$조 원이다. 따라서 2014년 GDP는 전년보다 증가했다.

⑤ 공공부문의 부채가 898.7 → 1,004.6조 원으로 증가했음에도 GDP 대비 부채비율이 62.9 → 60.4%로 감소했으므로 GDP의 증가율이 공공부문의 부채 증가율보다 더 높다는 것을 알 수 있다.

60　　　　　　　　정답 ②

1차 선택과 2차 선택 후 인원수의 합계를 구하면 다음과 같다.

1차＼2차	A업체	B업체	C업체	D업체	E업체	총계
A업체	120	17	15	23	10	185
B업체	22	89	11	32	14	168
C업체	17	11	135	13	12	188
D업체	15	34	21	111	21	202
E업체	11	18	13	15	200	257
총계	185	169	195	194	257	1,000

따라서 광고만으로 가장 낮은 선호도를 보인 업체는 B이며, 실제 사용 후 선호도 순위가 바뀌지 않았다.

[오답 체크]
① 실제 사용 후의 선호도가 가장 높은 업체는 257명이 선택한 E업체이다.
③ 실제 사용 전과 후 선호도에 변동이 없는 업체는 185명이 선택한 A업체와 257명이 선택한 E업체이다.
④ 광고만을 통한 제품의 인식보다 실제 사용 후 더 낮은 선호도를 보인 것은 202명에서 194명으로 선호도가 바뀐 D업체의 제품뿐이다.
⑤ 2차 선택에서 선호도를 바꾼 사람은 업체별로 각각 0명, 1명, 7명, 8명, 0명으로 총 16명이다. 따라서 16÷5＝3.2명으로 평균 3명 이상이다.

61　　　　　　　　정답 ③

1차 선택에서 2차 선택으로 이동한 사람의 수가 가장 많은 제조사가 어디인지 묻는 문제이다.
A업체는 185 → 185명, B업체는 168 → 169명, C업체는 188 → 195명, D업체는 202 → 194명, E업체는 257 → 257명으로 각각 선호도가 바뀌었다. 따라서 C업체가 실제 사용 후 가장 매출이 크게 증가할 것이라 판단되는 업체이다.

62　　　　　　　　정답 ③

암의 경우 141.3＋79.9＝221.2명에서 169.5＋99.3＝268.8명으로 증가했으나, 뇌혈관질환의 경우 75.6＋83.9＝159.5명에서 61.2＋67.3＝128.5명으로 감소했다.

[오답 체크]
① 폐렴과 추락은 10위권 내에 새롭게 진입한 사망 원인이다.
② 남성의 경우 교통사고, 간질환, 고혈압, 호흡기결핵의 4개, 여성의 경우 뇌혈관질환, 고혈압, 교통사고, 간질환, 호흡기결핵의 5개의 순위가 10년 전보다 낮아졌다.
④ 남성은 암, 뇌혈관질환, 당뇨병 3개이며, 여성은 심장질환 1개이다.
⑤ 남성에게는 순위가 높아졌지만 사망자 수가 더 감소한 사망 원인이 존재하지 않는 반면 여성은 하기도질환의 경우 7위에서 6위로 높아졌으나 사망자 수는 13.7명에서 12.2명으로 감소했다.

63　　　　　　　　정답 ②

암 79.9 → 99.3명, 심장질환 34.8 → 38.2명, 당뇨병 17.0 → 24.0명, 자살 7.4 → 17.3명, 폐렴 3.8 → 8.2명으로 증가했다. 사망 원인 중 사망자가 2배 이상 증가한 자살과 폐렴 증가율은 각각 134%, 116% 정도이므로 자살 증가율이 가장 높다.

64　　　　　　　　정답 ③

환율 상승은 '화폐가치 하락', 해당 통화의 '평가 절하'와 동일하다.
㉠, ㉣ 환율이 하락했으므로 평가 절상되거나 화폐가치가 상승한다. (×)
㉡ 1,001.4원＝100엔이므로 원화 1,000원으로 100엔을 살 수는 없으나, 169.74원＝1위안의 경우 169.74×5 < 1,000원이므로 5위안은 살 수 있다. (○)
㉢ 100엔에 대응하는 원화가 더 많아졌으므로 옳다. (○)

65　　　　　　　　정답 ②

우선 2014년의 경우 조난사고 발생척수 대비 인명피해가 월등히 많다. 따라서 계산에서 제외한다. 나머지 연도별 발생척수당 평균 인명피해의 규모는 다음과 같다.

- 2013년 : $\frac{48+19}{1,052} = 0.06$명

- 2015년 : $\frac{77+35}{2,740} = 0.04$명

- 2016년 : $\frac{48+50}{2,839} = 0.03$명

- 2017년 : $\frac{83+25}{3,160} = 0.03$명

발생척수당 평균 인명피해 규모는 2014년－2013년－2015년－2016, 2017년이므로, 규모가 2번째, 3번째로 큰 연도는 2013년과 2015년이다.

66
정답 ①

분기별 평균 판매량이 두 제품 모두 약 5천 개이므로 편차는 A제품의 경우 1/4분기와 2/4분기에서 가장 크나, B제품은 1/4분기에서 가장 크다.

[오답 체크]
② 분기별 평균 판매량은 약 5천 개이나 4/4분기 B제품의 판매량이 A제품보다 조금 더 많은 점을 고려할 때 연간 판매량은 B가 더 많다.
③ 두 제품 모두 약 5천 개로 평균 판매량은 동일하다.
④ 분기별 A제품과 B제품의 판매량 막대그래프 차이가 계속 감소한다.
⑤ 3/4분기 감소율은 $\frac{60-70}{70} \times 100 ≒ -14.3\%$이며, 4/4분기 감소율은 $\frac{51-60}{60} \times 100 = -15.0\%$이다.

67
정답 ①

㉠ 병의 편차가 0회이므로 병의 휴가 사용일수는 평균과 같다. (○)
㉡ 평균을 x라고 하면, 갑의 횟수는 $(x+2)$회, 을의 횟수는 $(x-1)$회가 된다. 따라서 갑, 을의 휴가 사용일수 차이는 3회이다. (×)
㉢ 분산은 $\{2^2+(-1)^2+(-2)^2+1^2\} \div 5 = 10 \div 5 = 2$이다. (○)
㉣ 휴가 사용일수가 가장 많은 직원은 갑이다. (×)

68
정답 ⑤

조사기간 중 공단부담금과 급여비가 모두 증가했다. 공단부담률의 증가는 공단부담금이 급여비보다 좀 더 큰 폭으로 증가한 점에 기인한다.

[오답 체크]
① 전년 대비 2017년 급여이용수급자의 증감률은 약 11.3%이며, 급여비의 증감률은 약 15.1%이다.
② 5조 937억 원 중 2조 6,417억 원이므로 50% 이상을 차지한다.
③ 시설급여에서 노인요양시설이 차지하는 비중은 매년 증가했고, 노인요양공동생활가정은 반대로 매년 감소했다.
④ 재가급여 유형 중 단기보호에 대한 급여비는 매년 감소했다.

69
정답 ④

• 2013년 급여비 = 39,849 ÷ 1.131 ≒ 35,233
• 2013년 공단부담금 = 34,982 ÷ 1.135 ≒ 30,821

그러므로 2013년 공단부담률은 $\frac{30,821}{35,233} \times 100 ≒ 87.5\%$이다.

70
정답 ②

100원짜리 동전을 x개, 500원짜리 동전을 y개, 1,000원짜리 지폐를 z개라 하면
$x+y+z=13$ … ㉠
동전과 지폐를 다 합쳐서 6,100원이라면
$100x+500y+1,000z=6,100 \rightarrow x+5y+10z=61$ … ㉡
100원짜리 동전과 500원짜리 동전 개수의 비가 2:1이라면
$x:y=2:1 \rightarrow x=2y$ … ㉢
㉢식을 ㉠식과 ㉡식에 대입하여 도출한 두 식 $3y+z=13$, $7y+10z=61$을 연립하면 $x=6$개, $y=3$개, $z=4$개이다. 따라서 500원짜리 동전은 3개이다.

71
정답 ④

A씨와 B씨의 예치금액을 x, 미국의 1년 만기 정기예금 이자율을 y라 하면, A씨의 1년 후 환급액은 $x(1+0.1)$이고, B씨의 1년 후 환급액은 $\frac{x}{1,100} \times (1+y) \times 1,000$이다. 두 금액이 같으므로

$x(1+0.1) = \frac{x}{1,100} \times (1+y) \times 1,000$ $\therefore y=0.21$

따라서 미국의 1년 만기 정기예금 이자율은 21%이다.

72
정답 ⑤

주어진 산식에 의하면 영업이익률이 증가했다는 것은 매출액보다 영업이익이 더 많이 증가했음을 의미한다.

[오답 체크]
①, ③, ④ 영업이익률의 추이만으로 매출액의 변동을 알 수는 없다.
② 영업이익률에 관한 자료이므로 영업이익 액수 자체의 변동을 단정할 수 없다.

73
정답 ③

'급수보급률 ≠ 유수율 + 누수율'이므로 급수보급률과 유수율은 상호 관련성이 없다.

[오답 체크]
① 제주도의 1인 1일 급수량은 652.3L로 가장 많다.
② 지자체별 수도요금 평균단가 및 생산원가가 통일되지 않았다.
④ 유수율이 높은 지역은 상대적으로 누수율이 낮다. 참고로 유수율이 높다는 것은 누수가 적다는 것을 의미한다.
⑤ 현실화율은 수도요금 현실화율을 의미하므로 생산원가 대비 평균단가의 비중으로 계산한다.

74
정답 ④

㉠ 1차 고객기관의 60%, 2차 고객기관의 70%가 개인고객에게 공공데이터를 제공한다. 1차는 600×0.6=360개, 2차는 300×0.7=210개이므로 개인고객에게 공공데이터를 제공하는 기관의 수는 1차 고객기관이 2차 고객기관보다 크다. (○)

㉡ 1차 고객기관의 25%, 2차 고객기관의 30%가 공공데이터를 자체활용만 한다. 1차는 600×0.25=150개, 2차는 300×0.3=90개이므로 공공데이터를 자체활용만 하는 기관의 수는 1차 고객기관이 2차 고객기관보다 크다. (○)

㉢ 1차 고객기관 중 25%는 공공데이터를 자체활용만 한다. 그런데 1차 고객기관의 50%가 2차 고객기관에 공공데이터를 제공하므로 개인고객에게만 공공데이터를 제공하는 기관의 수는 75−50=25%이다. (○)

㉣ 1차 고객기관 중 개인고객에게만 공공데이터를 제공하는 기관의 수는 150개이며, 1차 고객기관 중 2차 고객기관에게만 공공데이터를 제공하는 기관은 75−60=15%로, 600×0.15=90개이다. 따라서 개인고객에게만 공공데이터를 제공하는 기관의 수가 약 1.6배 많으므로 2차 고객기관에게만 공공데이터를 제공하는 기관의 수보다 70% 이상 크지 않다. (×)

75
정답 ①

㉠ 신고상담 건수 2,558 > 신고접수(729)×3=2,187이다. (○)

㉡ 기타를 제외하면 전체 신고접수 건수 중 보건복지 분야의 건수가 압도적으로 많으며, 그 비율 또한 가장 높다. (○)

㉢ 분야별 전체 신고접수 건수 중 이첩 건수의 비중이 가장 큰 분야는 50%를 차지하는 교육 분야와 산업 분야이다. (×)

㉣ '내부처리' 건수는 전체 신고상담 건수의 $\frac{357}{2,558}×100≒14\%$이다. (×)

76
정답 ⑤

자기앞수표의 결제금액은 2017년 상반기·하반기, 2018년 상반기까지 지속해서 감소했으나 약속어음의 결제금액은 2017년 하반기에 감소했다가 2018년 상반기에 다시 증가하였다.

77
정답 ⑤

비상장기업 중 국제회계기준을 적용한 비상장기업이 차지하는 비율은 2011년 $\frac{1,142}{17,169}×100≒6.7\%$에서 2012년 $\frac{1,403}{17,769}×100≒7.9\%$로 1.2%p 증가하였다.

[오답 체크]
① 〈표 2〉를 참고할 때 2011년 국제회계기준을 적용한 비상장기업 중 자산규모 5천억 원 미만의 기업이 $\frac{285+739}{1,142}×100≒90\%$를 차지한다.

② 〈표 2〉를 보면, 2011년 자산규모가 2조 원 이상인 비상장기업 중 국제회계기준을 적용한 기업 수는 38개로, 일반회계기준을 적용한 기업 수(14개)보다 많다.

③ 〈표 1〉에서 전체 기업은 국제회계기준을 적용한 기업과 일반회계기준을 적용한 기업으로 나뉜다. 그런데 2012년 일반회계기준을 적용한 기업의 비율이 전년보다 감소하였으므로, 국제회계기준을 적용한 기업의 비율은 증가하였다.

④ 〈표 1〉을 볼 때 비상장기업의 수는 2011년 1,142+16,027=17,169개에서 2012년 1,403+16,366=17,769개로 증가하였다.

78
정답 ③

인구밀도를 알기 위해서는 인구수와 국토 면적을 반드시 알아야 한다. 면적이 주어지지 않았으므로 인구밀도 역시 알 수 없다.

[오답 체크]
① 중국은 미국보다 국토 면적은 작으나 인구수는 더 많다. 따라서 계산하지 않고도 중국의 인구밀도가 미국보다 더 높다는 것을 알 수 있다.
② 중국의 국토 면적은 브라질의 국토 면적보다 2배 이하로 크지만, 중국의 인구수는 브라질의 인구수보다 약 7배 정도 크므로 인구수가 월등히 많은 중국의 인구밀도가 브라질의 인구밀도보다 크다는 것을 알 수 있다.
④ 미국 인구가 4배가 되어도 중국보다 적은 1,240백만 명이다. 따라서 중국보다 국토 면적이 넓고 인구수는 적은 미국의 인구밀도가 중국보다 더 작다.
⑤ 인구밀도와 인구수 또는 인구밀도와 면적을 독립적으로 판단할 수 없다.

79
정답 ⑤

총 유권자가 150만 명이며 투표율이 56.4%이므로 총 투표자의 수는 150만×0.564=846,000명이다. 또한 개표율이 82.0%이므로 846,000×0.18=152,280표가 남아 있다. A후보는 B후보에게 43,000표 차이로 앞서 있으므로, 남은 표에서 현재 앞선 표만큼 B후보가 얻게 되면 득표수가 같아지며, 152,280−43,000=109,280표의 절반보다 1표만 더 얻으면 당선이 확정된다. 따라서 (109,280÷2)+1=54,641표가 당선을 위한 최소 득표수가 된다. 참고로 C, D후보는 B후보와 큰 득표 차이를 보이고 있으므로 B후보만 확인하면 풀이 시간을 줄일 수 있다.

80 　　　　　　　　　　　　　　　　　　　　　　정답 ④

〈보기〉에 주어진 2진수들을 10진수로 바꾸는 공식은 다음과 같다.

㉠ $1111_2 = 1 \times 2^3 + 1 \times 2^2 + 1 \times 2^1 + 1 \times 2^0 = 8 + 4 + 2 + 1 = 15_{10}$

㉡ $1100_2 = 1 \times 2^3 + 1 \times 2^2 + 0 \times 2^1 + 0 \times 2^0 = 8 + 4 + 0 + 0 = 12_{10}$

㉢ $10111_2 = 1 \times 2^4 + 0 \times 2^3 + 1 \times 2^2 + 1 \times 2^1 + 1 \times 2^0 = 16 + 0 + 4 + 2 + 1 = 23_{10}$

㉣ $11000_2 = 1 \times 2^4 + 1 \times 2^3 + 0 \times 2^2 + 0 \times 2^1 + 0 \times 2^0 = 16 + 8 + 0 + 0 + 0 = 24_{10}$

따라서 10진수 값은 ㉣-㉢-㉠-㉡의 순으로 크다.

81 　　　　　　　　　　　　　　　　　　　　　　정답 ④

1차와 2차 경기 결과의 승점을 통해 승이 3점, 무가 1점, 패가 0점임을 알 수 있다. 따라서 다음과 같이 승점이 계산된다.

• 인사팀 : 4+0=4
• 기획팀 : 0+3=3
• 홍보팀 : 2+3=5
• 영업팀 : 4+0=4

따라서 3차전 후 점수의 합은 4+3+5+4=16이다.

82 　　　　　　　　　　　　　　　　　　　　　　정답 ④

중국의 관광객은 일본(51만 3천 명)보다 한국(60만 명)으로 더 많이 관광을 갔으나, 일본의 관광객은 한국(117만 8천 명)보다 중국(170만 8천 명)으로 더 많이 관광을 갔다.

[오답 체크]

① 5~10월 한국인 관광객 수는 1,963(중국)+1,260(일본)=3,223천 명=322만 3천 명으로 가장 많다.

② 여행 도착국 기준으로 관광객 수를 구하면 다음과 같다.
　• 일본으로 여행간 관광객은 한국 관광객 126만 명과 중국 관광객 51만 3천 명을 합한 총 177만 3천 명이다.
　• 한국으로 여행간 관광객은 중국 관광객 60만 명과 일본 관광객 117만 8천 명을 합한 177만 8천 명이다.
　• 중국으로 여행간 관광객은 한국 관광객 196만 3천 명과 일본 관광객 170만 8천 명을 합한 367만 1천 명이다.
　따라서 여행국 기준으로 관광객 수가 가장 적은 나라는 일본이다.

③ 8월의 관광객은 127만 2천 명으로 5~10월 중 가장 많다.

⑤ 한국인의 경우 중국, 일본으로 여행간 관광객 수가 5월보다 10월에 모두 감소했으나, 중국인과 일본인의 경우 두 비교시기에 관광객 수가 모두 증가했다.

83 　　　　　　　　　　　　　　　　　　　　　　정답 ⑤

증감률에 따라 Y-1년 5월의 관광객 수를 계산해 보면 주어진 도표의 위에서부터 차례로 41만 9천 명, 24만 9천 명, 8만 3천 명, 7만 1천 명, 17만 6천 명, 34만 2천 명이다. 따라서 도착국 기준 일본 관광객 수는 한국(→ 일본)이 2만 명 감소, 중국(→ 일본)이 4천 명 증가하여 총 1만 6천 명 감소했다.

[오답 체크]

① 중국(→ 한국)의 관광객은 8천 명 증가했고, 중국(→ 일본) 관광객은 4천 명 증가하여 모두 만 명 미만의 관광객 수 변동을 보인다.

② Y-1년 출발 관광객 수가 가장 많았던 나라는 419+249=668천 명=66만 8천 명인 한국이다.

③ 중국(→ 한국)의 관광객 변동 수는 8천 명이며, 일본(→ 한국)의 관광객 변동 수는 1만 5천 명이다.

④ 419+342=761천 명=76만 1천 명을 기록한 중국이다.

84 　　　　　　　　　　　　　　　　　　　　　　정답 ③

사업체당 성별 평균 종사자가 1명이 안 되는 업종은 남자의 경우 어업과 숙박업이 각각 0.7명, 0.5명으로 2개 업종이나, 여자의 경우 농업(0.75명), 광업(약 0.36명), 건설업(0.33명)으로 3개 업종이다.

[오답 체크]

① 사업체 수와 종사자 수의 순위는 동일하다.

② 4개 비교 항목에서 제조업은 각각 45.0%, 55.0%, 45.7%, 66.3%로 모두 40%를 넘는다.

④ 제조업과 도매업 2개 업종에서 사업체 1개당 평균 종사자 수가 3명 이상이다.

⑤ 어업, 제조업, 숙박업의 남자 종사자가 50%에 못 미치고 있다.

85 　　　　　　　　　　　　　　　　　　　　　　정답 ②

부상자 수를 사고 건수로 나누면 약 1.83명 → 1.79명 → 1.78명 → 1.76명 → 1.74명 → 1.71명으로 지속해서 감소했다.

[오답 체크]

① 2015년 사고 건수는 전년보다 증가했다.

③ 2012년 대비 2017년 사망자 수 감소율은 $\dfrac{439-815}{815} \times 100 \fallingdotseq (-)46\%$이다.

④ 매년 사고 건당 사망자 수는 0.03명보다 작다.

⑤ 부상자 수 감소율은 약 3%이며, 사망자 수 감소율은 약 9%에 이른다.

86 정답 ②

각 지역의 생산량은 다음과 같다.

A지역	B지역	C지역	D지역
400	200	100	200

각 지역의 소비량은 생산량−타 지역으로의 판매량+타 지역에서의 해당지역으로의 판매량이다. 따라서 각 지역의 소비량은 다음과 같다.

A지역	B지역	C지역	D지역
400−50−80 −60+30+40	200−30−70 +20+50	100−10+ 80+80	200−40−20 −80+60+70 +10
280	170	250	200

이 값을 바탕으로 생산량 대비 소비량을 구하면 다음과 같다.

A지역	$\dfrac{280}{400}\times100=70\%$
B지역	$\dfrac{170}{200}\times100=85\%$
C지역	$\dfrac{250}{100}\times100=250\%$
D지역	$\dfrac{200}{200}\times100=100\%$

따라서 생산량 대비 소비량이 가장 많은 곳은 C지역이고, 생산량 대비 소비량이 가장 적은 곳은 A지역이다.

87 정답 ②

연도별 난민 지위 인정률을 계산하면 다음과 같다.

- 2017년 : $\dfrac{93}{2,896}\times100 ≒ 3.2\%$

- 2018년 : $\dfrac{57}{1,574}\times100 ≒ 3.6\%$

- 2019년 : $\dfrac{105}{5,711}\times100 ≒ 1.8\%$

- 2020년 : $\dfrac{112}{8,541}\times100 ≒ 1.3\%$

- 2021년 : $\dfrac{135}{9,942}\times100 ≒ 1.4\%$

따라서 가장 높은 해는 2018년이고, 가장 낮은 해는 2020년이다.

Tip

조사기간 중 2018년에는 난민 신청 건수가 인정 건수의 약 27.6 배로 가장 작고, 2020년에는 약 76.3배로 가장 크다. 따라서 2018년 난민 지위 인정률이 가장 높고, 2020년 난민 지위 인정률이 가장 낮음을 알 수 있다.

88 정답 ①

ⓐ A사는 $\dfrac{45-30}{30}\times100=50\%$의 증가율을 보이며,

B사는 $\dfrac{40-10}{10}\times100=300\%$의 증가율을 보이므로 6배 차이 난다. (○)

ⓑ A사는 $\dfrac{45-25}{25}\times100=80\%$의 증가율을 보이며,

B사는 $\dfrac{40-10}{10}\times100=300\%$의 증가율을 보이므로 220%p 차이 난다. (○)

ⓒ A사는 (30+35+40+25+40+45)÷6 ≒ 35.8달러이며, B사는 (10+20+10+35+40+40)÷6 ≒ 25.8달러로 10달러 차이 난다. (○)

ⓓ A사는 2019년에 주가가 하락한 후 증가하였으나, B사는 2019년 이후로 주가가 하락 없이 상승 또는 유지되었다. (×)

89 정답 ②

임가는 2.34 → 2.33명으로 소폭 감소했다.

[오답 체크]

① 어가가 2.37명으로 가장 많다.

③ 2021년 어가 가구수는 4.40 → 4.48%로 구성비가 증가했으나, 인구수는 4.46 → 4.45%로 구성비가 감소했다.

④ 가구 규모는 약 1,208 → 1,179천 가구로, 인구 규모는 2,826 → 2,740천 명으로 모두 감소했다.

⑤ 임가 가구수 감소율은 (−)3.45%이며, 인구수 감소율은 (−)3.92% 이다.

90 정답 ⑤

도표의 내용을 그림으로 정리하면 다음과 같다.

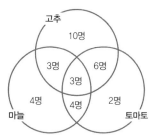

그림에서 32명이 적어도 한 가지 이상의 작물을 재배하고 있으므로 50명에서 32명을 제외한 18명은 세 가지의 작물을 모두 재배하지 않는 농업인이다.

91 정답 ④

빈칸을 모두 채우면 다음과 같다.

구분	매출실적	근무태도	대인관계	직원평가	합계
A	85	(84)	90	84	343
B	90	(89)	85	91	355
C	(93)	(84)	85	90	352
D	88	92	94	(88)	362
계	356	349	354	353	1,412

㉠ C의 근무태도 점수는 84점, D의 직원평가 점수는 88점이다. (×)
㉡ 평균 점수가 가장 높은 직원은 90.5점을 얻은 D직원이다. (○)
㉢ 직원평가 항목의 평균 점수는 88.25점, 근무태도 항목의 평균 점수는 87.25점이다. (○)
㉣ C의 평균 점수는 88점이다. (×)

92 정답 ③

2021년 서울과 부산의 총인구 대비 중·장년층 비중은 다음과 같다.

• 서울 : $\frac{3,644}{9,398} \times 100 ≒ 38.8\%$

• 부산 : $\frac{1,363}{3,368} \times 100 ≒ 40.5\%$

따라서 서울과 부산지역의 비중 차이는 40.5−38.8=1.7%p로 2%p 이하이다.

[오답 체크]
① 2020~2021년 총인구 대비 중·장년층 인구 비중을 구하면 다음과 같다.

• 2020년 : $\frac{19,518}{49,856} \times 100 ≒ 39.1\%$

• 2021년 : $\frac{19,664}{49,943} \times 100 ≒ 39.4\%$

따라서 2021년의 해당 비중이 2020년보다 크다.
② 2020~2021년 전국의 중·장년층 중 서울지역의 중·장년층의 비중은 다음과 같다.

• 2020년 : $\frac{3,671}{19,518} \times 100 ≒ 18.8\%$

• 2021년 : $\frac{3,644}{19,664} \times 100 ≒ 18.5\%$

④ 2020년 광주지역의 중·장년층 비중은 전체의 $\frac{558}{19,518} \times 100$
≒ 2.9%이다.
⑤ 대구지역의 총인구와 중·장년층 인구는 2,431 → 2,422천 명, 989 → 987천 명으로 감소했다.

93 정답 ⑤

㉠ A, B, D기업이 각각 53.8%p, 38.0%p, 43.8%p로 가장 크게 증가한 3개 기업에 해당한다. (×)
㉡ '총자산 = 부채 + 자기자본'에 따르면 총자산이 동일할 경우 부채가 많아졌다는 것은 자기자본이 더 작아졌다는 것을 의미하나, '부채구성비율 = $\frac{부채}{총자산} \times 100$'에 의하면 총자산이 동일할 경우 부채가 많아졌다는 것은 부채구성비율이 더 커졌다는 것을 의미한다. (×)
㉢ 영업이익률이 개선된 B, C, E, G기업은 순이익률도 개선되었다. (○)
㉣ 자기자본보다 부채가 더 많다는 것은 부채비율이 100%보다 크다는 것을 의미하므로 C, E, F, G기업이 해당된다. (○)

94 정답 ②

자기자본이 주어졌으므로 '부채비율 = $\frac{부채}{자기자본} \times 100$'에 의해 '부채 = $\frac{부채비율}{100} \times$자기자본'이 성립되며, 부채와 자기자본을 더하면 총자산이 산출된다. 따라서 기업별 부채와 총자산은 다음과 같이 정리할 수 있다.

(단위 : 억 원)

구분	A기업	B기업	C기업	D기업	E기업	F기업
부채	0.9	1.0	2.9	2.8	7.7	7.8
총자산	4.4	4.9	5.7	7.2	12.9	12.0

따라서 부채가 가장 많은 기업은 F기업이며, 총자산이 가장 적은 기업은 A기업이다.

95 정답 ③

(가)에 의하면, 연도별 총 용수 사용량은 각각 87, 94, (57+㉠)이므로 2016년의 총 용수 사용량은 87보다 작아야 한다. 따라서 ㉠ < 30이다.
(나)에 의하면, 지표수의 3개년 평균 사용량이 32이므로

$\frac{35+38+㉠}{3}$ > 32가 되어야 한다. 따라서 ㉠은 23보다 커야 한다.

(다)에 의하면, 2016년 상수도와 지표수의 사용량 합은 44이므로

44 > $\frac{57+㉠}{2}$ 이어야 한다. 따라서 ㉠은 31보다 작아야 한다.

위의 세 가지 조건을 모두 감안하면 23 < ㉠ < 30임을 알 수 있다.

96 정답 ②

②는 업종별 기업의 수를 나타내고 있으므로 보고서에서 언급된 내용이 아니며, 보고서에서는 업종별 무역액을 언급하였으므로 이에 대한 근거 자료가 되지 못한다.

[오답 체크]

① 연도별 기업의 수와 전년 대비 증감에 대한 내용의 근거 자료가 된다.

③ 기업규모별 수출과 수입의 기업 수 비중을 언급한 내용의 근거 자료가 된다.

④ 수출액과 수입액, 전체 무역액의 기업규모별 구분 등의 내용에 대한 근거 자료가 된다.

⑤ 수출입 상대국의 비중 및 전년 대비 증감에 대한 내용의 근거 자료가 된다.

97 정답 ⑤

키트 A~D의 양성 예측도와 음성 예측도는 다음과 같다.

구분	양성 예측도	음성 예측도
A	$\frac{70}{100} = 0.7$	$\frac{70}{100} = 0.7$
B	$\frac{80}{110} \fallingdotseq 0.73$	$\frac{60}{90} \fallingdotseq 0.67$
C	$\frac{50}{80} \fallingdotseq 0.63$	$\frac{90}{120} = 0.75$
D	$\frac{60}{80} = 0.75$	$\frac{100}{120} \fallingdotseq 0.83$

따라서 양성 예측도가 가장 낮은 키트는 C, 음성 예측도가 가장 낮은 키트는 B이다.

98 정답 ②

㉠ 공기업만이 6.4%p로 5%p 이상 차이 난다. (○)

㉡ 취업 선호 기업과 실제 취업 예상 기업 격차가 가장 작은 것은 0.4%p의 차이를 보이는 정부이다. (○)

㉢ 공기업, 대기업, 중견기업은 선호비율이 57.9%로 절반을 넘고, 실제 취업 예상 비율 또한 53.4%인 절반을 넘는다. (○)

㉣ 실제 공기업으로 취업이 예상된다고 응답한 사람 모두가 공기업을 선호하는 응답자라고 단정할 수 없다. (×)

99 정답 ④

서울, 경기, 인천 지역의 발전량은 전체의 22%로 동 지역의 총 전력 소비량인 36%의 절반 이상이 된다.

[오답 체크]

① 충남의 잉여 전력은 11%로 가장 많다.

② 충남의 소비량은 10%로 울산과 부산의 발전량의 합인 8%보다 많은 양의 전력을 소비한다.

③ 경남의 발전량은 13%로 자체 소비 7% 외에도 대구와 광주의 소비량인 5% 이상을 추가로 발전한다.

⑤ 경기는 9%를 발전하고 22%를 소비하므로 외부 전력을 가장 많이 필요로 한다.

100 정답 ⑤

선지에 제시된 지역은 충남, 울산, 부산, 경기, 대구, 인천, 경남, 전북 지역이다.

• 울산 : 2%를 발전하여 6%를 소비

• 경기 : 9%를 발전하여 22%를 소비

• 대구 : 1%를 발전하여 3%를 소비

• 전북 : 1%를 발전하여 5%를 소비

따라서 선지 중 ⑤ 전북, 울산의 경우 두 곳 모두 2배 이상의 발전 설비를 필요로 한다.

[오답 체크]

충남, 부산, 인천, 경남은 자체 소비량 이상을 발전하고 있다.

101 정답 ②

㉠ 평균시급 격차는 2013년부터 전년보다 295원, 374원, 394원, 281원, 234원 증가하였으므로, 2015년의 경우 가장 크다. (×)

※ 2017년 법정 최저시급과 장애인근로자의 평균시급 격차는 6,470 − 3,102 = 3,368원이다. 따라서 2017년 평균시급 격차의 증가액은 3,368 − 3,134 = 234원이다.

㉡ 2012년 대비 2017년 장애인근로자 평균시급 증가율은

$\frac{3,102 - 2,790}{2,790} \times 100 \fallingdotseq 11.2\%$이나, 법정 최저시급의 증가율은

$\frac{6,470 - 4,580}{4,580} \times 100 \fallingdotseq 41.3\%$에 달한다. (○)

㉢ 연도별 평균시급 격차의 증가율은 다음과 같다.

• 2013년 : $\frac{295}{1,790} \times 100 \fallingdotseq 16.5\%$

• 2014년 : $\frac{374}{2,085} \times 100 \fallingdotseq 17.9\%$

• 2015년 : $\frac{394}{2,459} \times 100 \fallingdotseq 16.0\%$

• 2016년 : $\frac{281}{2,853} \times 100 \fallingdotseq 9.8\%$

• 2017년 : $\frac{234}{3,134} \times 100 \fallingdotseq 7.5\%$

따라서 감소하는 추세이다. (×)

102

정답 ①

제시된 자료는 3국간의 거래만을 나타내며, 다른 국가와의 거래는 고려하지 않으므로 연도별 수출의 총합과 수입의 총합은 동일해야 한다. 따라서 빈칸 (A)는 $45 + 60 + 64 = (A) + 57 + 70$의 관계가 성립하므로 42백만 불이고, 빈칸 (B)는 $35 + 52 + 56 = 43 + 55 + (B)$가 성립하므로 45백만 불이다. 그러므로 두 경우 모두 무역수지는 흑자가 된다.

103

정답 ③

도표를 참고하면, 국가 간의 한 가지 거래 내역만 알면 그 해의 모든 거래 내역을 다음과 같은 논리로 알 수 있다.

일본이 2017년 W제품을 한국으로 10백만 불 수출하였다는 것은 나머지 30백만 불은 중국으로 수출한 것이 된다. 따라서 중국의 총 수입액 50백만 불 중 일본으로부터 수입한 30백만 불을 제외한 20백만 불은 한국으로부터 수입한(한국이 수출한) 것이 된다. 그러므로 이 금액과 동일한 금액(20백만 불)을 2019년 한국이 일본으로 수출한 경우 한국은 총 수출액 40백만 불 중 나머지 20백만 불은 중국으로 수출한 것이 된다. 따라서 중국의 2019년 총 수입액인 63백만 불 중 한국으로부터 수입한 20백만 불을 제외한 나머지 43백만 불을 일본으로부터 수입한 것이 된다.

104

정답 ③

제시된 네 개의 건물은 모두 보험금액이 보험가액의 80%보다 적거나 보험가액이 보험금액보다 더 많은 유형에 해당한다. 주어진 식에 대입하여 계산하면 다음과 같다.

- 갑 건물 : $5,000 \times 5,000 \div 5,600 ≒ 4,464$만 원
- 을 건물 : $5,000 \times 7,000 \div 8,000 = 4,375$만 원
- 병 건물 : $5,000 \times 6,000 \div 6,800 ≒ 4,412$만 원
- 정 건물 : $5,000 \times 10,000 \div 12,000 ≒ 4,167$만 원

따라서 지급되는 보험금은 갑 건물 – 병 건물 – 을 건물 – 정 건물 순으로 많다.

105

정답 ③

1년 후의 환율을 P라 하면, A씨가 원화와 엔화로 대출할 경우에 대한 이익을 각각 다음과 같이 계산할 수 있다.

- 원화 : 150만 원 – 100만 원 $\times (1 + 0.21)$
- 엔화 : 150만 원 – 10만 엔 $\times (1 + 0.10) \times P$

A씨는 두 대출 조건이 동일하다고 판단했으므로 두 경우의 이익은 차이가 없어야 한다. 그러므로 1년 후의 환율은 1,100원/100엔이다.

106

정답 ⑤

(다)에 의해서 A는 말레이시아임을 알 수 있다. 또한, 공급량이 0인 1차 에너지가 2가지인 나라는 미얀마를 제외하면 싱가포르이므로 (나)에 의해서 싱가포르는 C임을 알 수 있다. (가)의 조건을 충족하려면 나머지 두 곳 중 B가 필리핀, D가 베트남이어야 한다.

따라서 이를 근거로 제시된 보기의 설명을 살펴보면 수력에너지의 공급량이 가장 많은 ASEAN 국가는 4,827ktoe인 베트남이다.

[오답 체크]

① 신재생에너지 공급 비중이 다섯 번째로 높은 나라는 베트남이다.
② 싱가포르의 수력에너지 공급량은 0ktoe이고, 태국은 이보다 많은 408ktoe이다.
③ 필리핀의 석유 공급량은 10,431ktoe이고, 석탄 공급량은 이보다 많은 12,637ktoe이다.
④ 싱가포르의 석유 공급량은 39,040ktoe로 말레이시아 석유 공급량인 25,941ktoe보다 많다.

107

정답 ①

수입국이 되려면 소비량이 공급량보다 더 많아야 한다. 보기에 제시된 국가는 모두 소비량이 공급량보다 더 많은 국가이며, 이 중 브루나이는 모두 2,572ktoe의 1차 에너지를 공급하고 있어 제시된 국가 중 가장 적은 양($2,717 - 2,572 = 145$ktoe)을 수입하는 국가이다.

108

정답 ④

제시된 자료는 총 저수량을 기준으로 배열되어 있다. 따라서 갑 댐과 을 댐이 속한 A강 유역에는 대규모 댐이, 경 댐과 임 댐이 속한 D강 유역에는 소규모 댐이 건설되었음을 알 수 있다.

[오답 체크]

① 대규모 댐은 대부분 1990년대 이전에 건설되었고, 무, 경, 신, 계 댐 등 1990년대 이후에 완공된 댐들은 대부분 소규모 댐이다.
② 대체적으로 총 저수량이 많으면 홍수조절 능력도 크나, 계 댐의 경우 등을 감안하면 비례하여 건설되었다고 판단할 수 없다.
③ B강 유역의 댐들은 약 6~7년의 기간이 소요되었으며, D강 유역의 댐들은 약 5~7년의 기간이 소요되었음을 알 수 있다.
⑤ 일부 댐의 경우를 제외하면 댐의 제원과 총 저수량과는 직접적인 상관관계가 있다고 볼 수 없다.

109

정답 ③

지하주차장 면적이 커져서 그 밖의 공용면적이 커진 경우에 해당될 수 있으므로 반드시 세대별 공유대지가 커진다고 볼 수 없다.

[오답 체크]
① 공유대지 면적은 주거전용 면적, 주거공용 면적, 기타공용 면적의 합인 세대별 분양면적에 의하여 비율에 따라 계산된다.
② 세대별 공유대지는 세대별 분양면적 비율에 따라 배분한 것이므로 '공유대지 면적÷세대별 분양면적×100'을 계산하면 모두 45.8%가 되는 것을 확인할 수 있다.
④ 주어진 도표에서 확인할 수 있듯이 주거공용 면적이 더 큰 주택 타입은 공유대지 면적도 더 큰 것을 알 수 있다.
⑤ '공유대지 면적÷세대별 분양면적×100' 산식에 의하여 항상 동일한 비율이 적용되므로 주택 타입별 공유대지 면적의 배율과 세대별 분양면적의 배율은 같게 된다.

110

정답 ④

주어진 설명에 의해 다음과 같은 기업 경영 분석에 관한 지표의 계산식을 만들 수 있다.
• 매출총손익 = 매출액 − 매출원가
• 영업손익 = 매출총손익 − (판매비 + 관리비)
• 금융비용부담률 $= \dfrac{\text{이자비용}}{\text{매출액}} \times 100$
• 이자보상비율 $= \dfrac{\text{영업이익}}{\text{이자비용}} \times 100$

이 식을 바탕으로 〈보기〉의 내용을 판단할 때, 옳은 것은 ⓒ과 ⓔ이다.

111

정답 ⑤

이자보상비율을 비교하기 위해서는 영업이익과 이자비용을 알아야 하는데, 이자보상비율의 정확한 수치는 2018년도만 알면 된다. 영업이익 산식과 그래프의 증감 내역을 통해 연도별 각 기업의 영업이익과 2018년의 이자비용을 정리하면 다음과 같다.

기업명	2018년 이자보상비율	영업이익		
		2019년	2020년	2021년
갑	37/7.2≒5.1	24	17	13
을	15/12.0=1.25	17	13	6
병	11/7.5≒1.5	11	16	23
정	10/13.1≒0.8	13	0	9

2018년 이자보상비율은 어림값으로도 확인 가능하며 갑 − 병 − 을 − 정 순으로 크다.

[오답 체크]
① 영업이익은 해마다 감소하였고, 이자비용 또한 증가율만 낮아졌을 뿐 이자비용 자체는 증가하였으므로 이자보상비율이 계속 감소하였다.
② 영업이익이 동일한 상태에서 이자비용이 크게 증가하였으므로 이자보상비율이 큰 폭으로 감소하였다.

③ 영업이익은 증가, 이자비용은 감소하였으므로 이자보상비율이 증가하였다.
④ 정 기업이 13.1억 원으로 12억 원인 을 기업보다 더 많다.

112

정답 ①

각 기업의 금융비용부담률은 다음과 같다.
• 갑 : $\dfrac{7.2}{120} \times 100 = 6.0\%$
• 을 : $\dfrac{12}{100} \times 100 = 12.0\%$
• 병 : $\dfrac{7.5}{95} \times 100 ≒ 8.0\%$
• 정 : $\dfrac{13.1}{90} \times 100 ≒ 14.6\%$

따라서 정 − 을 − 병 − 갑 순으로 크다.

113

정답 ⑤

• 2015년 고령인구 비중(A)은 100 − 72.9 − 13.9 = 13.2%이다.
• 2017년 노령화지수(B)는 $\dfrac{\text{고령인구}}{\text{유소년인구}} \times 100$이므로

$\dfrac{14.2}{13.3} \times 100 ≒ 106.8$이다.

114

정답 ③

Y+1년 갑 지역의 전력 소비량이 총 90,000MWh이므로 Y년의 전력 소비량도 90,000MWh가 되며 3개 발전소의 총 발전량도 90,000MWh가 된다. 이를 비중에 따라 발전소별로 계산해 보면, A발전소는 45,900MWh, B발전소는 27,000MWh, C발전소는 17,100MW의 전력을 생산한 것이다.
한편, Y년의 발전소별 전력의 자가 소비 비중은 공급분을 제외한 나머지가 되므로 A, B, C발전소 각각 60%, 84%, 48%이다. 따라서 생산 전력을 자가 소비 비중에 맞게 계산해 보면, A발전소는 45,900×0.6=27,540MWh, B발전소는 27,000×0.84=22,680MWh, C발전소는 17,100×0.48=8,208MWh이며, 자가 소비 전력량의 합은 27,540+22,680+8,208=58,428MWh이다.

115
정답 ①

⊙ A → C발전소로의 공급량은 6,885MWh이며, C → B발전소로의 공급량은 3,762MWh이다. (○)

ⓒ A발전소의 자가 소비량은 27,540MWh이며, B발전소의 자가 소비량은 22,680MWh이다. (○)

ⓒ 외부로 공급하는 전력량은 B발전소와 C발전소의 합이 2,700 + 1,620 + 5,130 + 3,762 = 13,212MWh이며, A발전소가 11,475 + 6,885 = 18,360MWh이다. (×)

ⓒ 외부로부터 공급받는 전력이 가장 많은 발전소는 B(15,237MWh) − C(8,505MWh) − A(7,830MWh)발전소 순이다. (×)

116
정답 ③

10분마다 10대가 나가고 20대가 주차를 하게 되므로 결국 10분마다 10대씩 주차 대수가 늘어난다. 따라서 8시 30분이 되면 만차가 된다. 8시 40분에는 대기 차량이 20대가 되며, 이 중 우선 대기 차량 10대가 주차를 하게 된다. 다시 8시 50분이 되면 이전 대기 차량 10대와 추가 대기 차량 20대를 합해 모두 30대의 대기 차량 중 8시 40분까지 도착했던 대기 차량 중 나머지 10대가 주차를 하게 된다. 9시에는 총 대기 차량 40대 중 8시 50분에 도착했던 차량의 우선 대기 차량 10대가 주차를 할 수 있다. 따라서 8시 50분에 도착할 경우 반드시 주차가 가능하다고 볼 수 없으므로 8시 40분까지 도착해야 9시 안에 주차할 수 있다.

117
정답 ②

우선 총무팀이 비교 우위가 있는 탁구공 담기를 하고, 홍보팀은 그 사이에 쌀자루를 옮긴다. 6분 후 탁구공 담기가 다 끝나고 그 사이 홍보팀은 쌀자루를 12개 옮긴다. 총무팀과 홍보팀은 남은 쌀자루 24개를 모두 6분에 옮길 수 있으므로 완수하는 데 걸리는 최소 시간은 12분이 된다.

118
정답 ④

총무팀이 쌀자루를 옮기면 1분에 12점을 얻고, 탁구공을 담으면 20점을 얻는다. 반면 홍보팀이 쌀자루를 옮기면 12점을 얻고, 탁구공을 담으면 10점을 얻는다. 따라서 총무팀은 탁구공을 담고, 홍보팀은 쌀자루를 옮기는 것이 점수를 최대화한다. 따라서 10분에 최대한 얻을 수 있는 점수는 320점이다.

119
정답 ③

A상사가 A통신에게 7승을 거두었다면 A통신의 14패 중 7패는 A상사에게 당한 것이고 나머지 7패는 A전자에게 당한 것이 된다. 이것은 곧 A전자의 11승 중 7승을 A통신에게 거둔 것이고 나머지 4승은 A상사에게 거두었다는 의미이다.

120
정답 ④

A전자가 A상사에게 8패를 당한 사실을 근거로 나머지 각 팀 간의 모든 승수와 패수를 계산하여 정리하면 다음과 같다.

A상사의 대 A전자 성적 : 8승 2패
A전자의 대 A상사 성적 : 2승 8패
A상사의 대 A통신 성적 : 7승 3패
A통신의 대 A상사 성적 : 3승 7패
A전자의 대 A통신 성적 : 4승 6패
A통신의 대 A전자 성적 : 6승 4패

따라서 'A통신은 A전자와의 맞대결 성적이 A상사보다 좋다.'만 옳다.

[오답 체크]

① A통신은 두 팀에게 각각 3승 7패와 6승 4패의 성적을 거두었다.

② A상사는 A통신에게 7승 3패를 거두었다.

③ A전자의 6승은 A상사로부터 거둔 2승, A통신으로부터 거둔 4승이다.

⑤ A상사는 A통신과의 맞대결 성적이 7승 3패로 A전자보다 좋다.

01	02	03	04	05	06	07	08	09	10
④	④	④	②	③	③	④	④	①	④
11	12	13	14	15	16	17	18	19	20
②	②	⑤	④	④	⑤	②	①	③	②
21	22	23	24	25	26	27	28	29	30
②	⑤	③	②	②	④	②	③	①	①
31	32	33	34	35	36	37	38	39	40
②	③	⑤	③	⑤	③	⑤	②	③	②
41	42	43	44	45	46	47	48	49	50
①	④	⑤	④	⑤	③	④	②	⑤	②
51	52	53	54	55	56	57	58	59	60
③	①	①	④	⑤	④	③	④	⑤	④
61	62	63	64	65	66	67	68	69	70
③	①	⑤	②	⑤	④	④	②	④	②
71	72	73	74	75	76	77	78	79	80
⑤	⑤	④	③	⑤	②	⑤	⑤	③	⑤
81	82	83	84	85	86	87	88	89	90
⑤	⑤	③	④	③	④	⑤	④	⑤	④
91	92	93	94	95	96	97	98	99	100
③	③	②	④	④	⑤	④	⑤	④	④
101	102	103	104	105	106	107	108	109	110
②	④	②	③	③	③	③	④	⑤	④
111	112	113	114	115	116	117	118	119	120
③	②	②	③	①	③	③	①	①	①
121	122	123	124	125	126	127	128	129	130
③	④	③	④	⑤	③	②	④	①	⑤

01 정답 ④

일	월	화	수	목	금	토
	1	2	3	4	5	6
7	8	9	10	11	12	13
14	15	16	17	18	19	20
21	22	23	24	25	26	27
28	29	30	31			

1일이 월요일이므로 정 대리는 위와 같은 달력에 해당하는 기간 중에 출장을 가려고 한다. 3박 4일 일정 중 출발과 도착일 모두 휴일이 아니어야 한다면 월~목요일, 화~금요일, 금~월요일 세 가지의 경우의 수가 생긴다. 그런데 현지에서 복귀하는 비행편이 화요일과 목요일이므로 월~목요일의 일정을 선택해야 한다. 또한 회의가 셋째 주 화요일이라면 16일이며 그 이후 가능한 월~목요일은 두 번이 있으나, 마지막 주의 경우 도착일이 다음 달로 넘어가게 되므로 조건에 부합되지 않는다.

따라서 출장 출발일로 적절한 날은 22일이다.

02 정답 ④

기밀문서를 훔친 사람이 B인 경우와 B가 아닌 경우를 나누어 생각해 볼 수 있다.

- 기밀문서를 훔친 사람이 B인 경우 : B가 기밀문서를 훔쳤다면 B와 D의 첫 번째 진술은 모두 거짓일 것이고, 두 번째 진술은 모두 참일 것이다. 그런데 B의 두 번째 진술에 따르면 기밀문서를 훔친 사람이 A가 되고, D의 두 번째 진술에 따르면 기밀문서를 훔친 사람은 E가 되므로 두 사람의 진술이 서로 모순된다.
- 기밀문서를 훔친 사람이 B가 아닌 경우 : B가 기밀문서를 훔치지 않았다면 B와 D의 첫 번째 진술은 모두 참일 것이고, 두 번째 진술은 모두 거짓일 것이다.
  - D의 첫 번째 진술이 참이므로 C의 두 번째 진술은 거짓이지만, 첫 번째 진술은 참이다.
  - B의 두 번째 진술이 거짓이므로 A는 기밀문서를 훔치지 않았다.
  - D의 두 번째 진술이 거짓이므로 A의 두 번째 진술은 거짓이다. 따라서 E는 기밀문서를 훔치지 않았다. 또한 A의 첫 번째 진술은 참이므로 C는 기밀문서를 훔치지 않았다.
  - E의 첫 번째 진술은 참이지만, 두 번째 진술은 거짓이다.

이 경우에는 A, B, C, D, E의 진술이 서로 모순되지 않는다. 따라서 기밀문서를 훔친 사람은 D이다.

03 정답 ④

제시된 명제를 기호로 나타내면 다음과 같다.

- ∼교만하다 → 훌륭하다
- 지혜롭다∧덕이 있다 → ∼교만하다
- ∴ 어질다∧지혜롭다 → 용감하다

ㄱ. 위 내용에 '어질다 → 덕이 있다'를 추가하면 '어질다∧지혜롭다 → 지혜롭다∧덕이 있다 → ∼교만하다 → 훌륭하다'로 이어진다.

ㄷ. '∼용감하다 → ∼훌륭하다(대우 : 훌륭하다 → 용감하다)'를 추가하면 '어질다∧지혜롭다 → 지혜롭다∧덕이 있다 → ∼교만하다 → 훌륭하다 → 용감하다'로 이어진다.

따라서 ㄱ과 ㄷ을 추가해야 한다.

> **Tip**
>
> 명제논리와 연역논증을 활용한 유형의 문제를 해결할 때에는 제시된 명제를 다음과 같은 기호를 활용하여 나타낸다.
>
> | 기호 | 이름 | 논리식 | 의미 |
> | --- | --- | --- | --- |
> | ∼ | 부정 | $\sim P$ | P가 아님 |
> | ∨ | 논리합 | $P \lor Q$ | P 또는 Q |
> | ∧ | 논리곱 | $P \land Q$ | P 그리고 Q |
> | → | 함의 | $P \rightarrow Q$ | P이면 Q |
> | ≡ | 동치 | $P \equiv Q$ | $(P \rightarrow Q) \land (Q \rightarrow P)$ |

04

정답 ②

첫 번째 조건에서 어떤 사람을 보아도 모자와 하의는 다른 색이라고 하였으므로, 가능한 경우의 수는 다음과 같다.

모자	상의	하의	인원수(명)
빨간색	파란색	파란색	a
빨간색	빨간색	파란색	b
파란색	파란색	빨간색	c
파란색	빨간색	빨간색	d

- 두 번째 조건에서 같은 색의 상의와 하의를 입은 사람의 수는 6명이라고 하였으므로 a+d=6이다.
- 세 번째 조건에서 빨간색 모자를 쓴 사람의 수는 5명이라고 하였으므로 a+b=5이다.
- 네 번째 조건에서 모자, 상의, 하의 중 1가지만 빨간색인 사람은 7명이라고 하였으므로 a+c=7이다.
- 총 인원은 12명이므로 a+b+c+d=12이다.

위의 네 개 식을 연립하면 a=3, b=2, c=4, d=3이므로 하의만 빨간색인 사람의 인원수(=c)는 4명이다.

05

정답 ③

주어진 내용을 표로 정리하면 다음과 같다.

45세 이상	최우수	자녀 ×	
35세 이상 45세 미만	우수	이직 경력 ×	
	자녀 ×	보통	대출, 유주택자
35세 미만	우수	이직 경력 ×	
	보통	대출, 유주택자	

A는 자녀를 두고 있고 이직 경력이 있으므로 35세 미만이고 '보통'에 속한다. 또한 대출을 받고 있으며 주택을 소유하고 있다.

06

정답 ③

주어진 조건을 정리하면 다음과 같다.

- A는 제일 먼저 입사한 사람이 아니다. 또한 A는 E보다는 먼저 입사했으므로 마지막으로 입사한 사람은 A가 아니다.
- B는 A보다 먼저 입사했으므로 마지막으로 입사한 사람은 B가 아니다.
- C는 B보다 나중에 입사했으므로 제일 먼저 입사한 사람은 C가 아니다.
- D는 5명 중 두 번째로 입사하였다.
- E는 D보다 나중에 입사했으므로 제일 먼저 입사한 사람은 E가 아니다.

이를 표로 정리하면 다음과 같다.

구분	첫 번째	두 번째	세 번째	네 번째	다섯 번째
A	×				×
B					×
C	×				
D		○			
E	×				

A, C, D, E가 첫 번째로 입사한 사람이 될 수 없으므로 첫 번째로 입사한 사람은 B가 된다. 그런데 첫 번째 조건과 두 번째 조건에 의하면 B → A → E이고, 세 번째 조건에 의하면 B → C이다. 이때 가능한 경우의 수는 B - D - A - E - C, B - D - A - C - E, B - D - C - A - E 총 3가지이다. 따라서 반드시 참인 것은 ㄱ과 ㄹ이다.

07

정답 ④

코드 abc와 코드 bb를 결합하면 네 번째 규칙에 의해 abc+bb=abcb+b=abcbb로 변환된다. 이후 ac를 추가로 결합하면 세 번째 규칙에 의해 abcbb+ac=abcbc+ab=abcbcab로 변환된다.

08

정답 ④

ㄱ. 전교생이 549명인 국립 초등학교는 '학생수가 200명 이상 1천명 미만인 학교'인 학교에 해당한다.(제1항) 학교운영위원회규정에 위원의 정수가 10명이라고 되어 있을 경우, 이 학교의 지역위원은 최소 1명, 최대 3명이다.(제2항)

ㄷ. 학생수가 1,258명인 국립의 산업수요 맞춤형 고등학교는 '학생수가 1천 명 이상인 학교'에 해당한다.(제1항) 학교운영위원회규정에 위원의 정수가 14명이라고 되어 있고, 제3항에 따라 운영위원회 위원의 구성비율을 규정할 경우, 이 학교의 지역위원은 최소 5명, 최대 7명이다. 이때 지역위원을 전부 당해 학교가 소재하는 지역을 사업활동의 근거지로 하는 사업자로 선출한다면 최대 7명까지 선출할 수 있다.(제3항)

ㄹ. 전교생이 200명인 경우 '학생수가 200명 이상 1천 명 미만인 학교'에 해당한다.(제1항) 이때 위원회규정에 규정된 학교운영위원회 위원의 정수가 9명이라면 학부모위원은 4~5명, 교원위원은 3~4명, 지역위원은 1~3명의 범위 내에서 구성될 수 있다.(제2항)

[오답 체크]

ㄴ. 학생수가 77명인 공립 중학교는 '학생수가 200명 미만인 학교'에 해당한다.(제1항) 따라서 최소 5인 이상의 운영위원회 위원을 둬야 한다. 다만, 학생 수가 100명 미만이기 때문에 시의 조례에 규정된 사항에 따라 학부모위원, 교원위원 및 지역위원을 각 1명 이상 포함하여 운영위원회 위원의 구성비율을 정할 수 있다.(제4항)

09

정답 ①

제시된 법조문의 요건에 해당하는 것을 표시하면 다음과 같다.

구분		갑	을	병	정	무
인구	최근 30년간 최다 인구 대비 현재 인구 비율	**64%**	81%	83%	98%	64%
	최근 5년간 인구의 연속 감소 기간	**4년**	**3년**	1년	**5년**	**3년**
사업체	최근 10년간 최다 사업체 수 대비 현재 사업체 수 비율	96%	**94%**	**94%**	97%	96%
	최근 5년간 사업체 수의 연속 감소 기간	**3년**	**4년**	**3년**	2년	2년
	전체 건축물 수 대비 준공된지 20년 미만인 건축물 비율	**49%**	**43%**	57%	51%	65%

5개의 후보지역 중 병 지역은 사업체 수 요건만을, 정과 무 지역은 인구 요건만을 충족하고 있어 2개 이상의 요건을 충족하지 못했다. 따라서 병, 정, 무는 도시재생사업 실시지역에서 제외된다.
갑, 을은 각각 요건을 2개 이상 충족하였기 때문에 인구 기준의 하위 두 항목을 비교하여야 한다. 두 지역 중 갑이 최근 30년간 최다 인구 대비 현재 인구 비율이 더 낮고, 최근 5년간 인구의 연속 감소기간이 더 길기 때문에 갑 지역의 사업을 가장 먼저 실시하게 된다.

10

정답 ④

칫솔이나 알약 포장재와 같이 여러 재질이 섞여 있는 플라스틱 제품은 분리수거하지 않고 일반 종량제 봉투에 담아 배출한다.

[오답 체크]
① 신문은 반듯하게 펴서 차곡차곡 쌓은 뒤 묶어서 배출하고, 영수증이나 은박지, 종이 외에 다른 재질이 혼합된 벽지, 플라스틱 합성지 등은 재활용이 불가능하므로 일반 쓰레기로 배출한다.
② 부탄가스나 살충제 용기는 용기 하단에 송곳으로 구멍을 살짝 뚫어 내용물을 비운 뒤 배출한다.
③ 유리병류는 이물질 없이 내용물을 깨끗하게 비우고 배출한다. 뚜껑이나 라벨에 보증금 환불 문구가 있으면 마트나 슈퍼 등에 반환해서 빈용기보증금을 돌려받을 수 있다.
⑤ 비닐류는 이물질 제거가 어려우면 종량제 봉투에 넣어 일반 쓰레기로 제출한다.

11

정답 ②

ㄷ. 23:00PM∼17:00PM 사이에 이동하므로 광주 지사로 바로 가는 C, D는 300km를 120km/h로 이동한다. 따라서 걸리는 시간은 2시간 30분이므로 오후 12시 30분 이전에 출발하면 오후 3시 이전에 도착할 수 있다.
ㄹ. 오후 5시(17시)부터 오후 11시(23시)까지 경로별 권장속도가 달라졌음에 유의한다. 대전 지사에서 광주 지사로 이동할 때는 다 경로를 이용하면 1시간 48분을 소요하게 된다.

광주 지사에서 서울 지사로 갈 때는 가 경로를 이용, 1시간 36분을 소요한다. 두 경로의 소요 시간을 합하면 3시간 24분이 되고, 따라서 8시 24분에 서울 지사에 도착하게 된다.

[오답 체크]
ㄱ. 각각의 최단 거리의 합은 160+180=340km이므로 300km보다 거리가 더 멀다.
ㄴ. 대전지사와 광주지사 이동 시간은 다 : 1시간 30분, 라 : 2시간 6분이므로 라 경로로 이동하면 3시 6분에 도착하여 세미나에 늦게 된다.

12

정답 ②

- 연장수당 : $\dfrac{2,500,000}{209} \times 1.5 \times 20 = 358,852$원

- 야간수당 : $\dfrac{2,500,000}{209} \times 0.5 \times 5 = 29,905$원

- 휴일수당 : $\dfrac{2,500,000}{209} \times 1.5 \times 10 = 179,426$원

따라서 358,852+29,905+179,426=568,183원

13

정답 ⑤

미주행이므로 장거리에 해당하며 출발일 12일 이전이므로 '14∼4일 이전'에 해당한다. C클래스 장거리 티켓을 14∼4일 이전에 취소할 경우 24만 원의 위약금을 내야 한다.

[오답 체크]
① 일본행이므로 A클래스−단거리에 해당하며 출발일 2일 전이므로 위약금은 11만 원이다.
② 중동행이므로 B클래스−장거리에 해당하며 출발일 1일 전이므로 위약금은 23만 원이다.
③ 동남아행이므로 B클래스−중거리에 해당하며 출발일 16일 전이므로 위약금은 7만 원이다.
④ 아프리카행이므로 A클래스−장거리에 해당하며 출발일 70일 전이므로 위약금은 3만 원이다.

14

정답 ④

샌프란시스코 출장 건은 7박 8일 일정으로 일비=70×8=560USD, 식비=80×8=640USD를 받고, 세종시 출장 건은 당일 출장으로 일비 3만 원, 식비 2만 원, 교통비 5만 원 총 10만 원을 빌는다. 따라서 1,146×(640+560)=1,375,200원과 10만 원을 더한 1,475,200원이 출장비로 지급된다.

15 정답 ⑤

보수월액이 300만 원인 경우

- 건강보험료 : 300만 원×6.86×0.01=205,800원
- 장기요양보험료 : 205,800원×11.52×0.01=23,700원

16 정답 ④

보수월액이 250만 원인 경우 근로자가 지불해야 하는 4대 보험료를 구하면 다음과 같다.

- 국민연금 보험료 : 250만 원×4.5×0.01=112,500원
- 건강보험 보험료 : (250만 원×3.43×0.01)+{(250만 원×6.86× 0.01)×5.76×0.01}=85,750+9870=95,620원
- 고용보험 보험료 : 250만 원×0.8×0.01=20,000원
- 산재보험 보험료 : 사업주가 전액 부담하므로 0원

따라서 총 112,500+95,620+20,000=228,120원을 지불해야 한다.

[오답 체크]
① 산재보험은 광업, 제조업, 전기가스·상수도업, 건설업, 운수·창고·통신업, 임업, 어업, 농업, 기타의 사업, 금융 및 보험업 총 10개로 업종이 분류되며, 보험료율은 업종별로 다르게 적용된다.
② 보수월액이 2,675,200원인 경우 기준소득월액은 2,675,000원이다. 따라서 국민연금 보험료 총액은 2,675,000×9×0.01=240,750원이다.
③ 고용보험료의 근로자 부담액과 사업주 부담액을 각각 구하면 다음과 같다.
- 근로자 부담액(실업급여 부담금) : 200만 원×0.8×0.01 =16,000원
- 사업주 부담액(실업급여+고용안정, 직능개발 부담금) : 150인 이상 1,000인 미만 기업에 해당하므로 (200만 원×0.8× 0.01)+(200만 원×0.65×0.01)=16,000+13,000=29,000원
⑤ 기준소득월액은 최저 33만 원에서 최고 524만 원 범위의 금액으로 결정되므로, 보수월액이 27만 5천 원인 경우 기준소득월액은 33만 원이다. 따라서 근로자가 부담하는 국민연금 보험료와 장기요양보험료를 각각 구하면 다음과 같다.
- 국민연금 보험료 : 33만 원×4.5×0.01=14,850원
- 장기요양보험료 : (27만 5천 원×6.86×0.01)×5.76× 0.01=1,080원

17 정답 ②

주어진 명제를 하나씩 분석하여 모순이 없는 것을 찾아내는 유형의 문제이다. 진술의 유형이 나머지 두 사람과 다른 병의 명제를 먼저 살펴보면, 만일 "나는 승진을 하지 않았다."가 거짓이라면, 병이 승진을 한 것이 됨과 동시에 뒤에 말한 "누가 승진을 했는지 모른다."는 말이 진실이 되어야 한다. 따라서 이 둘은 모순이 되므로 병의 "나는 승진을 하지 않았다."는 말은 진실이 됨을 알 수 있다.
이 경우 "병도 승진을 하지 않았다."고 말한 을의 뒷말이 진실이 되므로 을의 앞말은 거짓이 되어야 한다. 따라서 승진을 한 사람은 을이 된다.

갑의 진술을 확인해 보면, "을도 승진을 하지 않았다."가 거짓이어야 하므로 앞말인 "나는 승진을 하지 않았다."는 진실이 되어 모순이 없게 된다.

18 정답 ①

주어진 조건을 근거로 4월의 달력을 정리하면 다음과 같다.

일	월	화	수	목	금	토
			1	2	3	4
5	김 대리 휴가					1̶1̶
1̶2̶	1̶3̶	1̶4̶	1̶5̶ 업무보고	1̶6̶	1̶7̶	1̶8̶
1̶9̶	지방 출장					25
26	2̶7̶ 실적 마감	28	29	30		

따라서 오 과장이 연차를 사용할 수 있는 시기는 1~3일과 28~30일이 되어 월요일은 연차에 포함되지 않는다.

19 정답 ③

이동 후 인원수가 감소한 본부는 37명 → 31명으로 6명 감소한 C본부뿐이다.

[오답 체크]
① A본부는 1명 증가, B본부는 5명 증가, C본부는 6명 감소로 C본부의 인원수 변화가 가장 크다.
② 이동 전에는 A－C－B본부 순으로 인원수가 많았으나, 이동 후에는 A－B－C본부 순으로 바뀌었다.
④ 가장 많은 인원이 이동해 온 본부는 A본부(9+10=19)와 B본부(7+12=19)이며, C본부로 이동해 온 인원은 11+5=16명이다.
⑤ 잔류 인원보다 이동해 온 인원이 더 많은 본부는 A본부 25/19, B본부 16/19, C본부 15/16으로 B본부와 C본부 2개 본부이다.

20 정답 ②

다 항목 중반부에서 탱크 화재 시 결빙될 수 있으므로 노출원 또는 안전장치에 직접 주수하지 말 것을 명시하였다.

21 정답 ②

첫 번째 조건에 의해서 확정된 조건은 3013호의 법무팀이다.
두 번째 조건에 의해서 3012호와 3014호는 생산팀이 위치하지 않는다.
세 번째 조건에서 회계팀이 맨 끝에 위치하므로 3011호 또는 3017호가 되나, 3011호인 경우라면 3013호가 홍보팀이 되어야 하므로 회계팀은 3017호가 되어야 한다. 따라서 3015호가 홍보팀이 된다.
네 번째 조건에서 기획팀과 인사팀은 붙어 있어야 하므로 가능한 호수는 3011호와 3012호가 된다. 생산팀은 3013호인 법무팀과 붙어있지 않다고 했으므로 3016호가 될 수밖에 없으며, 3014호는 비서실이 된다. 이를 정리하면 다음 그림과 같다.

3011호	3012호	3013호	3014호	3015호	3016호	3017호
기획팀 or 인사팀	인사팀 or 기획팀	법무팀	비서실	홍보팀	생산팀	회계팀

22 정답 ⑤

사내부부는 부부 2인에게 모두 적용되지 않는다는 규정이 있을 뿐, 부양가족이 많을수록 가족수당이 많아지므로, 부양가족의 수와 가족수당 지급액은 관계가 있다.

[오답 체크]
①, ②, ④ 연차수당과 초과근무수당 산식으로 보아 209는 월 근무기준 시간이며 초과근무에는 1.5배의 시급이 적용됨을 알 수 있다.
③ 야간과 휴일에 별도 구분 없이 동일하게 초과근무수당이 적용된다.

23 정답 ③

지원받을 수 있는 최대 금액을 묻는 문제이다.
세 자녀의 나이로 보아 모두 2011년 이전 출생에 해당된다. 따라서 수당별 지급 금액을 계산해 보면 다음과 같다.

- 연차수당 : $500 \times \dfrac{1}{209} \times 8 \times 2 = 38$만 원
- 가족수당(아내와 자녀 3인) : 3만$\times 4 = 12$만 원
- 초과근무수당 : $500 \times \dfrac{1.5}{209} \times 15 = 53$만 원
- 학자금(고등학생 자녀 2인) : $15 \times 2 = 30$만 원(입학금 해당 없음)
- 팀장 직무급 최대 금액 : 110만 원
- 합계 : 243만 원

24 정답 ②

'변동일로부터 90일 이내 신고 시 피부양자로 될 수 있었던 날로 소급인정'된다고 명시되어 있으므로 신고일인 3월 1일이 아닌 변동일인 4월 1일부터 90일 후인 6월 29일 이전까지만 변동 신고를 하면 3월 1일부로 해당 사항이 소급 적용될 수 있다.

[오답 체크]
① 신고의무자는 직장가입자의 경우 사용자이며, 직장피부양자는 직장가입자가 된다.
③ 피부양자 취득일이 2일 이후인 경우이므로 2일이 속한 3월분은 지역보험료가 된다.
④ C씨의 배우자의 형제·자매는 미혼이어야 부양이 인정되는데, 이혼한 경우 미혼으로 간주되므로, C씨의 이혼한 처남이나 처제는 부양이 인정된다.
⑤ 재산과표액이 9억 원 이하이며 연간소득이 1천만 원 이하이므로 피부양자 대상이 된다.

25 정답 ②

선거에 의하여 취임하는 공무원은 그 임기가 개시된 날을 자격취득일로 명시하고 있다.

[오답 체크]
① 5월 1일 신규 사업장으로 등록되었으므로 신규 사업장적용 신고일인 5월 1일이 된다.
③ 최초사역일 1월 이내의 기간을 정하여 계속사역결의되는 일용직 근로자에 해당되므로 최초사역일인 4월 10일로부터 1월을 초과하는 날인 5월 10일부로 자격취득이 된다.
④ 단시간근로자이며 1개월 이상 근무, 월 60시간 이상 조건을 충족하므로 근로개시일인 6월 1일이 자격취득일이 된다.
⑤ 외국인 등록과 국내거소신고를 한 경우이므로 정상적인 외국인으로서 사업장 채용일인 8월 1일이 자격취득일이 된다.

26 정답 ④

주어진 산식에 의해 네 명의 기본연봉과 성과연봉을 다음과 같이 계산할 수 있다.

- K상담사 : $3,250 \times 1.05 = 3,412$만 원(기준연봉),
  $(3,412 \times 0.9) + (3,412 \times 0.1 \times 1.025)$
  $= 3,420$만 원(기본연봉),
  $3,420 \div 12 \times 0.08 \times 1.2 = 27$만 원
- J상담사 : $3,350 \times 1.05 = 3,517$만 원(기준연봉),
  $(3,517 \times 0.9) + (3,517 \times 0.1 \times 1)$
  $= 3,517$만 원(기본연봉),
  $3,517 \div 12 \times 0.08 \times 1 = 23$만 원

따라서 성과연봉의 총액은 50만 원이 된다.

27 정답 ②

업적등급 지급계수는 등급별 1.25%의 차이가 나므로 두 사람이 각각 S등급과 D등급을 받게 되면 기본연봉은 최대 2.5%가 아닌 5%의 차이가 나게 된다.

[오답 체크]
① 업적등급이 B등급이면 지급계수가 1이므로 기준연봉과 기본연봉의 차이는 인건비 상승분밖에 없게 된다.
③ 기본연봉은 1년 치의 연봉에 대한 산식이며, 성과연봉은 1개월 치의 연봉(월봉)에 대한 산식이므로 매월 동일하게 지급된다고 볼 수 있다.
④ 지급계수가 B등급 기준 각각 10%씩 차이 남을 알 수 있다.
⑤ '예산의 범위 내에서', '확보된 지급재원 범위 내에서'라고 명시되어 있으므로 경영상의 이유로 100% 지급되지 않는 경우가 발생할 수 있다.

28 정답 ③

응시자들의 점수를 구하기 전에 채용 조건에 따라 서류전형과 2차 필기에서 최하위 득점을 한 응시자 B와 1차 필기에서 최하위 득점을 한 응시자 D는 채용될 수 없다. 따라서 응시자 A, C, E의 점수는 다음과 같이 계산된다.
• 응시자 A : 84×1.1+92×1.15+92×1.2+90×1.05=403.1점
• 응시자 C : 93×1.1+89×1.15+92×1.2+94×1.05=413.75점
• 응시자 E : 93×1.1+92×1.15+90×1.2+93×1.05=413.75점
응시자 C와 E가 동점이나, 2차 필기의 점수가 높은 응시자 C가 최종 합격이 된다.

29 정답 ①

주어진 기준에 의해 후보자별 점수를 계산해 보면 다음과 같다.

구분	갑	을	병	정	무
조직관리능력	20	10	25	20	20
공직윤리 이행의지	20	20	20	10	25
경력 요건	16	12	12	20	8
정보화 관련 전문지식	16	16	16	16	16
국제화 정도 및 기여도	10	8	10	6	6
합계	82	66	83	72	75

따라서 가중치 적용 전에는 병이 가장 높은 점수를 얻게 되나, 가중치를 적용하면 갑은 42+43.26=85.26점이 되어, 47.25+38=85.25점을 얻은 병보다 높은 점수로 최종 책임자로 선정된다.
을은 가중치 적용 대상이 아니며, 정과 무는 가중치를 적용해도 각각 73.26점과 77.25점으로 갑보다 높은 점수를 얻을 수 없다.

30 정답 ①

을이 조직관리능력에서 '우수'를 받아 기본역량에서 가중치가 적용되어도 42+36=78점이 되므로 최종 점수 순위 2위가 될 수 없다.

[오답 체크]
② 78.26점으로 최종 점수 순위가 4위에서 3위로 바뀔 수 있다.
③ 최종 점수 66점을 받은 을은 순위도 가장 낮다.
④ 갑이 어느 항목에서도 한 등급 더 낮은 점수를 얻었다면 0.01점 차이로 2위를 기록한 병이 최종 책임자로 선정된다.
⑤ 무가 경력 요건에서 '우수'를 받아도 고유역량 분야의 가중치가 적용되지 않아 최종 85.25점으로 갑보다 높은 점수가 되지 않는다.

31 정답 ②

ⓒ에 의해 오 사원이 가장 먼저 휴가를 사용하였다.
ⓔ에 의해 신 대리, 남 과장의 순으로 휴가를 사용하였다.
ⓜ에 의해 권 대리, 정 사원의 순으로 휴가를 사용하였다.
따라서 오 사원이 가장 먼저 휴가를 사용하고, 차 부장, 권 대리 → 정 사원, 신 대리 → 남 과장의 순서를 정하면 된다. 이 때, 차 부장은 권 대리보다 먼저 휴가를 사용하였고, 남 과장은 차 부장보다 먼저 휴가를 사용하였으므로, 최종 순서는 오 사원 → 신 대리 → 남 과장 → 차 부장 → 권 대리 → 정 사원이 됨을 알 수 있다. 따라서 다섯 번째로 휴가를 사용한 직원은 권 대리가 된다.

32 정답 ③

세대주 본인이고 자녀는 주민등록상 분리되어 있으므로 총 부양가족 수는 부+모+배우자=총 3명이다. 따라서 부양가족 수 기준 가점은 20점이다.

[오답 체크]
① 주민등록상 분리된 배우자도 포함이므로, 부양가족 수는 배우자+자녀 3명=총 4명이다. 따라서 부양가족 수 기준 가점은 25점이다.
② 청약자 본인이 세대주가 아닌 경우 3년 이상 부양한 직계존속도 부양가족 수에 포함되지 않으므로 부양가족 수는 배우자+자녀 1명=총 2명이다. 따라서 부양가족 수 기준 가점은 15점이다.
④ 청약자 본인과 배우자(주민등록 분리 포함), 배우자의 만 60세 미만 직계존속 모두 포함하므로, 부+모+배우자+자녀 2명+배우자의 부+배우자의 모=총 7명이다. 따라서 부양가족 수 기준 가점은 35점이다.
⑤ 세대주 본인인 경우 부+모+배우자+자녀 3명=총 6명이다. 따라서 부양가족 수 기준 가점은 35점이다.

33

정답 ⑤

주택을 소유하고 있다가 판 경우 청약신청자와 청약신청자 배우자의 무주택기간은 5년과 3년 중 더 짧은 기간인 3년이 되므로, 가점 8점을 받게 된다.

[오답 체크]
① 무주택기간은 만 30세부터의 기간과 결혼을 한 시점부터의 기간 중 긴 기간으로 계산된다. 만 50세 남성의 경우 15년 전 결혼했다면, 만 30~50세(20년)와 결혼한 시점의 나이인 만 35~50세(15년) 중 긴 기간은 20년이므로, 무주택기간은 20년이다.
② 부모의 연세가 만 60세 이상인 경우 예외적으로 자녀가 청약신청하는 경우 무주택자로 인정해준다.
③ 청약신청자(주민등록 분리 포함)의 배우자가 주택을 소유하는 경우 청약신청자 또한 유주택자이다.
④ 같은 주민등록상 청약신청자와 청약신청자의 배우자, 배우자 직계존속이 등재된 경우, 배우자의 직계존속의 연세가 만 60세 미만이므로 청약신청자도 유주택자이다.

34

정답 ③

청약신청자 A~E까지 총 가점을 계산하면 다음과 같다.
- 청약신청자 A : 무주택기간 4년(10점) + 부양가족 수 2명(15점) + 청약통장 가입 기간 4년(6점) = 31점
- 청약신청자 B : 무주택기간 6년(14점) + 부양가족 수 1명(10점) + 청약통장 가입 기간 2년(4점) = 28점
- 청약신청자 C : 무주택기간 2년(6점) + 부양가족 수 3명(20점) + 청약통장 가입 기간 3년(5점) = 31점
- 청약신청자 D : 무주택기간 8년(18점) + 부양가족 수 0명(5점) + 청약통장 가입 기간 5년(7점) = 30점
- 청약신청자 E : 무주택기간 3년(8점) + 부양가족 수 1명(10점) + 청약통장 가입 기간 5년(7점) = 25점

㉠ 청약신청자 A와 C의 총 가점이 31점으로 동일하지만, A의 무주택기간, 청약통장 가입 기간이 더 길거나 부양가족 수가 더 많다면, 점수가 더 높아지므로 가장 높은 점수를 얻음으로써 우선 선정될 것이다. (○)
㉡ 청약신청자 E의 총 가점은 25점으로 A~E 중 가장 낮다. 무주택기간이 (3년 →)5년이라면, (8점 →)12점을 받으므로, 총 가점은 29점이 되고 총 가점 28점인 청약신청자 B가 가장 낮은 점수의 청약신청자가 된다. (○)
㉢ 청약신청자 B의 총 가점은 28점으로, A~E 중 최고점인 31점보다 높은 점수를 받으려면 4점 이상이 필요하다. 무주택기간이 (6년 →) 8년이면 (14점 →)18점이 되어 총 가점 32점을 받고, 부양가족 수가 (1명 →)2명이면 (10점 →)15점이 되어 총 가점 33점을 받지만, 청약통장 가입 기간이 (2년 →)4년이면 (4점 →)6점이 되어 총 가점 30점을 받는다. 따라서 세 번째 조건은 충족해도 현 최고점을 넘어서지 못하므로 B가 가장 높은 점수를 받을 것을 보장할 수 없다. (×)

35

정답 ⑤

총 근로일자가 6.5일이므로 6.5×100,000 = 650,000(A)원이 지급받은 보수총액이 된다.
따라서 650,000×20/1,000 = 13,000(B)원의 월별보험료가 발생한다. 이것이 4월의 보험료가 되며, 5월 14일에 근로내용확인신고서가 제출되었으므로 신고서가 제출된 날이 속하는 달인 5(C)월 고지서에 포함된다.

36

정답 ③

각 보기의 관람료를 계산해 보면 다음과 같다.
① 모두 E시 시민이므로 1,000 + 1,000 + 1,500 + 1,500 = 5,000원
② 군인 1명과 E시 시민인 성인 1명이므로 3,000 + 1,500 = 4,500원
③ 모두 E시 시민이 아니며 장애인은 무료이고, 동반 보호자 1인도 무료이므로 0원
④ E시 시민이 아니며 4세 이하 무료이므로 일반 성인 2명 가격인 12,000원
⑤ 단체 요금 적용된 4,800원

37

정답 ③

플래시나 셀카봉, 삼각대 등을 사용한 촬영은 금지되어 있으므로 적절한 안내사항이 아니다.

[오답 체크]
① 6개월 이내에 재방문 시 기존 입장권을 제시하면 20%의 할인 혜택이 주어진다.
② 월요일이 공휴일이면 다음날 휴관한다.
④ 입장마감 시간과 관람이 가능한 시간은 1시간 간격이므로 입장마감 시간에 임박해서 오는 경우 1시간밖에 관람을 못 하게 된다.
⑤ 안내견 이외의 애완동물만 출입을 금지하므로 안내견은 출입이 제한되어 있지 않다.

38

정답 ②

김 대리의 경우 보상비 지급일수 산정일 이후 남은 연가를 사용하지 않았다. 따라서 1일의 연가가 가산되어야 한다. 오 과장의 경우, 남은 연가에 대해 연가보상비를 지급받았고 연가를 사용하지 않았다는 조건이 없으므로 가산될 연가가 없다.

39

정답 ③

연가일수 산식을 볼 때 휴직한 기간만큼 연가일수를 공제하고 있다.
따라서 연가공제일수는 $\frac{12-11}{12} \times 20 = 1.7$이고, 반올림하면 2일의 연가공제일수가 발생하게 된다.

40
정답 ②

B공항을 경유하면 가장 짧은 7,850km를 비행하게 된다.

[오답 체크]
① A공항을 경유하면 8시간 40분의 비행시간이 소요되나, B공항을 경유하면 8시간 20분이 소요된다.
③ B공항을 경유하면 205만 원, C공항을 경유하면 210만 원의 요금이 발생한다.
④ 시간의 경우 8시간 20분이 소요되는 B공항을 경유하는 방법이, 요금의 경우 동일하게 205만 원이 발생하는 A공항과 B공항을 경유하는 방법이 가장 경제적이다. 따라서 시간과 요금을 함께 고려할 경우 B공항을 경유하는 방법이 가장 경제적이라고 할 수 있다.
⑤ C공항을 경유할 때가 9시간으로 가장 많은 시간이 소요된다.

41
정답 ①

4명과 6명이 순서대로 근무를 서게 되므로 최소공배수인 12일마다 같은 조합이 이루어지며 12일간의 근무 조합은 다음과 같이 표로 정리할 수 있다.

구분	병	정	갑	을
A	1		7	
B		2		8
C	9		3	
D		10		4
E	5		11	
F		6		12

따라서 정과 C는 함께 근무를 설 수 없는 조합이 된다.

42
정답 ③

각 영역별 인접한 영역의 수를 표시해 보면 다음 표와 같다.

영역	A	B	C	D	E	F	G	H	I	J
인접 영역	1	4	4	4	6	3	2	6	2	2

이때 인접한 영역이 많은 곳을 기준으로 삼아 책을 칠한다. E를 기준으로 삼을 때, 인접한 영역은 B, C, D, F, G, H이다. 이 중 B와 D, B와 G, C와 G, C와 H, F와 H는 서로 겹치지 않는다. 따라서 F와 H에 다른 색을 칠하면, C는 H와 같은 색을 칠할 수 있고, B와 G에 다른 색을 칠하면, D는 B와 같은 색을 칠할 수 있다. 이때 필요한 색은 총 4가지이다. 남은 영역 A, I, J 중 A는 B에만 인접하므로 B와 겹치지 않는 색을 칠하면 되고, I는 H, J와, J는 H, I와 겹치지 않는 색을 칠하면 된다. 그러므로 필요한 색은 총 4개이다.

43
정답 ③

등급 환산방법에 의한 각 직원의 등급 획득 현황은 다음과 같다.

구분	안 대리	백 사원	최 과장	도 과장	엄 대리
성실성	C	D	A+	A	B
업무능력	A	C	B	D	A
대인관계	D	B	A	A	C
근무태도	C	A	E	B	D
등급점수	13점	14점	16점	16점	14점

따라서 최 과장과 도 과장이 16점으로 동 순위가 되나, 업무능력에서 더 우수한 등급을 획득한 최 과장이 최종 진급자로 결정된다.

44
정답 ③

변경된 선정 방법에 의한 평가 점수 득점 현황은 다음과 같다.

구분	안 대리	백 사원	최 과장
성실성	80×0.3=24	76×0.3=22.8	95×0.3=28.5
업무능력	92×0.35=32.2	83×0.35=29.05	85×0.35=29.75
대인관계	77×0.15=11.55	86×0.15=12.9	90×0.15=13.5
근무태도	84×0.2=16.8	92×0.2=18.4	72×0.2=14.4
합계	84.55	83.15	86.15

구분	도 과장	엄 대리
성실성	90×0.3=27	87×0.3=26.1
업무능력	75×0.35=26.25	92×0.35=32.2
대인관계	93×0.15=13.95	83×0.15=12.45
근무태도	85×0.2=17	76×0.2=15.2
합계	84.2	85.95

기준을 변경하더라도 최 과장이 최종 진급자로 결정된다.

45
정답 ⑤

헬스장은 월 사용료에 주당 횟수 제한이 없으므로 이용횟수와는 상관이 없다.

[오답 체크]
① 사용기간 중 미사용의 경우 사용료를 반환하지 않는다.
② 한 달 전에는 70%만을 돌려받게 된다.
③ 기본 사용료와 월 사용료 모두 골프 연습장이 가장 비싸다.
④ 기본 사용료와 주 2회 월 사용료가 43,200원이며, 부가세 10%를 추가해야 하므로 납부할 금액은 총 47,520원이 된다.

46
정답 ②

- A : C는 어린이이므로 성인인 A와 함께 생활체육 프로그램을 등록할 경우 2,000＋16,800＋1,300＋11,200＝31,300원의 사용료를 지불하게 된다. 또한 A의 헬스장 사용료는 2,500＋45,000＝47,500원이므로 총 (31,300＋47,500)×1.1＝86,680원을 지불한다.
- B : 고등학생인 D는 청소년이고 성인과 함께 주 5회 수영을 다닌다. 따라서 사용료는 (3,500＋63,000＋2,500＋45,000)×1.1＝125,400원이다.

47
정답 ③

- 방송광고 : 2(방송매체)×15회×1분＝30분이다.
- 방송연설 : 2(비례대표)×10분×2(방송매체)×1회＋100(지역구)×10분×2(방송매체)×2회＝40분＋4,000분＝4,040분

따라서 A정당과 그 소속 후보자들이 최대로 실시할 수 있는 선거방송 시간의 총합은 30＋4,040＝4,070분이다.

48
정답 ②

B형 간염은 전체 접종을 6개월까지 완료해야 하고, 폴리오, b형 헤모필루스 인플루엔자, 폐렴구균 예방접종은 생후 6개월까지 기초 접종을 완료한 뒤, 이후 추가 접종을 실시한다.

49
정답 ⑤

폐가전은 폐기물 스티커를 부착하여 배출한다는 규정을 준수하였고, 시간 및 장소도 적절하다.

[오답 체크]
① 쓰레기는 수거 전날 저녁 7시~수거 당일 새벽 3시에 배출해야 하는데, 일요일에는 쓰레기를 수거하지 않으므로 규정에 어긋난다.
② 음식물 쓰레기는 수분 제거 후 배출해야 한다.
③ 재활용 쓰레기는 종류별로 분리하여 배출해야 한다.
④ 페트병은 뚜껑을 제거하고 내용물을 비운 후 배출해야 한다.

50
정답 ③

㉠ B역의 정차시간은 A → C 소요시간－(A → B 소요시간＋B → C 소요시간)이다. 3분 55초－(1분 44초＋1분 46초)＝25초이다. (○)
㉡ 인접한 두 역 간 거리는 AB(1.5km)＜BC(1.6km)＜CD(2.9km)＜EF(3.1km)＜DE(8.2km)이고, 소요시간도 AB(1분 44초)＜BC(1분 46초)＜CD(2분 35초)＜EF(2분 54초)＜DE(6분 10초)로 인접한 두 역 간 거리가 짧을수록 두 역 간 하행의 소요시간도 짧다. (○)
㉢ 상행과 하행의 소요시간이 동일한 구간은 C ↔ D(2분 35초) 외에도 D ↔ E(6분 10초)가 있다. (×)

51
정답 ③

'사업주의 미가입 재해에 대한 급여징수금 제도 대폭 완화'는 산재보험 가입을 게을리 한 기간에 발생하는 근로자의 재해에 대하여 징벌적 성격으로 부과하던 보험급여액의 징수금 부과 기준이 변경된 내용을 다루어야 하며, 이러한 사항에 대한 언급은 나타나 있지 않다.

[오답 체크]
① 연체금 부과 기준의 합리적 개선 → 라
② 근로자를 사용하지 않는 중소기업사업주의 산재보험 가입 직종 대폭 확대 → 나
④ 사업주 및 근로자 모두에게 고용보험료 지원 금액 인상 → 가
⑤ 자영업자의 고용보험 가입 조건의 대폭 완화 → 다

52
정답 ①

'라' 개정내용의 종전 제도에 의하면 100,000원의 연체 보험료에 대하여 3개월 간 매월 각각 3%, 1%, 1%의 연체금이 발생하여 총 3,000＋1,000＋1,000＝5,000원의 연체금이 발생한다. 그러나 개정된 내용에 의하면 첫 30일간 매일 0.1%, 31~90일간 매일 약 0.03%의 연체금이 발생한다. 따라서 이를 계산하면 첫 30일 간은 100,000×0.1%×30＝100×30＝3,000원이 되고, 31~90일간은 천분률로 계산하면 100,000÷3,000×60＝2,000원이 된다. 따라서 합은 5,000원으로 종전의 연체 금액과 동일하다. 이를 통해 제도 개선의 목적이 연체금 인하가 아닌 부과 기준의 세분화를 통한 합리적 징수임을 알 수 있다.

53
정답 ①

기본급, 식대, 정기상여금, 직책수당은 정기적으로 일정한 조건에 해당되는 근로자들에게 고정적으로 지급되므로 통상임금에 해당한다. 따라서 월 통상임금은 180만 원＋9.8만 원(식대)＋12만 원(상여금)＋8만 원(직책수당)＝209.8만 원이 된다. 통상시급은 월 통상임금을 209시간으로 나눈 값이므로 2,098,000÷209≒10,040원이 된다.

54
정답 ④

- 홀수 번째 자릿수의 합＝9＋8＋9＋0＋7＋4＝37
- 짝수 번째 자릿수의 합＝7＋8＋0＋0＋2＋8＝25

따라서 37＋3×25＝112이므로 10의 배수가 되기 위해서는 8을 더해야 한다.

55

정답 ⑤

㉠ 비자수수료는 실비 지급이므로 별도로 정해진 지급 금액이 없다고 이해할 수 있다. (○)

㉡ 항공권 예약은 총무부서 등에서 처리하지 않고, 출장자 본인이 발급 의뢰한다고 규정되어 있다. (×)

㉢ 국외 여비 지급표에서 숙박비와 식비는 지역별 등급에 따라 차등 지급되지만, 일비는 지역별 등급과 무관하게 동일한 금액이 지급되는 것을 확인할 수 있다. (×)

㉣ 제16조 제8항에서는 회사의 출장비 규정 범위를 준수할 것을 명시하고 있다. (○)

56

정답 ④

출장 중 다른 도시로 이동 시 도착한 곳의 숙박비를 제외한 여비는 도착 다음 날부터 기산된다. 따라서 가 등급 지역의 일비와 식비는 3일, 숙박비는 2박에 해당하는 금액이 지급되고, 나 등급 지역의 일비와 식비는 16일, 숙박비는 17박에 해당하는 금액이 지급된다. 이때 숙박비는 할인정액으로 적용한다.

• 김이박 부장
  – 일비 : 35×(3+15)+35×0.7 = 654.5
  – 숙박비 : 190×2+136×17 = 2,692
  – 식비 : 107×3+78×16 = 1,569

• 최정오 대리
  – 일비 : 26×(3+15)+26×0.7 = 486.2
  – 숙박비 : 132×2+105×17 = 2,049
  – 식비 : 67×3+49×16 = 985

따라서 두 사람이 지급받을 금액의 합계는 8,435.7 → 8,435달러이다.

57

정답 ③

특별한 사정이 없는 한 항공료와 숙박비는 법인카드 사용을 원칙으로 하고 있으므로 적절한 행위이다.

[오답 체크]

① 초과지출액이 \$107이나 \$123의 $\frac{1}{2}$인 \$61.5를 넘는 금액은 지급받을 수 없다.

② 15일 이후 추가된 3일에 대한 일비는 정액의 10분의 3이 감액되어야 하므로 30×0.7 = \$21의 3일치인 \$63가 추가 지급된다.

④ 일비는 동일하게 지급되나, 도쿄는 가 등급, 베이징은 나 등급에 속하는 지역이므로 숙박비는 다르게 지급된다.

⑤ 동일지역 출장이므로 상한액과 할인정액이 혼용 지급될 수 없다.

58

정답 ④

구분	OT	1차 면접 +2차 면접	대기 시간	총 소요시간 ≤ 360분 (오전 9시~오후 3시)
㉠	10분	(50분 + 30분)×5	생략	410분으로 불가능
㉡	20분	(40분 + 30분)×4	20분×2	340분으로 가능
㉢	20분	(50분 + 30분)×4	20분×2	380분으로 불가능
㉣	10분	(40분 + 30분)×4	생략	290분으로 가능 ※ 오후 2시 이전에 채용 일정을 끝내려면 총 소요시간이 300분 이내여야 한다.

59

정답 ⑤

각 선택지에 따른 작업 소요시간을 계산하면 다음과 같다.

① 23분+15분+13분+20분+23분=대기시간 없이 총 94분

② 17분+20분+23분+13분+15분=대기시간 없이 총 88분

③ 20분+23분+13분+15분+20분=대기시간 없이 총 91분

④ 9분+13분+10분 대기+15분+2분 대기+20분+23분=2회 대기하여 총 92분

⑤ 17분+20분+3분 대기+15분+5분 대기+23분+13분=2회 대기하여 총 96분

따라서 기술팀 – 생산팀 – 홍보팀 – 기획팀 순으로 작업할 때 가장 많은 시간이 소요된다.

60

정답 ④

범용 공인인증서는 금융기관을 방문하여 발급받는 것이 아니고, 인증기관 홈페이지를 통해 신청 후 발급받을 수 있다.

[오답 체크]

② 임시로 부여된 코드일 것이므로 정식 아이디와 비밀번호 설정이 필요하다.

⑤ 은행거래용과 금융 투자용 공인인증서 발급을 위해서는 해당 금융기관을 방문해야 하므로 두 곳 모두 방문하여야 한다.

61

정답 ③

총 경비는 자동차 구매 가격과 2년간의 연료비의 합으로 볼 수 있다. 따라서 다음과 같이 계산할 수 있다.

• A사 차량 : 80,000÷13×800 ≒ 492만 원
  +2,000만 원=2,492만 원

• B사 차량 : 80,000÷10×1,500 = 1,200만 원
  +2,100만 원=3,300만 원

• C사 차량 : 80,000÷14×800 ≒ 457만 원
  +1,950만 원=2,407만 원

• D사 차량 : 80,000÷12×1,200 = 800만 원
  +2,050만 원=2,850만 원

• E사 차량 : 80,000÷12×1,500=1,000만 원

+2,100만 원=3,100만 원

따라서 가장 적은 경비가 소요되는 차종은 C사 차량이다.

---

62   정답 ①

주어진 조건을 표로 정리하면 다음과 같다.

구분	월요일	화요일	수요일	목요일	금요일
A	○		○		○
B	○	○	○		
C		○			○
D	○	○		○	○
E				○	○

하루에 두 명씩 일주일에 5명 모두가 이틀씩 일을 하게 되는 조건이므로 일주일에 이틀만 가능한 C와 E는 본인들이 원하는 날짜에 배치한다. 또한, 수요일에 가능한 인원은 A와 B뿐이므로 수요일도 확정이 된다. 따라서 B의 근무일은 화요일과 수요일이 되며 월요일과 금요일의 근무자도 결정된다. 그러므로 C는 화요일과 금요일에 서로 다른 직원과 추가근무를 한다.

---

63   정답 ⑤

영어 단어를 한글 모드에서 타이핑하여 입력하는 것도 널리 알려진 단어로 구성된 패스워드를 사용한 경우로 볼 수 있다.

[오답 체크]
② aaa 또는 123 등 패턴이 반복되는 패스워드는 피해야 한다.
③ 의미 없는 단어라도 연속으로 나열된 sdfgh 또는 $%^&* 등은 회피하여야 한다.
④ 개인정보 중 생일이나 전화번호 등은 제3자에게 널리 알려졌으므로 피해야 한다.

---

64   정답 ②

문자, 숫자 등의 혼합사용이나 자리 수 등 쉽게 이해할 수 있는 부분이 없는 경우로 적절한 패스워드이다.

[오답 체크]
① 문자 조합에 관계없이 7자리의 패스워드이므로 적절하지 않다.
③ 'university'를 거꾸로 타이핑한 부적절한 패스워드이다.
④ 'house'를 쉽게 알 수 있는 경우이다
⑤ 'ncs', 'cookie' 등의 특정 명칭으로 구성되어 부적절하다.

---

65   정답 ③

요가용품세트는 할인율이 가장 큰 동시에 포인트 결제 비율도 가장 높으므로 주문금액 대비 신용카드 결제금액 비율이 가장 낮다.

[오답 체크]
① 150,600×0.15 = 22,590 < 22,810이므로 전체 할인율은 15% 이상이다.

② 보온병의 할인율은 $\frac{1,840}{9,200}×100 = 20\%$이나, 요가용품세트의 할인율은 $\frac{9,400}{45,400}×100 ≒ 20.7\%$이다. 따라서 할인율이 가장 높은 상품은 보온병이 아니다.

④ 10월 전체 주문금액의 3%는 4,518원인데, 10월 동안 사용한 포인트는 3,300 + 260 + 1,500 + 70 = 5,130원이므로 10월 구매로 적립된 11월 포인트는 10월 동안 사용한 포인트보다 작다.

⑤ 가을스웨터의 포인트 결제액은 보온병 포인트 결제액의 약 3.7배이나 가을스웨터의 주문금액은 보온병 주문금액의 약 6.2배이므로 결제금액 중 포인트로 결제한 금액이 차지하는 비율이 두 번째로 낮은 상품은 보온병이다.

---

66   정답 ④

기획팀은 7명이 돌아가며 당직 근무를 하며, 7월에는 매일 당직 근무를 해야 하므로 근무 요일이 고정된다.

[오답 체크]
① 6명과 7명이 돌아가면서 1조가 되므로 7월 1일 이후 42일이 지나야 같은 조합이 반복된다.
② 7월에는 나 사원만 6차례 당직 근무를 하고, 나머지 5명은 5회씩 근무한다.
③ 총무팀은 6일에 1번, 기획팀은 7일에 1번 당직 근무를 하므로 기획팀 직원이 당직 근무를 덜 하게 된다. 7월 1일부터 8월 31일까지 내부 공사 기간인 4일을 제외하고 총 58일 근무하게 되므로 기획팀의 김 사원, 정 사원, 강 대리, 이 대리, 남 과장 5명이 근무를 가장 적게 선다.
⑤ 8월 15일은 44번째 근무일이다. 해당일의 당직 근무자는 총무팀과 기획팀의 2번째 사람이므로 신 과장과 한 사원이다.

67 　　　　　　　　　　정답 ④

주어진 조건에 따라 7월과 8월의 근무 계획을 달력에 표시하면 다음
과 같다.

〈7월〉

일	월	화	수	목	금	토
1 나/송	2 신/한	3 박/김	4 양/정	5 최/강	6 조/이	7 나/남
8 신/송	9 박/한	10 양/김	11 최/정	12 조/강	13 나/이	14 신/남
15 박/송	16 양/한	17 최/김	18 조/정	19 나/강	20 신/이	21 박/남
22 양/송	23 최/한	24 조/김	25 나/정	26 신/강	27 박/이	28 양/남
29 최/송	30 조/한	31 나/김				

〈8월〉

일	월	화	수	목	금	토
			1 신/정	2 박/강	3 양/이	4 최/남
5 조/송	6 나/한	7 신/김	8 박/정	9 양/강	10 최/이	11 조/남
12 나/송	13 내부 공사	14 내부 공사	15 신/한	16 박/김	17 양/정	18 최/강
19 조/이	20 나/남	21 신/송	22 박/한	23 양/김	24 내부 공사	25 내부 공사
26 최/정	27 조/강	28 나/이	29 신/남	30 박/송	31 양/한	

정리한 달력을 참고하면 김 사원은 화요일과 목요일에만 근무가 있
는 것을 알 수 있다.

[오답 체크]
① 8월 11일에 함께 근무를 서게 된다.
② 8월 31일이 한 사원의 근무일이 된다.
③ 최 대리는 총무팀이며, 총무팀은 양 대리가 마지막 근무자가 되므
　로 최 대리와 조 과장만 9회, 나머지 4명은 10회의 근무를 서게
　된다.
⑤ 송 대리는 기획팀이며, 기획팀은 한 사원이 마지막 근무자가 되므
　로 송 대리와 한 사원이 가장 근무를 많이 서는 직원이 된다.

68 　　　　　　　　　　정답 ②

디지털문화본부는 V코드이므로 간행물 3이 된다. 또한 사업결과 분
야는 XYZ 중 Y에 해당하는 코드가 B여야 하므로 옳다.

[오답 체크]
① 일련번호가 007인 간행물 1이 가장 등록 순서가 빠르다.
③ 정책본부의 코드는 Ⅱ이므로 해당하는 간행물이 없다.
④ 정책 분야와 관련된 간행물은 XYZ 중 Y에 해당하는 코드가 P이
　므로 간행물 2인데, 이것은 C에 해당하는 코드가 A이므로 자체
　수행이 아닌 위탁연구에 의해 작성된 자료이다.

⑤ 분석 분야의 내용은 Y 코드가 A, 번역물은 X 코드가 T이므로 XY
　의 코드가 TA여야 하는데 이에 해당하는 간행물이 없다.

69 　　　　　　　　　　정답 ④

'용적률 산정 시 연면적은 지하층 부분의 면적이나 사람들의 상시적
인 거주성이 없는 공간의 면적은 제외한다.'고 언급되어 있다. 이는
지하층처럼 지상 건축물의 물리적 밀도에 영향을 주지 않는 부분은
용적률을 산정할 때 면적에서 제외하는 것이며, 주차장, 피난안전구
역 및 대피공간은 사람들의 거주성이 없는 공간이므로 용적률 산정
을 위한 연면적에서 제외된다.

[오답 체크]
① 용적률은 연면적과 대지면적에 의해 바뀌게 되므로 건축면적과
　층수를 조정하여도 동일한 용적률이 계산될 수 있다.
② 대지면적을 줄여 도로의 폭을 확보하여야 하므로 대지 축소에 따
　라 건축면적도 줄어들 수 있다.
③ 일정한 대지면적에 대하여 건폐율은 건축면적만을 측정하므로
　평면적 밀도를 관리하는 수단이며, 용적률은 매 층의 연면적이 모
　두 반영되므로 입체적 밀도를 관리하는 수단이라고 말할 수 있다.
⑤ 지상층의 최대 건축가능연면적 = 대지면적×최대 허용 용적률이
　므로 이 식에 의해 성립한다.

70 　　　　　　　　　　정답 ②

건축법상의 도로 폭을 확보해야 하므로 양쪽의 대지에서 각각 0.5m
의 대지를 도로에 할애해야 한다. 따라서 박 부장이 이용할 수 있
는 대지의 크기는 20×25m에서 19.5×25m로 줄어들며, 이때
의 대지면적은 487.5m^{2}가 된다. 따라서 제3종 일반주거지역의 최
대 허용 건폐율인 50%를 적용하면 건축물의 면적은 최대 487.5×
0.5 = 243.75m^{2}이다.

71 　　　　　　　　　　정답 ⑤

지하층은 용적률 산정에서 제외한다고 하였으며, 제3종 일반주거지
역의 용적률은 200~300%이다. 건물의 최대 면적은 건폐율을 준수
하기 위하여 243.75m^{2}를 넘을 수 없으며, 용적률을 적용한 연면적
의 넓이는 487.5×2 = 975m^{2}에서 487.5×3 = 1,462.5m^2 사이에 포
함되어야 한다.
따라서 ⑤와 같은 크기의 건물은 14×17 = 238m^{2}로 건폐율 허용 범
위를 넘지는 않으나, 238×4 = 952m^{2}로 용적률 범위에 미치지 못하
므로 건축 불가능하다.

72 <정답> ⑤

㉠ 전체 출연금은 4.5(= 3+1.5)억 원이며, 이의 50%는 2.25억 원으로 지원상한액을 초과하므로 지원 상한액인 2억 원을 받아, 총 공동기금은 6.5억 원이다.

㉡ 전체 출연금은 3억 원이며, 이의 50%에 해당하는 1.5억 원을 지원받아 총 공동기금은 4.5억 원이 된다.

㉢ 앞의 두 경우가 모두 조건에 맞는 기금이고 지원금을 포함한 출연금의 80%까지 사용할 수 있다고 명시되었으므로 총 공동기금의 80%인 6.5×0.8=5.2억 원과 4.5×0.8=3.6억 원을 합한 금액은 총 8.8억 원이다.

73 <정답> ④

참여 기업별 출연금의 50%가 아니라 총 기금액의 50%(최대 2억 원까지)이므로 출연금액이 적은 기업이 지원금 혜택을 더 많이 볼 수 있다.

[오답 체크]
① 하나의 대기업이 동일 협력업체와 수개의 기금법인을 설립하는 경우가 아니므로 지원 대상에 해당된다.
② 당기순이익의 100분의 10까지 법인세 손비로 인정되는 세제혜택이 주어진다.
③ 정부 지원금을 포함한 출연금액의 80%를 근로복지사업으로 사용할 수 있다고 설명되어 있으며 근로복지사업에는 명절 선물비가 포함되어 있다.
⑤ 제도의 기본 취지는 대기업과 중소기업 모두의 복지향상이며, 대기업의 참여 없이 중소기업끼리의 공동 기금 출연인 경우에도 지원은 동일하다.

74 <정답> ③

㉠ 만 30세부터 적용되어 무주택기간이 4년이 된다.
㉡ 26세에 혼인하였고 만 34세나 주택을 처분한 지 2년이 되었으므로 무주택기간은 2년으로 산정된다.
㉢ 이혼 경력과 무관하다고 하였으므로 혼인 시점부터 산정하여 6년이 무주택기간이 된다.

75 <정답> ⑤

당해 지역 내 대학교에 재학 또는 복학 예정인 타지역 출신 학생을 위한 사업으로, 해당 지역 내 기주하는 무주택세대주의 자녀와 무관하다.

[오답 체크]
① 가구당 월평균소득이 도시근로자 평균의 50%를 넘으므로 자격요건에 해당되지 않는다.
② 시적상애인의 경우 배우자도 대상에 포함되며, 도시근로자 월평균소득보다 적은 경우이므로 2순위 자격이 된다.

④ 주택공급신청자의 무주택기간은 만 30세가 되는 날부터 계산하되, 만 30세 이전에 혼인한 경우(이혼 무관) 혼인 신고일부터 계산한다.

76 <정답> ②

㉠ 상표심사 목표점수는 상표심사 목표조정계수에 150점을 곱한 값이지만 4명 모두 동일하게 적용되는 조건이므로, 상표심사 목표조정계수만으로도 비교할 수 있다. 최연중은 0.4, 권순용은 0.3, 정민하는 0.6×0.7=0.42, 안필성은 0.3×0.7=0.21이다. 따라서 상표심사 목표점수가 높은 사람부터 순서대로 나열하면 정민하, 최연중, 권순용, 안필성이다. (○)

㉡ 근무월수는 5개월로 동일하므로 마찬가지로 상표심사 목표조정계수만으로도 비교 가능하다. 상표심사과 인사 발령자 중 5급은 모두 교육을 미이수했고, 6급은 모두 교육을 이수했다. 따라서 5급은 (0.9+0.5)×0.7=0.980이고, 6급은 0.8+0.5=1.30이다. 따라서 점수 합은 5급이 6급보다 낮다. (×)

㉢ 같은 기간의 변화이므로 목표점수 변화는 목표조정계수의 변화와 같으며, 이수 여부도 변동이 없으므로 계산 시 이를 구분하지 않아도 된다. 정민하는 $\frac{0.8-0.6}{0.6}\times100 ≒ 33.3\%$이고, 최연중은 $\frac{0.6-0.4}{0.4}\times100 = 50\%$이므로 상표심사 목표점수 증가율은 최연중이 더 크다. (×)

> **Tip**
>
> 분자 값은 동일하나 분모 값은 최연중이 더 작으므로 최연중의 증가율이 더 크다.

㉣ 정민하와 안필성이 교육을 이수했다면 근무 3개월차 목표조정계수의 차이는 0.6-0.3=0.3이고, 점수 차이는 0.3×150=45점이므로 40점 이상이다. (○)

77 <정답> ②

우선 주어진 명제들 중 확정 조건을 먼저 찾아서 그로부터 다른 조건들을 확정시켜 나가는 방법을 활용할 수 있다.
• 네 번째 명제에 의해 반 대리가 근무를 서지 않는다.
• 두 번째 명제의 대우명제에 의해 박 과장도 근무를 서지 않는다.
• 세 번째 명제에 의해 한 대리와 반 대리 중 네 번째 명제를 근거로 한 대리가 근무를 선다는 것을 알 수 있다.
• 다섯 번째 명제에 의해 한 대리가 근무를 서게 되므로 양 사원은 근무를 서지 않는다.
• 여섯 번째 명제에 의해 곽 사원도 근무를 서지 않는다.
따라서 다섯 명의 직원 중 근무를 서는 직원은 한 대리 1명이다.

78

정답 ⑤

각 직원들의 일과 중 전원에게 동시에 1시간이 비어있는 시간을 찾으면 된다.
우선 대리의 일정상 오전에는 회의가 어렵다. 오후 2시 반까지는 부장의 일정이 있으며, 이후 과장, 부장의 일정이 오후 4시까지 잡혀있다. 오후 4시부터 1시간 정도 전원의 일정이 비어 있으며, 다시 오후 5시 이후부터 주임과 대리의 업무가 시작된다.
따라서 오후 4시부터 5시까지 전원이 참석하는 회의가 가능하다.

79

정답 ③

가정용 제품을 업소용 등으로 사용한 경우에 해당하므로 보증 기간이 50%로 줄어들게 된다. 따라서 6개월의 보증 기간이 지났으므로 유상 수리로 처리된다.

[오답 체크]
② 가정용 제품을 영업을 위한 목적 또는 수단으로 사용하거나 비정상적인 환경에서 사용할 경우에는 무상 품질 보증 기간을 50% 단축하여 적용한다고 명기되어 있다.
⑤ 이 경우 보증 기간의 기산일은 제조일로부터 3개월이 지난 6월 초가 되므로 1년간의 보증기간이 끝나는 시점은 다음 해의 6월 초가 된다.

80

정답 ⑤

품질 보증 기간 이내에 동일 하자에 대해 3회의 하자가 발생하였다면, 수리가 불가능한 것으로 간주되며 수리 불가능 시에는 제품 교환 또는 구입가 환급이 가능하다고 명기되어 있다. 다만, 구입가 이상의 금액에 대해서는 고객에게 지급한다고 규정되어 있지 않다.

81

정답 ⑤

㉠ 해외부동산 취득가액이 11억 원이므로 20%인 2.2억 원이 2억 원보다 크므로 미입증금액이 2억 원보다 적으면 증여추정에서 제외된다. 따라서 ㉠은 미입증금액이 1.8억 원으로 제외된다.
㉡ 취득자금이 8억 원으로, 10억 원 미만이므로 80%인 6.4억 원 이상 확인될 경우 전체가 소명된 것으로 판단한다. 6억 원이 소명된 경우에는 추가 소명이 필요하다.
㉢ 취득자금이 12억 원으로, 10억 원 이상이므로 자금 출처 미입증금액이 2억 원 미만인 경우에만 전체가 소명된 것으로 판단한다. 2.4억 원의 미입증금액이 발생한 경우이므로 추가 소명이 필요하다.

82

정답 ⑤

• 갑 : 숙박시설을 이용하였고, 다자녀 가정이므로 입장료는 면제된다. 따라서 5인실 성수기 요금인 85,000×3 = 255,000원을 지불한다.
• 을 : 동절기에 이용하여 입장료는 면제되고, 일행 중 장애인이 있으므로 캐빈 50% 요금인 90,000원을 지불한다.
• 병 : 성인 4명의 10일치 입장료 40,000원에 황토데크 9박 요금 90,000원을 합산한 130,000원을 지불한다.
가장 큰 금액 255,000원과 90,000원의 차이는 165,000원이다.

83

정답 ③

• 가중치를 적용한 재학생 수는 310 + 60×1.5 = 400명이다.
• 전임교수는 A, C, F, G 4명이며, 이들은 1로 계산한다.
• 전임교수가 아니면서 1)을 만족하는 사람은 B, K 2명이고, 이들은 1로 계산한다.
• 나머지 교원의 환산교수 수는 다음과 같다.

교원	학점	구분	자격증	환산교수 수
D	6	시간강사	–	0
E	3	초빙교수		0.5
H	3	시간강사	변호사	0.5
I	0	명예교수	–	0
J	3	초빙교수	–	0.5
L	3	시간강사	변리사	0.5

따라서 환산교수 1인당 학생 수는 400÷8 = 50명이다.

84

정답 ③

회사를 출발한 남 대리가 가장 먼저 방문할 수 있는 장소는 A 또는 B이다. 그런데 A로 직접 가는 것과 B를 거쳐 A로 가는 것은 동일한 이동 시간이 소요되므로 동일 시간 내에 더 많은 장소를 방문하는 것이 이동 시간을 단축할 수 있게 된다. 또한 B에 도착하면 다시 회사로 가거나 A로 가는 경로밖에 없게 된다. 따라서 회사 – B – A의 경로가 확정될 수 있으며, 이때의 이동 시간은 2시간 15분이 된다.
A에서는 C와 D를 방문할 수 있는데, C를 거쳐 D로 이동하는 경우의 이동 시간은 1시간 30분+45분 = 2시간 15분이며, D를 거쳐 C로 이동하는 경우의 이동 시간은 3시간 45분+45분 = 4시간 15분이므로 C를 거쳐 D로 이동하는 방법을 선택해야 하며 이때의 이동 시간은 2시간 15분이 된다.
따라서 회사 – B – A – C – D의 경로로 이동할 때 소요되는 (2시간 15분+2시간 15분 =)4시간 30분이 네 개 거래처를 모두 방문하는 데 걸리는 가장 짧은 시간이 된다.

85 　정답 ④

부당한 표시 · 광고의 개념에서는 소비자가 오인할 우려가 있는 경우를 규정하고 있다. 따라서 소비자들이 해당 광고를 진실한 것으로 오인할 개연성이 현저히 떨어지는 ④와 같은 경우는 부당한 표시와 광고 위반과는 거리가 먼 경우이다.

[오답 체크]
① 거짓이나 과장 광고의 유형에 해당된다고 볼 수 있다.
② 소비자를 기만하는 기만 광고 행위가 된다.
③ 정당한 제품의 비교가 아니므로 부당 비교에 해당하는 광고 행위에 해당된다.
⑤ 자사 제품의 우수성을 알리는 데 그치지 않고 타사 제품을 비방한 것이므로 비방적인 표시 행위에 해당된다.

86 　정답 ③

A의 제안은 신규 자동차의 증가 억제를 통해, 그리고 B의 제안은 기존 자동차의 감소 및 신규 자동차의 증가 억제를 통해 연료 소비를 줄일 가능성이 있다고 판단한 것이라 볼 수 있다. C와 D의 제안인 주행거리에 비례한 세금의 징수나 자동차 연료세의 인상은 자동차 운행을 많이 하는 사람일수록 많은 세금을 내게 하므로 소비하는 연료의 양에 따른 추가 비용 부과 방식이다. E의 제안은 자동차 운행의 개인적 필요성이 얼마나 높은지와 무관하게 설정된 차량 번호에 따라 운행을 제한하는 방식이므로, 자동차 운행이 절실히 필요한 사람의 경우 세금을 내더라도 홀짝제의 구속을 받지 않는 것을 선호하게 된다.

87 　정답 ⑤

기본요금과 매 30분당 요금을 적용하여 시간대별 대여료를 정리해 보면 다음과 같다.

구분	~2 시간	~3 시간	~4 시간	~5 시간	~5.5 시간	~6 시간	~7 시간
제1요금제	17,000 원	19,000 원	21,000 원	23,000 원	24,000 원	25,000 원	27,000 원
제2요금제	17,000 원	17,000 원	19,600 원	22,200 원	23,500 원	24,800 원	27,400 원

따라서 30분이 경과한 후부터 6시간까지는 줄곧 제2요금제의 대여료가 더 저렴하며, 3시간 이후부터는 30분마다 두 대여료의 차이가 300원씩 줄어들어 결국 6시간에서 1분만 넘어가도 다음 단계 대여료는 제1요금제 26,000원, 제2요금제가 26,100원으로 대여료 역전이 일어나게 된다. 두 요금제의 대여료가 똑같아지는 순간온 없다.
따라서 ㉠을 제외한 나머지는 모두 올바른 설명이다.

88 　정답 ④

㉠ 2차 선택을 통하여 선택 인원이 증가한 계열사는 186 → 344명으로 증가한 T전자와 176 → 178명으로 증가한 T상사 2군데이다. (×)
㉡ 비중을 인원수로 환산하여 정리한 89번 문제의 해설에서와 같이 업무 내용 때문에 선택을 바꾼 사람은 모두 395명이며, 회사 평판 때문에 선택을 바꾼 사람은 모두 251명이 된다. (○)
㉢ 선택 인원 변동이 가장 적은 두 계열사는 T상사(2명 변동)와 T보험(18명 변동)이다. (×)
㉣ 회사 평판이 상대적으로 가장 좋지 않은 계열사는, 선택에 영향을 주는 다른 이유는 없다고 가정하였으므로 회사 평판을 이유로 2차 선택을 하게 된 인원이 가장 적은 계열사를 의미한다. 따라서 89번 문제의 해설에서와 같이 28명으로 가장 적은 T증권이라고 볼 수 있다. (○)

89 　정답 ⑤

2차 선택의 이유는 2차 선택자들에게 문의한 결과이므로 주어진 첫 번째 표의 세로 줄의 합을 살펴보아야 한다. 이때 선택이 바뀌지 않은 사람들을 제외하고 나면, 표에 기재된 계열사 순으로 각각(344 − 70 =) 274명, (296 − 150 =)146명, (182 − 90 =)92명, (178 − 44 =)134명이 선택을 바꾼 사람이 된다.
따라서 두 번째 표의 비중을 인원수로 바꾸어 정리하면 다음과 같다.

구분	T전자	T보험	T증권	T상사
업무 내용	178명	66명	64명	87명
회사 평판	96명	80명	28명	47명

따라서 '업무 내용' 때문에 2차 선택을 하게 된 신입사원의 수가 두 번째로 많은 계열사는 T상사이며, '회사 평판' 때문에 2차 선택을 하게 된 신입사원의 수가 두 번째로 많은 계열사는 T보험이 된다.

90 　정답 ④

다음과 같이 모든 지점을 알아낼 수 있다.
〈설명1〉을 통해서 우체국은 D, E, F 중 한 곳임을 알 수 있다. 또한 〈설명2〉에서 은행은 세 군데 지점과만 연결되어 있으므로 은행은 B, D, E 중 한 곳임을 알 수 있다.
〈설명3〉에서 집을 포함한 세 군데 지점과만 포장도로가 연결된 지점은 B 밖에 없으므로 목욕탕은 B가 된다. 또한 목욕탕이 B라면 편의점과 교회는 C와 D 중 각각 한 곳이 된다. 이 경우 〈설명4〉와 C, D의 조건, 은행의 위치 조건 등을 감안하면 우체국은 F가 될 수밖에 없음도 알 수 있다.
따라서 우체국이 F가 되면 C는 교회, D는 편의점이 되어 나머지 한 곳인 E가 은행이 된다.
따라서 B~F는 순서대로 목욕탕, 교회, 편의점, 은행, 우체국이 된다.

91
정답 ③

소급 적용되는 것은 아니며, 도시가스사와 주민센터 신청 시 신청일 다음 날부터 경감이 적용된다고 규정되어 있다.

[오답 체크]

① '다자녀가구' 항목에서는 자녀가 18세 미만임을 증명하는 관계 서류를 요구하고 있다.

② 정부와 도시가스사뿐 아니라 주민센터와도 GRMS 시스템을 통하여 대상자 여부에 관한 정보를 공유하고 있다.

④ GRMS는 스스로 경감 대상자 여부를 파악하는 것이 아니라 대상자가 직접 신청하여야 하며, 이사에 따른 주소지 변경 시에도 대상자의 주체적인 신고가 있어야 변경 사항에 대응할 수 있는 시스템이다.

⑤ 지원금액을 나타낸 표를 보면 취사용보다 취사난방용이, 동절기를 제외한 시기보다 동절기에 도·소매 지원금액이 더 많음을 알 수 있다.

92
정답 ③

도매비용은 공사에서 공급받는 원료비, 소매비용은 도시가스사의 공급비용을 의미한다고 했으므로 도매와 소매 비용이 모두 적용된다. 따라서 A씨의 경우 세 가지 급여 대상자에 해당되어 24,000+12,000+6,000+6,600+3,300+1,650=53,550원의 지원금이 발생한다. B씨의 경우 조손가정이므로 차상위계층 취사용 지원금액인 840원에 해당된다.

93
정답 ②

제시문의 8개 항목에서 소득에 따른 차등을 찾을 수 없으며, 해당 가구 모두에게 공평한 기준이 적용되고 있다.

[오답 체크]

① 농어촌주택과 일반주택 보유자 중 일반주택을 팔 경우 비과세가 되므로 농어촌 살리기의 취지가 엿보인다.

③ 취학 등의 사유로 2주택을 소유한 상황을 수도권 밖인 경우로 한정하므로 수도권 과밀 현상을 억제하려는 취지가 엿보인다.

④ 3번, 4번 등 대부분의 조항에서 내포하고 있다.

⑤ 1번, 5번, 6번 등의 조항에서 일정 기간 내에 해당 주택을 팔 경우 양도세 감면 대상에 포함됨을 알 수 있다.

94
정답 ④

㉠ 1번 조항에서는 기존 주택을 구입하여 1년이 지난 후 주택 1개가 추가된 경우에 비과세가 인정된다고 규정한다. 따라서 한 달 간격으로 구입한 주택인 경우 언제 처분하느냐에 관계없이 비과세 대상이 아니다. (×)

㉡ 상속받은 주택을 보유하고 기존 거주하던 주택을 매매한 경우이므로 1개의 주택을 소유한 것이 되어 비과세 대상에 해당된다. (○)

㉢ 5년 이내에 먼저 양도하는 주택은 비과세 대상에 포함되므로 4년 후 여성 소유의 주택을 판 경우는 비과세 대상에 해당된다. (○)

㉣ 질병 치료, 취학 등의 목적이며 수도권 밖에서 구입한 주택이나, 부득이한 사유가 종료된 후 3년 이내에 팔아야만 비과세 대상에 해당된다. (×)

95
정답 ④

제15조 제2항 제2호의 가를 보면 천재지변, 전란, 정부의 명령, 운송·숙박기관 등의 파업·휴업 등으로 여행의 목적을 달성할 수 없는 경우 여행자가 여행계약을 해지할 수 있다고 하였다. 그러나 태풍으로 여행지가 폐쇄된 상황이 아닌, 예상만으로는 계약 해지를 할 수 없으며, 안전상의 이유로 여행을 취소하려면 쌍방이 합의해야 한다.

96
정답 ⑤

해지 요청일에 따른 손해배상 비율과 그 금액은 다음과 같다.

구분	해지 요청일	배상비율	배상금
갑	21일 전	10%	385,000원
을	9일 전	20%	336,000원
병	29일 전	10%	421,000원
정	6일 전	30%	354,000원
무	14일 전	15%	333,000원

따라서 가장 배상액이 가장 적은 경우는 '무'이다.

97
정답 ⑤

국고보조금은 '경상보조금'과 '선거보조금'으로 나뉘며, 계산하면 다음과 같다.

• 제1항의 규정에 의한 경상보조금 : 3,000만 명(국회의원선거의 선거권자 총수)×{1,000원(2015년 정당에 지급된 국고보조금의 보조금 계상단가)+30원(전년 대비 물가 상승액)}=309억 원

• 제2항의 규정에 의한 선거보조금(제1항 기준에 의해) : 대통령선거와 임기만료에 의한 동시지방선거의 경우를 모두 합한, 3,000만 명×1,030원＋3,000만 명×1,030원＝2×3,000만 명×1,030＝618억 원

따라서 2016년 정당에 지급할 국고보조금의 총액은 309＋618＝927억 원이다.

98 　　정답 ④

조건에서 회계부와 기획부는 서로 인접한 층에 위치하며, 홍보부는 회계부보다 위층, 인사부보다는 아래층에 위치한다. 따라서 회계부가 5층이면, 기획부는 6층, 홍보부는 7층이다. 확정 사실만을 그림으로 정리하면 다음과 같다.

구분	경우 1	경우 2
8층		인사
7층		홍보
6층		회계/기획
5층		기획/회계
4층	연구	연구
3층	총무	총무
2층	회계/기획	
1층	기획/회계	

따라서 회계부가 5층이라면 홍보부는 7층이다.

[오답 체크]
① 생산부는 별다른 조건이 제시되지 않았으므로, 연구부의 위층이나 아래층 모두 위치할 수 있다.
② 영업부는 조건이 제한되지 않았으므로 3층과 4층을 제외한 모든 층에 위치할 수 있다.
③ 기획부와 회계부는 연달아 위치하므로 기획부가 1층이라면 회계부는 2층이다. 홍보부는 회계부보다 높은 층이나 5층에 위치할 수 있다.
⑤ 인사부는 홍보부보다 위층에 위치해야 하고, 회계부는 홍보부보다 아래층에 위치하므로 6층 이상에만 배치된다.

99 　　정답 ④

현지에서 비행기를 탑승한 시간을 기준으로 시차를 계산하면 된다. 7월 25일 오전 8시에 인천공항(서울)에 도착하였으므로 현지 출발 시각은 서울 시각으로 7월 24일 오후 8시이다. 그런데 자료에서는 현지 시각 오전 9시 비행기를 탔다고 하였으므로 서울과의 시차가 11시간임을 알 수 있다. 따라서 서머타임 적용으로 서울과 11시간의 시차가 있는 도시인 상파울루가 K부장의 출장지이다.

100 　　정답 ③

기업별 지원 비율은 기업 규모가 작을수록 더 높아진다.

[오답 체크]
① 숙식비와 훈련수당은 원격훈련의 경우 지원되지 않으나 '훈련비'는 모든 종류의 훈련에 지원된다.
② 지원금의 산출식을 보면 훈련인원과 훈련시간은 지원금 규모와 비례하는 것을 알 수 있다.
④ 원격훈련만 훈련과정 심사등급에 따라 차등 지급한다.
⑤ 양성훈련은 집체, 현장훈련의 일환으로 100%의 지원 비율이, 인터넷 원격훈련은 120%의 지원 비율이 적용된다.

101 　　정답 ②

각 기업별로 지원금액을 정리해 보면 다음 표와 같다.

구분	갑	을
기업 구분	우선지원대상	일반 대규모
훈련시간(시간)	3	4
훈련 종류	향상훈련	전직훈련
표준훈련비(원)	20,000	20,000
심사등급	–	–
지원금액(원)	20,000×3×100% =60,000원	20,000×4×70% =56,000원

구분	병	정
기업 구분	우선지원대상	일반 대규모
훈련시간(시간)	9	11
훈련 종류	스마트 원격	인터넷 원격
표준훈련비(원)	–	–
심사등급	C	A
지원금액(원)	5,400×9×120% =58,320원	5,600×11×80% =49,280원

따라서 1인당 지원 금액의 규모는 갑 – 병 – 을 – 정 기업 순으로 많다.

102 　　정답 ④

4월의 마지막 날이 수요일이므로 다음과 같은 4월의 달력을 그려볼 수 있다.
주어진 조건에 해당되는 날을 제외하고 남은 기간 중 연속된 3일이 가능한 날을 표시해 보면 7~11일과 28~30일이 된다는 것을 알 수 있다. 따라서 가능한 출장 복귀일은 9, 10, 11, 30일이 된다.

일	월	화	수	목	금	토
		1	2	3	4	5
6	7	8	9	10	11	~~12~~
~~13~~	14	15	~~16~~	17	18	~~19~~
~~20~~	~~21~~	22	~~23~~	24	25	~~26~~
~~27~~	28	29	30			

103 　　정답 ②

가능한 경로와 각각의 경우 이동 거리는 다음과 같다.
• 경우 1 : 콘도 – A – C – B – E – D
　　　　　→ 10+13+3+6+4=36km
• 경우 2 : 콘도 – A – C – B – D – E
　　　　　→ 10+13+3+8+4=38km
• 경우 3 : 콘도 – E – D – B – C – A
　　　　　→ 20+4+8+3+13=48km
• 경우 4 : 콘도 – D – E – B – C – A
　　　　　→ 24+4+6+3+13=50km
따라서 최단 거리는 첫 번째 경우이며 36km가 된다.

104

정답 ③

연비와 실제 사용한 연료비를 통하여 이동 거리를 다음과 같이 확인할 수 있다.

- 1조 : 9,000÷1,500=6L 사용 → 6×8=48km 이동
- 2조 : 7,500÷1,500=5L 사용 → 5×10=50km 이동
- 3조 : 4,500÷1,500=3L 사용 → 3×12=36km 이동
- 4조 : 4,500÷1,500=3L 사용 → 3×16=48km 이동
- 5조 : 3,000÷1,500=2L 사용 → 2×19=38km 이동

따라서 3조가 최단 경로로 5곳을 방문했음을 알 수 있다.

105

정답 ③

2억 원이 부족한 경우, 수도권은 1.7억 원, 수도권 외 지역은 1.3억 원의 한도가 설정되어 있으므로 지역에 관계없이 전액 대출이 불가능하다.

[오답 체크]

① 수도권 지역 전용면적 85m² 이하이고, 임차보증금 2억 원 이하이므로 조건을 충족하며, 임차보증금의 15%를 지불하였으므로 최대 대출한도인 1억 7천만 원을 대출받을 수 있다.

② 소득 금액이 6천만 원 이상이나, 결혼 예정자이므로 대출 대상이 된다.

④ 소득 금액이 6천만 원 이상이나, 모든 세대원이 무주택자이므로 대출 대상이 된다.

⑤ 6천만 원 초과인 경우이므로 연리 2.5%를 적용받아 375만 원의 이자액이 발생한다.

106

정답 ③

실명확인증표나 위임장, 인감증명서 등의 서류를 준비하면 누구나 본인을 대신하여 가입신청을 할 수 있다고 언급되어 있다.

[오답 체크]

① 주택청약종합저축은 공공주택 또는 민영주택에 청약하려는 사람에게 해당되므로 일반 개인주택 거주를 희망하는 자에게는 해당되지 않는다.

② 주택청약종합저축을 제외한 나머지 종류는 2015년 9월 1일부터 신규가입이 중단되었으므로 현재는 일원화되어 있다.

④ 납입금액은 정해진 것이 아니며, 2~50만 원의 금액을 가입자 스스로 판단하여 5천 원 단위로 납입할 수 있다.

⑤ 135m²를 초과하는 경우 총 납입금이 달라지며, 지역별로도 납입금의 차등을 두고 있다.

107

정답 ③

지역과 전용면적에 따라 정해진 총 납입금을 희망하는 개월 수로 나누어 다음과 같이 계산해 볼 수 있다.

- A씨 : 부산 지역 전용면적 102m² 이하에 해당 → 600만 원 ÷60개월=10만 원/월

- B씨 : 특별시 및 광역시 제외 지역 전용면적 135m² 이하에 해당 → 400만 원 ÷50개월=8만 원/월

108

정답 ④

3월은 난방기에 해당한다. B동에는 10인실이 있고, 객실당 최대 2명까지 추가로 이용할 수 있으므로 (36,000+4,000×2)×2=88,000원이므로 10만 원을 넘지 않는다.

[오답 체크]

① 이용일 3일 전에는 전액 환불이 가능하다고 안내되어 있다.

② 1박 2일이므로 객실 사용에 해당하며 55명을 한 번에 수용하려면 강당을 이용해야 한다. 기본 3시간을 1시간 초과하여 사용하므로 10,000원이 추가된 70,000원을 지불한다.

③ 화요일이 국경일로 휴일이면 휴일 전날인 월요일도 휴일이므로 수요일과 목요일만 평일 요금이 적용된다.

⑤ A동은 총 21개, B동은 20개의 객실이 있다. 또한 B동은 1인당 이용료를 환산하면 3,000원으로 동일하나, A동은 최저 9,250원으로 더 비싸다.

109

정답 ⑤

- 사례 1 : 7월 15일은 성수기 요금이 적용된다. A동은 정해진 인원을 초과하여 이용할 수 없으므로 특2인실 2개를 이용한다. 따라서 사용료는 82,000×2 = 164,000원이다.

- 사례 2 : 9월 1일은 비수기 요금이 적용된다. B동은 객실당 최대 2명의 추가 이용이 가능하므로 6인실 1개와 8인실 1개를 사용하고, 1인을 추가할 때 최저 비용으로 이용할 수 있다. 따라서 사용료는 (18,000 + 24,000 + 4,000)×2 = 92,000원이다.

따라서 사례 1과 2의 사용료 차액은 164,000 − 92,000 = 72,000원이다.

110

정답 ④

유산·사산이 발생한 날부터 자동 휴가가 시작되므로 일정 기일이 지난 후 사용하게 되면 정해진 휴가 기간을 모두 사용할 수 없게 된다.

[오답 체크]

① 매 생리기에 제공되는 여성보건휴가는 무급 휴가이나 임신 출산, 육아와 관련 없는 여직원에게도 해당되는 휴가이다.

② 제시된 세 가지의 휴가 및 공급 시간이 임신 중인 직원에게 적용된다.

③ 변경과 재결재가 월 단위로 가능하므로 올바른 판단이다.

⑤ 출산이 임박한 직원의 모성보호시간은 임신 36주 이상일 것이므로 1일 2시간이나, 출산 직후 직원은 생후 1년 미만의 유아를 가진 직원일 것이므로 1일 1시간의 육아시간이 제공된다.

111 　정답 ③

출산 전 총 40일을 사용한 것이므로 남은 50일의 출산휴가를 출산 후 사용할 수 있으며, 생후 1년까지는 1일 1시간의 육아시간이 제공된다.

[오답 체크]

① 쌍둥이인 경우 출산 전 최장 출산휴가 일수는 59일로 규정하고 있다.

② 유산·사산의 경우 잔여 출산휴가를 사용할 수 있다는 규정은 없다.

④ 1일 2시간의 모성보호시간은 임신 12주 이내 또는 임신 36주 이상인 직원에게 해당되므로 A직원과 C직원 총 2명에게 해당되는 휴가이다.

⑤ 출산휴가를 사용할 수 있는 기간만 규정되어 있으며, 사용 가능 시점은 별도 규정이 없으므로 세 직원 모두 출산휴가 경험이 있을 수 있다.

112 　정답 ②

ⓒ B가 참여하고자 하는 아는 만큼 보이는 식물의 전략 프로그램은 8~11세로 연령이 제한되어 있어 참여할 수 없다.

ⓔ 프로그램에 참여하기 위해서는 반드시 프로그램 시작 전 도착해야 한다. 해당 프로그램이 오후 3시에 시작하므로 D는 참여할 수 없다.

113 　정답 ②

아는 만큼 보이는 식물의 전략 프로그램에는 15명이 참여하고 교육비는 3,000원이다. 나머지 두 프로그램의 교육비는 10,000원으로 같고, 모두 22명이 참여한다. 따라서 총 교육비는 3,000× 15 + 10,000×22 = 265,000원이나 프로그램에 10명 이상 단체가 참여할 경우 10% 할인 적용되므로 지불해야할 교육비는 238,500원이다.

114 　정답 ③

가나다정은 식전 30분부터 식사 직전까지 복용이 가능하고, 최종 복용시간은 오후 6시까지이므로 저녁식사 전 가나다정을 복용하려면 저녁식사를 오후 6시 30분에는 시작해야 한다.

[오답 체크]

① 식사를 거르게 될 경우 가나다정은 복용을 거른다.

② ABC정을 복용할 때 정기적인 혈액검사가 필요하다.

④ ABC정은 씹지 말고 그대로 삼켜 복용해야 한다.

⑤ 가나다정은 식전 30분부터 복용 가능하고, ABC정은 식후 1시간 이내까지 복용해야 하므로 식사시간이 30분이라면 두 약의 복용 시간은 최대 2시간 차이가 날 수 있다.

115 　정답 ⑤

훈련시간이 20시간 미만인 사람은 시간당 2,250원을 적용한다. 20 시간 이상인 사람의 최초 20시간까지의 지원금은 45,000원이며 이를 시간당 금액으로 환산하면 2,250원이다.

[오답 체크]

① 3가지 교육과정 모두 수강을 포기한 경우 출석률 등 정해진 기준에 따라 일정 지원 금액이 지급된다.

② 집체훈련 과정을 수료한 경우라도 일부 기준에 따라 수강료의 100분의 60의 지원 금액을 지급받는다고 명시되어 있다.

③ 원격훈련 지원금은 인터넷원격훈련을 통한 외국어과정만 100분의 50을 지급받고 그 외의 경우에는 100분의 100을 지급받는다.

④ 외국어과정을 수료한 경우 지원금은 최대 100분의 60이나 집체 훈련과정 지원금은 100분의 80이 기본이며, 기준에 따라 최저 100분의 60이 지급된다.

116 　정답 ①

㉠ 외국어과정 훈련시간이 20시간 이상일 경우의 지원금은 최초 20 시간 45,000원에 추가 20시간마다 45,000원씩 가산한 금액이다. 그런데 수강료의 100분의 60을 초과해서 지급받지 못하므로 지원금은 72,000원이며, 이를 시간당 금액으로 환산하면 시간당 1,800원이다.

㉡ 미용업에 종사하는 집체훈련과정 수료자이므로 지원금은 수강료의 100분의 60이 적용된다. 따라서 시간당 지원 금액은 4,000× 0.6=2,400원이다.

㉢ 외국어과정 훈련 시간이 20시간 미만이나 우선지원대상기업 근로자이므로 시간당 2,700원을 지원받는다.

117 　정답 ③

두 명제를 벤다이어그램으로 정리하면 다음과 같다.

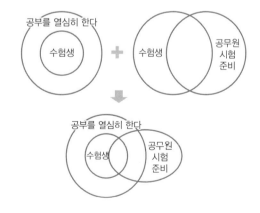

118 정답 ①

공사의 내정가격이 25억 원이므로 내정가격의 100분의 80은 20억 원이 된다. 따라서 A업체와 C업체는 100분의 80 미만, B업체와 D업체는 100분의 80 이상의 입찰 가격을 제시한 것이 되어 다음과 같이 업체별 평가 산식이 적용된다.

- 100분의 80 미만
  - A업체 : $30 \times \frac{16}{20} + 2 \times \frac{2}{5} = 24.80$점
  - C업체 : $30 \times \frac{16}{20} + 2 \times \frac{4}{5} = 25.60$점
- 100분의 80 이상
  - B업체 : $30 \times \frac{16}{23} \fallingdotseq 20.87$점
  - D업체 : $30 \times \frac{16}{25} = 19.20$점

따라서 평점이 가장 높은 C업체와 가장 낮은 D업체와의 평점 차이는 25.6 − 19.2 = 6.4점이다.

119 정답 ①

내정가격의 100분의 80 미만과 이상의 입찰 가격을 구분하여 다른 평가 산식을 적용하는 것은 지나치게 높은 가격과 지나치게 낮은 가격에 대한 적정성과 최저가격이 여타 입찰 가격에 대하여 얼마나 낮게 형성되어 있는지를 알기 위한 방법이다. 또한 내정가격의 100분의 60 미만의 최저입찰가격은 100분의 60으로 계산한다고 하였으므로 어떤 경우에도 입찰 가격이 낮은데 더 낮은 평점을 얻거나 입찰 가격이 높은데 더 높은 평점을 받는 경우는 없게 되므로 입찰 가격의 편차만큼 평점의 편차가 크게 벌어지는 것을 방지하는 역할을 하게 된다.

120 정답 ①

①은 가족이나 친구 등 사적 관계에 있는 사람들에 대해서 학연, 지연, 혈연 등의 서로의 친밀함을 내세워 그 주장을 받아들이지 않을 타당한 이유가 있음에도 불구하고 자기 의견에 동조할 것을 요구하는 경우에 발생하는 오류의 유형이다.
반면, 제시글과 나머지 보기에서 엿볼 수 있는 오류의 유형은, 다른 사람이 의견이나 견해에 대하여 논리적으로 반박하지 않고 상대방의 인품, 성격, 과거의 행적 등을 비난하고 공격함으로써 자신의 주장을 정당화시키려 하거나 상대방의 주장을 부정하려 할 때 발생하는 오류의 유형이다.

121 정답 ③

강의 만족도에 따른 시급 인상률은 다음과 같다.

구분	A	B	C	D	E
2018년	5% 인상	동결	10% 인상	5% 인하	동결
2019년	동결	5% 인상	5% 인상	10% 인상	5% 인상

이 중에서 B와 E는 2018년 동결 후 2019년 인상되는데, E의 시급 > B의 시급이므로 B는 계산하지 않아도 답에서 제외된다. 나머지 강사의 2018년 시급을 계산하면 다음과 같다.

A	C	D	E
54,600원	55,000원	48,450원	48,000원

이들 중 C와 E는 5% 인상되는데 C의 시급 > E의 시급이므로 E는 답이 아니고, A는 동결인데 C의 시급 > A의 시급이므로 A도 답이 아니다. 또한 D의 시급이 10% 인상되더라도 2018년 C의 시급보다 작으므로 2019년 가장 많은 시급을 받는 사람은 C이다.

122 정답 ④

인터넷 환전 시에는 수령인이 신청인과 상이한 경우 수령인의 마일리지 적립이 불가하다고 명시되어 있다.

[오답 체크]
① 개인 고객의 경우만 해당되므로 기업 고객에게는 서비스 혜택이 없다.
② 예약 환전은 달러일 경우만 해당된다고 명시되어 있다.
③ 공항 영업점과 환전소가 아니며, 5달러당 1마일리지가 적립되므로 140마일이 최장 30일 이내에 적립된다.
⑤ '미화 100달러 상당액 이상 시 원화예금 출금하여 송금 시에만 적립 가능'이라고 명시되어 있으므로 올바른 판단이다.

123 정답 ③

주어진 설명에 의하면 건물사용면적은 전용면적과 공용면적을 더하여 계산해야 한다. '사용허가 사무실'의 전용면적은 67.5m²로 제시되어 있고 사무실 Ⓐ과 Ⓔ은 공용으로 사용하는 면적이 아니므로 이를 제외한, 사용허가 받은 자가 다른 사람과 공용으로 사용하는 건물면적은 총합(㉠~㉫)이 561m²가 된다.

따라서 $67.5 + 561 \times \frac{67.5}{1,353 - 561} \fallingdotseq 115.3$m²이다.

124 정답 ④

갑은 렌탈 제품을 원하며 월 렌탈 비용이 5만 원 이내여야 한다. 따라서 렌탈이 가능한 B, C, D사 제품이 이에 해당되며, 사용 면적에 가장 근접한 C사 제품이 가장 적절하다고 볼 수 있다.

을은 이전 제품의 전기 사용량이 100W이며 이보다 25% 절약될 수 있는 제품을 원하므로 75W 이하의 전기가 소모되는 B, C, D사 제품이 이에 해당되며, 이 중 조그만 면적에 최적화되어 있고 렌탈이 가능한 D사 제품이 가장 적절하다.

따라서 C사 제품, D사 제품이 정답이 된다.

125 정답 ⑤

각 구조물의 사이즈는 cm 단위로 제시되어 있으며, 비용은 m^3로 제시되어 있다. 계산하면 다음과 같다.

- A구조물 : 2.5×3×1.5=11.25, m^3당 총 비용=24,500원,
  최종 건축비 275,625원
- B구조물 : 2×2.5×2=10, m^3당 총 비용=34,000원,
  최종 건축비 340,000원
- C구조물 : 3.3×3.2×2=21.12, m^3당 총 비용=30,300원,
  최종 건축비 639,936원
- D구조물 : 2.2×2.7×1.3=7.722, m^3당 총 비용=32,200원,
  최종 건축비 248,648.4원
- E구조물 : 2×2.5×1=5, m^3당 총 비용=38,300원,
  최종 건축비 191,500원

따라서 가장 저렴한 비용이 드는 구조물은 E구조물이다.

126 정답 ③

중국어와 팬플룻 중급은 모두 수요일에 강좌가 있으며, 아이는 중급 중국어, H씨는 중급 팬플룻을 수강할 수 있다. 또한 종료 시각이 12:00와 11:30이므로 30분만 기다리면 함께 귀가할 수 있으며 두 사람의 수강료는 45,000 + 55,000 = 100,000원이다.

[오답 체크]

① 초급 영어는 화요일에 강좌가 있으며, 수채화는 수요일에 강좌가 있다.
② 초급 영어와 우쿨렐레는 모두 성인 대상 강좌이므로 두 사람이 함께 수강할 수 없다.
④ 노래 교실은 월/금요일, 먹그림은 목요일에 강의가 있다.
⑤ 오카리나는 10:20에, 예쁜 글씨는 11:30에 수업이 종료되므로 1시간 10분을 기다려야 함께 귀가할 수 있다.

127 정답 ②

경기도 의정부시는 투기지역이나 투기과열지구, 조정대상지역 중 어느 곳에도 속하지 않은 기타 수도권 지역이다. 따라서 주택담보대출 보유자인 B는 LTV 60%, DTI 50%를 적용받게 된다.

128 정답 ④

경기도 성남시의 경우 조정대상지역에 속하므로 무주택자인 K는 LTV 70%, DTI 60%를 적용받게 된다. 따라서 LTV에 따른 최대 대출 가능 금액은 1억 8천만 원의 70%인 1억 2,600만 원이고 최대 연간 원리금 상환액은 3천만 원의 60%인 1,800만 원이다.

129 정답 ①

총 지출액은 40만 원 + 120만 원 + (600 + 700 + 600 + 600 + 1,000 + 320 + 180)×140 = 216만 원이므로 각자 54만 원씩 분담한다.

- 준희는 부담한 금액이 없으므로 영숙에게 54만 원을 전달한다. → (A) 540,000원
- 창호는 40만 원을 부담하였고, 기오는 56만 원을 부담하였다. 그러므로 창호는 기호에게 2만 원을 전달하고, 영숙에게 12만 원을 전달한다. → (B) 20,000원, (C) 120,000원

130 정답 ⑤

각각의 이동경로에 따라 소요 시간 및 소요 비용을 계산하면 다음과 같다.

구분	출발지 → 목적지	교통수단	소요 시간	소요 비용
기차	자택 → 청량리역	ⓐ 버스	25분	1,000원
		ⓑ 지하철	15분	1,250원
	청량리역 → 강릉역	ⓒ 새마을호	196분	31,850원
		ⓓ KTX	122.5분	61,250원
	강릉역 → A 호텔	ⓔ 버스	12.5분	750원
		ⓕ 택시	5분	1,750원
버스	자택 → 동서울터미널	ⓐ 버스	22.5분	900원
		ⓑ 지하철	13.5분	1,125원
	동서울터미널 → 강릉터미널	ⓒ 일반고속버스	189분	21,000원
		ⓓ 우등고속버스	147분	31,500원
	강릉터미널 → A 호텔	ⓔ 버스	8.5분	510원
		ⓕ 택시	3.4분	1,190원

이를 종합했을 때, 최단 시간이 걸리는 루트는 ⓑ - ⓓ - ⓕ으로 142.5분이 소요되고, 이때의 비용은 64,250원이다. 그리고 가장 적은 비용이 소요되는 루트는 ⓐ - ⓒ - ⓔ로 총 22,410원의 비용이 발생한다. 따라서 두 경로의 비용 차이는 41,840원이다.

MEMO

MEMO

NCS 333제
의사소통/수리/문제해결능력 핵심유형 + 실전문제

초 판 발 행   2018년 03월 26일
개정4판 1쇄   2021년 10월 25일
저   자   NCS 공기업연구소
발 행 인   정용수
발 행 처   예문사

주   소   경기도 파주시 직지길 460(출판도시) 도서출판
              예문사
T E L   031) 955-0550
F A X   031) 955-0660

등 록 번 호   11-76호

정   가   22,000원

홈페이지 http://www.yeamoonsa.com

I S B N   978-89-274-4089-5   [13320]

National Competency Standards

333제

의사소통/수리/문제해결능력
핵심유형+실전문제

정답 및 해설